# 影響世界歷史的重大事件

以史為鑑，可以知興亡

孫　鐵 主編
鄭明月 審訂

# 前言

漫長的歷史長河，並不是源遠流長而波瀾不驚的水面。儘管有數十年、甚至數百年平庸的時代，但是在平靜之後總會有巨波狂瀾的出現，捲起斑斕的浪花，甚至打亂原來的走向。正是有了這些波瀾的存在，才使人類歷史富有生氣，不是一汪死水。這些波瀾，就構成了我們在本書中討論的「影響人類文明進程的重大事件」。

偉大的羅馬城不是一天就建成的。但是羅馬城幾乎一天就被毀滅了。羅馬城的毀滅，結束了一個偉大輝煌的文明，同時也開啟了漫長的歐洲中世紀時代。對於歷史長河而言，羅馬城的淪陷，就像是一朵絢麗的浪花，雖然帶有苦澀，但終歸是改變了歷史的走向，使得後來者嘆息不已。像這樣的事件，在人類進程中很多，它們使我們懂得：歷史是有靈性的，不是死板地遵循某些規則運行的，而是活生生的人創造的歷史；同時它們也使我們懂得，我們不能對每一段歷史都傾注同等的力量去探討。就像人生一樣，人生最關鍵的就那幾步，這幾步走得好壞，將決定著今後相當時間裡一個人的命運。歷史在關鍵時刻的走向，也是決定著幾百年、上千年的很多甚至整個人類的命運。正是出於這個原因，我們也就不得不對人類的歷史作一個回顧，而這個回顧將會是有益的。並來檢討一下什麼時候是人類歷史的關鍵時刻。於是就有了我們這本書的誕生。

# 影響世界歷史的重大事件

影響人類歷史的事件，很多是大家耳熟能詳的英雄史詩。怎麼這麼說呢，人是政治的動物，戰爭是政治的延伸和衍生。很多時候，歷史就是在血與火、刺刀和槍炮、陰謀與算計中完成了自己的轉折。在這種人類的自相殘殺之中，人類所造就和崇拜的「英雄」，以天下為棋盤，以眾生為棋子，以江山作賭注，相互廝殺。成吉思汗和亞歷山大的遠征，給世界帶來了很大的變化，但是那些死在戰刀下的亡魂，也鋪滿了亞歐非大陸的道路。兩次世界大戰的殘酷景象，至今仍然在我們的腦海中揮之不去。我們面對那處在無底黑暗深淵中的有名或者無名的亡魂，只能悲憫地歎息幾聲，為他們的不幸哀悼。偉大的探險家哥倫布，經歷艱苦的遠航，發現了美洲大陸，將人類的視野和世界擴大了將近三分之一。同樣的英雄還有英國的庫克船長，他發現了今天的澳大利亞、紐西蘭和夏威夷。

影響人類歷史的事件，還有革命和變革。革命，是通過翻天覆地的流血的變革，來改變歷史。在二十世紀中，世界曾掀起無產階級革命的高潮，建立了很多無產階級政黨掌權的政權，如蘇聯，還有現在正日益強大的中國。相對來說，作為島國的日本和英國，歷史上很多的重要歷史使命的完成，則是依靠和平的改革而完成的。

影響人類歷史的事件，雖然與政治、戰爭、革命等密切相關，但是應該指出的是，影響人類命運的事件，並不都是帝王將相的縱橫捭闔。有的時候，一件工具的發明、一項技術的革新，就足以改變人類的命運。比如交通工具的變革，導致了世界的變小，以前半年的路程，現在只要幾個小時就可以到達了，對於經濟、政治、軍事、人類生活的各個方面，都產生了重要的促進作用；牛痘和青黴素的發明，使得人類的生存能力大大提高；麻醉技術的進步，從根本上解決了外科手術的後顧之憂，從而挽救了成千上萬的生命，使我們一直到現在也受益無窮。還有一些疾病，例如中世紀的黑死病，曾經奪取了歐洲一半人的生命。現在的愛滋病，也給人類帶來了極端的苦難，甚至對人類的價值觀形成了衝擊。

人類的歷史，到現在為止，只有短短的一瞬，相對於宇宙的生命而言，是微不足道的。但是人類是偉大的，在這個小小的星球上創造了偉大的文明和歷史。我們追古思今，當然是為了懷念古人，不但懷念那些在偉大的時代產生的偉大人物，而且也懷念那些沒沒無聞，為人類進步做出貢獻的人們。除了懷念古人以外，我們也是為了激勵自己，讓自己為人類文明的進步貢獻一些力量。同時，我們也希望從這些事件中悟出一些有益的有關人類命運的結論。這就是本書的目的。

謝謝。

孫 鐵

二〇〇三年二月於北大

# 目 錄◆CONTENTS

Contents

# 目錄

# 目　錄◆CONTENTS

Contents

# 目錄

# 目 錄◆CONTENTS

Contents

# 1 漢謨拉比法典——一切法律典章的始祖

人類文明是脆弱的，沒有剛強的法治作保障，我們的文明能否持久是可慮的。法是社會的柱石，法律的緣起，就是社會需要一種有保障的秩序，從而人們可以遵從一套法則從事社會活動。人類最早的一部法典是產生於三千八百年前的《漢謨拉比法典》，它完成於古巴比倫第六代國王漢謨拉比之手。

## 古巴比倫的崛起

由幼發拉底河和底格里斯河沖積而成的美索不達米亞平原（大致在今天伊拉克境內），史書稱為「肥沃的新月地帶」，是人類古文明的發祥地之一。美索不達米亞的原意是「兩河之間的土地」，美索不達米亞文明即為兩河所賜。大約在西元前六〇〇〇年，來自中亞深山的蘇美爾人侵入這片沃土，在這裏他們學會了開溝渠、築堤壩、修水庫、種小麥，還發明了象形文字，並在歷史上第一個學會使用輪子。在西元前三二〇〇年，蘇美爾人開始採用泥板刻字，即將文字刻在濕潤狀態的粘土製成的

漢謨拉比像

板狀物上，然後用火或者陽光烤乾。蘇美爾人留在泥板上的文字，由於筆畫像楔子，所以稱為「楔形文字」。西元前三〇〇〇年左右，蘇美爾人已在兩河流域建立了十二個以城市為中心的奴隸制城邦。各城邦為了爭雄稱霸，相互征戰不休，並為此付出了昂貴的代價——他們臣服於從地中海遷來的閃米特人。這個閃米特著名領袖的真實姓名已無從知曉，我們知道他被冠以「薩爾貢」（真正的國王）的頭銜。他以流域地區中部的阿卡德為基地，首先征服了整個蘇美爾，然後向遠地進犯，最後建立起一個從波斯灣到地中海的龐大帝國。

阿卡德帝國在當時是一個幅員廣大的國家，但它的壽命短暫。來自伊朗的新入侵者庫提人打敗了薩爾貢一世的孫子，摧毀了只有一百四十年歷史的阿卡德帝國。於是，蘇美爾人的奴隸制城邦又一個個重新出現，並於西元前二一一三年建立起一個純粹的蘇美爾人的帝國——烏爾第三王朝。但這次復辟顯然不過是段小插曲而已，因為此時周邊的異族已開始向美索不達米亞滲透，在這些部落中成就最高的無疑是阿摩利人（閃米特人的一支）。

西元前一八九四年阿摩利人在蘇姆．阿布門的帶領下來到了美索不達米亞。由於他們把幼發拉底河中游的巴比倫城定為了首都，因此他們往往被稱為巴比倫人。

古巴比倫王國的真正締造者是第六代國王漢謨拉比。他即位後便開始向外擴張，經過三十五年的征戰，再一次統一了兩河流域，其統轄範圍由波斯灣至巴比倫，連亞述也臣服於他的聲威之下。同時他還開鑿了一條連接基什和波斯灣的運河。因此漢謨拉比自豪地宣稱自己為「天下四方之王」，儘管他如此自誇，他的帝國仍十分短命，但他為自己選定的另一個頭銜「正義之王」卻名聲久存，因為漢謨拉比頒布了現存人類歷史上最早的法典——《漢謨拉比法典》。

## 確立公平的最早法典

兩河流域地區，一向有制定法典的傳統，不算蘇美爾時代拉格什的國王烏魯卡基那（西元前二三七八年～前二三七一年）的改革銘文，最早的法典當數烏爾第三王朝的建立者烏爾納姆（西元前二一一三年～前二〇九六年）制定的法典。該法典除序言外，共二十九條，這部法典是迄今所知的歷史上第一部成文法典，無論是從內容上，還是在形式上都超過了兩河流域以往各小國的立法水準，這些創新對《漢謨拉比法典》也產生了影響，但可惜的是它只留下了一些片段。

《漢謨拉比法典》制定的初衷是為了在政治統一的前提下，使美索不達米亞地區的被征服國的地方法律達到一致，以便鞏固古巴比倫王國，調整各種社會關係，加強軍事實力，穩定社會秩

漢謨拉比法典石碑的上部是巴比倫人的太陽神沙瑪什向漢謨拉比國王授予法典的浮雕。太陽神形體高大，正襟危坐，正在授予漢謨拉比象徵權力的魔標和魔環；漢謨拉比頭戴傳統的王冠，神情肅穆，舉手宣誓。這後來成為古代記功碑的一種範例。

序。因此漢謨拉比在即位的第二年就開始著手制定這部法典，並於西元前一七六二年，即在位的第三十五年下令刻雕在一塊黑色玄武岩的石柱上，樹立在馬爾都克大神殿中。

該石柱於一九〇一年十二月，在伊朗西南部一個名叫蘇撒的古城被一支由法國人和伊朗人組成的考古隊發現，當時已斷為三塊。至於石柱為何由馬爾都克大神殿來到蘇撒，可能是因為西元前一一六三年，波斯帝國佔領了兩河流域，作為戰利品石柱被帶到了伊朗。在被發現時法典的三十五條已被磨損，後來從亞述國王亞述巴尼帕爾的王家圖書館中發現了法典副本，對之作了補正。因此，現在的漢謨拉比法典其內容保存是相當完整的。

《漢謨拉比法典》由前言、正文和結語三部分組成，共三千五百行，八千個左右的楔形文字。

在法典的前言和結語中，漢謨拉比強調了神化王權，宣揚其權力來自於神授，他自稱是天神安努、地神恩利爾授予他統治之權。他還炫耀了自己的文治武功和偉大事績，表明了立法目的，即「發揚正義於世……當馬都克命我統治萬民並使國家獲得福祉之時，使我公道與正義流傳國境，並為人民造福。」最後他以令人顫慄的咒語作了結語：「如果有誰敢忽視我刻在石柱上的法令、懲罰，而不懼神怒，誰就該遭詛咒！」「如果有人認為我頒布的法令無效，篡改我說的話，變更我寫的文字，甚至刮掉我的名字而刻上自己之名……神之父啊！消滅那人之王座榮光吧！折斷那人的笛杖！永遠詛咒他吧！」

法典的正文共有二百八十二條，內容十分繁雜。包括訴訟手續、盜竊處理、租佃、雇傭、商業高利貸和債務、婚姻、遺產繼承、奴隸地位等條文。

法典首先在正文的第一條即明確規定：「倘自由民宣誓揭發自由民之罪，控其殺人，而不能證實，揭人之罪者應處死。」第三條又規定「自由民在訴訟案件中提供罪證，而所訴無從證實，倘案關生命問題，則應處死。」第五條又規定：「倘法官審理案件，作出判決，提出正式判決書，而後來又變更其判決，則應揭發其擅改判決之罪行，課之以相當於原案中之起訴金額的十二倍罰金，該法官之席位應從審判會議中撤消，不得再置身於法官之列，出席審判會議。」這些規定制止了誣告，給了大家以人身自由，從根本上整肅了社會風氣。

雖然如此，在這裏必須指出法典缺乏「法律面前人人平等」的觀念，在法典中奴隸毫無權利可言，他們完全被看成奴隸主的私產。「藏匿奴隸、逃犯者，處死。」「在荒野上發現逃亡的奴隸，將他交還主人者，賞以適當的報酬。」「理髮師在奴隸主人不知的情況下為奴隸剃去其奴隸標誌，該理髮師應斷指。」「自由民竊取神或宮廷之財產者應處死，而收受其贓物者亦處死刑。」如果自由民偷的是神廟或宮廷裏的家具、擺設，則要「課以三十倍之罰金」，倘若沒有東西來抵償，那麼就只有一條通往黃泉的路可走了。對於犯了「強盜罪」而被捕的自由民來說，生存的希望是極其渺茫的。遺失物品的主人如果發現他的物品落在他人之手，有權自行取回，法院則在這方面給予協助。

法典在民事方面的規定有：「疏於維護田間的灌溉堤防，致使河水滲入鄰人田地，破壞鄰人麥田時，須賠償其損失。」「建築房屋偷工減料，致使房屋倒塌，壓死屋主，

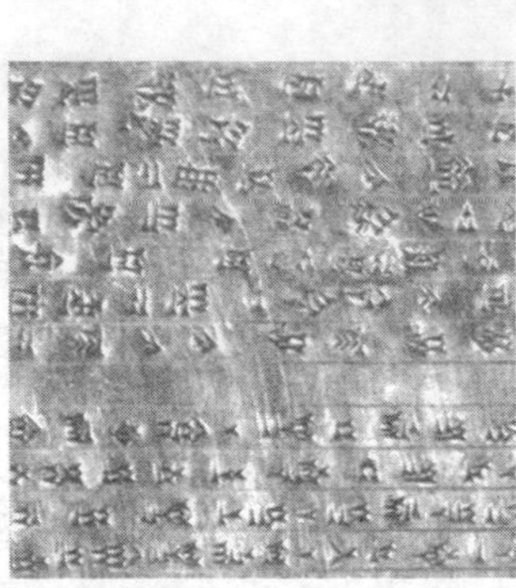

兩河流域的楔形文字

建築工人必須以命抵命。」「醫生對受重傷者施行手術，患者如在手術中死亡，醫生被處以砍去雙手的刑罰。」假使某人在道路上受到驚牛的撞擊而死，則「沒有補償之道。」耕地的地租為收成的三分之一到二分之一，園地為收成的三分之二。承租土地者種植穀物，即使「田不生穀」，顆粒無收，其租金也不得減免，數額得與鄰近土地所繳納的租金相等，理由是承租者「未盡力耕耘」。如果雷電、暴風雨或洪水毀去承租者的收獲物，那麼損失仍舊屬於農人。承租者如不聽出租者的警告，「怠惰不耕」，出租者便可將土地收回，並收繳租金。交回租地前，承租者還得將其耕好。高利貸的最高利率為穀物百分之三十三點三，銀子百分之二十，等等。

在刑法方面，法典則採用了嚴刑酷律，「侵入別人私宅而當場被抓，可就地殺之。」「在火災現場揚言救火卻趁火打劫者，將他投入熊熊火焰中燒成焦土。」「蓄意反叛、圖謀不軌者在酒店聚會策劃，主人知而不報者，處死。」「兒子忤逆、毆打父親，必遭砍去雙手之刑。」「自由民損毀任何自由民之眼，則應毀其眼。」「自由民擊落自由民之齒，則應擊落其齒。」「自由民打自由民之女而使其致死，則打人者之女應被殺死。」

其婚姻法法典則基本確立了男女平等的思想。首先法典認為：「結婚是一件嚴肅的行為，就像商業交易一樣，必須依賴契約才有效。」其次規定受丈夫虐待的妻子，有「取回全部嫁妝回娘家」的權利；丈夫去世後，「其妻可和其子共同繼承他的遺產」；

女奴和主人成婚後如育有子女，「其丈夫過世後，她和子女皆可脫離奴隸身分」。「妻子久病在床，丈夫不得藉故休妻，必須讓她待在夫家。」最後對妻子犯了過錯則規定：「有夫之婦與人通姦，除非得到其丈夫同意，否則，必與姦夫同縛，丟入河中。」「久婚不孕，丈夫可以休妻，但是不能侵佔妻子的嫁妝。」「未盡主婦之責，不照顧丈夫生活起居者，必須主動返回娘家，嫁妝全歸夫家。」

## 影響

《漢謨拉比法典》體現出來崇高的正義精神和倫理精神，作為一部公開的成文法，它告別了「臨事議制」——執法者可以根據自己的願望、利害關係，根據形勢的需要、上司的需要，隨機量刑執法，或是從重從快，或是法外開恩的傳統。反擊了「刑不可知，則威不可測」的謬論，開創了人類法制管理的先河，奠定了人類文明與法制生活的第一塊基石，雅典最早的成文法也是模仿古巴比倫而刻石公布的。漢謨拉比以「能被普遍接受」和「具有永久性」為原則，整理發布了這部法典。無可否認，漢謨拉比的這些原則成為後來諸多法律的基本出發點。

# 2 埃及統一——國家的形成

埃及一詞係由古希臘語Aigyptos演變而來，起源於古埃及孟斐斯城的埃及語名Hikuptah（意為普塔神靈之宮）。埃及是人類歷史中一個悠久的文明古國，對於人類文明而言，具有非常重要的意義。古埃及人修建的金字塔，更是人盡皆知的偉大奇蹟。而這一切的創舉，都發生在幾千年前，表現了人類生生不息和偉大的創造精神。

## 統一之前的古埃及

大約在一、二萬年前，由於氣候發生了重大變化，北非大部分地區變成了不毛之地。於是人們逐漸聚集到尼羅河流域，依靠河水氾濫的平原和沼澤地，過著漁獵採集生活。到了約西元前一八〇〇〇年，由於弓箭的使用，埃及進入了舊石器時代末期或中石器時代。西元前六〇〇〇年以後，古埃及地區進入新石器時代和銅石並用時代。這一時期比較典型的銅石並用時代文化是拜

古埃及的法老

## 2 埃及統一——國家的形成

達里文化、涅伽達文化Ⅰ（阿姆拉文化）和涅伽達文化Ⅱ（格爾塞文化）。涅伽達文化Ⅱ（約西元前三五〇〇～前三一〇〇年）通常被看成是史前文化或前王朝文化的最後階段。社會已形成貴族與平民、奴隸主與奴隸的階級劃分。希拉孔波利斯等地已發展成為具有城市公社性質的小邦，希臘人稱之為諾姆，又譯為州。這些州都有自己的名稱、都城、軍隊、政權、方言和圖騰，儼然是一個個獨立的小王國。這一時期，古埃及實際上已進入了文明時代，文明時代的到來成為古埃及統一國家的基礎。

大約在西元前四〇〇〇年，埃及就已經在進行著統一的嘗試，並且在不久以後，誕生了強大的國家和水準相當高的文明。古埃及文明是現在所知道的最古老的人類文明。即使從埃及第一王朝（西元前三一〇〇年）算起，埃及有國家的歷史無疑也是世界歷史上最早的。因為這些事件來得太早，以至到了現在，還有人認為埃及的文明不是古埃及人創造的。一個具有代表性的意見是，當蘇格拉底所說的亞特蘭蒂斯大陸沉沒的時候，有大批的難民逃到了埃及，這些文明發達的移民創造了埃及文明。還有的人說是地球以外的生命建造了金字塔，並且創造了埃及文明。但是現在可以肯定地說，輝煌的古埃及文明確實是偉大的人類創造的。

埃及統一以前的歷史是不太清楚的，根據有的歷史學家分析，為了適應修築水渠進行農業灌溉以及進行戰爭的需要，導致了權威力量的產生。這種權威力量，最後發展為王權。埃及的王權，相信是人類歷史上最早的王權。

## 上下埃及的統一

經過長期的戰爭和兼併，到了西元前四〇〇〇年代中葉，埃及形成了南北兩個王國：北部王國崛起於尼羅河三角洲，南部王國崛起於孟菲斯和第一瀑布之間的區域。這也許就是上下埃及的起源，這種劃分在埃及歷史中成為了一個傳統。上埃及在尼羅河上游，也就是南部，而下埃及在尼羅河的下游，也就是北部。古代埃及早期國王所戴王冠的形式，反映了他所代表的政治勢力。古埃及的王冠包括紅冠和白冠，紅冠象徵著蛇神保護著的王權，是下埃及王冠，也是最古老、最受崇拜的王冠；白冠象徵著鷹神荷魯斯保護著的王權，是上埃及的王冠。一個統一埃及的國王，應該既擁有紅冠，又擁有白冠，缺一不可。如果能夠找到一個確切的證據證明有一個國王擁有兩頂王冠，就可以證明當時埃及已經統一了。於是歷史學家們從考古的角度找到了證據，說明西元前三一〇〇年前後，第一王朝第一個法老納爾邁（美尼斯），也許就已經或者正在完成國家的統一。而這個考古學的證據是一塊調色板。

調色板是古代埃及人化妝時用來調色的石板，上面都會雕刻著圖畫。考古學家在埃及的希拉康伯里發現了一塊命名為納爾邁的調色板，這就是埃及統一的一個重要物證。

納爾邁調色板正面雕刻的內容是頭戴象徵上埃及白冠的納爾邁正手持權杖擊殺一個跪在他面前的俘虜。這個俘虜顯然具有下埃及尼羅河三角洲首領的含義，他的旗幟就是一把漁叉。在納爾邁的正前方，有一隻鷹（象徵鷹神荷魯斯，上埃及的保護者）站在象徵三角洲地區的一束紙草植物之上，一隻尖爪抓著一條繩子，套著一個三角洲居民的頭顱。在正面的最上面一欄中間寫著納爾邁的名字，最下一欄刻著兩個倉皇逃跑的敵人，顯然是戰敗者。這組圖畫表達的意思很可能是，在鷹神荷魯斯的保護下，納爾邁打敗了下埃及的三角洲國家。

在調色板的背面，不僅雕刻著頭戴紅冠的納爾邁在侍從的陪同下檢閱兩排已經被砍頭的俘虜，而且刻畫了一頭象徵國王強大力量的公牛正在用兩隻角破壞敵人的城牆，在公牛的腳下，踐踏著一個戰敗者。國王的前面和最上一欄都刻著納爾邁的名字。納爾邁在不同的場合，頭戴不同的紅冠和白冠，這或許可以說明，納爾邁已經統一了上下埃及。至少，納爾邁已經在統一戰爭中取得了相當大的成功。

在另一件文物——納爾邁權杖上面，也刻畫了相近的內容：頭戴紅冠的納爾邁站在九層的平臺之上，在他前面有一頂轎子，轎子裏坐著一位北方的公主。有的歷史學家認為這反映了納爾邁通過武力征服以及聯姻來達到統一北方的目的。這種通過聯姻使自己的統治達到合法化的做法，在埃及歷史上是經常被採用的，很多王朝的開創者就是通過娶上一王朝的末代王后達到確立自己王朝的目的。比如埃及第三王朝的開國君主涅布卡就是通過迎娶第二王朝末代法老哈謝海姆威的王后來建立第三王朝的，而

納爾邁調色板

這位王后和涅布卡又生了一個兒子，就是修建最早的梯形金字塔的喬賽爾。

納爾邁在建立了古埃及第一王朝後死去，他的繼任者叫做阿哈，意思是戰士，阿哈努力對外擴張，並且安撫剛剛兼併的北方下埃及。第一王朝的第三位國王叫作哲爾，哲爾曾經遠征現在的西亞地區，並且發動了對努比亞和利比亞的戰爭。第一王朝在第五任國王登的時候達到了全盛，在薩卡拉發現的登王宰相海馬卡的陵墓就達到一千五百多平方公尺，甚至比現在已經發現的第一王朝的國王的墓都要大得多。在登王統治時期，第一次把象徵上下埃及的紅冠和白冠同時戴到了自己的頭上，並且第一次採用了上下埃及的雙重王銜。可以肯定地說，在登王統治時期，埃及就已經成為一個統一的專制王朝。

## 強大的古王國王權

古埃及的歷史發展到古王國時期，君主們的王權繼續得到加強，古王國的君主們開始被稱為法老。法老（Pharaoh）是古代埃及君主的尊稱，是埃及語Per-ó的希伯來音譯。這個詞的象形文字本意是指高大的房屋，到了古王國時期，專指王宮，並沒有君主的意思，但是到了新王國第十八王朝圖特摩斯時期，逐漸演變成為君主的稱謂。這一點，和中國古代稱皇帝為陛下很相似。埃及法老有五個頭銜：「荷魯斯」、「兩位女神」、「金子的荷魯斯」、「上下埃及之王」、「拉神之子」。最後兩個名稱常被寫在一個橢圓形圖案裏面，這個圖案代表一個有魔力的繩圈。許多徽號的圖案象徵著法老的權威，如兩層的王冠象徵著上下埃及的聯合；盤在法老王冠上面的眼鏡蛇叫做虞荷斯，它吐出的火舌能夠消滅法老的敵人。

法老權威是至高無上的，法老是古埃及的最高統治者，他通過宰相頒布各種法令，宰相須向法老負責。但是軍隊的指揮權永遠屬於法老，宰相無權過問。法老作為軍隊的最高統帥，親自率領軍隊征討出戰。法老不但擁有最高的行政權、財政權、司法權和軍事權，而且他還是神，也就是說，法老不用神化，他本人就是神。他的一言一行都受到臣民們的關注。所有人見了法老都要俯伏在地，甚至大臣、貴族見了法老也要吻他腳下的塵土。如果哪一個大臣、貴族被允許吻法老的腳，而不是吻法老腳前的塵土，那將是莫大的榮耀。第五王朝的時候，有一個叫做普塔荷舍普舍斯的貴族，他不但是法老的駙馬，娶了法老的公主為妻，而且曾經在宮中和皇子們一起接受教育。但是即使擁有如此榮耀的地位，他也因為薩胡拉法老允許他親吻自己的腳，而不是腳前的塵土而感到非常的興奮。就是等到死後在墓誌銘中

雄偉的金字塔

還津津樂道，說：「作為法老希望做的每一件事情的顧問，受到了薩胡拉法老的格外寵信，陛下不允許他親吻地上的塵土，而是親吻法老的腳。」古王國時期王權的強大可見一斑。

正是有了古埃及的統一，才有了偉大的王權，在強大的王權之下，才使龐大的金字塔工程的修建成為可能。金字塔時代，也就是埃及古王國時期到來了。在埃及歷史上，古王國和中王國時期，是修建金字塔的時代。今天，埃及的金字塔已經成為人類文明的重要豐碑，也是埃及文明的象徵。

## 影響

古代埃及的統一，促進了古埃及文明的發展，形成了極其輝煌的人類文明，這是人類歷史上所知的最早和最輝煌的文明。當歐洲大陸上的部落還在原始社會邊緣徘徊的時候，當中國還處在沒有文字記載的史前時代的時候，在非洲東北角的尼羅河下游，就與起了一個強大的文明。從西元前三一〇〇年到西元三〇年中的三千多年裏，古埃及文明都是人類歷史上最輝煌的文明。從那時起，巨大宏偉的金字塔就已經矗立在尼羅河兩岸，俯視著整個世界。當古埃及文明的夕陽即將落下的時候，中國的千古一帝秦始皇才剛剛掃蕩群雄，建立中國歷史上第一個統一的多民族國家。直到古埃及文明消失了很久很久，古希臘的學者們還在扼腕歎息地探討埃及的衰落；古羅馬的統治者還對埃及的方尖碑感到震驚，並且把它們運到羅馬的廣場上安放。正像美國的埃及學家萊昂內爾·卡

## 2 埃及統一——國家的形成

森說的那樣：在克里特島上的米諾斯人於諾薩斯建造宮殿之前的一千年，在以色列人追隨摩西擺脫奴隸身份之前的幾百年，埃及已經是一個大國。當義大利半島的部落民族還在台伯河畔結草為廬的時候，埃及已經繁榮昌盛。二千年前的希臘羅馬人看埃及，就已經有點像現代人憑弔希臘和羅馬的廢墟了。

# 3 巴比倫之囚——猶太人開始四處流散

猶太人，是一個充滿爭議的民族。它是一個非常聰明的民族，誕生了一系列偉大的人物；但是它又是一個很悲哀的民族，因為在幾千年的歷史裏，它都沒自己的國家以及自己的土地。猶太人的命運和世界歷史的進程在許多方面都是密切相關的，直到今天，我們還能感覺到這種關係的存在。

## 歷史與神話

關於猶太人的早期歷史，我們唯一的憑藉是《舊約全書》。在這部猶太人的經典中，許多未經證實的傳說和史實交織混雜。

據《舊約全書》記載，大約在西元前三〇〇〇年，在西亞美索不達米亞（兩河流域）南部（伊拉克）的吾珥城，住著一個屬於閃族的部落，族長名他拉。西元前一九五〇年吾珥城被外敵毀滅，於是部落在他拉的後代亞伯拉罕的帶領下從吾珥出發，渡過幼發拉底河西行。他們長途跋涉，經過一些年代之後，終於來到上帝所應許給他們的「迦南美地」（巴勒斯坦）。這裏的原住民是迦南人即腓尼基（紫紅色）人，他們稱這批遷入者是從東邊越河過來的人。「越河者」迦南語讀音為「希伯來」。「越河者」原來是對這批東來入侵者的貶稱，後來演變成這個民族的名稱。

亞伯拉罕的孫子雅各在一次與神的摔跤中獲勝，由此改名為「以色列」（與神摔跤），這個名字歷世不衰，至今仍是舉世所熟悉的名字。而雅各的十二個兒子以後繁衍成為希伯來民族的十二個支派，這個民族從此亦稱為「以色列」民族。

到了西元前一六〇〇年，迦南發生了特大饑荒，迫使希伯來人離開了迦南，經過千難萬險，他們來到尼羅河三角洲的東部，並在那裏定居下來安定地生活了幾百年。

西元前一三〇〇年左右，埃及的法老拉美西斯二世要建造兩座巨大的宮殿。他把希伯來人變成了奴隸，讓他們開山挖石，服各種苦役。希伯來人遭到了巨大的民族苦難。

過了幾十年，拉美西斯二世死了，埃及受到來自四面八方的野蠻民族和海盜的入侵。希伯來人的首領摩西乘機帶領全族人越過紅海，逃出了埃及。在逃離埃及的行程中，希伯來人受盡苦難，他們缺水少食，風餐露宿，每天行走在大沙漠中，有不少人想返回埃及，不願再受這種路途之苦。摩西看到他的族人對命運失去了信心，十分痛苦。一天，當他們經過西奈山麓的時候，摩西爬上山頂。在山頂，摩西待了足足四十天。下山後，他對人們說，他見到了耶和華（希伯來人敬奉的神），並得到他的聖諭，有了它，希伯來人從此將交上好運。於是，摩西成了猶太教的創始人。

摩西受戒

逃出埃及後，摩西對希伯來人說，只有回到迦南，才是唯一的出路。但是大多數希伯來人沒有勇氣同勇猛強悍的迦南人進行戰鬥。摩西只好帶著希伯來人到處流浪。四十年過去了，摩西已經成為一個衰弱的老人。不久，摩西去世了，接替摩西領導希伯來人的是約書亞。這時希伯來人的新一代已經成長起來。經過長期艱難生活的磨練，年輕的希伯來人個個成為強悍勇敢的戰士。約書亞帶領他們經過無數次的戰鬥，終於渡過了約旦河，在迦南定居下來。

## 王國時代

約書亞之後的希伯來人進入了士師時期。在這個時期內，以色列十二支派之間各自為政，不能團結合作以對付周圍異族勢力的入侵，各支派部落出現各自的領袖，這些支派的領袖被稱為「士師」（審判者）。在這個時期共出現了十二名士師，其中最有名的是一位叫參孫的勇士。參孫的力氣非常大，能空手撕裂猛獅，曾經用一塊驢肋骨打死了一千個敵人。但是後來參孫被敵對部落設計害死。正當希伯來人處於分裂狀態時，來自地中海沿岸島嶼的一個叫做腓力斯丁的強大部落，向希伯來人發動了進攻。希伯來人沒能抵擋住腓力斯丁人的進攻。連本族的聖物「約櫃」（裝著摩西在西奈山頂所得到的上帝耶和華的聖諭），也讓腓力斯丁人搶走了。

就在以色列民族處於危難之時，一個叫掃羅的勇敢的年輕人，成了全體希伯來人尊敬的英雄。全體希伯來人一致為他舉行了希伯來人最隆重的塗油聖禮，把油塗在掃羅的身上，承認他為希伯來人的最高首領。按一般推算，掃羅登基為王約在西元前一〇二五年。後來，在一次與腓力斯丁人的戰鬥中，掃羅和三個兒子同時陣亡。掃羅死後，一個有勇有謀、名字叫大衛的青年登上了王位。他曾經是一個強盜頭，後來被掃羅收服，成了掃羅的一名軍官。大約在西元前一〇〇〇年，大衛率領以色列將腓力斯丁打敗，並從腓力斯丁人手中奪回了聖物「約櫃」。

不久，大衛的軍隊又攻下迦南人的一個叫耶路撒冷（意思是「和平之城」）的小城市，把首都建在那裏，將聖物「約櫃」也供奉在耶路撒冷的神殿中。因為大衛出身於十二支派中的猶太部落，於是他建立的國家稱為猶太王國。大衛在耶路撒冷大興土木修建宮殿和神殿，過著豪華的帝王生活。大衛死後，他的兒子所羅門繼承了王位。所羅門時代是猶太人歷史上最繁榮的時代。所羅門同時也是一個比他父親更加追求享受的國王。他下令繼續修建規模龐大的宮殿和神殿，其中最宏偉的是位於耶路撒冷小山上的宮殿和猶太教聖殿。《列王紀上》第六章和《歷代誌下》第三章詳細記載著建殿的經過與規模。此座聖殿被後世稱之為「第一聖殿」。耶和華的「約櫃」也被遷到了這裏。在許多世紀中，這個聖殿成了猶太人團結的象徵。但所羅門王在位時期，由於他偏袒南方猶太支派，增加了北方十個支派的離心傾向。致使在他死後（西元前九三五年），統一的王國正式分裂為南國猶太與北國以色列。

## 「巴比倫之囚」和流浪的猶太人

北方以色列王國以撒瑪利亞為首都，歷經十九個國王的統治延續了二百多年，於西元前七二一年，被亞述所滅。由於亞述實行民族融合政策，使北方的希伯來人不復以單獨的種族存在於世，這就是以色列民族史上所謂的「丟失的十個支派」。而南方的猶太王國發展到後來，也逐漸衰落，被迫臣服於新巴比倫王國。西元前六〇一年，新巴比倫王尼布甲尼撒與埃及交戰。這一次戰爭中雙方的損失都很慘重。新巴比倫軍隊不得不退回巴比倫。三年來一直臣服於尼布甲尼撒的猶太國王約雅敬，趁機脫離新巴比倫，投向了埃及。

尼布甲尼撒在聽到猶太國王投降的消息之後，非常生氣，發誓要踏平耶路撒冷。西元前五八九年底，投降埃及的猶太國王約雅敬死去，他的兒子約雅斤即位。尼布甲尼撒認為進攻猶太王國的時機已到，親自率領大軍攻向耶路撒冷。經過兩個多月的圍攻，在猶太內部親巴比倫派的推動下，猶太國王帶著所有的大臣一起出城投降。尼布甲尼撒廢黜了約雅斤，封約雅斤的叔叔西底家為猶太王，讓他宣誓效忠新巴比倫王國，不得反叛。然後下令將猶太王室的大部分成員和猶太的能工巧匠一齊押往巴比倫。臨行前，又下令部下對耶路撒

七燭台

冷的神廟進行洗劫。

西元前五八八年，埃及又向新巴比倫進攻。猶太國王西底家和這一地區其他臣服於新巴比倫的小國，紛紛起來回應埃及人，先知耶利米和一些親巴比倫的猶太大臣不同意西底家向埃及靠攏的作法，勸他不要反對尼布甲尼撒。但是，這一次猶太反對新巴比倫的力量顯然佔了上風。不久，尼布甲尼撒又率新巴比倫軍隊對耶路撒冷發動了第二次圍攻，歷時十八個月。由於饑荒和內部分裂，耶路撒冷終於在西元前五八六年陷落。

尼布甲尼撒對一反再反的猶太國王無比痛恨，下令在猶太國王西底家的面前殺死了他的幾個兒子，然後又刺瞎了西底家的眼睛，並用銅鏈鎖著西底家把他帶到巴比倫去示眾。耶路撒冷全城被洗劫一空，城牆被拆毀，神廟、王宮和許多民宅被焚燒。全城活著的居民幾乎全被擄到了巴比倫。這就是歷史上有名的「巴比倫之囚」。

西元前五三九年，巴比倫又被波斯征服。波斯王居魯士釋放了囚禁在巴比倫的猶太人。但是，猶太人在回到耶路撒冷之後，並沒有過著和平的生活，不時遭到外族的侵犯。在「巴比倫之囚」五個世紀之後的西元六六年，羅馬施行歧視猶太人的政策，大批屠殺猶太人，遭到猶太人的堅決反抗。鬥爭繼續了四年，到西元七〇年，整個耶路撒冷被羅馬總督提圖斯淹沒在血泊中，他不僅大肆屠殺猶太人，還將九萬七千個猶太人變賣為奴隸。這些人有的被送到礦山採礦，有的成了羅馬鬥獸場的角鬥士。猶太人從此開始流落世界，成為沒有土地和國家的民族。

## 影響

猶太民族在遭到亡國之恥後，再也沒有力量重新建立一個獨立的國家，他們四處流浪，成了沒有祖國和土地的地球孤兒。也正是因為如此，猶太人在政治上不再追求什麼，而著重追求經濟的利益。他們學習商業貿易，成為世界上最善於經商的民族。由於沒有政治上的保證，他們特別注意把錢財變成現金，隨時準備逃命，所以猶太商人特別懂得聚斂財富。正因為如此，猶太人成了貪婪的代名詞。有人認為是猶太人奪取了他們的財富。當這成為一些政治家煽動民眾、獲取權力的藉口時，猶太人就成了可憐的犧牲品。正是因為對猶太人的迫害，才成就了法西斯黨和希特勒，也正是由於法西斯黨和希特勒在德國的上臺，最終導致了第二次世界大戰的爆發，給人類帶來了無窮的災難。

也正是由於猶太人的苦難，使他們特別注意後代的教育，所以猶太民族成了世界上最為聰明的民族之一。在人數有限的猶太人中，誕生了許多鼎鼎大名的世界偉人，他們中間有馬克思、愛因斯坦、弗洛伊德……如果沒有馬克思、愛因斯坦、弗洛伊德等人，也就沒有了共產主義理論、相對論和夢的解析，人類的歷史也許就不是現在這個樣子了。

# 4 羅馬的建國——由狼哺育的開國始祖

羅馬文明是人類社會早期的一個非常輝煌和重要的文明。西元前二世紀初，是羅馬的全盛時期，其領土之廣，令人瞠目：從西部的不列顛島到東部的小亞細亞及至南部的北非、中東部分地區，盡囊括其中。羅馬的風俗習慣、法律、思想和拉丁語言，也隨著領土的擴張傳至歐洲的大部分地區，並給中東、非洲地中海沿岸的整個地區帶來了極大的影響。在歐洲史上，像這樣對廣大地域均產生不容忽視影響力的帝國，羅馬稱得上是絕無僅有的。但是有關偉大羅馬的創建，卻埋沒在無數的傳說之中。

## 特洛伊人的後裔

據《荷馬史詩》記載：西元前一一八四年，阿伽曼農率領希臘聯軍運用「木馬計」，攻下了小亞細亞的特洛伊。按當時慣例，勝利者把這座曾經繁榮似錦的城市夷為平地。

羅馬人的歷史就從這裏展開了。傳說特洛伊英雄、美神維納斯之子伊阿尼斯在這次劫難中逃了出來。他在母親的幫助下，背著雙目失明的父親，帶領一些族人，分乘幾條小船，浪跡於地中海上。他們歷盡千辛萬苦，漂泊了七年，終於在義大利半島的拉丁姆地區登陸。這個地方土地肥沃，氣候溫和，伊阿尼斯就和族人們定居了下來。後來，伊

阿尼斯的兒子在台伯河出海口附近建立了阿爾巴．龍加城。從此，這些特洛伊城的倖存者終於重建了家園，安居樂業下來。傳說他們就是羅馬人的祖先。

伊阿尼斯的傳說曾經為一些主張「文明來自東方」的學者所津津樂道，但是這種充滿神話色彩的故事卻並不能為歷史學家所信服。根據幾個世紀以來的考古成果，義大利半島在石器時代的居民主要是利古里亞人和西庫里人，他們創造了從舊石器時代到新石器時代的文化。在史家所稱的「民族大遷徙」時代（約西元前二〇〇〇年～西元前一〇〇〇年），一些印歐語系的部落相繼進入義大利半島。他們主要為阿普里人、拉丁人和翁布里．薩伯利安人。這些部落發展程度參差不齊，他們通過與土著人的相互交流，創造了特拉馬拉文化和亞平寧文化。約西元前一八〇〇年，義大利半島已進入到青銅時代，傳說中的伊阿尼斯就是在這一時期進入義大利的。阿爾巴．龍加城是真正存在過的，這已經被考古發掘證實。因此，我們可以推斷：羅馬人的祖先是「民族大遷徙」時代。稍後產生的維蘭諾瓦文化（約西元前一一〇〇年～西元前七〇〇年）則已進入鐵器期進入義大利半島的部落之一，他們的後代創建了羅馬城。

## 戰神的子孫

伊阿尼斯的後代在阿爾巴．龍加城統治了三百多年，到第十五代國王努米托爾在位時，變故發生了，其兄弟阿穆留斯篡奪了王位。阿穆留斯生性殘暴，野心勃勃，因為害怕哥哥後代的報復，他殺死了侄子，並強迫侄女西爾維婭去當不許結婚的女祭司。他以為這樣一來，他的哥哥就不會有後代，他的政權也就穩定了。

但是戰神瑪爾斯卻使阿穆留斯的侄女西爾維婭懷孕，並且生下一對孿生子。聽到這個消息，阿穆留斯又驚又怒，他下令處死侄女，並讓奴隸將雙生子扔到台伯河去，以防止他們長大後復仇。台伯河正在泛濫，河水把裝著雙生子的籃子沖到岸邊。孩子的哭聲吸引了正在河邊喝水的一隻母狼，牠奔到孩子們身邊，不僅沒有傷害他們，反而慈愛地舔乾雙生子的身體，把他們帶回山洞，用自己的奶餵養他們。有一隻啄木鳥，也常常叼來野果給雙生子吃。不久，一位牧羊人發現了這對孩子，把他們帶回家中撫養，給他們起了名字，哥哥叫羅慕路斯，弟弟叫勒莫斯。牧養人終於打聽到兩位孩子的身世，為了他們的安全，他發誓不洩漏秘密。兄弟倆從小苦練武藝，長大後變成了健壯勇敢、武藝出眾的青年。在他們的身邊逐漸聚集起一群牧人、流浪者和逃亡的奴隸。

一次偶然的機會，勒莫斯發現了他被趕下臺的外公，知道了自己的身世。他和哥哥決定為自己的母親和舅父報仇，除掉陰險狡詐的阿穆留斯。

這時，由於阿穆留斯的統治殘暴，大家對他早已恨之入骨。羅慕路斯兩兄弟同心協力，起義隊伍日益壯大，最終殺死了阿穆留斯。兄弟倆不想依靠外公，於是他們把政權交還給了自己的外公，決定帶領自己的人馬建立一座新的城市。而新城市的地點就是他們出生時被拋棄的地方——帕拉丁山

丘。

但可惜的是，在建城時兄弟倆的關係開始惡化。據說是因為用誰的名字命名新城，兄弟倆發生了爭執。在激烈的吵鬧中，羅慕路斯殺死了弟弟。然後，他在犁上套上一對雪白的公牛和母牛，圍著他選定的城址——帕拉丁山丘走了一圈，劃出深深的犁溝。這道曲線便確定了城牆的位置，被圍起的地方稱為「順城聖區」，城牆被視為神聖之物。新城建城之後，羅慕路斯順理成章地用自己的名字為它命名為「羅馬」。

據古羅馬人推算，這一天是西元前七五三年四月二十一日，於是每年的這個時候羅馬人都要舉行紀念活動。為了紀念母狼的救命之恩，羅馬人後來製作了一尊母狼的青銅雕像，將它立於廣場之上。而且，古羅馬人還把這一天作為紀元的開始，以西元前七五三年作為元年，依次後推，如西元元年，古羅馬人則記作「建城後七五四」。（西元紀年是後世的用法，古羅馬時代還沒有西元紀年。）

羅馬建城是羅馬歷史的開端。「狼孩建城」雖不足為信，但它在一定程度上保留了歷史的真實。考古表明，羅馬城的確是這一時期所建，當時正處於維蘭諾瓦文化階段，羅慕路斯所屬的拉丁人部落散居於帕拉丁等山丘，他們從事農牧業，並且開始使用鐵器。隨著生產力的發展，開始了部落之間的聯合，羅馬城可能就此而誕生。不過羅馬剛建立時十分弱小，大概是為了在強鄰環繞的環境下生存，他們才以戰神的後代自居，並且以狼為圖騰，從而在精神上自我激勵，為創建西方世界的偉大帝國播下了精神種子。

## 初期的羅馬

羅馬城建立後，羅慕路斯自然當仁不讓地被擁戴為王，這一年他十八歲。從這時一直到羅馬共和國建立，被稱為「王政時代」。早期的羅馬還算不上是嚴格意義的國家，而是正處於從部落民主制向國家過渡的階段，實行的是軍事民主制。這時所謂的「王」實際上是羅馬人的軍事首領、最高祭司和某些案件的審判長，並無行政權力。

羅慕路斯稱王之後，並沒有大權獨攬，而是設立了另外兩個機構來幫自己治國。一是元老院，羅慕路斯召集了三百名氏族首領組成元老院，元老院的元老們不是政府官員，只能算「王」的顧問，他們有權預先討論新法律，然後交由人民大會通過。元老不是選舉產生，而是由「王」指定；二是人民大會，由全體氏族成年男子組成，按所屬胞族分組議事，主要職責是通過或否決法律，選舉包括「王」在內的高級公職人員，決定戰爭媾和事項，審判重大案件等。這時的羅馬實行的是無階級的民主制，「王」雖是終身制，卻不是世襲制，而是由人民大會選舉產生。羅慕路斯一開國就給羅馬注入了民主因素，對後世的歐洲影響極大。

羅慕路斯確立了羅馬的體制後，要做的第二件事卻是搶奪別族的女人。這是因為羅馬是座新城，有正當工作的居民都不願遷居到這座新城，所以羅馬城接納的多是逃亡

羅慕路斯與勒莫斯之爭

者、流浪漢，甚至流氓、盜賊。他們多為男子，崇尚武力，兇狠好鬥，他們的惡名聲使得周圍的部落都不願把姑娘們嫁到這裏來。男人們都娶不到媳婦，羅馬城的人口怎麼能增加呢？

羅慕路斯為城市人口的增加苦思冥想，絞盡腦汁，終於想出了一個聰明的計謀。一天，他暗中布置羅馬青年作好準備，然後宣稱舉行競技會表演，邀請鄰近的薩賓人觀賞。到舉行競技會的那天，薩賓人舉族前往。正當薩賓人看得如醉如癡時，羅慕洛斯一聲令下，羅馬的青年們一擁而上，薩賓少女被盡數拿下。薩賓人覺得受了極大的侮辱，他們怒氣沖沖地退出羅馬城，發誓要報仇血恨。

一年以後，尚武的薩賓人終於準備妥當，向羅馬進攻了。雙方軍隊在羅馬城旁的一個峽谷中，擺開陣勢。一場殘酷的血戰眼看就要爆發，空氣中充滿不祥的恐怖氣氛。

正在危急時刻，從山崗上衝下一群被羅馬人搶走的薩賓婦女。她們淚流滿面，懷抱吃奶的孩子，哭叫著來到兩軍陣前，跪在地上，苦苦哀求雙方不要互相殘殺。因為不管哪一方得勝，她們都是受害者，或者是失去父親兄弟，或者是失去孩子的父親，成為寡婦。她們的哀求和哭訴深深感動了雙方戰士，他們扔下手中的刀和箭，彼此和解了，並且訂下和約：兩個部落合二為一，世世代代都居住在羅馬城，互相關心，互相保護……這個事件在歷史上被稱為「薩賓之誘拐」。

「薩賓之誘拐」使羅慕路斯為羅馬城解決了缺乏女性的煩惱，隨後他又通過一連串的征戰，使羅馬成為拉丁平原上一個富強康樂的大國。傳說羅慕路斯統治三十多年，在一次閱兵時突然「升天」。羅馬人懷念他創建羅馬和南征北戰的功績，尊他為「建國之父」，把他作為神來祭祀。

羅慕路斯以後的繼承者有些是傳說中的人物，有些是歷史上確實存在的人物——他們繼續統治羅馬四周的部族，漸漸地，勢力範圍逐口擴大。自羅馬城創建後的五百年間，他們掌握了義大利全土、西西里島、撒丁尼亞以及科西嘉的統治權。

## 影響

從羅馬建國到西元前四世紀末，羅馬已成為一個勢力強大的國家，它周圍的許多部落都臣服於它。後來再經過長達一百一十八年的「布匿戰爭」，終於擊敗了強大的競爭對手迦太基，將勢力範圍擴大到了北非和近東，在幾百年的時間裏，強大的羅馬帝國完全將地中海變成了自己的內陸湖。在其內部，經過長時間反反覆覆的變革，社會經濟文化發展到一個前所未有的高峰，給後代留下了豐富的精神和物質財富。羅馬文明，是世界上最為偉大的古代文明之一。現在的歐洲還有其他許多的地區，都還沐浴在羅馬文明的遺風之中。

# 5 梭倫改革——奠定民主的基礎

在希臘文明史中，雅典扮演的角色最有典型性。雅典發達的商品經濟、健全的民主政治，使其創造了希臘文化中的絕大部分輝煌。按照雅典將軍伯里克利的話說：「雅典是全希臘的學校。」就是在這裡，梭倫進行了一場非常成功的改革，可以說是世界歷史中成功改革的典範。

## 梭倫其人及其改革的背景

西元前六三八年，梭倫出生在雅典的一個貴族家庭。年輕時梭倫一面經商，一面遊歷，到過許多地方，漫遊名勝古蹟，考察社會風情，後被譽為古希臘「七賢」之一。在遊歷中梭倫還寫過許多詩篇，在詩中他譴責和抨擊貴族的貪婪、專橫和殘暴。這些詩篇同時為他贏得了「雅典第一位詩人」的美譽。

這一時期，雅典農民的境況是極其艱苦的，借了財主的債若還不清，財主就在借債者的土地上豎起一塊債務碑石，借債者就會淪為「六一農」，他們為財主做工，收成的六分之五給財主，自己只有六分之一。如果收成不夠繳納利息，財主便有權在一年後把欠債的農民及其妻、子孌賣為奴，並把他們賣到異邦。就政治方面而言，此時雅典的全部政權都屬於貴族的後裔。擔負高級職務的執政官以及元老院（顧問團）的成員只能從他們中間選出。他們決定著國家大事，判定著法庭爭訟，指揮著對外征戰。

西元前七世紀，雅典與鄰邦墨加拉為爭奪薩拉米斯島而發生戰爭，結果雅典失敗了。這樣，雅典就失掉了進行和發展貿易所必須的出海口。這時候，那些對海外貿易根本不關心的執政官以及元老院竟頒布了一條屈辱的法令：任何人都不得提議去爭奪薩拉米斯島，違者必處死刑。而梭倫卻從文獻資料、歷史傳統、風俗習慣等考證出薩拉米斯本應屬雅典所有，他對當局的這種懦弱行為深為不滿，為了喚醒雅典人的愛國熱情，同時避開不公正的法律的殘酷制裁，他想出了一個巧妙的辦法：佯裝瘋癲。於是「瘋」了的梭倫經常出現在雅典的中心廣場上，向著人群大聲朗讀他的詩篇：「瞧吧，不久，到處都將說我們的壞話……他就是那些把薩拉米斯島拱手讓人的傢伙中的一個……」最後，他熱情號召說：「讓我們向薩拉米斯進軍，我們要為收復這座海島而戰，我們要雪洗雅典人身上的奇恥大辱……」聽梭倫演說的都是些工匠、作坊主、商人等城市居民，因為對他們來說，海外貿易的停頓，就意味著破產和貧困。因此，他們主張繼續進行戰爭，並且熱烈地支持梭倫。在梭倫的努力下殘酷的禁令終被廢除，戰爭再次爆發。西元前六百年左右，年約三十歲的梭倫被任命為指揮官，統帥部隊，一舉奪回了薩拉米斯島。赫赫軍功使梭倫聲望大增，城市居民把梭倫看成了自己的領袖和庇護者。

梭倫像

而完全屬於貴族後裔並處在他們的債務束縛下的農民也在渴望著他的保護。

## 偉大的改革

西元前五九四年，梭倫被選為雅典的首席執政官。他得到了「修改或保留現有法律及制定新法律」的權力。當政後的梭倫立即實施了一系列改革，頒布多項法令，向氏族貴族發動了猛烈的進攻。他首先廢除了「六一農」，抵押了的土地歸還了原主，豎在地裏的柱子被拔去了，由於欠債而淪為奴隸的雅典人又回到了自己家中。這一轉變使貴族後裔和古老的氏族貴族受到了很大損失。但梭倫不想從根本上徹底廢除奴隸制度，他的法律反對的只不過是那種妨礙雅典經濟發展的債務奴隸制。

具有重大意義的是梭倫在雅典確立新的國家制度的改革。

根據梭倫的法令，雅典的全體公民將按財產的多少劃分為四個等級，不同等級的公民享有不同的政治權利。誰的財產多，誰的等級就高，誰就享有更大的政治權利。第一、二等公民可擔任包括執政官在內的最高官職，第三等只能擔任低級官職，第四等級不能擔任任何官職。

這一制度雖然並未實現公民之間的真正平等，但它意味著身為貴族，如果財產少，也享受不到過去那麼多的政治權利，而新興的工商業奴隸主可憑藉自己的私有財產，躋身於城邦政權。這就打擊了貴族依據世襲特權壟斷官職的局面，為非貴族出身的奴隸主開闢了取得政治權利的途徑。當時，戰神山議事會是國家權力結構的中樞。貴族借助這個機構操縱了立法、行政、司法等人權。梭倫恢復了公民大會，使它成為最高權力機關，決定城邦大事，選舉行政官，一切公民，不管是窮是富，都有權參加公民大會；設立了新的政府機關——四百人會議，類似公民大會的常設機構，由雅典的四個部落各選一百人組成，除第四等級外，其他各級公民都可當選。這一切，為雅典政治制度的民主化開闢了道路。

在梭倫改革之前，雅典行使的是德拉古法，它對偷竊水果、懶惰等過失都要判處死刑。人們指責它不是用墨水，而是用鮮血寫的。對此梭倫建立了新的陪審法庭，所有年滿三十周歲的公民都可出席法庭。法庭成員用抽籤的辦法選出，陪審法庭監督擔負國家職務的人員活動，保護雅典人民的利益。同時，雅典的軍隊也不像以前那樣，按氏族、族盟和部落來組成，而是根據財產的等級。頭兩等的公民在騎兵服役，第三等級組成重武裝步兵，輕裝部隊和海軍由第四等級組成。

梭倫還採取了許多鼓勵手工業和商業發展的措施，如除自給有餘的橄欖油外，禁止任何農副產品出口；凡雅典公民，必須讓兒子學會一種手藝；獎勵有技術的手工業者移居雅典，給予其公民權；改革幣制；確定私有財產繼承自由的原則等。梭倫制定的這一系列法律條文均刻在木板或石板上，鑲在可轉動的長方形框子裏，公諸於眾。梭倫的改革獲得了雅典人民的熱烈擁護，在梭倫頒布這些法律的時候，整個雅典都沸騰了。讓我們來回顧一下當時的情景：

古城雅典的中心廣場上聚集了成千上萬的農民、手工業者和新興的工商業奴隸主。

興致勃勃的人們正急切地等待著一個重要時刻的到來：新上任的首席執政官梭倫將在此宣布一項重要的法律。

梭倫在眾人的注視下大步登上講壇，環顧四周，逕直走到一個大木框前。此時，嘈雜的會場立時變得鴉雀無聲，人們凝神屏息，視線隨著梭倫不約而同地投向了那個大木框。梭倫用手一撥，將架在木框中的木板翻轉過來，刻在木板上的新法律條文便呈現在人們面前。梭倫高聲宣讀著各項改革法令，並以洪亮的聲音莊嚴聲明：「此法律的有效期為一百年。」頃刻間，掌聲雷動，歡聲四起，那些無力還債的農民更是起勁地歡呼，整個雅典城被一種異常熱烈的氣氛所籠罩。

這種情景是對梭倫改革的肯定，只有成功而合理的改革，才會獲得人民的擁護。

恩格斯認為，梭倫的改革與國家起源有關。恩格斯說：「社會一天天成長，越來越超出氏族

改革前的元老院

制度的範圍；即使最嚴重的壞事在它眼前發生，它也既不能阻止，又不能鏟除了……既然氏族制度對於被剝削的人民不能有任何幫助，於是就只有期望正在產生的國家。而國家也確實以梭倫制度的形式給予了這種幫助，同時它又靠犧牲舊制度來增強自己。梭倫揭發了一系列所謂政治革命，而且是以侵犯所有制來揭開的……迄今所有的一切革命，都是為了保護一種所有制以反對另一種所有制的革命。它們如果不侵犯另一種所有制，便不能保護這一種所有制。在法國大革命時期，是犧牲封建的所有制以拯救資產階級的所有制；在梭倫所進行的革命中，應當是損害債權人的財產以保護債務人的財產。債務簡單地被宣布無效了……他清除了負債土地上的抵押柱，使那些因債務而被出賣和逃亡到海外的人都重返家園。」

梭倫在首席執政官任滿後，即放棄全部權力離開雅典去遠遊了。據說他到過埃及、塞浦路斯、小亞細亞等地，一路上留下不少佳話和美談。晚年他退隱在家，從事研究和著述，死後骨灰撒在了他曾為之戰鬥過的美麗的薩拉米斯島上。

## 影響

梭倫改革的偉大之處，在於他提出了「公正」這一觀念。他在一首詩中寫道：「我拿著一隻大盾／保護兩方／不讓任何一方不公正地佔據優勢／我制定法律／無貴無賤／一視同仁。」梭倫抑制了平民與貴族的過分的欲望，在「公正」的旗幟下將一個氏族社會引入了國家的軌道，私有制誕生了。「毫無疑問，二千五百年來私有制之所以能保存

雅典衛城

下來，只是由於侵犯了財產所有權的緣故。」梭倫改革中，解除債務的政策，無疑是對債權人的一種「侵犯」，但這種「侵犯」是一種執行社會公正的結果，是公正地推動社會進步的必要措施。雅典人民不負歷史的厚愛，在梭倫之後的二百年間，不斷完善著公正的觀念，創造了政治、經濟、哲學、藝術、科技全面繁榮的希臘文明。

梭倫改革奠定了雅典乃至希臘的民主制度和自由之風的基礎，而後者，卻是歐洲民主制度的一個重要來源。梭倫改革，從某種意義上講，對後來的世界資本主義民主制度的建立，有深刻的思想淵源。

# 6 古希臘首次奧林匹亞運動會——人類走向團結

雅典是希臘共和國的首都，位於巴爾幹半島東部的阿蒂卡半島上，已有五千多年的歷史，是世界著名的古都之一，也是重要的歐洲古代文明的發源地。奧林匹克得名於奧林匹亞，奧林匹亞則是雅典西南三百三十公里處的一個村莊的名字。根據歷史資料記載，西元前七七六年曾在那裏舉行了第一屆體育競技大會。一九三六年奧林匹克運動會正式恢復火炬儀式以來，規定每屆奧運會之前，都要在傳說的奧林匹亞村眾神之王的廟宇——宙斯廟的遺址點燃火炬，然後進行接力傳送，運動會開幕式時引進會場點燃開幕式的火炬。運動會期間，火炬一直在那裏能熊燃燒，必須等到閉幕式時才能熄滅。

## 奧林匹亞運動會的起源

關於古奧運會的起源，有歷史可考的是伊利斯城邦與斯巴達訂立的神聖條約。西元前八八四年，伊利斯發生了一場災難性的瘟疫，居民一個接一個地病倒、死去。往日繁榮、歡樂的奧林匹亞，出現了哀鴻遍野、滿目瘡痍的景象。就在這時，伊利斯城邦的宿敵斯巴達卻乘人之危向它發動了侵略戰爭。斯巴達人滿以為一舉可以拿下他們垂涎已久的奧林匹亞，沒想到卻遭到了寧死不屈的伊利斯人的頑強抵抗。斯巴達人久攻不克，在

伊利斯神廟遺址

希臘其他城邦調解下，只好放棄了原先的打算。斯巴達王李庫爾格和伊利斯王伊菲特訂立了神聖休戰條約，條約規定奧林匹亞為定期舉行慶典的地方，是神聖不可侵犯的和平聖地，任何人都不得攜帶武器進入奧林匹亞，否則就是對神聖條約的背叛，各城邦都有權對背叛者進行制裁。

除此之外，還有另一種說法：西元前八八四年，伊利斯瘟疫流行。伊利斯王伊菲特得到神的告誡：這場瘟疫是神對伊利斯的懲罰，如果能在奧林匹亞恢復慶典活動，瘟疫災難即可消逝。伊菲特執行了神的指示，於是產生了奧林匹亞運動會。

如果我們跳出神話傳說和文學作品的樊籠，從現實生活中探究古希臘運動會的起源那就不難發現，它的產生，與希臘當時社會的政治、經濟、文化有著密切的關係。

古希臘是一個城邦制的國家，無統一君主，城邦各自為政。外來入侵、內部紛爭和鎮壓奴隸起義的戰爭，連年不斷。特別是各城邦之間相互爭奪時有發生。斯巴達人是這方面的急先鋒。這個城邦人口不多，但民性強悍，不事生產，專以掠奪侵略為業，兒童從七歲起，就由國家撫養，從事體育、軍事訓練，過著兵營生活。其他城邦，雖不像斯巴達人那樣，但為了應付戰爭，也積極發掘兵源。士兵，需要有強健的體魄，而體育是培養合格兵源的有力手段，這促使人們去從事體育活動。戰爭促進了希臘體育運動的開展，但戰爭也使自己走向了反面。人們開始厭惡這種不斷毀人家園、奪人子女的殘酷的廝殺，渴望和平生活的環境，渴望有休養生息的機會。於是，為準備兵源的軍事訓練，為強健體魄的體育競技，逐漸變為和平與友誼的運動會──古希臘運動會。

古希臘當時雖是城邦割據，且相互廝殺，但他們都視彼此為同一民族，如古奧運會規定只許希臘人參加就是一例。既然是同族同胞，自然大多數人是不滿意這種長期分割、不斷廝殺的局面的。他們希望能有一個至高無上的君主來造就一個和平、統一的希臘。這樣的君主無法從相互敵對的任何一個城邦產生，只有創造，於是受到全希臘崇奉的萬神之首宙斯產生了，被人歌頌的赫拉克勒斯、佩洛普斯這類英雄出現了。

古奧運會起源的另一個重要現實原因是當時的希臘奴隸制。體育是社會文化生活的一部分，為一定的社會政治、經濟服務，也受一定的社會政治、經濟制約。當時希臘社會工商業與農業進行了簡單的分工。擔任生產勞動的是奴隸，奴隸主的全部時間幾乎用來從事科學、藝術、文化以及體育方面的活動。恩格斯透徹地分析了奴隸制對希臘社會發展、繁榮所起的決定性作用，指出：「沒有奴隸制，就沒有希臘國家，就沒有希臘的藝術和科學。」

## 古代奧林匹亞運動會的概況

首屆古奧運會召開的時間是在西元前七七六年。但實際開始時間要比這早得多，地點也不僅僅是奧林匹亞。大約西元前一一〇〇年左右，在科林斯、雅典，以及包括奧林

匹亞在內的許多地方，每逢祭典祈禱儀式之後的進食時，都伴有舞蹈歌詠和體育競技。西元前七七六年後在奧林匹亞舉行的運動會，也只是希臘四大運動會之一。另外三個是：皮西安運動會，舉辦地在澤爾菲，祭奉太陽神阿波羅，約起源於西元前六世紀，初期為每八年一屆，西元前五八二年始，改為四年一次；伊斯米安運動會，地點在科林斯，祭奉海神波塞頓，約起源於西元前六世紀，每兩年一屆；尼米安運動會，始於西元前五七三年，原為紀念希臘王子奧佩利夫斯而舉辦，後改為祭祀宙斯，自西元前五七三年在科林斯舉辦第一屆後，每兩年一次，與伊斯米安運動會在科林輪流舉行。不過這三個運動會，遠不如奧林匹亞的規模大，影響深，且後來日趨衰落，不大為人所知曉。因此，人們談到古希臘運動會，是專指在奧林匹亞進行的體育競技。

動員在相互抹橄欖油

古奧運會最早的競賽項目只是二百碼（大約一百八十二公尺）短跑，後來逐漸增多，有摔跤、擲鐵餅、投標槍、賽馬和賽車等。除了那些犯叛國罪和對神不敬的人，每個有氣力、身體靈活的希臘公民都可以參加比賽。最受觀眾歡迎的是駕著馬車賽跑的項目。比賽時，眾馬奔騰，車輪滾滾，塵霧飛揚；觀眾的歡呼聲伴著隆隆的車聲、駿馬的嘶鳴，方圓數十里都能感受到那熱烈的氣氛。因為這種比賽，需要自己有馬，又要接受專門訓練，所以參加的往往是貴族的代表。

運動會結束，競賽優勝者要戴上用橄欖枝編成的王冠，這就是人們常說的桂冠。戴著桂冠的優勝者比國王還要受到人們的崇敬和愛戴，有人甚至把他們當作神一樣來崇拜。競技大會的閉幕式上，還要舉行「國宴」招待他們。最著名的詩人向他們奉獻讚美詩，第一流的藝術家為他們在奧林匹亞建造紀念雕像。他們的名字很快會傳遍整個希臘，有的時候還要透過各種方式向國外傳揚。優勝者的家鄉把他們當作出征凱旋的英雄來歡迎，有的城市還故意把城牆打開一個缺口，讓他們像征服者那樣進城。如果優勝者是雅典人，還可以得到五百銀幣的獎勵。

古老的運動會還樹立了一種優良的運動作風，即優勝者得到最高的榮譽，受到普遍的尊敬；而那些在運動會上使用不正當手段作弊的人，要被立即趕出出競技場，遭到大家的恥笑。奧林匹亞運動會是古代希臘生活中一項極為重要的大事，甚至戰爭也要為運動會讓路。交戰的雙方會暫停攻擊，等到五天運動會結束以後再繼續開火。後來，休戰期延長到一個月，最後延長到三個月。最令人難以理解的是，即使在外敵入侵的時候，希臘人仍把運動會放在第一位。競賽期間是希臘全國性的節日，每個希臘人都把能看到奧運會當作一生幸福的大事。

## 影響

奧運會對希臘生活的許多方面產生了巨大影響。希臘的各個城邦，因為這一全國性

的運動會，有了共同的社會活動，有利於彼此接近，也增加了各城邦之間的文化交流和貿易往來，很多城邦之間的緊張關係在一定程度上得到了緩解。此外，運動會還促進了希臘文化藝術，特別是雕刻藝術的發展。希臘著名雕刻家邁倫雕塑的擲鐵餅者，肌肉健壯，線條流暢，生動地表現出一個青年運動員在擲出鐵餅前一剎那間的緊張狀態，被譽為不朽的藝術珍品。希臘人中曾流行著這樣一句話：沒有奧林匹克，就沒有希臘雕刻。

古代的奧林匹亞運動會一共舉行了二百九十三次。到西元三九三年，侵入希臘的羅馬皇帝狄奧多西下令禁止舉行比賽，奧運會從此中斷了一千五百多年。後來，經過法國人顧拜旦的倡議和努力，西元一八九六年，奧運會又在雅典恢復了。以後仍然是四年一次，分別在不同的國家舉行，而且參加者也不再限定為希臘人。

如今，奧運會已經成為全世界矚目的體育盛會。比賽項目更多，參賽的選手更多。每隔四年，來自世界各國的運動員們聚集在運動場上，向著「更高、更快、更強」的目標競爭拼搏，傳遞著人類大家庭的和平和友誼。奧運會又成了人類和平友誼的盛會。

# 7 佛教與佛祖——一個世界宗教的誕生

他曾經是一個王子，但他放棄了王位。他曾經有過嬌妻愛子，但他卻離開了家庭。年復一年，他都在思考擺脫人世各種痛苦的方法。有一天，他終於感悟，創建了佛教。今天世界上有兩億多人信奉著他創立的佛教。這就是喬達摩．悉達多，也就是我們常說的釋迦牟尼——佛祖。

## 佛祖出世

距今二千五百多年前，佛陀誕生在喜馬拉雅山南麓恆河流域（今尼泊爾南部邊境）的迦毗羅衛國。他姓喬達摩，名悉達多，父親淨飯王，母親摩耶夫人。據稱，按照當時的風俗，摩耶夫人在十月胎滿之時必須回娘家生產，當她途經迦毗羅城附近的藍毗尼園時，見花園中奇花瑞草，池水香潔，便下車遊園洗浴。洗浴完上岸後，手扶樹枝，生下了喬達摩．悉達多太子。

悉達多後來回憶其青少年時期的生活時說：「我舉止文雅，生活非常奢華，接受過極其謹慎的培養。」他的襯衣、內衣、外衣全都是用絹帛製成的，白天頭上還有傘蓋遮蔽。父親淨飯王為他建造了供夏季、冬季和雨季三個不同季節居住的宮殿，宮中美女如

釋迦牟尼像

雲，極盡人間之奢靡。作為王位的繼承人，悉達多受到了良好的文化教育和嚴格的武藝訓練。他七歲起開始學習「五明」：語文學的聲明、工藝學的工巧明、醫藥學的醫方明、論理學的因明、宗教學的內明；同時還學習「四吠陀」：養生之法的梨俱吠陀、祭祀祝詞的沙摩吠陀、兵法研究的夜柔吠陀、咒術文獻的阿闥婆吠陀。這些都是當時印度的最高學問，而且從十二歲起，悉達多就開始練習武術。強健的體魄，英武的氣質造就了悉達多的領袖風度，這一點連鄰國的頻婆沙羅王都欽佩不已。

年輕的悉達多太子是父親淨飯王的希望、是整個釋迦族的希望、也是迦毗羅衛國的希望。但是，這位眾望所歸的太子為何放棄王位，而最終作出了出家求道的選擇呢？。

悉達多出家的動機，有所謂「四門遊觀」之說。有一次悉達多到城外郊遊，看到一位頭白背僂、拄杖行走的老人。不禁聯想：他是現在忽然變老的呢，還是他生來的命運就是如此？世間芸芸眾生，是他一個人會衰老呢，抑或所有的人都要經過這個階段？在另一次的出遊中，他看到一個垂死的病人睡在路邊，此人身瘦腹大，呼吸急促，手足如同枯木，眼裏流著淚水，口中不住地呻吟。悉達多不禁又想：世上病人就只有他一個呢？抑或是人人都不免要生病？第三次出遊，悉達多見到四人抬著一口棺材迎面走來，跟隨的人蓬頭垢面，嚎啕大哭。他不勝感慨：人為何要死呢？死是人生的結局，人凡是有生，最終必定有死，男女老少，誰也躲避不了。在第四次的出遊中，悉達多遇到一位離開家庭束縛、追求自由解脫大道的沙門。於是，他便作出了尋求解脫之道的決定。

當然，除了精神上的苦惱，悉達多的出家還同所處的社會環境密切相關。悉達多所處的印度如同中國的春秋戰國一樣，正是群雄並起、相互兼併的時代。他知道，訴諸武力是無法解決人類根本問題的。即使自己成為大家期望的轉輪聖王，也只能暫時拯救自己的國家於一時，不可能改變全人類的境狀，免除全人類的苦惱。因而，只有放棄武力走聖者的道路，才能找到根本的解決方法。

## 悟道成佛

按佛傳記載，悉達多出家的時間大致有兩種說法，一種說是十九歲，另一種說是二十九歲。此前，十六歲時他已和鄰國拘利城主善覺王的長女耶輸陀羅公主結婚，生下王孫，即在重新培養出王位繼承人之後，才正式踏上求道之旅的。一天夜裏，他擺脫了王宮森嚴的戒備，帶著一名叫車匿的侍從，騎著愛馬犍陟，告別了迦毗羅城。他先取道拘利國，再由此南下，渡過阿諾摩河，遣走侍從，獨自一人以托鉢行乞的姿態經末羅國和跋耆國，義無反顧地朝著日的地摩揭陀國進發。

佛祖沐浴圖

據巴利語的《經集》記載，悉達多來到摩揭陀國之後，立即引起頻婆沙羅王的重視。這位目光敏銳且具慧根的國王打算贈給悉達多大筆的財富，要求悉達多指揮他的軍隊，甚至以國相許，但是悉達多的道心絲毫不為所動。在會見頻婆沙羅王之後，悉達多便拜印度教「數論派」的阿羅藍和鬱陀兩位仙人為師。這兩位都是當時水準最高的禪定家，前者獲得了所謂「無所有處」的禪定境界，後者獲得了所謂「非想非非想處」的禪定境界。然而，悉達多很快就發現，他們的學問不是以解決人類生死苦惱為最終目的，不是究竟解脫的法門。於是決定拋棄禪定，走進尼連禪河畔伽耶山附近舍那村的苦行林，加入到苦行者的行列中。

悉達多所修的苦行令人嘆為觀止，據說他修到後來變得目陷鼻高，顴骨顯露，身形消瘦，只剩下骨頭和皮。他每日只吃一點果品或豆類，後來竟然到了日食一麻一麥的程度。他曾修習停止呼吸的苦行，冥口塞鼻，耳中發出轟轟的巨響，額頭如同銳劍在刺、皮鞭在抽。在修習苦行前，悉達多已用五、六年時間訪師問道，之後的苦行又花了五、六年時間。在苦行的第六年，他終於覺察到這種方法也是不可取的。因為苦行的哲學基礎是以肉體為骯髒，而以精神為潔淨，認為只有毀損肉體、擺脫肉體的束縛才能使精神得到解脫。顯然，這種將精神和肉體觀作對立的二元論並不符合佛教色心不二的立場。

一天，悉達多來到一條小河邊，想洗個澡，把出家後六年來積在身上的污垢統統洗淨。河邊放牛的小姑娘看到悉達多身心交瘁的樣子，很是擔心，便給他喝了許多牛奶。悉達多終於恢復了元氣。他走到一棵菩提樹下，盤膝而坐，在那裏閉目沉思。

在悉達多三十五歲那年，他終於想通了解脫人間痛苦的道理，創立了佛教。後來，悉達多就到各地去傳教，招收信徒，希望大家相信他說的一切，並且照著去做。因悉達多族姓釋迦，所以被他的弟子稱為釋迦牟尼，意思是釋迦族的聖人。

## 佛祖的學說和逝世

釋迦牟尼把佛教解釋為「四諦」，「諦」的意思是真理，四諦也就是四個「真理」：苦諦、集諦、滅諦、道諦。「苦諦」是說人的一生到處都是苦，生老病死喜怒哀樂其實都是苦。「集諦」指人受苦的原因。因為人有各種各樣的欲望，將願望付諸行動，就會出現相應的結果，那麼在來世就要為今世的行為付出代價，即所謂的怨有怨報，惡有惡報；「滅諦」是說如何消滅致苦的原因，要擺脫苦就要消滅欲望；「道諦」是說如何消滅苦因，消滅苦因就得修道。釋迦牟尼還為教徒制定了「戒律」。在家的和出家的教徒都必須遵守「五戒」：不殺生、不偷盜、不邪淫、不妄語、不飲酒。出家的教徒男的叫僧（和尚），女的叫尼（尼姑）。他們必須剃光頭，穿僧袍，完全脫離家庭生活。另外他們還要遵守一些出家人的戒律。佛教主張人人生而平等，同情不幸的受苦人，宣揚只要今世做了善事，來世就有好報；今世做了壞事，來世就有惡報。釋迦牟尼的這些主張，逃避嚴酷的現實，

法門寺的舍利

法門寺的舍利

有消極的一面。他還主張用自我解脫的辦法來消除煩惱，否定鬥爭，所以這一點常常被歷代統治者所利用。

西元前四八六年二月十五日，釋迦牟尼在一條河邊給幾個弟子講道，然後就到河裡洗了個澡。洗完澡後，釋迦牟尼側身而臥，枕著右手，對弟子們說，我老了，馬上就要死了，我死之後你們不要因為失去導師而自暴自棄，而要大力弘揚佛法，拯救世人。說完，他就逝世了。以後，人們為了懷念他對弟子的苦心教導，就在寺廟裏塑造了釋迦牟尼的臥像，並把釋迦牟尼誕生的那天（農曆四月八日）稱做「浴佛節」，把他修道的那天（農曆十二月八日）稱為「臘八節」。釋迦牟尼的遺體火化以後，骨灰結成許多五光十色的顆粒，佛教把這種顆粒叫做「舍利」。後來，有八個國王分取舍利，把它珍藏在特地建造的高塔中供奉，以表示對釋迦牟尼的景仰。這種塔用金、銀、瑪瑙、珍珠等七種寶物裝飾，人稱「寶塔」。在北京西山靈光寺的「佛牙塔」裡，據說就藏著釋迦牟尼的一顆牙齒。

佛祖釋迦牟尼圓寂後，他的眾多弟子都秉承佛的囑託，雲遊各地，專心傳法。但是由於佛陀的指示都是由弟子口傳，很難斷定那一段論述是否原話。於是後世的弟子聚在一起進行「結集」，就是將釋迦牟尼的種種教化、理論、思想，整理成書，便於流傳。這樣的「結集」共進行了三次。佛教在眾位弟子的努力下，得到了廣泛地傳播。南亞次大陸上，越來越多的人信仰佛教，古印度孔雀王朝的阿育王也皈依了佛教，並使佛教得到了空前發展，很快由印度次大陸向周邊地區傳播，逐步影響到今天南亞、中亞細亞地區。同時，佛教也在向中國傳播，並且傳播的時間、途徑互不相同：一條從古印度向北，穿過帕米爾高原，經大月氏，進入今天的新疆地區，沿著名的「絲綢之路」傳入中國內地；一條從古印度向南經過今天的斯里蘭卡、緬甸、老撾、泰國、柬埔寨等國家傳入中國的雲南傣族等少數民族地區；還有一條從古印度經今天的尼泊爾，翻越喜馬拉雅山脈進入中國的西藏地區。這三條傳播途徑，最終形成了北傳佛教、南傳佛教和藏傳佛教三大體系，全面繼承了佛教信仰和經典。

## 影響

佛教對世界歷史發展有著重要的影響。現在，佛教在泰國、緬甸以及中國的西藏等地，還有著非常大的影響力。在世界歷史中，它與政治相結合，誕生了很多的佛教國家，它的流傳也帶動了世界文明之間的交流。佛教於兩漢之際傳來中國，由於中華民族人文優秀，加上儒、道二教之廣博基礎，使它在唐、宋間大放異彩，騰輝燦爛。天臺宗、禪宗、唯識宗、淨土宗、密宗等八個人乘佛教宗派，使釋迦牟尼開創的佛教在中國發揚光大。佛教現已在世界各地弘揚，成為世界上最有影響力的三大宗教之一。

# 8 薩拉米斯海戰——決定東西對峙的一戰

西元前四九〇年開始，希臘半島爆發了世界歷史上第一次歐亞兩洲大規模的國際戰爭。這場戰爭一方是作為西方文明的發源地之一的希臘，另一方是當時雄霸東方的波斯帝國。戰爭前後持續了將近半個世紀，結果是希臘城邦國家和制度得以倖存下來，而波斯帝國卻一蹶不振。戰爭最終保存了西方文明的策源地。如果希臘戰敗了，西方文明將被東方強悍的帝國所征服，從而失去自主性。如果那樣，世界面貌也將為之改變。

## 希臘和波斯

古希臘，只是一個地理概念，它由很多的城邦組成。由於地形的限制，許多城邦被山脈分隔著，中間只有極少量的陸上交通，所以每一個城邦小國都是一個獨立的政治力量。城牆內是朋友，而在城牆外就到處是敵人。因此在希臘本部、愛琴海的海岸和各島嶼上，一共興起了幾百個城邦國家。在這麼多國家中，最重要的是雅典、斯巴達，這兩個城邦發展較為迅速和強大，在全希臘具有重要的地位。

波斯帝國，是雅利安人中的波斯人居魯士二世於西元前五五〇年建立的。雅利安人這個名稱是由雅利安語系而來的。屬於雅利安語系的人有印度人、希臘人、羅馬人、日爾曼人、凱爾特人以及斯拉夫人等。在語言方面，波斯人雖屬雅利安語系，但他們的骨骼、血緣、髮式、眼睛等與其他雅利安民族並不完全相同。

在短短半個世紀的時間裏，這個由游牧民族建立的國家征服了西起愛琴海、東迄印度、北達高加索、南至尼羅河的廣大地區，包括巴爾幹半島的色雷斯地區，成為地跨歐亞非三大洲的帝國。

在軍事上，波斯軍隊主要是由騎兵和弓箭手組成，有若干個擁有一萬人的師團。西元前六世紀中葉，波斯帝國侵佔了小亞細亞西部沿岸希臘人建立的各城邦。西元前五〇〇年，小亞細亞的希臘城邦米利都爆發反波斯起義，雅典等城邦相助。波斯帝國派重兵於西元前四九四年將起義鎮壓下去，米利都城被毀，同米利都一道舉兵起義的一些希臘城邦也遭殘酷洗劫。波斯帝國早有西侵野心，於是藉口雅典和埃雷特里亞曾援助米利都，於西元前四九〇年夏，發動了對希臘的戰爭。戰爭時斷時續，持續了很長的時期。

## 薩拉米斯海戰

西元前四八六年，大流士在與希臘城邦的馬拉松戰役五年後去世，接替他的是薛西斯一世。西元前四八〇年春，薛西斯一世出動約二十五萬人、一千艘戰船大舉遠征

希臘的戰士

希臘。波斯軍分水陸兩路，沿色雷斯西進，佔領北希臘，迫使一些城邦投降。在陸路，希臘聯軍在溫泉關抗擊波斯軍。這場戰役中，希臘聯軍指揮官、斯巴達王李奧尼達所率陸軍七千二百人，斯巴達戰士三百人憑天險抗擊波斯大軍，全部壯烈犧牲。波斯軍雖然獲勝，但死傷慘重，薛西斯一世的兩個兄弟就喪命於斯。溫泉關首戰告捷後，薛西斯一世決定進軍雅典。出乎意料的是，得到手的只是一座空城，雅典人已全部撤走。原來，在雅典的軍事戰略家提米斯托利克提議下，雅典公民大會決定暫避敵軍精銳，把戰場轉到海上。於是波斯軍隊在大肆破壞劫掠雅典後，繼續繞過阿提卡半島南端的蘇尼翁角，進入狹窄的薩拉米斯海峽。

面對波斯軍隊的水陸夾擊，集中在雅典城南薩拉米斯海灣的希臘聯合艦隊發生了動搖。大家對憑現存的兵力，能否打敗波斯大軍毫無信心。有些城邦的人打算把船駛離海灣，去保衛自己的家鄉。在這關鍵的時刻，將領提米斯托克利挺身而出，指出必須把戰船集中在薩拉米斯海灣和波斯海軍決戰，才能取得勝利。他認為，波斯戰艦雖多，但船體笨重，因此港窄、水淺的薩拉米斯海灣能充分限制其優勢，而且波斯水手們也不熟悉海灣水情和航路；而希臘人正相反，戰船體積小，機動靈活，適合在狹窄的淺水灣中作戰，加上水兵們在本國海灣作戰，熟悉水情、航路，能充分發揮力量。因此，提米斯托克利斷言：「我們的艦隊在窄海中作戰，可以以少勝多。如果撤出薩拉米斯灣，在開闊的水面上決戰，全希臘都要同歸於盡。」

儘管提米斯托克利說得很有道理，軍事會議也先後開了兩次，眾人還是聽不進去。

眼看戰機就要失去，提米斯托克利只好採用詭計：他叫來自己的一個貼身衛士，交給他一封密信，讓他去向薛西斯一世告密，說希臘海軍人心浮動，不敢交戰，都想逃出海灣。薛西斯一世見到密信，十分高興，立即下令嚴密封鎖海灣，不准放過一條船。

西元前四八〇年九月二十三日凌晨，波斯艦隊完成了對希臘艦隊的包圍。海灣西口，二百艘埃及戰艦按時到達指定位置，堵住了希臘艦隊的退路；海灣東口，八百多艘波斯戰艦排成三列，將海面封鎖得嚴嚴實實。薛西斯一世志在必得。他把指揮權交給海軍將領阿拉米西亞，自己在薩拉米斯海灣附近的一個山丘上搭起帳篷，準備悠然觀戰。站在他身邊，手拿紙筆的史官，也正準備如實記錄下波斯海軍的輝煌勝利。

被逼到絕境的希臘聯合艦隊在提米斯托克利的指揮下迅速展開了陣形：科林斯艦隊開往海灣西口頂住埃及人的衝擊；主力艦隊分為左、中、右三隊，集中在海灣東口，與波斯主力抗衡。也許天佑希臘人，本來希臘海軍只有戰船三百五十八艘，而波斯龐大的海軍擁有一千二百〇七艘戰船。但在戰役開始前，由於不熟悉天氣、航情，波斯海軍在實施包圍行動時，先後兩次遇到颶風，有六百艘戰艦被毀，戰鬥力損失了一半。

戰鬥開始後，雙方戰艦在性能上的優劣也很快顯示

海戰場景

出來。雅典的新式三層戰艦長四〇—四五公尺，速度快、機動性強，吃水淺，一百七十名槳手分別固定在上中下三層甲板上。而波斯老式掛帆戰船，體積大、速度慢、機動性差、吃水深。希臘海軍發揮自己船小快速的優勢，機智地不斷向波斯戰船作斜線衝擊，利用船頭一根長約五公尺的包銅橫桿，先將敵人的長槳劃斷，然後調轉船頭，用鑲有銅套的艦首狠狠衝撞波斯戰艦的腹部。波斯戰艦就這樣一艘一艘地被撞沉。一番激戰後，波斯前鋒艦隊抵擋不住，被迫後撤。而正從後面增援的戰艦並不知道戰況，仍笛鼓齊鳴，猛往前衝。由於正值順風，鼓成滿帆的後援戰艦衝入海灣，正好同後撤的前鋒艦隻迎頭相撞，亂成一團，提米斯托克利見此情景，乘機指揮全軍四面出擊。波斯艦隊進退兩難，被衝撞得七零八落，毫無還手之力。海軍統帥阿拉米西亞見敗局已定，只得狠狽後撤。

薛西斯一世在山頭上從頭到尾目睹著這場海戰的經過，無奈地看到波斯戰艦沉沒的沉沒，被擒的被擒。八個小時的激戰，波斯艦隊三百艘戰船被擊沉，五十艘被俘獲。薛西斯一世萬萬沒想到自己失敗得如此之慘，不由得呼天搶地，痛悔莫及。面對失敗的現實，薛西斯一世不得不開始考慮整個遠征軍的前途。一來海軍戰敗，陸軍基本的後勤供給失去保障；二來希臘海軍可能會乘勝直撲赫勒斯邦海峽（即達達尼爾海峽），截斷他的歸路。於是，他仰天長歎，命令殘存的戰艦迅速撤到赫勒斯邦海峽。幾天後，薛西斯一世除留下一部分兵力在中希臘繼續作戰外，自己率領其餘部隊退回到小亞細亞。薩拉米斯海灣之戰是整個希波戰爭中最重要的一次戰役，它扭轉了整個戰局。

波斯遠征希臘失敗，加之帝國內部矛盾重重，被迫退居守勢。以雅典為首的希臘則逐漸轉入進攻，並乘機擴張海上勢力，建立了雅典在愛琴海地區的霸權。西元前四七八年，雅典艦隊佔領赫勒斯邦海峽北岸的重鎮塞斯托斯，從而控制了通向黑海的要道。同年，雅典聯合一批希臘城邦組成海上同盟，奪取色雷斯沿岸地區、愛琴海上許多島嶼和戰略要地拜占庭。西元前四四九年，希臘海軍在塞浦路斯島東岸的薩拉米斯城附近重創波斯軍，至此雙方同意媾和。雅典派全權代表卡里阿斯赴波斯首都蘇薩談判並簽訂了《卡里阿斯和約》。和約規定：波斯放棄對愛琴海及赫勒斯邦和博斯普魯斯海峽的控制，承認小亞細亞西岸希臘諸城邦的獨立地位，持續約半個世紀的希波戰爭至此結束。

## 影響

希波戰爭是亞洲與歐洲之間的一場規模大、時間長的戰爭。薩拉米斯海灣之戰的結果使希臘獲得了自由、獨立與和平，雅典一躍上升為愛琴海地區的霸主，控制了通往黑海的要道，奪取了愛琴海沿岸包括拜占庭在內的大量戰略要地。希臘在愛琴海上稱霸，對沿岸國家進行掠奪，獲得了巨大利益。「人們似乎都一致被喚醒了」，他們紛紛效仿希臘雅典，大造艦艇和商業船，積極發展海上力量，爭奪海上霸權，向海岸國家傾銷商品、開闢市場、攫取經濟利益。英國人富勒在《西洋世界軍事史》中說：「隨著這一戰，我們也就站在了西方世界的門檻上面，在這個世界之內，希臘人的智慧為後來的諸國，奠定了立國的基礎。」

# 9 古代希臘哲學的誕生——奠定西方哲學的基礎

古代希臘是世界文明史上的一個重要時代，在這個時期，誕生了許多影響後世的偉大思想家，至今我們還生活在他們的思想裏。這些思想家中，最重要的就是蘇格拉底、柏拉圖和亞里士多德。對西方文明影響最大的哲學家，可以說就是這三位哲學家了。

## 蘇格拉底的思辯精神

蘇格拉底（西元前四六九～前三九九年）是古希臘著名的唯心主義哲學家。他出生於雅典，父親是位雕刻藝人，母親是個助產士。少年時期他跟父親學習雕刻，後來雅典衛城上的不少石雕據說就是出自蘇格拉底之手。後來蘇格拉底放棄了這個職業，在一個叫吉多的富人的資助下學習哲學，並有了較深的造詣。

三十多歲時蘇格拉底做了一名不取報酬也不設館的社會道德教師。他曾三次參戰，當過重裝步兵，救援過柏拉圖及另一名政治家亞爾西巴德，因此受到褒獎。蘇格拉底的妻子珊妮珀是個有名的悍婦，常常藉故尋釁，無事生非，鄰人無不嫌惡，蘇格拉底卻耐心處之，以之作為衡

蘇格拉底像

量自己修養涵性的尺度。四十歲左右，他成了雅典遠近聞名的人物。

蘇格拉底一生困頓拮据，無論酷暑嚴寒，他都穿著一件普通的單衣，經常不穿鞋，對吃飯也不講究，然而他學問淵博，性格樂觀豪爽，不拘細節，與其往來者甚多。蘇格拉底的一生大部分是在室外度過的。他喜歡在市場、運動場、街頭等公眾場合與眾人談論各種問題，如戰爭、政治、友誼、藝術、倫理道德等等。正是運用這種相互答問、爭辯的「問答法」，他不僅啟發了學生自己去尋找正確的答案，同時也向聽眾和交談者宣傳自己的觀點，誘導交談者從自己的暗示中得出他認為是正確的答案。亞里士多德稱他為歸納法之父。現代教育學上所稱述的啟發式談話法或問答法便是從蘇格拉底的這一方法發展而來。

在哲學方面，蘇格拉底根本改變了以前哲學關於萬物行態的本原觀，把事物的真正原因理解為個別背後的一般、具體事物的共同本性。他把人類對萬物統一性的認識提高到了一般與個別、本質與現象的內涵上，反映了人類古代認識史上的一次飛躍。

在政治上，蘇格拉底主張專家治國論，他認為各行各業，乃至國家政權都應該讓經過訓練，有知識才幹的人來管理，反對以抽籤選舉法實行的民主。他說：管理者不是握有權柄、以勢欺人的人，不是由民眾選舉的人，而應該是那些懂得怎樣管理的人。

西元前四〇四年，雅典在伯羅奔尼撒戰爭中失敗，「三十僭主」的統治取代了民主政體。「三十僭主」的頭目克利提阿斯是蘇格拉底的學生。後來，「三十僭主」的統治被推翻，民主派重掌政權。有人控告蘇格拉底與克利提阿斯關係密切，反對民主政治，

用邪說毒害青年。結果，西元前三九九年六月他被判了死刑。蘇格拉底無論是生前還是死後，都有一大批狂熱的崇拜者和一大批激烈的反對者。他一生沒留下任何著作，但他的影響卻是巨大的。哲學史家往往把他作為古希臘哲學發展史的分水嶺，將他之前的哲學稱為前蘇格拉底哲學。作為一個偉大的哲學家，蘇格拉底對後世的西方哲學產生了極大的影響。

## 柏拉圖的唯心主義

柏拉圖（西元前四二七～前三四七年），是蘇格拉底的學生，也是古希臘最著名的唯心論哲學家和思想家，是西方哲學史上第一個使唯心論哲學體系化的人。他的著作和思想對後世有著十分重要的影響。

柏拉圖出身於雅典一個大貴族家庭。據說他的名字源於他的寬額頭，他的真實姓名阿里斯托克利卻漸漸被人淡忘了。柏拉圖生於伯羅奔尼撒戰爭期間，青年時期受過良好的教育，並接觸到當時的各種思潮。對柏拉圖一生影響最大的是蘇格拉底。柏拉圖二十歲拜蘇格拉底為師，跟他學習了八年，直到蘇格拉底被雅典民主派處死。

雅典學院

柏拉圖留下了許多著作，多數以對話體寫成，常被後人引用的有：《辯訴篇》、《曼諾篇》、《理想國》、《智者篇》、《法律篇》等。《理想國》是其中的代表作。

理念論是柏拉圖哲學體系的核心。他認為物質世界之外還有一個非物質的理念世界。理念世界是真實的，而物質世界是不真實的，是理念世界的模糊反映。柏拉圖認為：世間有許多類的事物，當你判斷它是否為美時，心中必然已有了一個美的原型，這心目中美的原型又來源理念世界中存在的那個絕對的美。任何美的事物都無法與美的原型相比，前者不過是對後者的一種模仿，美的事物有千千萬，而美的原型或理念的美卻只有一個。

柏拉圖認為人的知識（理念的知識）是先天固有的，並不需要從實踐中獲得。他認為，人的靈魂是不朽的，它可以不斷投生。人在降生以前，他的靈魂在理念世界是自由而有知的。一旦轉世為人，靈魂進入了肉體，便同時失去了自由，把本來知道的東西也遺忘了。要想重新獲得知識就得回憶。因此，認識的過程就是回憶的過程，真知即是回憶，是不朽的靈魂對理念世界的回憶，這就是柏拉圖認識的公式。他還認為，這種回憶的本領並非所有的人都具備，只有少數有天賦的人即哲學家才具備。因此，他肯定地說：除非由哲學家當統治者，或者讓統治者具有哲學家的智慧和精神，否則國家是難以治理好的。這種所謂「哲學王」的思想即是他理想國的支柱。

《理想國》作為柏拉圖的代表作，內容涉及到他的思想體系的各個方面，包括哲學、倫理、教育、文藝、政治等，但主要是探討理想國家的問題。柏拉圖認為，國家就

是放大了的個人，個人就是縮小了的國家。人有三種品德：智慧、勇敢和節制。國家也應有三等人：一是有智慧之德的統治者；二是有勇敢之德的衛國者；三是有節制之德的供養者。前兩個等級擁有權力但不可擁有私產，第三等級有私產但不可有權力。他認為這三個等級就如同人體中的上中下三個部分，協調一致而無矛盾，只有各就其位，各謀其事，在上者治國有方，在下者不犯上作亂，就達到了正義，就猶如在一首完美的樂曲中達到了高度和諧。

柏拉圖死後，他所創業的學園由門徒主持，代代相傳，繼續存在了數世紀之久。但學園派對後世影響最大的，仍是柏拉圖這位開山鼻祖。

## 集大成的亞里士多德

亞里士多德（西元前三八四～前三二二年）是柏拉圖的學生，他的父親是馬其頓王國的宮廷醫生。亞里士多德十八歲時，就被父親送到當時著名的柏拉圖學園，在那裏他學習了二十年。由於他勤奮刻苦，涉獵廣泛，很受老師柏拉圖看重。可是，柏拉圖又說：「要給亞里士多德戴上轡繩。」意思說，亞里士多德非常聰明，思想敏捷，不同於一般人；不加以管教，就不能成為柏拉圖期望的人。亞里士多德很尊敬他的老師，但是，在很多問題上，他又有著自己獨立的思考和見解。他曾說過這樣一句話：「吾愛吾師，但吾更愛真理。」在學園裏，亞里士多德經常和柏拉圖爭論，有時候，會把老師問得答不上來。他不同意柏拉圖把真實存在看成是「人的理念」的唯心觀點。他提出這樣的問題：樹就是樹，由種子長成，結出果實。離開實實在在的樹，僅僅是頭腦中的樹的概念又有什麼意義呢？後來，亞里士多德終於拋棄了柏拉圖的許多唯心論觀點。他認為，客觀存在的物質世界是永恆的，不是靠什麼觀念產生的。是先有了現實生活中的各種三角形狀的東西，然後在人們頭腦中才有三角形的觀念。代數和幾何的定律是從自然現象中抽象出來的。他還認為，生命和世界都在運動，沒有運動就沒有時間、空間和物質。這些都具有一定的辯證法觀點。但是，當亞里士多德碰到一些解釋不了的現象時，就把老師的一些唯心論的觀點搬出來幫忙，因此常常被弄得自相矛盾，在唯物論和唯心論這兩種觀點中搖來擺去。

柏拉圖死後，亞里士多德離開學園。西元前三四二年起，他給當時的馬其頓王國王儲亞歷山大當老師。亞歷山大繼位後，亞里士多德來到雅典創辦了呂克昂學園。

在教育方面，他首先提出了對青年學生必須進行「智育、德育、體育」三方面的教育，並且提出了劃分年級的學制。他主張，對於七歲到十四歲的兒童，國家應該為他們辦小學，讓他們學習體操、語文、算術、圖畫和唱歌。對於十四歲到二十一歲的青少年，國家應該為他們辦中學，教他們歷史、數學和哲學。體育是為培養強健的體魄，德育是為了培養自尊心和勇敢豪放的品格。這個學校是古希臘科學發展的主要中心之一。亞歷山大國王十分支持亞里士多德辦學，據說先後提供了八百金塔蘭（每塔蘭約合黃金六十磅）的經費。亞里士多德在學園裏建立了歐洲第一個圖書館，裡面珍藏了許多自然科學和法律方面的書籍。

西元前三二三年，亞歷山大死後，雅典人激烈地反對馬其頓的統治。有人告發亞里士多德曾做過亞歷山大的老師，當局準備將他逮捕。亞里士多德的學生及時得到消息，幫助他們的老師逃出雅典，來到亞里士多德的故鄉優卑斯亞島的卡爾喀斯城避難。第二年夏天，這位偉大的思想家、哲學家，在淒涼的境遇中死去。

在亞里士多德之前，科學還處於胚胎時期，亞里士多德孕育了這一胎兒並使它降生。希臘人之前的文化都是用超自然的力量來解釋自然界的每種神秘變化的，到處都是神的作用。亞里士多德的光輝成就之一就是能以寬廣的胸懷和勇氣把科學組織成一個有條不紊的龐大機體。

## 影響

從蘇格拉底到柏拉圖，再到亞里士多德，是西方文明中思想界、哲學界發展的第一個高峰期。蘇格拉底、柏拉圖以及亞里士多德的思想，成為影響西方的最重要的理念。不管是政治方面、道德方面、思想方面等等，後人都從他們的想法裏獲取指導，為自己的行為尋找理論的藉口。他們對於西方文明的地位，就像是孔子、老子和韓非子對於中國文明一樣，具有不可忽視的影響力。

到了文藝復興和啟蒙運動時期，他們的哲學思想又被後人拿出來，被當作向封建勢力進攻的武器。文藝復興的含義，就是要回到蘇格拉底、柏拉圖和亞里士多德的時代。這三位哲學家，在西方哲學傳統中具有源頭的地位。

# 10 亞歷山大東征——促進東西方的交流

西元前五世紀，希臘各城邦曾一致對外共禦波斯，其後正當伯羅奔尼撒戰爭使希臘諸城邦大傷元氣的時候，北方近鄰馬其頓國家卻逐漸強大起來。其國王腓力二世憑藉其強大的軍事力量，趁希臘各城邦混亂不堪、無力外禦的時候，先後奪取了一個個衰落的希臘城邦。西元前三三八年，馬其頓軍隊大敗希臘聯軍於喀羅尼亞城下，確立了在全希臘的霸主地位。腓力二世的下一個侵略目標，便是東方的波斯及其他文明世界。然而，西元前三三六年，腓力二世遇刺身亡，沒有完成自己的宏圖大業。腓力二世的兒子亞歷山大受軍隊的擁戴登上王位，時年二十歲。他決心繼承父業，實現其稱霸世界的目的。亞歷山大注定要威震東西方。

## 亞歷山大大帝遠征

亞歷山大曾經拜希臘著名哲學家亞里士多德為師，學習了哲學、醫學、科學等各方面的知識。他酷愛希臘文化，夢想不僅要征服世界，而且要使世界希臘化。亞歷山大最喜歡的書是《伊里亞得》，他一心想向阿奇里斯學

亞歷山大像

伊蘇斯會戰

習，創下輝煌的偉績。亞歷山大十六歲起，就跟隨父親參加軍事征戰，學到不少作戰技術和軍事知識。在著名的喀羅尼亞戰役中，十八歲的亞歷山大曾指揮馬其頓軍隊的左翼取得輝煌的戰果。亞歷山大繼承王位之後，即著手仿效希臘人的制度，實行政治、軍事改革，削弱氏族貴族的勢力，加強君主的權力。他還改革貨幣，獎勵發展工商業。最重要的是軍事改革，亞歷山大創立了包括步兵、騎兵和海軍在內的馬其頓常備軍，將步兵組成密集、縱深的作戰隊形，號稱馬其頓方陣，中間是重裝步兵，兩側為輕裝步兵，每個方陣還配有由貴族子弟組成的重裝騎兵，作為方陣的前鋒和護翼。亞歷山大通過這些改革，使馬其頓迅速成為軍事強國。腓力二世被害後，希臘被征服的城邦認為這是擺脫馬其頓帝國控制與奴役的天賜良機，紛紛起義暴動，但年輕的亞歷山大在短短的兩年裏就平息了騷亂。為了維持龐大的軍隊以鎮壓希臘各城邦的反馬其頓運動，為了實現自己征服世界的野心，亞歷山大把目光投向了領土遼闊、資源豐富、財富滾滾的波斯。

西元前三三四年春，亞歷山大率領馬其頓和希臘各邦的聯軍，包括步兵三萬人，騎兵五千人和一百六十艘戰艦，渡過達達尼爾海峽，向波斯進軍。行前，他把自己的所有地產收入、奴隸和畜群分贈屬下。一位大將迷惑地問道：「請問陛下，您把財產分光，給自己留下什麼？」「希望」。亞歷山大說：「我把希望留給自己，它將給我無窮的財富！」

將士們被亞歷山大的雄心所激勵，他們決心隨他到東方去掠奪更多的財富。

亞歷山大率領部隊首先佔領了小亞細亞，消滅了那裏少量的波斯軍隊。然後他又揮師北上，向敘利亞進軍。在伊蘇斯城，他打敗了波斯王大流士三世，並俘獲他的母親、妻子和兩個女兒。看著大流士豪華的宮殿，亞歷山大讚不絕口：「這樣才像個國王！」

接著，亞歷山大向南進攻敘利亞和腓尼基，又派手下大將攻佔了大馬士革，從大流士的軍械庫裏獲得大量戰利品。他親自率領部隊南下，經過七個月的艱苦戰鬥，攻下了推羅城，把推羅城的三萬居民賣為奴隸。

亞歷山大圍攻推羅城時，大流士三世曾派使者求見亞歷山大，願意出鉅款贖回他的母親、妻子和女兒，還要割讓半個波斯帝國給亞歷山大。亞歷山大的一員大將帕曼紐心滿意足地說：「如果我是亞歷山大，我就接受這個條件。」亞歷山大則毫不動心，他說：「我不是帕曼紐，我是亞歷山大。」西元前三三二年，亞歷山大切斷波斯陸軍與海

上艦隊的聯繫後，長驅直入埃及，並且自稱是太陽神「阿蒙之子」，成為埃及的統治者。在埃及，他親自勘查設計，在尼羅河三角洲西部，建立亞歷山大城，他要它永存人世，做為他偉大戰績的紀念碑。埃及的祭司們為亞歷山大加上了「法老」的稱號。在慶功的宴會上，亞歷山大分外興奮，他說：「英雄的偉大就在於不斷開拓疆土，不斷增加權力，盡情享受美味佳肴和少女美色。」

西元前三三一年春，亞歷山大又率軍從埃及回師亞洲，假道腓尼基向波斯腹地推進，尋找波斯軍隊主力決戰。十月初，亞歷山大的大軍在底格里斯河東岸的高加米拉以西與波斯軍主力相遇。大流士此時已組織了較強的新軍，集結的軍隊來自二十四個部族，號稱百萬，有戰車二百輛，戰象十五隻。聯軍僅有步兵四萬，騎兵七千人，雙方進行了激烈的騎兵戰和肉搏戰。聯軍騎兵主力縱隊利用缺口迅速楔入敵陣，直逼大流士大營。大流士倉皇逃遁，波斯軍慘敗。聯軍乘勝南下奪取巴比倫，佔領波斯都城蘇薩和波斯利斯，以及米底古都埃克巴坦那，摧毀了大流士政權。

在戰鬥中，亞歷山大軍隊擄掠金銀和其他戰利品無數。據羅馬歷史學家普魯塔克的記載，亞歷山大動用了騾子大約有二萬頭，駱駝約五千隻馱運財寶。西元前三三〇年春，亞歷山大引兵北上追擊大流士，大流士被其部將謀殺，古波斯帝國及阿契美尼德王朝滅亡了。馬其頓軍隊征服了波斯的全部領土，一個橫跨歐、亞、非三洲的亞歷山大帝國建立起來了。

但是，亞歷山大並沒有就此止步，他的目的是整個世界。西元前三二七年，亞歷山大率軍由裏海以南地區繼續東進，經安息（帕提亞）、阿里亞、德蘭吉亞那，北上翻越興都庫什山脈，到達巴克特里亞（大夏）和粟特。西元前三二五年侵入印度，佔領印度河流域。他還企圖征服恆河流域，但是經過多年遠途苦戰，兵士疲憊不堪。由於印度人民的頑強抵抗，加之瘧疾的傳染、毒蛇的傷害，兵士拒絕繼續前進，要求回家。亞歷山大不得不放棄東進計劃，西元前三二五年七月從印度撤兵。

亞歷山大的部隊分兩路撤回。一路在海軍將領涅阿霍斯的率領下取海道由伊朗海灣入波斯灣；一路由亞歷山大親自率領，從陸路經卡曼尼亞沙漠而歸。西元前三二四年初，兩路大軍在巴比倫境內的奧皮斯城會師。由於長途跋涉，亞歷山大的部隊損傷極大。將近十年的亞歷山大遠征，終於結束了。亞歷山大將巴比倫作為首都，建立了一個龐大的帝國。它的版圖西起希臘、馬其頓，東到印度河流域，南臨尼羅河第一瀑布，北至多瑙河。

## 促進東西方的交流

亞歷山大東侵與有些戰爭相比，時間並不算長，但其獨特的進攻和遠距離機動作戰方式，卻在世界戰爭史上留下了重要的一頁。他孤軍深入，以進攻為主連續戰鬥，進行了數以百計的搶渡江河、圍城攻堅，以及山地、沙漠地和平原地作戰，多次以速戰速決戰勝優勢之敵。他在諸兵種的運用，特別是騎兵運用、陸海軍協同作戰、進軍路線選定、戰鬥隊形編成、作戰指揮和後勤保障等方面，都有自己特有的做法。

亞歷山大遠征，洗劫和燒毀了亞洲一些古老的城市，將成千上萬的勞動人民掠為奴隸，以野蠻、殘忍、落後的手段毀滅了許多東方文明。但是，亞歷山大遠征，也具有更多的積極歷史意義。

在遠征以前，亞歷山大認為希臘民族是世界獨一無二的民族，只有這個民族才真正具有開化的文明，而其他非希臘民族都是野蠻的民族。但是隨著東征，亞歷山大逐漸認識到波斯人和希臘人一樣具有傑出的智慧和才能，他們也應該受到尊敬。因而亞歷山大的思想觀念發生了改變，他認為各民族應該是公平的、應該和睦相處。他因此產生了一個偉大的計劃，想讓波斯人、希臘人與馬其頓人結為友好的同伴。為了促進馬其頓人和波斯人、東方人的融合，亞歷山大和大夏貴族羅克珊娜結婚，並鼓勵馬其頓人和東方女子結婚。在蘇薩城，亞歷山大舉行了一次盛大奢華的結婚典禮，慶祝他和波斯國王大流士三世的女兒斯塔提拉結婚，同一天舉行婚禮的馬其頓將士有一萬對之多。在婚禮上，亞歷山大

俘虜大流士之母

宣布：馬其頓人和東方女子結婚，可以享受免稅權利，他還饋贈了許多禮物給新婚夫妻。

在巴比倫，亞歷山大還整編一支龐大的軍隊，將三萬波斯青年編入馬其頓部隊，並準備繼續進行遠征。他計劃侵入阿拉伯與波斯帝國北面的土地，還想再次入侵印度，征服羅馬、迦太基和地中海西岸地區。但不幸的是西元前三二三年六月，亞歷山大突然患惡性瘧疾，從發病到生命結束僅十天時間就匆匆離開了世界。

由於死亡的突然降臨，亞歷山大未明確他的接班人，導致爭奪王權的激烈鬥爭。在鬥爭中，他的母親、妻子與兒女都被反對黨殺死。將領們紛紛擁兵自立為王，橫跨歐亞非三洲的馬其頓王國從此分裂為若干個希臘化的國家。亞歷山大龐大的帝國只存在了短短的十三年。

## 影響

亞歷山大的東征，促進了東西方文化的交流，開拓了人們的眼界。東方的城市出現了優美的希臘式雕塑和建築，東方的人文學和數學知識也傳入西方，豐富了西方的知識寶庫。亞歷山大的東征，還開闢了東西方貿易的通路。他在東方建立的幾十座城市，都逐漸發展成為商業中心，如埃及的亞歷山大港至今仍是埃及著名的大海港。亞歷山大被稱為世界上最偉大的征服者之一，為後代那些雄心勃勃的統治者所效仿。

# 11 阿育王的頓悟——佛教因他而走向世界

西元前三二五年，馬其頓國王亞歷山大從印度河流域撤走，在旁遮普設立了總督，留下了一支軍隊。這時，旃陀羅笈多率領當地人民揭竿而起，組織了一支軍隊，趕走了馬其頓人。隨後，他又推翻了難陀王朝，建了新的王朝。由於他出身在一個養孔雀的家族，因此，後來人們把旃陀羅笈多建立的王朝叫「孔雀王朝」。

到了旃陀羅笈多兒子賓頭沙羅統治時期，孔雀王朝已控制了印度河平原、恆河平原、孟加拉灣、德干高原以及遠達阿拉伯海的廣大區域。阿育王就是這個強大王朝的繼承者之一。

## 阿育王的傳奇

阿育王的登基頗具傳奇色彩。阿育王的母親天生麗質，聰慧過人，也正因如此在她進宮後，受到了宮裏妃子們的忌妒，被分配做了剃鬚師。但此女並無怨言，她巧妙地利用了一次為賓頭沙羅剃鬚的機會，得到了他的寵幸，被納為王妃，

雕刻阿育王教法的幾念柱頂部。這個雕刻中的獅子是現在印度的國徽

並身懷有孕。正值國王母喪除憂之日，生下一個男孩。賓頭沙羅便為他取名為阿育（「無憂」之意）。

雖然阿育從小就聰慧過人，而賓頭沙羅卻認為他品性頑劣粗暴，不足為愛。但奇怪的是，阿育竟受到了眾大臣的擁戴，並在一次占卜國王繼承人的儀式中被相師選中。但賓頭沙羅卻不願讓阿育繼承王位。

西元前二七三年，賓頭沙羅身染重疾。此時他的長子修私摩被派往德叉屍羅公幹。賓頭沙羅命令阿育速去叫回修私摩，要把國事託付給他。但大臣們卻不願這樣做，他們給阿育塗上黃薑汁，說他有病不能前去。賓頭沙羅心中憂憤，病情加重，奄奄一息，大臣們卻又擁著阿育前去覲見國王，說：「這是王子，願大王授與王位。」賓頭沙羅驚怒交集，一言不發，眾人便把王冠戴在阿育的頭上，國王長嘆一聲闔然而逝。阿育於是登上了孔雀王朝的王位。

阿育王剛登上王位，他的幾位哥哥便對他的登基表示反抗。他們逃出都城，會同從德叉屍羅返回的大哥修私摩，糾集了隊伍，公開對阿育王宣戰。戰爭一直繼續了四年，阿育殺死了他的九十九個兄弟姐妹，才最終於西元前二六八年舉行了正式的登極典禮（灌頂信仰式）。

## 血光中的頓悟

勝利後的阿育王過起了昏天黑地的奢華生活。像他的祖父和父親一樣，他在宮庭裏

大擺宴席，同貴族大臣們開懷暢飲、不醉不休；他在自己豪華的園林中與妻妾們恣意作樂，通宵達旦；他常常率領他龐大的軍隊跨出都城，僅僅是為了消遣打獵；他貪財如命，又一擲千金。年少得志的阿育王沉醉在紙醉金迷的帝王生活之中。

釋迦牟尼像

但舒適的生活，並沒有磨滅阿育王渴望追隨祖父、父親事業的雄心。他開始向外擴張，首先征服了濕婆薩國，但最大規模的擴張是西元前二六二年對羯陵伽的遠征。羯陵伽是孟加拉灣沿岸的一個強國，擁有步兵六萬，騎兵一萬，戰象幾百頭。這個國家不僅在軍事上很強大，而且由於海外貿易發達，在經濟上也很富庶，因此他們對阿育王的抵抗也最為頑強。

戰爭在寬闊肥沃的恆河平原上拉開序幕。羯陵伽人吶喊著揮舞著盾牌和大刀向阿育王的軍隊衝去。平原上血光閃閃，殺聲震天。第一次遭到這樣強悍而又亡命的衝擊使阿育王的士兵們措手不及，許多人還沒有從這震懾人的氣勢中清醒過來便被一刀砍死。但是，他們畢竟是身經百戰的士兵，不久他們就恢復了鎮定，開始冷靜地面對近乎於瘋狂的羯陵伽人。戰爭殘酷地進行著。戰場上到處都是倒下的戰馬和士兵，隨處可見斷腿和滾在一邊的頭顱。渾身沾滿別人的鮮血也流著自己鮮血的士兵仍然在猛殺猛衝，戰鼓擂得震天響。阿育王冷靜地指揮他的士兵向羯陵伽人殺去。戰場的局勢漸漸明朗起來，羯陵伽人的軍隊開始動搖。但他們仍然不放鬆最後的希望，要同阿育王的軍隊拼死一搏。

一批士兵倒下去了，另一批士兵又衝了上來。阿育王的軍隊也遭到了慘重的損失。平原上漸漸形成一道血的河流。

阿育王久攻不下，心中煩躁，臉上泛起青光，他下令全面進軍。大軍潮水般湧向幾乎已喪失抵抗力的羯陵伽人，鬱積的怒火一齊爆發出來，手中的武器很快落到了手無寸鐵的羯陵伽人身上，連婦女和兒童都不能倖免。羯陵伽人在萬般無奈的情況下，不得不屈辱地跪倒在阿育王和他的軍隊的腳下。但戰爭並沒有因此而結束。被俘獲的十五萬羯陵伽人也在劫難逃，他們當中的十萬身強力壯的士兵被一個個殺掉。而怒氣未消的阿育王的士兵仍然大肆地在村莊裏殺人放火，整個羯陵伽族籠罩著一片死亡的陰影。

不知道是對殘酷殺戮的懺悔，還是對血腥場景的恐怖，抑或是對人生無常的感悟，大戰後的阿育王令人在石碑上刻下了那篇舉世聞名的碑文：「皇上征服併吞羯陵伽族後，內心非常懊悔。……因為必須以殺戮民眾或捕捉俘虜為手段，才能征服如此頑強不屈的民族，真是一件令人痛心和遺憾的事。」

「即使被虐殺、殘害或俘虜的人民，僅有百分之一、千分之一，皇上也會感到歉疚難安。如果將來有人背棄了皇上，皇上也會寬恕他。皇上對居住於原始地帶的野蠻人也會用同樣仁慈公正的態度來進行統治，即便稍有疏忽，皇上也會悔恨不已。人民應在皇上的感召下，不再胡作非為。皇上衷心希望所有的人都能明白安全與自制的重要，如此才能享有和平寧靜的幸福生活。」

阿育王從羯陵伽回到都城後，同佛教高僧優波毱多進行了多次的長談，並奇異地於

西元前二六一年皈依了佛教，成了一名虔誠的教徒。

## 佛光的普照

皈依後的阿育王好像換了個人似的，不再奢靡放蕩，恣意妄為，也不再外出狩獵，並將宮內肉類的消費量，減少為每天二隻孔雀、一隻鹿，自己則不再吃肉，開始茹素禮佛。他雖然沒有禁止國內人民屠殺牲畜，卻規定每年某一時期禁止殺害飛禽走獸和魚類。同時頒布法令，禁止人民殺害不能食用的生靈。

他的軍隊也不再用於征戰，而只是用於維持國內治安，幫助百姓開闢道路、栽培果樹、打鑿水井，他又建立了許多救濟院，收容動物和無依無靠的人民。他還獎勵栽培草藥，積極倡導藝術和建築，興修水利。他經常微服外出體察民情，或以虔誠的心情到寺廟裏參拜。他也常常在寺廟前建立紀念碑，刻上自己的詔示。他公開表示：「無論我在吃飯時或在妻妾房內、書房、馬廄裏，無論我在做什麼，只要發生重要的事，都可來找我。這是我的命令。你們不要因害怕而猶豫不決。我一向不滿意自己所做的事以及處理事情的方法。為了百姓的幸福，我必須勤奮工作。我所做的一切，都是為贖我以往殺害生靈的罪過；也許我的努力，只能使這個城市的少數人得到幸福，但是我希望，所有的人在來世都能進入極樂世界。」

同時，他通過在全國各地的山岩、石柱和洞壁上的石刻向國民闡釋佛家思想，以佛家的道德準繩來約束自己的臣民。他在著名的摩崖法敕中寫道：「人人應該遵守的規律

——佛教所謂的法，其精髓即是行善事、憐憫、親切、誠實和簡樸的生活。應聽從父母，對親朋、僧侶、苦行僧等，應寬宏大量，重要的是不得殺生。」阿育王在宏揚佛教的同時並不排斥其他宗教。

當然，阿育王的崇拜和禮遇佛教徒是無與倫比的。他在佛祖釋迦牟尼第一次說法的地方——鹿野苑，建起了一根巨大的石柱。壯麗的石柱上，有一隻腳踏法輪的獅子，而這就是今天印度國旗綠白黃三色中那個醒目的藍色法輪的來源。阿育王還在帝國的境內建起了多達八萬四千座的佛舍利塔，塔內每天都點著油燈、燃著檀香、裝飾著各種寶物。同時，他還對佛門施捨大量的土地財物，大力供養佛教僧團。

由於生計問題的解決，佛教內部的各派有了大量時間來進行各種辯論，這導致了教徒們甚至對一些基本的教義也爭吵不休。為了消弭僧團的混亂阿育王請著名高僧目犍連子帝須長老召集一千比丘，在華氏城舉行第三次結集，趕走外道，會誦經典，並編纂了《論事》。結集後，阿育王又派遣許多長老到全國各地乃至國外傳播佛教。當時佛教徒認為他是個理想的國王，尊其為「護法名士」。

為了弘揚佛法，阿育王派出了包括王子和公主在內的大批使者和僧侶，到鄰近的國家和地區去傳教。印度公主在去錫蘭（今天的斯里蘭卡）傳教時，不僅帶去了許多僧侶和佛典，還帶去了一枝神聖的菩提樹的樹枝，並親自種植在錫蘭，這棵菩提樹在錫蘭一直生長到今天。

同時，阿育王派出佛教團向東進入緬甸、老撾、泰國、柬埔寨，以及中國雲南。向

北越過帕米爾高原進入西藏。向西傳到了埃及、敘利亞，甚至希臘。佛教從此在世界範圍內傳播開來，影響著許多國家政治和社會生活。

由於沉溺佛教，阿育王逐漸不理政事，對僧侶的大量布施以及公然袒護反對婆羅門教的佛教徒，並且阻止以動物為犧牲的祭祀，引起婆羅門教僧侶的反對，而軍隊中的將領，也對阿育王嚴禁他們侵略鄰近各民族而感到憤憤不平。因此到最後阿育王病重的時候，已沒有任何權利。他病中曾下令大開國庫對僧侶布施，但已經沒有人聽從。他只得將手中半只解渴用的淹摩羅果贈與僧眾。眾僧感動異常，用鍋煮之，每人喝下一碗湯，然後把果核供奉起來。從這裏可以看到，阿育王對待佛教的態度是相當真誠的。

## 影響

阿育王在位的四十多年裏，在國內外都享有很高的聲譽。在印度和其他一些國家的歷史著作裏，他被稱為「偉大的阿育王」。印度的孔雀王朝也成了印度歷史上第一個強大的統一帝國。就連寧波，還曾經有過阿育王寺，說明阿育王在中國也是有影響的。佛教的創始當然應該歸功於釋迦牟尼，但它的大規模的傳播，最終成為世界三大宗教之一，則要歸功於阿育王。

# 12 凱撒改制——奠定羅馬帝國的基礎

凱撒是古羅馬的一位偉大統帥，在世界軍事史甚至世界史中都具有重要的地位。凱撒的歷史作用，在於他為羅馬從共和國轉變為帝國做出了重要貢獻。他死後不久，羅馬便成為統一的大帝國。凱撒畢生征戰，用兵有方，其著作《高盧戰記》和《內戰記》是研究古羅馬軍事史的重要文獻。後來「凱撒」成為羅馬及歐洲某些國家帝王的一種頭銜。

## 凱撒生活的歷史環境

蓋尤斯．尤里烏斯．凱撒出生於西元前一〇〇年，正是羅馬共和國發生嚴重政治危機的時代。這時，羅馬的經濟基礎發生了巨大變化，已成為西方古典時代奴隸制度最發達的國家。原來的小農業已完全被大規模使用奴隸勞動的大莊園取代，直接的軍事掠奪和以貢賦等方式對被征服地區進行的壓榨，使地中海沿岸各地的財富大量湧入義大利，加速了羅馬的社會分化。

經濟上的巨大變化，自然要影響到羅馬的政治生活，被

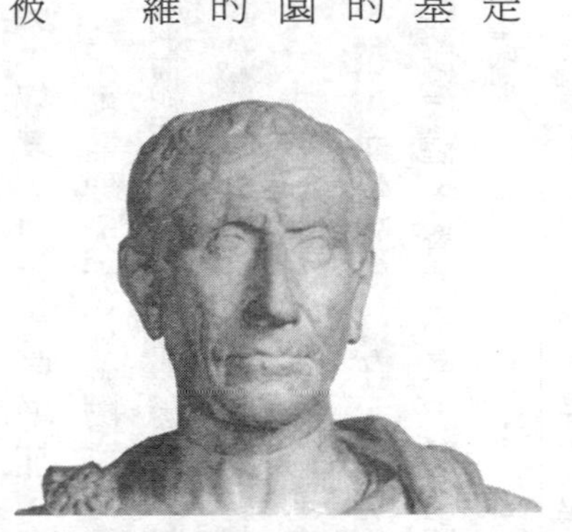

尤里烏斯．凱撒像

征服的土地在日益擴大，由僱佣軍組成的常備軍在不斷擴充，奴隸人口在急劇增加，由失業小農民和被釋奴隸構成的遊民階層也在大量湧向首都，這就需要大大加強國家機器才能應付，但這時的羅馬國家體制基本上還是當年台伯河上那個小公社的那套城邦制度。年年重選的文官政府、臃腫不靈的公民大會和由少數世代掌權的豪門貴族壟斷的元老院，根本無法適應這個局面。從西元前二世紀三十年代起，就不斷有人從不同的角度出發，提出各種民主改革方案，但都因為觸犯豪門貴族的利益，而受到盤據在元老院的一小撮所謂貴族共和派的反對。此後，主張民主改革的人前撲後繼、奮鬥不息，民主運動從合法的要求改良逐漸發展到採取陰謀暴動甚至內戰的方式。

西元前八十二年，豪門貴族的保護者蘇拉用血腥的大屠殺鎮壓了反對派，民主運動才一時沉寂下去。但大屠殺並不能消除引起要求改革的根源，蘇拉死後不久，民主運動馬上就捲土重來。這時，羅馬貴族共和政府的孱弱無能、社會秩序的動盪不安、軍人的專橫跋扈，已經大大削弱了國家的力量，到西元前一世紀七十年代，局勢終於發展到極為可慮的地步。東方強鄰的進攻和西方行省的割據都還在其次，嚴重的是地中海上的海盜橫行和斯巴達克斯所領導的奴隸起義。海盜橫行不但使沿海地帶民不聊生，連羅馬也因海外的糧食運不進來而有斷炊之虞；奴隸起義使義大利遭到漢尼拔戰爭以來最沉重的一次兵災，而且從根部震撼了羅馬的奴隸制度，打擊了奴隸制經濟。奴隸起義迫使奴隸主對剝削奴隸和經營田產的方式作出了某些改變，也迫使奴隸主改變了控制奴隸的方法。更重要的是迫使他們不得不變換已不能保障奴隸制經濟發展的共和政體。凱撒就是在這種情況下登上政治舞台的。

## 成為統帥

凱撒出身於羅馬的一個古老但已沒落的貴族家庭，由於他和老一輩的民主派領袖馬略和秦那有親誼，青年時代就受到貴族共和派的排擠，迫使他一開始就站在民主派一邊，逐漸成為反對派的領袖，同時凱撒一面也按部就班地從財務官、工務官升到司法官。西元前六十一年，凱撒出任西班牙行省總督。在那裏，他很快組織了一支軍隊征服了當地的一些獨立部落。戰爭的勝利使他的士兵都發了財。西元前六〇年，凱撒返回羅馬，卻遭到元老院的漠視。但在這時，凱撒除了在街頭的遊民階層中擁有巨大的號召力以外，沒有別的政治資本，為此他設法跟當時在軍隊中有極大勢力的克耐猶斯．龐培和代表富豪們即所謂騎士階層的羅馬首富馬古斯．克拉蘇結成「三頭同盟」。當然，這三個人代表的是三個不同利益的集團，只是因為同樣受到把持元老院的貴族共和派的排擠，才走到一起的。凱撒在這兩個人的共同支持下，當選為西元前五十九年的執政官，但由於元老院的掣肘，並沒有什麼大的建樹。

這時，經過半個多世紀的政局動盪，羅馬統治集團中無論哪一派的領袖人物，都從實際經驗中體會到，要掌握政權，必須先有一支武裝力量，只有利用武力，才能在政治上有所作為。因此，凱撒在執政官任期屆滿之後，竭力設法爭取到高盧行省去擔任行省長官，目的是趁在高盧的機會訓練一支屬於自己的軍隊，作為政治上的後盾；同時，還

可在高盧大肆開拓疆土，擄掠奴隸，既為自己在羅馬的奴隸主階級中取得聲譽，又可乘機積聚一大筆財富來作為今後政治活動的資本。

凱撒在西元前五十八年前往高盧，到西元前四十九年初方回義大利。他在高盧的九年中，據普魯塔克說，共屠殺了一百萬人，俘虜了一百萬人。他本人和他部下的將吏都發了大財。這使他能在羅馬廣施賄賂，甚至一直賄賂到要人們的寵奴身上。凱撒還利用自己的龐大財力為平民舉辦各種演出，發放大宗的救濟款，並在義大利許多城鎮興建大量工程，既討好了貴族，也討好了因此獲得工作機會的平民。這樣凱撒在義大利公民中的聲望，漸漸超出「三頭同盟」中的其他兩人，特別是他藉高盧作為練兵場所，訓練出一支當時共和國最能征慣戰的，而且是一支只知有凱撒、不知有國家的部隊。

龐培像

凱撒的成功刺激了克拉蘇，他在西元前五十三年趕到東方去發動對安息的戰爭，希望在那邊取得跟凱撒同樣的成功，不料全軍覆沒，埋骨他鄉。這樣就使得原來鼎足相峙的「三頭同盟」，只剩下凱撒和龐培的兩雄並立，於是他們彼此間的猜忌日益加深，加上元老院中一些人的從中挑撥拉攏，龐培終於和凱撒決裂，正式站到了元老院一邊，成為貴族共和派藉以對抗凱撒的首領。西元前四十九年一月十日凱撒兵渡魯比孔河，以迅雷不及掩耳之勢進入義大利，龐培措手不及，帶著全體政府人員和元老院倉皇逃出羅馬，渡海進入希臘，聽憑義大利落人凱撒手中。次年冬天，凱撒也趕到希臘，在法薩盧一戰擊敗龐培主力。龐培逃往埃及，被埃及人就地殺死。凱撒在肅清了其他各地龐培餘黨後，重新統一全國。

凱撒一個行省一個行省地肅清龐培餘黨的征戰，也就是掃除羅馬貴族共和體制的殘餘影響，建立新的統治機器的過程。因而，被凱撒重新統一了的這個羅馬國家，已不再是過去的那個軟弱無力、遇事拖拖沓沓的舊的羅馬共和國。它已經是一個全新的中央集權的軍事獨裁國家，已經能夠像身之使臂，臂之使指那樣地統一指揮全國了，這對地中海沿岸各地區的經濟發展和文化交流提供了有利條件。

## 凱撒被刺以及凱撒的歷史地位

凱撒從統一羅馬到死去，還不到四年，但就在這樣短的時間內，他仍完成了許多值得稱道的工作。最堪注意的有兩個方面：首先，他摧枯拉朽般地破壞了舊的貴族共和體制，把軍政大權集於一身，基本上完成了向君主獨裁制的過渡，把過去幾百年發展中隨時遇到問題、隨時修修補補、牽強湊合起來的那些重牀疊架、支離破碎的舊制度，作了一番整齊劃一的調整。他把執政

布魯圖像

官、統查官、保民官、大祭司長等重要職務兼於一身，把元老院降為諮詢機構，把公民大會當作可有可無的裝飾品，這都為他後來的繼承人把羅馬變成披了共和制外衣的帝國開創了道路。其次，他企圖逐步廢除舊羅馬作為一個城邦霸主所遺留下來的種種特權，把義大利各城鎮的地位提高到和羅馬相等，把各行省的地位提高到和義大利相等，並且把公民權陸續給予羅馬的各個行省——當然只給奴隸主階級——使這個凱撒大帝國的統治集團基礎更加廣大牢固。但這項工作僅完成了一部分。過去他在高盧時就已經把公民權給了山內高盧人，後來還讓他們的部分首領進入元老院，這引起了那些把公民權視為禁臠、不願別人分享的舊公民的不滿，他們譏刺他：

「凱撒在凱旋式裏牽著高盧人走，
卻牽他們進了元老院；
高盧人脫下了長褲子，
反穿上了（元老們的）闊邊長袍子。」

西元前四十四年，凱撒制定了適用於義大利各市鎮的自治法，給它們跟羅馬同樣的地位；他恢復了義大利一向免除的關稅；他還計劃廢除由商人承包徵收行省稅賦的辦法，改由國家直接派人收取。難怪當時沸沸揚揚地傳說他想把首都遷到亞歷山大里亞去，把羅馬改造成一個東方式的君主國家，主要就是因為他降低了羅馬城在國家中的地位的緣故。

凱撒在西元前四十四年被貴族共和派的殘餘分子刺殺，結束了他忙碌的一生，他的嗣子、他姊姊的孫子蓋尤斯．尤里烏斯．凱撒．屋大維，在凱撒奠定的基礎上，最終徹底完成了把奴隸制的羅馬共和國改建成帝國的任務。

## 影響

歷來評論凱撒的人很多，大部分人都承認他是一個不可一世的英雄人物、偉大的政治家、天才的統帥、作家、演說家等等。凱撒留下了一個強大的中央集權帝國，還有一部他決定採用的曆法——儒略曆。這部以凱撒命名的曆法就是現在大多數國家通用的西曆的前身。凱撒死後，西方帝王往往用他的名字來作為自己的頭銜。人們稱他是歷史上才幹卓絕、仁慈大度的君主的楷模，認為他是一位出類拔萃的真正的政治家。他對人民的安撫政策有效地治癒了戰爭給羅馬帶來的創傷，是凱撒使羅馬帝國成為古代最負盛名的帝國。

在凱撒身後，將誕生一個亙古至今偉大的帝國。

# 13 阿克興海戰——埃及滅亡，羅馬帝國統一

「我接受了一座用磚建造的羅馬城，卻留下一座大理石的城。」這是羅馬帝國的創建者奧古斯都（原名蓋尤斯·屋大維）充滿自豪時說的一句話。他把羅馬人從戰爭中解放出來，「永遠過和平的生活」。在他統治的四十三年裡，是古羅馬經濟上最富庶的時代，又是古羅馬文學上的「黃金時代」。西元十四年八月，當他死去時，羅馬元老院決定將他列入「神」的行列，並且將八月稱為「奧古斯都」。屋大維統一羅馬，將其建立成為大帝國的重要一步，就是阿克興海戰。

## 一山不容二虎

凱撒被刺身亡後，他的副官馬克斯·安東尼始終以為自己是凱撒的繼承者，但凱撒在遺囑中卻讓自己的甥孫屋大維繼位。因此，安東尼對屋大維非常不滿。但是共同的利益和渴望和平的戰士們的要求阻礙了軍事戰爭的爆發。西元前四十三年一月二十七日，安東尼、屋大維和騎兵長官雷比達在波諾尼亞和木提那之間波河的一個小島上結成共同反對羅馬貴族派的同盟，史稱「後三頭」。第二年秋，屋大維和安東尼進兵希臘，在腓力比平原擊敗兩年前刺死凱撒的政敵布魯圖。隨後，「三頭」劃分軍政勢力範圍。安東尼取得東方行省，屋大維管理西方行省，雷比達則統治地中海南部的非洲。但義大利仍由三人共同管理。安東尼娶了屋大維的姐姐屋大維婭。

不久，屋大維擊敗政敵龐培的兒子綏克斯都·龐培在西西里聯合了不滿屋大維的力量，於是他在義大利貴族、富豪當中的威望提高了，各城市都為屋大維樹碑立像。元老院任命他為終身保民官。隨著屋大維地位的鞏固和加強，他的野心也隨之膨脹。他利用雷比達的士兵叛變為藉口，剝奪了雷比達三頭的稱號，奪走他的行省。接著屋大維廣泛爭取力量，製造社會輿論，準備和安東尼進行決鬥。

這時，安東尼在東方正作著第二個亞歷山大的美夢，企圖建立一個東方大帝國。他率軍遠征幼發拉底河上游，先後侵入帕提亞、亞美尼亞，結果以失敗告終。後來他遇見了埃及女王克婁巴特拉，她的美貌使安東尼為之傾倒。他整日沉迷在埃及女王的宮中，把羅馬在東方的領土送給克婁巴特拉和她的孩子，和他們共同治理。並且和屋大維的姐姐離婚，與克婁巴特拉舉行了隆重的婚禮。這一來他不但得罪了羅馬人，而且也斷絕了和屋大維之間的最後聯繫。

奧古斯都像

屋大維抓住這個有利時機，展開有力的宣傳攻勢，激起羅馬社會的公憤。西元前三二年秋，羅馬元老院剝奪了安東尼三頭的大權，向埃及宣戰。屋大維在羅馬公

民的支持下，動員兵力，準備糧草，修造戰船。同時，在屋大維的壓力下，西方各行省的居民結成同盟，宣誓效忠屋大維，擁護他出任統帥，對抗東方的安東尼。

## 阿克興海戰

西元前三十二年，安東尼率領六萬步兵、一千五百名騎兵、十五萬海軍水兵、五百艘戰船（其中一半是埃及海軍）直撲雅典。而此時屋大維也已作好了充分準備，他動員所有的軍隊和船隻，總計步兵八千人、騎兵一萬二千人、戰船四百艘。其中陸軍由他親自率領，艦隊則由阿格里帕指揮，他們分別集中在義大利東南部布倫的西和塔蘭托港。

屋大維的戰船上裝備有一種叫「鉗子」的新武器，這是把一塊跳板外面包上鐵皮，一頭裝有鐵鉤，另一頭拖有繩索，進攻時，用弩炮把「鉗子」投射出去，用鐵鉤把敵艦拖近船舷作戰。由於「鉗子」有鐵皮包著，敵人既無法砍斷跳板，又無法割斷後面的繩索。這種武器可發揮羅馬軍隊陸戰實力強大的優點，是海軍武器的一個進步。

而安東尼的戰船則比較龐大，有的戰船高出水面三公尺以上，有多層槳架，每支槳最多需十人划動。船上裝有旋轉的「炮塔」。船的兩側備有木材「裝甲」，以防敵艦衝撞。安東尼的艦隊共分八個支隊，每個支隊有一小隊偵察船伴隨。整個艦隊分別配置在希臘西部海岸一帶，主力位置在阿克興海角。它位於普雷佛扎城以南，安布臘基亞灣狹窄出口處南岸。

在希臘西海岸，夏季的風上午總是從海上吹向大陸，到中午就轉為西北風，風力相同。安東尼根據這個規律制定了作戰計劃。他把實力最強的艦隊集中在右翼，利用轉向的風力迂迴到敵人的左翼搶佔上風，利用上風和艦船的優勢與屋大維的艦隊進行決戰。他認為屋大維的艦船較小，而且又是逆風作戰，這樣就可以迅速擊敗屋大維。一旦屋大維的艦隊被擊敗，他的陸軍就會因缺少運輸船隻和糧食而不戰自亂。這樣安排，安東尼認為萬一失利也可順風逃跑。為此，他命令各艦攜帶風帆（當時作戰都是划槳進退，一般不帶帆），甚至連戰爭費用也一同裝在船上。

然而，這個美好的作戰計劃，由於一個逃兵的出現而全部落空了。正當安東尼高興地打著如意算盤時，屋大維則在聽了這個逃兵的報告後，決定將計就計。他把艦隊在海面上分左中右三部成一線展開，各由阿格里帕、阿倫提和自己指揮。他們面對普雷佛扎海峽，等待著安東尼的艦隊駛出港灣。

埃及豔后

西元前三十一年九月二日正午，海上颳起了常見的和風，大戰也隨風而至。安東尼的右翼和阿格里帕的左翼同時向對方側翼迂迴。不一會開始交戰，安東尼的士兵不斷用機械或手投擲巨石、弩箭和帶倒刺的鐵標槍。阿格里帕率領左翼戰船，充分發揮船體輕、機動性好的優點，避開安東尼艦隊的遠程矢石攻擊，猛烈撞擊敵艦，將其擊沉。一

次不成，立即退回，重新組織再次撞擊。駕駛人員和搖槳人員冒著極大的風險和疲勞，奮力划槳，時而進攻時而後退，時而分散時而集中，雙方艦船互相撞擊，有的撞擊船頭、腹部，有的破壞尾舵、槳板。海面上，大船小船混雜在一起，喊聲、號角聲和船板破裂聲交織在一起，戰鬥十分激烈。

最成功的還是屋大維艦隊的「鉗子」。士兵們隨心所欲地選擇較弱的敵手，然後用弩炮把「鉗子」投射出去，鐵鉤死死拖住敵艦，敵人砍不斷跳板，夠不到繩索，船上的步兵則趁機踏著跳板跳到對方甲板上，用長矛、短劍殺死敵人，海戰頓時變成了陸戰。船上、海上血肉橫飛，到處是漂泊的船板和斷殘的肢體，鮮血染紅了海面。

就在安東尼指揮右翼仍在苦戰之際，他的中央和左翼艦隊感到勝利無望，竟然掉頭向港內逃跑。埃及女王急忙指揮她的預備隊阻擋，可是哪裏知道她的預備隊不但沒有截住逃跑的戰船，反而轉舵回身，舉起他們的船槳，直接向屋大維投降了。安東尼眼睜睜看著逃跑的戰船一籌莫展，他最害怕的事終於發生了。安東尼知道敗局已經無可挽回，除了撤退沒有其他辦法可想。於是，他掛起了事先約定好的信號旗，通知克婁巴特拉，準備逃跑。

埃及艦隊接到信號後，紛紛掛起船帆，不顧一切地穿過眾戰船，向廣闊的海面逃去。仍在激戰之中的安東尼的其他戰船，看到信號後也放棄了戰鬥，扯起風帆，把投射器等重機械丟入海中，以減輕負載，迅速撤離。一些沒有帶風帆的戰船，包括安東尼的旗艦在內，因為無法逃走，便重新組織力量，準備血戰到底。

這時，屋大維的士兵情緒更加高漲。他們沒帶風帆無法追擊逃跑的敵艦，就死死纏住無法逃走的敵艦。他們把所有的力量都集中在殘餘敵艦的攻擊上，有的集中幾艘戰船，從四面八方同時撞擊一艘敵艦，有的猛力撞擊敵艦下層，折斷它們的長槳，有的通過接舷跳板衝上敵艦與敵人展開肉搏。安東尼艦船上的士兵竭力用船鉤推開敵艦，用斧頭砍殺衝上來的敵人，用沉重的矢石擊退靠近的敵船，砸死那些想爬上船來的敵軍。由於安東尼艦隊上的士兵拼命抵抗，使屋大維的戰船遭到很大損失。於是屋大維命令艦隊撤離敵艦，改用火攻。

不一會，千萬支火箭、紮著火把的標槍和發射器射出的塗有淚油的木炭塊，從不同方向飛向安東尼的戰船。霎時，安東尼的一些戰船燃起熊熊大火，熾烈的火焰映紅了海面。安東尼的旗艦也被敵艦的「鉗子」死死鉤住了，他急忙爬上另一艘戰船，帶著殘存的四十艘戰船逃走了。這時，夜幕已經降臨，屋大維艦隊因為沒帶風帆，而且也看不清整個戰場，所以就沒有追趕。

第二天，沒能逃走的安東尼的一些戰船全部投降。安東尼的陸軍看到海軍大敗，也都投奔了屋大維。

逃回埃及的安東尼從此一蹶不振，不問軍政大事，整日在飲宴中度日，並在亡命的青年中組織了一個「自殺俱樂部」。西元前三〇年夏，屋大維進攻埃及，安東尼突然又振作起來，試圖率兵抵抗，結果他的殘存兵力全都趁機逃跑降敵。恰在此時，安東尼又聽到克婁巴特拉死亡的傳言，不禁萬念皆灰，遂伏劍自殺。不久，埃及女王克婁巴特拉

也自殺死亡。古老的埃及托勒密王朝就此覆滅了。

西元前三〇年八月一日，屋大維進入亞歷山大城，埃及被併入羅馬版圖，改立行省。第二年秋，屋大維回到羅馬，大肆慶祝凱旋。接著他整編軍隊，成立九個近衛軍，分別駐紮在羅馬及各個地區，把五十個軍團屯駐在羅馬領土的邊防線上，成為一個正規的常備軍，同時擴大了艦隊。西元前二十七年，羅馬元老院授予屋大維「元首」頭銜，並贈給他「奧古斯都」的稱號。當時他年僅三十五歲。

## 影響

阿克興海戰滅亡了曾經無比發達的埃及王朝，從此埃及不再是一個獨立的國家，這種局面一直延續到近代。而由於屋大維的勝利，使他順理成章地成為了羅馬的救星，以後更建立了羅馬大帝國。羅馬帝國北起多瑙河，南到非洲（包括埃及在內的北非一帶），西起庇里牛斯半島，東到兩河流域和小亞細亞半島，形成了古代史上一個最龐大的帝國，地中海都成了羅馬帝國的內湖。

阿克興海戰，實際上是以屋大維為首的西方文明與以安東尼為首的東方帝國的較量。屋大維的取勝，奠定了埃及只是羅馬的一個行省的地位，而羅馬，才是帝國的中心。如果在阿克興海戰中安東尼取勝，可以肯定地說，羅馬和埃及的地位就要交換一下，安東尼肯定要把首都建立在亞歷山大城，而羅馬，將只是安東尼帝國的一個行省。那麼歷史上輝煌的羅馬文明，也就到此為止，不會有以後的繁榮了。

# 14 耶穌的誕生——基督教的興起與傳播

相傳在希律王統治時期，瑪利亞——拿撒勒的一個猶太木匠約瑟的未婚妻——生下了一個男孩，同族的人都叫他「約書亞」，而附近的希臘人則稱他為「耶穌」。後來他的名字傳遍世界各地，幾乎家喻戶曉，他的教義成為世上十幾億人尋求超脫現實社會的信仰和精神支柱。

## 傳說中的基督

耶穌誕生的奇蹟，在《新約福音書》中有許多相關記載，但很少有史料價值。關於他幼年和少年的事情沒有可靠的史實證據。據福音書記載，約在西元元年，在猶太北部加利利的小鎮拿撒勒村有一位名叫瑪麗亞的少女，她是木匠約瑟的未婚妻。但結婚前的一天，一位天使出現在瑪麗亞面前，告訴她將受聖靈感應而懷孕。這年底，當瑪麗亞的產期快到時，羅馬政府要普查戶口，命令人們都回原籍登記。約瑟的原籍在耶路撒冷以南約九公里的小城伯利恆。因此，約瑟只好帶著瑪麗亞回到這個地方。當時，客店裏已經住滿了人，他們只好住在馬棚裏。就在這裏，瑪麗亞生下了耶穌。這天正是十二月二十五日，所以教會把這一天叫做「聖誕節」。

耶穌的誕生

耶穌幾乎還在少年時代，便好像早已知道自己是為了完成特殊的使命，被神差遣來到人世間的。但在這以後的十八年歲月裏，耶穌過著與常人相同的平凡日子，並未有任何特殊之處。

耶穌成人後，表兄約翰的思想對他起了很大的影響。約翰在猶太人中，作為預言家再次預示了同五世紀前的先知艾賽亞相同的預言——救世主將要出現。也許就是這種想法促使耶穌在約旦河畔，請表兄約翰為他洗禮。

從此，他經常帶著幾個年輕的信徒到加利湖畔傳教，同時開始履行為病人解除疾病痛苦的神聖義務。他向人們宣傳他的教義，告訴人們他是由神派遣來的，神的國度——天國不久將會降臨人世。

他一再對人們表明神是慈愛的，又說這與祭司們所形容的神要審判不順從他的人不同。耶穌所說的神滿懷慈愛與寬容，還自願擔負起救世主的使命，使那些人從他們自己感受到犯罪所帶來的痛苦中解脫出來。

耶穌的活動引起了世襲祭司的警覺，意識到自己對民眾擁有的權力和地位受到了很大的動搖，因此祭司們想盡法子要把他除去。

正當危急時刻，耶穌十二門徒中的猶大出賣了耶穌。在耶路撒冷聖殿裏的最後祈禱後，耶穌被控告擾亂世俗的信仰而遭到逮捕。祭司們立即對他進行了一整夜的審訊，並判他絞刑，最後耶穌在各他山丘上被釘上了十字架，這時約為西元三〇年。

耶穌死後，他的門徒重又聚合起來，按照耶穌的計劃，開始到各地繼續宣傳耶穌的教義。二千年裏，他們以極大的熱忱使布道工作一直被承襲下來，把基督的教義傳到世界的每個角落，使之成為當今世界上影響最廣的宗教。

## 歷史的考證

但到底有沒有耶穌這個人呢？對這個問題真可謂仁者見仁，智者見智。十八世紀文學家愛德華·吉本對歷史上有無耶穌其人，提出了懷疑。此後，史學界長期爭辯，至今仍無定論。

成年後的耶穌

據聖經學者考證，拿撒勒意為「持守某種教義教規的人」，非地理名稱。關於這一點已得到基督教學術界的承認。拿撒勒派是猶太教的一個小派。

古代猶太民族是在反抗外族侵略的鬥爭中形成的，但由於政治主張和宗教觀點的差異，信奉猶太教的猶太人分成了許多派別，主要有四大派和若干小派；

撒都該派，由猶太祭司貴族組成，是當權派。經

濟富有，宗教上堅持猶太教徒無條件遵守猶太教教規，在政治上是投降派。

法歷賽派，猶太中產階級與宗教知識份子組成，《聖經．新約》中稱「文士」、「律法師」。政治上反對與當政者合作，但不積極反抗。宗教上接受天堂、地獄、永生和復活思想，消極等待救世主的降臨。

艾賽尼派，主要由農、牧民組成，約四千人，活動於巴勒斯坦農村。實行離城獨居、財產公有、經濟互助和禁欲主義。思想上有明顯的末世論傾向，認為救世主將降臨，新耶路撒冷城將出現。他們選出十二名領袖主持社團，嚴守戒律，舉行公餐，共同研究聖經。一般不許結婚，每日集體勞動五小時。悔罪時實行洗禮，做好了彌賽亞主降臨的準備。

狂熱派，意譯為奮銳黨。該派是反抗羅馬鬥爭中的產物。創始人為加利利的猶大。該派政治觀點鮮明，主張通過暴力鬥爭，把猶太民族從羅馬統治下解放出來，建立上帝之國（獨立國家）。成員為下層群眾。宗教上宣稱救世主即將降臨。

此外，還有若干小派。拿撒勒派就是從猶太教的下層教派中分化出來的一個小派。拿撒勒派的創始人可能是施洗者約翰。《聖經．新約》載：「猶太全地和耶路撒冷的人都去到約翰那裏承認自己有罪，在約旦河受他的洗。約翰穿駱駝毛的衣服，腰束皮帶，吃的是蝗蟲野蜜……那時，耶穌從加利利的拿撒勒來到約旦河裏受了約翰的洗」。猶太歷史學家瑟福斯．弗拉維（約三十七～一〇〇年）曾經談到：「希律之子安迪帕斯於西元四年到三十九年任加利利和外約旦羅馬總督時，為防止暴動，未經審判，將約翰處死」。瑟福斯．弗拉維生於耶路撒冷，為法歷賽黨人。在六十六年猶太人民反抗羅馬統治的戰爭中，被起義群眾擁立為加利利地區的指揮官。他用希臘文寫的著作，載有不少史料。因其是當代人，寫當代事，故他的著作不失為研究基督教起源問題的重要資料。

約翰死後，耶穌可能繼為拿撒勒派領袖。他自稱彌賽亞（救世主），在社會下層宣傳其教義和政治主張，反對羅馬和猶太上層統治。彌賽亞原意為「受膏者」，是古代猶太人封立君主和祭司時，受封者額上被敷「膏油」而故稱，意指上帝所派遣者。猶太亡國後，猶太人中傳說，上帝終將重新派遣一位「受膏者」來復興猶太國。彌賽亞遂成為猶太人所盼望的「復國救主」之專稱。耶穌自稱彌賽亞，受上帝派遣，在人民中傳道和創教，以拯救眾人；他在加利利和猶太各地傳教，宣傳羅馬國必亡，天國將至。抨擊猶太當權者，反對墨守猶太教陳規；宣稱「福音要傳給住在地上的人，就是各國、各族、各民」。打破了猶太教的狹隘範圍，將選民擴大到一切民族。而且選民不分貧富，無論是為奴的、自主的，信他的必得救，不信者必被定罪。

耶穌的追隨者多為勞動人民。如十二門徒中，彼得、安德烈、雅各、約翰均為漁民，還有一名屬於奮銳黨的西門。由於耶穌的活動違反了羅馬的利益，其主張亦受到猶太教上層祭司的仇恨，最後被羅馬總督彼拉多以「猶太人的王」的罪名處死。

耶穌死後，其門徒繼續宣傳其主張，宣稱耶穌即基督（希伯萊文「彌賽亞」的希臘文讀音），基督就是救世主。他將重降人世，幫助人民建立理想的「上帝之國」，推翻羅馬的殘暴統治。相信基督降臨，必將得到拯救與上帝的賜福。拿撒勒派的主張與猶太教

的傳統教義相抵觸，猶太教的當權派不承認耶穌為救世主，遂將拿撒勒派教徒逐出聖殿。基督教由此成為獨立的派別。

## 基督教教義

原罪說：基督教認為，人類從始祖亞當夏娃開始就犯了「罪」。上帝命令亞當夏娃在伊甸園裏享樂，但他們卻受到蛇的引誘違背上帝的禁令偷吃了「知善惡樹」上的「禁果」而「犯了罪」，被逐出了伊甸園。基督教認為，亞當夏娃的「罪」傳給了後代子孫，使得人人生來都有「罪」，在「罪中受苦」。這是世人苦難的根源之所在。

贖罪說：雖然世人都是有罪的，但上帝差遣自己的兒子作了贖罪祭。耶穌基督雖然沒有罪，卻擔當了人們犯罪的刑罰，死在十字架上；從而免去了人們滅亡的結局。基督徒既然得到基督的救贖，就從神領受聖靈，成為神的兒女，得到聖靈的引導，戰勝罪惡的轄掣，行各樣的善事。耶穌基督為接受他作為救主的人，設立洗禮，表示願意接受他的救贖。洗禮也表示從前罪惡的舊我死去，重新獲得新的生命，現在的受洗者不再作罪的奴僕，就像基督死而復活一樣。

三位一體：基督教認為，上帝只有一個，這就是

三位一體

「一體」，但上帝又具有三個位格，這就是「三位」。也就是說，上帝是由聖父、聖子、聖靈組成的。第一位是所謂聖父，是天地萬物的創造者、主宰者，也是救贖計劃的設計者，天主教譯為「天主」，稱「天主聖父」，新教譯為「上帝」，稱「耶和華上帝」，又叫「天父」；第二位是所謂聖子，即耶穌基督，天主教稱為「天主聖子」；第三位是聖靈，在《聖經》裏，聖靈被稱作上帝的靈或基督的靈，聖靈來到人們身上，將人們從罪惡的生命改變過來，成為有神的生命。他向人們顯明上帝的旨意，引導人們。聖靈只要祈求就會得到，天主教稱為「天主聖靈」，

一神論：基督教確信，世界上只有一種神存在，這就是上帝。《聖經》說：「我是耶和華，在我以外並沒有神，我造光又造暗，我施平安，又降災禍，造作這一切的是我耶和華。」上帝是「無所不知，無所不能，無所不在，全善，全智，全愛。」是萬能的。除了唯我獨尊的上帝外，沒有其他任何神的存在，所以只要「讚美耶和華，敬畏耶和華」，那麼「這人便有福」。

## 影響

人類畢竟是虛弱的，在一籌莫展的時候，需要能從自己臆想的事物中尋求慰藉與力量，因此這也就是基督誕生的原因。希望，即使被降格為幻想，在一無所有人的心中，仍然有著巨大的力量。所以即使在基督教產生後二千多年的今天，在科學技術已高度發達的二十一世紀，其影響仍然不減以往。基督教的威力，由此可見一斑。

# 15 漢帝國的反擊——匈奴人進入歐洲

匈奴人是在蒙古高原活動的一個北方遊牧民族，其族屬尚無定論，主要有突厥、蒙古等說。在歷史上也稱為胡人。從有記載的編年史開始就一直有他們的蹤跡。在殷商時期他們曾被稱為鬼方、犬戎等等。中國古人認為他們與我們一樣都是炎黃的子孫，是被殷人驅趕到北方的夏人的後裔。

## 匈奴與中原

西元前二〇九年，即漢朝建立的前三年，匈奴在新單于冒頓的領導下強大起來，他是在殺死自己的父親以後取得統治權力的。冒頓是一個傑出的領袖，在短短數年之內，他不但成功地在各個匈奴部落之間實現了前所未有的統一，而且幾乎向所有方面擴展他的帝國。同時在國內他建立了一套從左右賢王到什長的完整的統治體系。

漢朝初年，北方匈奴處於鼎盛時期，不斷南侵，並佔有了今內蒙古河套伊克昭盟一帶的土地，漢王朝無力反擊，劉邦採取「和親」政策，漢匈關係一度緩和。漢文帝時，匈奴十四萬騎兵曾打到距長安不到二百里的地方，震動朝野。經文、景二帝積極備戰，努力發展生產，繁衍馬匹，軍事實力大增。漢武帝繼位後，決心征討匈奴。從西元前一二九至前一一九年，先後對匈奴發動了九次反擊。頭兩年反擊，多無功而返甚至遭敗潰退，只有衛青部進至龍城（今內蒙古東西烏珠穆沁旗境內），有所斬獲。為了消滅匈奴主力，從西元前一二一年起的九年時間，衛青與其外甥霍去病等人，連續發起了四次河南漠南之戰、兩次河西之戰、一次漠北之戰，均取得了重大勝利，將匈奴逐出漠南及河西地區，使其失去陰山和祁連山兩塊棲息之地，退居漠北荒原。

漠北之戰後，漢朝戰馬損失慘重，加之財政困難，無力迅速重整騎兵集團，但匈奴尚有一定實力，從西元前一一八至西元前一〇〇年，漢朝主要是採取防禦措施，移民實邊、修築長城、屯兵駐防、墾田開發。這一時期，漢、匈之間多有小的接觸，其中比較大的一次是在西元前一〇三年前後，因漢離間匈奴各部落關係，遭單于怨恨發兵八萬騎，全殲漢將趙破奴軍二萬人。西元前一〇〇年，匈奴藉故扣留漢使蘇武等人（歷史上的蘇武牧羊故事，就是指這段歷史），漢匈關係再度惡化。

武帝派李廣利三次征討匈奴，不是先勝後敗就是無功而返，雙方都損失了數萬人。這時，匈奴已控制了西域。西元前八十九年，匈奴狐鹿姑單于致書漢朝請求議和，漢武帝亦詔示天下休兵養民，從而結束了延續四十五年的討伐匈奴的戰爭。

西元前六〇年，匈奴發生內亂，部將紛紛自立為單于。這樣，到西元前五十七年，就出現了呼韓邪、屠耆、呼揭、烏藉、車犁五單于爭立的局面。五單于經過激烈的混戰，最後，呼韓邪單于取得勝利。

西元前五十六年，呼韓邪單于平服其他四單于不久，其兄左賢王呼屠吾斯又在東邊

自立為郅支骨都侯單于，並對他發動進攻，把他趕出單于庭。為了恢復和維持自己的統治，他決定歸附漢朝。西元前五十三年呼韓邪單于親自來到長安朝見漢宣帝，向漢朝稱臣，並請求留居光祿塞（在今包頭市西南）下。漢朝先後向他調撥穀米糒三・四萬斛，並從軍事上給予支持。他在光祿塞下住了八年多的時間，兵力和部眾逐漸增多，到西元前四十三年重新返歸單于庭。

西元前三十三年呼韓邪單于入朝求和親，湖北女子王昭君自請嫁匈奴，被稱為寧胡閼氏。呼韓邪死，其前閼氏子代立，漢成帝命她從胡俗，復為後單于的閼氏。

到了西元四十六年匈奴單于輿死，匈奴貴族為爭奪單于繼承權發生內訌。日逐王比因未得到單于位置，派人向漢朝請求內附，表示「願永為藩蔽」，得到漢朝同意後，遂於西元四十八年「自立為呼韓邪單于」。匈奴從此分裂為南北兩部。北匈奴首領為蒲奴單于，仍住蒙古高原，並控制著西域。南匈奴經常與東漢聯合，攻打北匈奴。

西元八十九年六月，竇憲、耿秉奉命率領漢和南匈奴共四萬餘騎，分三路出擊北匈奴，與單于戰於稽落山（今蒙古西北部），大破之，降其眾二十餘萬人。單于遁逃，竇憲和耿秉遂登燕然山（今蒙古杭愛山），刻石記功而還。

經過東漢王朝的多次打擊，北匈奴的勢力日益衰落。西元九〇年、九一年，又連續遭到東漢軍隊的進攻，損失慘重，單于率部分人眾逃往烏孫西北，於西元二世紀左右開始了他們的遷移。

## 匈奴人的西遷

匈奴這次的遷移歷時達二百餘年，其過程已經很難考證，史料記載也是相當模糊。大體上我們可以知道，北匈奴西遷途中經過康居、大宛、鄯善等西域諸國。這些國家過去曾遭受匈奴的征服和奴役，因而對於他們的過境沒有給予歡迎，反而乘其落魄之際進行報復。匈奴因此不得不繼續西遷，尋找新的生存家園，其間他們在中亞地區停留了大約兩百多年的時間。最後一次離開時，匈奴人把老弱留在當地，選精壯繼續西征。

於是在西元三世紀末，這個幾乎消失了的民族突然又出現在人們的視野內。匈奴人於西元三五〇年左右進入了歐洲，隨後在稱為巴蘭比爾王的領導下開始了他們的征服戰爭，第一個目標便是當時稱為阿蘭的奈厥人國度。當時的阿蘭國堪稱強國，阿蘭王傾全國之兵與匈奴軍戰於頓河沿岸，卻遭慘敗，阿蘭王被殺，阿蘭國滅，阿蘭餘部最終臣服於匈奴。匈奴在西方史書第一次出現即伴隨著阿蘭國的滅亡，整個西方世界為之震動。

滅亡阿蘭國後，匈奴在頓河流域附近逗留了幾年，然後在他們年邁的國王巴蘭比爾的帶領下繼續開動他們極具毀滅性的鐵蹄，踏向西方。

西元三七四年，匈奴大軍進入東哥德領地，早已得到風聲的東哥德於邊界線上擺開陣勢迎面阻擊。東哥德的軍隊以步兵為主，數量相當龐大。而匈奴則以騎兵為主要攻擊力量，以弓箭為進攻武器，而且匈奴人用的箭的箭頭都沾有馬糞，被這種沾上馬糞的「髒箭」射傷的人輕則傷口發炎，重則染上破傷風。匈奴騎兵可邊快速衝鋒邊施放箭

矢，而且能保持較高的精確度，這些功夫在西方的騎士中是不多見的。東哥德軍就這樣被狂毆暴打一頓敗退而去，接下去匈奴軍在東哥德領地縱橫馳騁，所到之處如秋風掃落葉般。年邁的東哥德王赫曼瑞克憤而自盡，東哥德人部分投降了匈奴人，其餘逃進西哥德人的地盤。

東哥德滅國後，匈奴人接著繼續向西，西哥德人以德涅斯特河為險，布兵拒守，試圖擊匈奴軍於半渡。匈奴軍一邊在河對岸作勢佯攻，大部卻從上游乘夜偷渡再回攻。這邊西哥德人在河岸構築防禦工事備戰正酣，卻不料被攔腰一頓痛打，數十萬人馬渡過多瑙河逃入羅馬帝國境內，並於西元三七八年八月九日在阿德里雅堡大敗羅馬皇帝瓦倫斯，由此動搖了羅馬的根基，羅馬再也無法控制轄下的諸族和領土。

## 上帝之鞭

西元四三五年左右，匈奴人的首領阿提拉殺死原本與自己共同掌權的兄弟而大權獨攬。在他的統治下，匈奴的強盛達到了最高峰。阿提拉是個野心勃勃的人，有著超乎常人的征服欲望。他一上台就大量擴充軍備，很快就對南俄羅斯和波斯帝國發動了一系列的突襲。不久他將目光投向了巴爾幹半島，逼迫東羅馬繳納更多的貢稅，並且不斷插手西羅馬的外交事務。羅馬自然無法滿足這年年高升的「苛捐雜稅」，匈奴人則以此為藉口於西元四四一年向拜占庭宣戰，大肆洗劫巴爾幹地區，四四二年才被東羅馬的阿斯帕爾將軍阻截於色雷斯地區，被迫後撤。但阿提拉卻於西元四四七年發動了規模更大的入侵，一路重挫羅馬守軍，徹底鏟平了色雷斯城，於次年直殺到君士坦丁堡城下。東羅馬皇帝狄奧多修斯二世在繳納了大量的「戰爭賠款」，割讓了多瑙河以南的大片土地後才使得匈奴人趾高氣揚得意離去。

在西元四五〇年，阿提拉轉而進攻西羅馬帝國，他帶著大約十萬名戰士渡過了美因茨北面的萊茵河。在向前推進的一百英里內，匈奴軍團洗劫了位於現今法國北部的大部分村莊。羅馬將軍阿提紐斯組織了一支高盧羅馬軍團以抵抗正在圍困奧爾良城的阿提拉。在查隆丕尼的大決戰中，阿提拉終於被打敗，儘管匈奴人的戰力沒有被完全毀滅。

阿提拉在查隆丕尼的戰敗被認為是歷史上最具有決定性意義的重大戰役之一，這場戰役阻止了整個基督教的覆滅和遊牧民族控制歐洲的嚴重後果。

阿提拉隨後入侵了義大利，尋找新的戰利品。當他統率著部隊進入義大利境內的時候，成千上萬的難民湧向了沿海島嶼的安全地帶，並按照傳統慣例建造了港口城市威尼斯。儘管羅馬人在戰鬥中遭受了極大的損失，他們的主力軍團留在高盧的土地上，匈奴人也同樣顯得脆弱不堪，不斷的戰鬥、疾病和義大利境內的饑荒使得戰力消耗殆盡。在阿提拉和羅馬教皇聖里奧一世進行了一次重要會面之後，他同意撤出義大利。

西元四五三年，阿提拉的生命走到了盡頭。在失去了強有力的領導人之後，曾經稱雄一時的匈奴帝國面臨著崩潰的邊緣。異族的奴隸紛紛起來反抗，不同的派系為了爭奪統治權而激戰不休。匈奴帝國最終由於汪達爾部落等新敵人的入侵而滅亡，從歷史的長河中消逝不見了。

## 影響

匈奴人在歐洲建立了一個龐大的帝國，但他們的帝國是短命的。他們的帝國很快被瓦解後，甚至整個民族也消失在歐洲的歷史和文化當中，不復出現了。西遷歐洲的匈奴人的故事是極富戲劇性的，這個民族在生命最輝煌的當口結束了自己，留下了令人難以忘懷的傳說。但不論人們是否願意接受這樣的觀點，事實上是匈奴人促成了歐洲歷史發展的轉折。他們把叢林裏的日爾曼人推上了歷史舞臺，並與後者一起如摧枯拉朽般地結束了羅馬人的時代。帝國的歷史消失了，多元化的封建國家政治開始了，一個幾乎延續至今的歐洲國家的主要劃分格局形成了。

# 16 日爾曼人的大遷徙——羅馬帝國的衰亡

西元一至二世紀，是羅馬帝國的強盛時期，它雄踞於地中海一帶，儼然是一個不可一世的大帝國。然而，到西元三世紀，羅馬的奴隸制便出現了嚴重的危機，農業衰落，政局動盪，帝國的沒落已成無可挽回之勢。這時候，東方的游牧民族大規模向西遷徙，也開始衝擊羅馬帝國的城牆。

## 民族遷移與西羅馬滅亡

西元前六～一世紀，在歐洲中部日爾曼尼亞的廣闊土地上，居住著許多語言和物質生活相近的部落。他們來自斯堪的那維亞南部和日德蘭半島，被古希臘、羅馬人稱為日爾曼人。日爾曼人居住在北至北海和波羅的海南岸，西到萊茵河，南抵多瑙河的廣大區域內。

西元前二世紀，日爾曼人與羅馬人發生了衝突。到西元九年，雙方在戰略上取得某種均勢，暫罷干戈。這時候日爾曼人進入原始社會末期，力量日益強大，而羅馬帝國則日漸衰落。此時位於亞歐大陸另一

四帝共治

日耳曼武士

端的匈奴，在漢帝國精銳騎兵的攻擊之下，於西元前一世紀左右，開始了緩慢的向西遷移，在匈奴的推動之下，其他民族也一波一波向西運動，

在這種背景下，出現了震動世界的民族大遷徙。西元二世紀，原住維斯拉河河口地區的哥德人由於人口增多，原住地狹小而開始南遷，到四世紀形成東西兩個大部落，稱為東哥德人和西哥德人。西元三七五年，頓河草原上的匈奴人進攻東哥德人，逼迫日爾曼部落向西大遷徙，成為日爾曼人征服歐洲奴隸制羅馬帝國的起點。

與此同時，西元三九五年，羅馬帝國終於分裂為東西兩部，即以君士坦丁為首都的東羅馬帝國和以羅馬城為首都的西羅馬帝國。千瘡百孔的羅馬帝國民怨沸騰，奴隸起義風起雲湧。所以，日爾曼人所到之處都受到奴隸、隸農的歡迎。西哥德人僅用幾年時間就踏遍了義大利全境。最後，他們矛頭直指帝國首都——羅馬。

西元四〇八年，西哥德人在他們最有名的勇士阿拉里克的率領下向羅馬挺進。阿拉里克出征前曾對妻子許願說：「我要打進羅馬，把城裏的貴婦給你作奴婢，把他們的財寶給你作禮物。」阿拉里克首先佔領了羅馬的港口，斷絕了羅馬的糧食來源。這令羅馬的統治者驚恐萬狀。羅馬元老院決定派軍使到阿拉里克那裏求和。最後終於達成了協定：羅馬人出黃金五千磅，白銀三千磅，綢料四千塊，皮革三千張，胡椒三千磅。羅馬人為了湊足五千磅的黃金，甚至將金質的神像都熔化了。哥德人收到這些貢品，才允許羅馬人出城買糧食。

西元四一〇年，阿拉里克決定打進羅馬城，他向士兵們宣布：攻進羅馬，可以任意搶劫三天。於是在一個雷電交加的夏夜，穿著獸皮的西哥德人吹著牛角號，衝進了羅馬城，三天三夜的洗劫，四面八方的大火，使巍峨的殿宇、壯麗的宮殿化為一片焦土。金質神像和黃金器皿裝滿一車又一車，都被拉走了。

搶光、燒光之後，哥德人在入城的第六天放棄了羅馬，向義大利南部推進。不久，阿拉里克突然死去，據說哥德人強迫羅馬俘虜排乾了一條河，把阿拉里克的遺體和無數寶物一起埋在河底，然後再把水放進河裏。工程完成後，全部俘虜都被殺死。所以阿拉里克的葬地及殉葬品始終未被發現。

## 其他地區的民族遷移與歐洲版圖的雛形

西元四一九年，阿拉里克之孫提奧多里克出任領袖，他以土魯斯為首都，建立西哥德王國。從此，西哥德人歷經半個世紀的大遷移活動結束了，他們在南高盧和西班牙定居下來。

在哥德人西遷的同時，居住在潘諾尼亞的日爾曼人——汪達爾人、蘇維彙人和阿蘭人，因受到匈奴人的威脅，也被迫西移，到達了諾立克和里西亞兩省，從此，開始踏上大遷移征途。西元四一〇年，汪達爾人、阿蘭人越過萊茵河，進入高盧。在高盧劫掠兩年後，他們又越過庇里牛斯山到達西班牙，佔領了整個伊比利亞半島。蘇維彙人獲得了

西北部的加里西亞，阿蘭人佔領西部地區，其餘部分歸汪達爾人佔領。西元四一六年，西羅馬皇帝唆使同盟者西哥德人進攻西班牙。經過十年戰爭，汪達爾人、蘇維彙人、阿蘭人被驅逐到了邊遠地區。新上任的汪達爾人領袖蓋塞利克，為了擺脫困境，決計去攻打羅馬的北非行省。

西元四二九年五月，蓋塞利克率兵八萬渡過直布羅陀海峽，在北非登陸，受到奴隸和隸農的歡迎。蓋塞利克征戰十年，於四三九年佔領北非首府迦太基城。這標誌著羅馬帝國在北非的六百年統治的結束。蓋塞利克以迦太基為首都，建立了汪達爾人王國。

居住在萊茵河和馬斯河之間的日爾曼人，被稱為法蘭克人，他們分濱海法蘭克人和濱河法蘭克人兩部分。西元五世紀初，他們趁高盧地區的巴高達運動（奴隸、隸農反對奴隸制，夢想恢復農村公社的鬥爭）的發展，於四二〇年向南推進。但法蘭克人的遷移是以原有土地為根據地向外蠶食的辦法進行的。

在法蘭克人向北高盧進發的同時，原居住在奧得河口一帶的勃艮第人也南下進入高盧，在羅納河流域定居下來。

西元四五一年春，匈奴國王阿提拉率軍攻打高盧。西羅馬軍事統帥阿提烏斯聯合西哥德人、勃艮第人、法蘭克人，於六月二十日在卡塔龍尼安平原的特洛伊城附近與匈奴人會戰。兩軍傷亡慘重，不分勝負。阿提拉退出高盧，阿提烏斯也回到義大利。濱海法蘭克人乘機南侵羅馬土地。不久，勃艮第領袖貢德里斯以里昂為首都建立勃艮第王國，於是西羅馬政府同北高盧的聯繫中斷了。

由於法蘭克人、勃艮第人的相繼入侵，羅馬在高盧的領土很快被分割完了。當時西哥德王國佔領南部、西南部，東南部歸勃艮第王國所有，西部為不列顛人佔領，只有高盧中部地區仍屬於西羅馬帝國，但已同西羅馬隔絕，由高盧貴族西阿格留斯治理。西元四七六年，西羅馬帝國滅亡，西阿格留斯處於四面楚歌之中，濱海法蘭克人克洛維繼承墨洛溫為首領，聯合其他法蘭克人向西阿格留斯王國進攻。西元四八六年，雙方會戰於蘇瓦松，西阿格留斯兵敗被殺。克洛維就以蘇瓦松為首都，建立法蘭克王國。不久，又將首都遷到巴黎。四九六年，克洛維皈依基督教，並把西哥德人趕出高盧。到西元六世紀中葉，法蘭克王國便據有與現在法國大致相同的疆域，成為當時西歐最強大的國家。

大不列顛島上的最早居民是凱爾特人，西元一世紀中葉大不列顛被羅馬征服，羅馬派總督治理。但羅馬的統治主要在東南部平原區，西北部山區仍為原始的凱爾特人控制著。從西元四世紀起，羅馬帝國在奴隸、隸農起義和日耳曼入侵的聯合打擊下，日漸衰落，帝國政府就不斷從邊遠行省不列顛撤軍，從四〇七年開始，至四四二年全部退走。從此，羅馬對不列顛的長達四十年的統治結束了。於是另兩個日耳曼部落便有了可乘之機。他們就是居住在日德蘭半島南部的盎格魯人和居住在易北河、威悉河下游的撒克遜人，由於二者語言風格很難區分，因此被稱為盎格魯．撒克遜人。

他們同法蘭克人毗鄰，但勢力比法蘭克人小，無法越過法蘭克人向高盧發展，因此從西元三世紀起，他們就划著小船橫渡北海，從事海盜劫掠活動。為了防止這些海盜襲擊，佔領不列顛的羅馬人，沿東南海岸建立起一系列要塞和瞭望台，配備軍隊專門防

守，從而限制了盎格魯．撒克遜人的活動。但是，隨著羅馬帝國的衰落，尤其是羅馬軍團撤退後，凱爾特人內部發生爭鬥，使盎格魯．撒克遜人得以大舉進入不列顛。

西元五世紀中期，當匈奴人進犯北歐時撒克遜人從北海的東南岸啟程，乘船到達沃什灣進入英格蘭，然後溯烏斯河向南進發，在康橋附近上岸，再沿羅馬人修築的伊克尼爾克大道進入泰晤士河流域。盎格魯人則橫渡北海，取道恆比爾河口進入英格蘭的中部。凱爾特人同入侵者進行了激烈而持久的戰鬥。西元五〇〇年左右，凱爾特人中出現了一位能幹的武士阿魯狄爾，他採取堅壁清野等策略，打了一連串勝仗，遏止盎格魯．撒克遜人前進達幾十年之久。直到西元五五〇年以後，入侵者才又重新向前推進。南部撒克遜人把疆土擴展到布里斯托爾灣。西元六一三年，盎格魯人在今日諾丁漢郡的切斯特獲勝，把佔領區推進到愛爾蘭海岸。這時，不列顛的大部才被盎格魯．撒克遜人佔領。從此，他們便在這個島上定居下來。

羅馬人與日耳曼人的血戰

而日爾曼人中的東哥德人，曾一度歸順匈奴人並進兵歐洲，長期活動於達基亞和潘諾尼亞一帶。匈奴帝國解體後，經東羅馬皇帝馬爾契安同意，他們定居於潘諾尼亞。西元四七六年，西羅馬帝國的軍隊統帥日爾曼人奧多亞克舉兵叛亂，推翻皇帝羅穆洛．奧古斯都，西羅馬帝國滅亡了。西羅馬帝國的滅亡引起了東羅馬帝國的震動。奧多亞克政變後建立的軍事貴族掌權的王國，被東羅馬人視為眼中釘。於是東羅馬皇帝唆使東哥德人向奧多亞克王國進攻。東哥德國王狄奧多里克巧妙地利用羅馬貴族敵視奧多亞克政權的情緒，僅用三年就征服了義大利，建立了義大利東哥德王國，領土包括現代的義大利和瑞士、南斯拉夫一部分。

東哥德王國的鞏固與擴大，又引起東羅馬的嫉恨。從西元五三四年開始到西元五五四年結束，東羅馬用了二十年時間消滅了東哥德王國，而它的財力、物力也消耗殆盡。西元五六八年，日耳曼人的一支倫巴德人，越過阿爾卑斯山，到達波河流域，其目的是侵佔領土，長期定居。他們在軍事首領阿爾波音的率領下大舉入侵義大利，迅速打垮東羅馬軍隊，佔領北部義大利，建立倫巴德王國。

## 影響

從西元四世紀末到六世紀末，經歷二百多年，先後有十幾個日爾曼部落衝進羅馬帝國，建立各自的國家。這些國家很大程度上影響了後來歐洲的政治力量布局。這次大遷移不是和平遷移，而是日爾曼人對羅馬帝國的征服。在這個征服的基礎上使羅馬因素與日爾曼因素結合起來，逐漸形成了西歐特殊形式的封建社會。在這種總體上介於封建性質的國家中，還存在著原始農村公社的殘餘，被稱為「馬爾克」。現在西南歐的格局，也是由日爾曼人大遷徙確定下來的。歐州歷史從此揭開了新的一頁。

# 17 查士丁尼法典——羅馬法律的大全

西元四七六年，西羅馬帝國遭遇著前所未有的內憂外患，本已搖搖欲墜的帝國大廈，在強悍野蠻的日爾曼人的衝擊之下終於滅亡了。西羅馬覆滅後，東羅馬帝國依然健在，而且相當繁庶，這主要得力於東羅馬有利的地理環境。東羅馬帝國的首都君士坦丁堡（舊稱拜占庭）位於歐亞兩洲交界處，扼黑海咽喉，海上貿易發達，經濟發展十分迅速。特別是西元六世紀查士丁尼在位之時，國勢日盛。在這種情況下，查士丁尼才有機會來制定一部偉大的傳世法典。

## 查士丁尼其人

查士丁尼西元四八三年生於托萊索（在今南斯拉夫境內）的農民家庭。他是查士丁一世的侄兒。查士丁一世只是一個目不識丁的色雷斯農民，靠軍隊發跡，爬上東羅馬君主寶座。查士丁一世對自幼跟隨著自己的侄兒查士丁尼寄予了厚望，讓他受到了良好的教育。從五一八年後，查士丁尼就協助叔父掌理政務，擔任帝國行政指導。西元五

查士丁尼像

二七年，他繼承了叔父的權位，正式成為羅馬皇帝。

查士丁尼在即位的那天起，就把重建羅馬奴隸制帝國的統治當作終生奮鬥的目標。為實現這一目標，在軍事上，他東征西討，花了二十年的時間打敗波斯帝國，擊潰汪達爾族，從哥德人手中收復了義大利、北非和西班牙的一部分，地中海再次成為羅馬的內湖；在國內，查士丁尼把注意力集中在反對政府裏的腐敗作風上，鼓勵發展商業、工業，著手大興土木，建築城堡、修道院和教堂。君士坦丁堡著名的聖索菲亞大教堂就是其中的一座。大興土木及應付戰爭耗資巨大，導致稅收加重，釀成許多地方叛亂，幾乎推翻查士丁尼的統治。五八五年，查士丁尼去世，不久東羅馬再度走向衰落。

## 查士丁尼法典的基礎

查士丁尼法典來源於羅馬法。羅馬法，一般泛指西元前六世紀羅馬國家形成之後至六世紀中葉查士丁尼皇帝編纂法典為止的整個歷史時期的所有法律總稱。西元前六世紀的塞爾維烏斯．固里烏斯（約西元前五七八～前五三四年）改革，是羅馬國家和法律形成的標誌。與此同時，羅馬奴隸主階級為了適應統治

查士丁尼和他的幕僚

的需要，要求建立新的社會規範，羅馬奴隸制法隨之產生。

西元前四五一至四五〇年，在平民反對貴族鬥爭中產生的《十二銅表法》是平民取得的巨大勝利。同時也是羅馬第一部成文法，是羅馬法的雛形。它總結了前一階段的習慣法，並為以後羅馬法的發展奠定了基礎。有的學者認為《十二銅表法》從未廢除過，它的一些條款一直實施到羅馬歷史的結束。

西元前三～一世紀，羅馬通過一系列的對外征服戰爭，領土不斷擴大，成為橫跨歐亞非的大帝國。這一時期羅馬法的主要特點是市民法佔據統治地位，市民法亦稱公民法，是羅馬早期的法律，是公民大會和元老院所通過的、帶有規範性的決議以及其他一些習慣規範，其適用範圍僅限於羅馬公民。

此外帝國內還有所謂的萬民法，意思是「各民族共有」的法律，它也是羅馬法的有機組成部分，它是通過羅馬最高裁判官的司法活動所制定的，實際上是羅馬統治範圍內的「國際法」。它是按照羅馬奴隸主階級的需要，吸收了各民族已有的法律成果，在較為複雜的關係中發展起來的。內容主要是調整財產關係，特別是有關所有權和契約關係。至於家庭、婚姻和繼承權等仍歸市民法調整。

雖然，這些法律一直被日爾曼人、羅馬人、義大利人所普遍使用，但內容仍十分簡陋，而且只是採錄當代以前諸位皇帝的赦法，沒有足夠的深度以適應時代的更新變化。即使是最晚頒布的《狄奧多西法典》，至查士丁尼時代，也已有許多不符當時的需要。

雄心勃勃的查士丁尼審視這些法典，認為這些舊有法典具有無法掩蔽的基本缺陷。

為了他的帝業，他要為人們提供一種永久恪守的行為規範，絕不是將敕法收集然後轉載在一本書裏。這並非單純的立法事業，也並非宗教事業的延伸，它將是他恢復帝國的另一個支柱。

## 查士丁尼法典

西元五二六年二月十三日，查士丁尼大帝頒布一項敕令，任命特里布尼厄斯組織一個由十名法學家組成的委員會，主席由「聖宮廷」的前司法長官約翰擔任。委員會有權力用現存的所有資料，並可加以增刪、修訂，隨後把這些敕令分別標上發布皇帝的名號，以及施行的對象與日期，再按內容分類，按時間先後排列。這部《敕法彙集》在西元五二九年頒布施行，也就是著名的《查士丁尼法典》。五三四年《查士丁尼法典》修改後再度頒布。

《查士丁尼法典》共十二卷，卷下分目，每目按年代順序排列敕令的摘錄，上面標出頒布敕令的皇帝的名字和接受人的姓名，敕令的末尾註明日期。

《查士丁尼法典》頒布後，又陸續頒布了《查士丁尼法學總論》、《查士丁尼學說彙編》和《查士丁尼新律》三部分，作為《查士丁尼法典》的續編。

《查士丁尼法學總論》又名《法學階梯》，於五三三年底完成。共分四卷，卷下分目，輯納了歷代法學家的論文，簡要闡明法學原理，是學習羅馬法學原理的簡要教材。

西元五三〇年，查士丁尼再度任命特里布尼厄斯為主席，十一名博學、有名望的法

學家和從別留托斯、君士坦丁法律學校選出的五名教授為委員，共同將歷代羅馬著名法學家的著作，分門別類加以搜集、整理並進行摘錄，共花費三年時間編成了《學說彙集》，又名《查士丁尼學說彙編》，於五三三年底頒布施行。

此外，五六五年法學家又把查士丁尼皇帝在法典編完後陸續頒布的一六八條新赦令彙編成集，稱為《查士丁尼新律》。其主要內容屬於行政法規，也有關於遺產繼承制度方面的規範。

以上四個部分，在十二世紀統稱為《查士丁尼民法大全》。由於《查士丁尼法典》最早編成，並且是這部《民法大全》的核心，所以一般以《查士丁尼法典》作為這部民法大全的代稱。《查士丁尼法典》這一重要法律文獻雖然是在西羅馬帝國滅亡以後編纂的，但在編纂過程中曾根據當時情況作了加工，所以一般說來它能夠反映出羅馬帝國全盛時期的羅馬法，即「古典時代」的全貌。

《查士丁尼法典》明確宣布皇權無限，維護教會利益，鞏固奴隸主的統治地位；法典要求「人人都應安分守法」，否則，要依法給予嚴厲制裁；法典還特別強調奴隸必須聽命他的主人的安排，不許有任何反抗，據此可見，查士丁尼編纂法典的出發點和歸宿是完全一致的，他試圖通過法律規範的系統化，達到鞏固皇權的目的，並運用這個法典來為其挽救奴隸制的統治服務。

《查士丁尼法典》雖然保留了奴隸法，但取消了父母可以把子女賣為奴隸以補償自己對他人冒犯這一部分；法典肯定了婦女繼承遺產的權利；法典強調了基督教的思想統治，確立了君權神授的原則，並詳細規定了基督教生活的各個方面，強調了對異教徒的強行改信基督教和鎮壓的政策，甚至規定了教堂和修道院的規模和生活規則，強化了對隸農的統治；法典也用許多條文嚴格規定了奴隸與隸農必須無條件地服從他的主人，對不服從者處以重罰乃至死刑，只是由於隸農的反抗鬥爭才不得不寫上釋放奴隸的條文。

## 法典的推廣

從十二～十五世紀，歐洲出現了《羅馬法》「復興時期」，許多國家相繼採用了羅馬法。德國是採用羅馬法最積極的國家。德國馬克西尼安一世於西元一四五九年，發出通告「宣布帝國法院的審判以共同的法律為基礎，由十六名法官共同執行」。法官中至少有八名是法律博士，他們必須精通羅馬法；另外八名，則是從羅馬法賦予其特權而對羅馬法深具好感的貴族階級中選任。羅馬法在德國一直被沿用到十九世紀末期，而重新制訂的《德國民法典》也掙不脫羅馬法深入骨髓的影響。

在法國，羅馬法一開始曾遭到嚴格禁止，但在政治經濟發展的大勢所趨下，從十六世紀起，羅馬法逐漸成為法官斷案的具有權威性的準則。拿破崙引以為傲的《法國民法典》也是建立在羅馬法基礎上的，它後來成為大陸法系中民法典的經典之作。

在英國由於貴族們不滿查士丁尼將所有特權均

法典的封面

歸諸於帝王一人，故而紛紛抵制羅馬法的採用，但這一切，沒有阻止羅馬法成為十二世紀英國法律進修科目的普遍講義。雖然英國的法律制度在很大程度上是直接來源於原始的日爾曼法的「私法」部分——契約原則、遺囑、信託制度及人法、海商法等方面，沒有接受羅馬法的形式，但它仍擺脫不了羅馬法的影響。

## 影響

《查士丁尼法典》是世界上第一部完備的奴隸制成文法，它系統地搜集和整理了自羅馬共和時期至查士丁尼為止所有的法律和法學著作，卷帙浩繁，內容豐富。它標誌著羅馬法本身已發展到極其發達、完備階段，對以後歐洲各國的法學和法律的發展有著較大的影響。

另外，法典的內容和立法技術遠比其他奴隸制法更為詳盡。它所確定的概念和原則具有措詞嚴格、確切和結論明晰的特點，尤其是它所提出的自由民在「私法」範圍內的形式上平等、契約以當事人同意為生效的主要條件和財產無限制私有等重要原則，為後世法律奠定了基礎。

即使到了今天，在法制建設上，羅馬法可供借鑒之處也是有的。恩格斯稱它是「純粹私有制佔統治的社會的生活條件和衝突的十分經典性的法律表現，以致一切後來的法律都不能對它作任何實質性修改」，是「商品生產社會的第一個世界性法律」。

# 18 穆罕默德和伊斯蘭教——伊斯蘭世界的起源及形成

伊斯蘭教是世界三大宗教之一，自創立起，就對東西方都產生了重要的影響，至今對世界仍發揮著作用。這一宗教於西元七世紀時產生在阿拉伯半島，創立者是穆罕默德。

## 渴望得到解救的阿拉伯人

阿拉伯半島地處歐亞非三大洲的交匯處，因此，這裏的居民在膚色上也兼有三個人種的特徵。幾乎被沙漠和草原所覆蓋的阿拉伯半島特別適合於遊牧，獨特的自然條件使得這一地區在古代農耕業不發達時期，一直比其他地區先進。

在世界各地普遍進入定居的農耕時期以後，阿拉伯地區的優勢地位便開始消失。到西元五至六世紀之後，世界上許多地區早已進入文明時代三、四千年了，然而阿拉伯地區，尤其是貝都因人居住的地方，卻仍然未能擺脫原始的落後狀態。經濟、文化停滯不前，部落間的戰爭連綿不斷，人們經常為爭奪牧場和水草而展開血腥的廝殺。

但是，靠近紅海的漢志地區的情況卻比較特殊。這裏雖是不毛之地，但卻是從南部溝通歐亞的商業要道。東方的商品從印度洋運到也門，然後再由阿拉伯商人用駱駝馱著

可蘭經

北上，通過漢志地區到達地中海，再從那裏轉送到歐洲各地。得天獨厚的交通條件為漢志地區帶來了繁榮，其中麥加和麥地那城最為出名。

麥加城位於整個阿拉伯地區南北交通的中樞，那些長途跋涉的商人通常都要在這裏歇腳。因為這裏有一口誘人的清泉井，這在視水如油的阿拉伯人眼中是很不尋常的，這裏還有一塊巨大的不知什麼時候從天上落下來的黑色隕石，阿拉伯人將它看成是一個聖物。為了供奉這塊聖石，還建了一座廟，名字叫克爾白神廟。遠近的阿拉伯人常常成群結隊地專程到此拜祭。同時，他們往往還隨身帶來一些貨物互相交換。久而久之，一個大規模的交易市場就在麥加形成了。

西元六世紀，為了爭奪也門，波斯和埃塞俄比亞發生了戰爭，這就使原來經過漢志的商路被切斷了，麥加城由此陷入了十分困難的境地。西元五七二年，波斯人佔領也門以後，沒有恢復原來的商路，而是把運到這裏的商品改道波斯灣進入兩河流域，然後再運抵地中海。商路斷了，財路同樣也就斷了，麥加人的收入因此急劇減少，變得越來越窮。為了爭奪財富，阿拉伯人各個部落之間加緊了互相的掠奪，戰爭由此更加頻繁。

此時漢志地區的大多數阿拉伯人都感到十分痛苦，但是又沒有人給他們指出一條出路。絕望中，他們把希望寄託於神，希望神能解救他們脫離苦海。伊斯蘭教於是在這種背景下產生了。

## 阿拉的使者

穆罕默德（意為「受到高度讚揚」）生於西元五七〇年的麥加。他的父親出身於哈希姆家族，以前是強盛的古萊西部落的望族，所以穆罕默德是這支貴族旁系的後裔。穆罕默德的父親在穆罕默德出生前就去世了，穆罕默德的母親也在他六歲時死去，在穆罕默德六歲至八歲時由他的祖父（克爾白神廟的管理人）撫養，八歲時祖父去逝，由伯父收養。

穆罕默德的童年很苦，從小就得自謀生路。他當過放牧人，是一個半文盲，年青時他誠實可靠，相貌俊秀，在隨伯父經商的時候，到過巴勒斯坦、敘利亞和許多地區。通過遊歷，穆罕默德增長了見識，對阿拉伯人民的各種痛苦也有了很深的了解。他又研究了基督教和猶太教的教義，知道了許多神話傳說，同時也了解了這些地區的風土人情。另外，他還學會了觀測天氣、預測風沙和治病的本領。這一切都為他以後創立伊斯蘭教打下了基礎。

但是穆罕默德太窮了，他的抱負沒有金錢和地位的保證，是無法得到施展的。於是在二十五歲時，穆罕默德和一個年齡比他大得多，名叫赫蒂徹的麥加富商的遺孀結了婚。從此，他在經濟上一下子有了保障，開始進入上層社會。

麥加城外，有一座幽靜的小山，當地人稱它希拉山。穆罕默德經常獨自到山裏的一個小山洞裏冥思苦想。他一直在考慮創立一個可以被大多數阿拉伯人接受的宗教，使那

些整天處於痛苦之中的同胞得到解脫。他參照基督教和猶太教的經典，將其中他認為阿拉伯人能夠接受的教義和阿拉伯原始宗教中的一些教義設法結合起來。但是這個工作太艱難了，穆罕默德為此常常在山中待上許多天。終於，在六一〇年的一天，他豁然開朗，想通了最關鍵的道理。不久，他從山上下來，便開始傳教，這就是後來的伊斯蘭教。

「伊斯蘭」一詞在阿拉伯語中原意為「順從」。按伊斯蘭教的觀點，穆罕默德是伊斯蘭教的復興者而不是創始人。所謂復興是因為在漫長的歷史中伊斯蘭教發展到爾薩（西元元年~四〇年）聖人時代之後中斷了五百多年，到穆罕默德為聖時才復興了伊斯蘭教。穆罕默德宣稱，世界上只有一個神——阿拉，他是世界的創造者和人的創造者，人只有生前服從阿拉，死後

穆罕默德傳教圖

才能進入天堂，否則死後就會被打入地獄。穆罕默德自稱為阿拉的使者，由於自己是阿拉的第一個信徒，所以他就是信徒的先知，是阿拉派到人間的使者，傳達阿拉的意旨。信仰阿拉的人被稱為穆斯林，意為信仰阿拉和服從先知。

雖然伊斯蘭教教義在解決社會矛盾方面，要求人民採取消極的態度。但在另一方面，又給教徒提出了做人的基本準則，如為人行善，買賣公平，救濟貧困，照顧孤寡老人等。此外，對偷盜和欺詐等犯罪行為，伊斯蘭教義也規定要給予極為嚴厲的懲治。因此伊斯蘭教教義也被信仰伊斯蘭教的一些國家長期奉為法律。伊斯蘭教的另一個顯著的特點是一夫多妻。穆罕默德本人就在赫蒂徹死後，又娶了八個妻子。穆罕默德的施教早年並不順利，頭三年只有三十多個人皈依他宣傳的宗教，還遭到一些麥加富商和奴隸主貴族的反對。因為伊斯蘭教是一神教，同傳統的古萊西部落的多神教是極不相容的。同時，教義中提出的施捨濟貧的主張，也損害了大貴族和富商的經濟利益。一些貴族和富商時刻準備謀殺穆罕穆德。在這種險惡的情況下，六二二年七月十六日深夜，穆罕默德率領他的信徒離開了麥加，移居到麥地那，這就是伊斯蘭教的「徙誌」，伊斯蘭教把這一年定為伊斯蘭曆法的元年，歷史上稱為「希吉拉」，意思就是大遷移。

雅特里布與麥加不同，這裏不是頑固的古萊西部落貴族統治的中心，手工業和商業也很發達，貧民也較多。在這裏，伊斯蘭教很快便被人們所接受。在此基礎上，穆罕默德制定了「伊斯蘭教不僅是宗教權威而且是世俗權威，管理人們事務的統一力量應是信仰而不是部落」這一流傳至今的法則。

不久，麥加貴族向雅特里布發動了進攻，企圖消滅穆罕默德的勢力。穆罕默德將雅特里布的教徒組織起來，建立了自己的軍隊，同麥加貴族進行了多次的戰鬥，打敗了麥加貴族軍隊的進攻。六二八年，穆罕默德和麥加的貴族們簽定了停戰條約，使雙方的戰爭暫時停止下來。

西元六三〇年一月，穆罕默德以一個麥加人害死一個穆斯林為藉口，集合了一支一萬人的大軍攻佔了宗教中心麥加城。進入麥加之後，穆罕默德清除了克爾白神廟中的所有的部落神，只保留了那塊隕石，作為全體穆斯林的聖物，又把克爾白神廟改為清真寺，並規定，每一個穆斯林一生中必須到這裏朝聖一次。同時他還寬恕了他的大多數敵人，收復了各個部落，把非穆斯林趕出聖地，不接受伊斯蘭教的人不得參政（但不會遭殺害或放逐）。自此，建立了穆罕默德在阿拉伯半島的伊斯蘭教的統治地位。

六三二年，穆罕默德在麥地那病逝。當時他沒有留下遺囑安排誰為哈里發（繼承人），也沒有談到以什麼形式推選哈里發。按照阿拉伯人的傳統，領袖是從部落上層有威望的人中推選的。然而穆罕默德所建的公社包括了許多部落，哪個部落有優先權呢？由此，在伊斯蘭教內誕生了兩大主要派別——「遜尼派」和「什葉派」。

「遜尼派」全稱為「遜奈與大眾派」，阿拉伯語原意為「遵循傳統者」。遜尼派是伊斯蘭教中教徒最多的一個教派，占全世界穆斯林的百分之九十左右。此教派的教徒主要分布在阿拉伯國家以及土耳其、印度、馬來西亞等國。遜尼派雖然將其他不同信仰視為異端，卻同時提倡求大同存小異，融合不同見解，努力調和真主的無限權威和人的責任這兩個觀念。

「什葉派」是伊斯蘭教中僅次於「遜尼派」的第二大教派。「什葉」在阿拉伯語中意為「追隨者」或者「派別」、「同黨」。該派認為只有出身於哈希姆家族(即聖族)的哈里發及其直系後裔才是穆罕默德的合法繼承人,否認阿布·伯克爾、歐麥爾、奧斯曼前三任哈里發的合法性。目前該派主要分布在伊朗、伊拉克、印度、巴基斯坦、也門、敘利亞、黎巴嫩、阿富汗、土耳其、巴林等國。

## 影響

到十六世紀時,伊斯蘭教徒已經遍布世界各地。伊斯蘭教的產生促進了阿拉伯地區的發展,對於阿拉伯地區的統一,抵禦外來侵略也起到了積極的作用。但是,伊斯蘭教中讓教徒進行「聖戰」的教義,使它在傳教的過程中,具有極大的侵略性。伊斯蘭教徒們正是以「聖戰」的名義,在新月的旗幟下,揮舞著阿拉伯彎刀,進行猛烈的擴張,建立了許多富有侵略性的大帝國,比如阿拉伯帝國、奧斯曼土耳其帝國等。直到現在,伊斯蘭教仍然在世界上擁有巨大的能量。

# 19 十字軍東征——影響東西方的一場侵略運動

地中海及其沿岸，是人類文明發祥地之一，有著先進的科學、經濟與文化，因而它也是人類爭奪最激烈、戰爭發生頻率最高的地方之一。早在西元一〇七一年，塞爾柱突厥人（他們是信奉伊斯蘭教的穆斯林）就佔領了耶路撒冷，他們干擾基督教商人，殘酷地虐待在巴勒斯坦朝聖的基督教徒，因此就埋下了宗教戰爭的禍根。

## 克勒芒宗教大會

十一世紀末，西歐社會生產力有了長足的發展，手工業從農業中分離出來，城市崛起，原有的財富已不能滿足封建主貪婪的欲望，他們渴望向外攫取土地和財富，擴充政治、經濟勢力；許多不是長子的貴族騎士因不能繼承遺產，而成為「光蛋騎士」，他們也熱衷於在掠奪性的戰爭中發財；許多受壓迫的貧民更是幻想到外部世界去尋找土地和自由，擺脫被奴役的地位；歐洲教會最高統治者羅馬天主教會，企圖建立「世界教會」，確立教皇的無限權威。這些動因促使他們把目光轉向了地中海東岸國家。

烏爾班二世

西元一〇九五年，在法國南部的克勒芒舉行的一次宗教會議上，教皇烏爾班二世出於政治上的考慮，號召基督徒進行東征。因為來自東方的各種消息顯示，基督教在東方處境危險，君士坦丁堡皇帝阿歷克修斯一世向羅馬求援就是明證。另一方面，對西方基督教來說，若要把所有好勇鬥狠的人都集合起來讓他們服從教皇的指揮，除了去征服聖地，從事這項艱巨而大膽的活動外，再也沒有更好的辦法了。當然，在當時的人看來，東征純粹出於宗教動機。教皇要求凡是參加東征的人，軍服上都要繡一個「十」字，這樣在完成使命後，所犯的罪行將得到赦免，由此這支遠征軍被稱為「十字軍」。烏爾班二世在大會上說：「在東方，穆斯林佔領了我們基督教教徒的『聖地』（耶路撒冷），現在我代表上帝向你們下令，懇求和號召你們，迅速行動起來，把那邪惡的種族從我們兄弟的土地上消滅乾淨！」教皇還蠱惑人們：「耶路撒冷是世界的中心，它的物產豐富無比，就像另一座天堂。在上帝的引導下，勇敢地踏上征途吧！」

## 八次東侵

十字軍東侵前後進行了十一次。第一次十字軍的主力是以法國貴族為主的封建主武裝。近代史家認為，十字軍從小亞細亞到安條克時，其人數不會超過二萬五千～三萬人（包括騎兵、步兵）。經過兩年的戰爭，十字軍佔領了地中海東部長達一千二百公里的狹長地帶。一〇九九年七月十五日十字軍攻佔耶路撒冷時大肆掠奪、屠殺，在劫後的土地上，建立了以西歐封建制為模式的耶路撒冷王國（一〇九九～一一八七年）。其他十字

軍國家，如安條克公國（一〇九八～一二六八年）、埃德薩伯國（一〇九八～一一四四年）和的黎波里伯國（一一〇九～一二八九年）等，它們名義上是耶路撒冷王國附庸，實際上是各自獨立的。西歐封建主在領地上以軍事城堡為中心，統治、剝削、奴役當地居民。為了維持統治，保護朝拜「聖地」活動，他們建立宗教騎士團作為常備武裝力量。如十二世紀初由法國騎士組成的聖殿騎士團、義大利人組成的醫院騎士團和十二世紀末由德意志騎士組成的條頓騎士團等。

一一四四年埃德薩伯國被摩蘇爾總督突厥人贊吉（一一二七～一一四六年在位）所滅，由此引起第二次十字軍東侵。這次十字軍的組織者是法國國王路易七世（一一三七～一一八〇年在位）和德意志皇帝康拉德三世（一一三八～一一五二年在位）。十字軍出發時約有二萬五千人，不過在穿越小亞細亞時，日爾曼軍隊遭消滅，所以，一一四八年春聯軍到達敘利亞時只剩了五千人。隨後他們又在這年七月二十八日攻擊大馬士革的戰役中被贊吉之子努爾丁擊潰，第二次十字軍東征失敗，「法蘭克人不會輸」的神話終告破滅。

十二世紀晚期，努爾丁的繼承者薩拉丁建立了一個包括埃及、部分敘利亞和美索不達米亞等廣大領土在內的國家。他攻克了許多城市。由於十字軍騎士襲擊穆斯林商隊，薩拉丁發動聖戰，於一一八七年佔領耶路撒冷。耶路撒冷第一王國告終，的黎波里伯國和安條克公國也被降格為首邑。西歐為之震動，於是組織規模較大的第三次十字軍。西歐主要國家的君主，神聖羅馬帝國皇帝腓特烈一世（紅鬍子）、英王理查一世（獅心）

和法王腓力二世．奧古斯都，皆率軍參戰。腓特烈一世於小亞細亞渡河時溺死，德意志軍大部分回國；英、法兩國君主因領地爭執，矛盾重重，明爭暗鬥，在十字軍攻陷沿海要塞阿克後，腓力二世即率軍回國。理查一世無力奪取耶路撒冷，在得到薩拉丁允許基督徒往「聖城」巡禮的諾言後，匆匆回師。

第四次十字軍東侵（一二〇二～一二〇四年）由教皇英諾森三世發起、組織。但由於情況的變化，這次東征改變了目標。從十一世紀末以來，威尼斯從拜占庭那裏獲得了很多貿易特權，但到了十二世紀君士坦丁堡的居民的民族主義運動興起，把城裏的拉丁人殺得一乾二淨。於是為了復仇，負責承擔運送十字軍的威尼斯船隊，以索取鉅額運費為威脅，以平分戰利品為利誘，促使十字軍改變原定進攻埃及的路線，攻陷了亞得里亞海東岸的薩拉城，轉而進攻拜占庭。一二〇四年，君士坦丁堡陷落，被十字軍洗劫達一星期之久，破壞慘重。這時十字軍已撕下它「神聖」的面紗，暴露出其侵略掠奪的本質。

在十字軍攻佔的拜占庭領土上，西歐封建主建立了拉丁帝國。威尼斯分得拜占庭領土的八分之三，包括君士坦丁堡的一部分，成為地中海上的商業霸國。其餘未被佔領的拜占庭領土，分裂成為幾個獨立的小國。一二六一年，尼西亞皇帝巴列奧略家族的邁克爾八世滅拉丁帝國，恢復了拜占庭帝國。

## 十字軍運動的衰落

教皇英諾森三世以十字軍作為增強其權力、鎮壓反對力量的工具。西元一二〇九年，他又組織十字軍討伐阿爾比異端，屠殺法國南部人民。一二一二年，教會在法國和德意志煽動、發起「兒童十字軍」。成千上萬十～十八歲兒童，或被騙送往埃及和愛琴海的奴隸市場賣為奴隸，或船沉溺海，或在赴義大利途中死亡。英諾森三世擬組織第五次十字軍東侵，但未及成行而身先死。

第五次十字軍東侵（一二一七～一二二一年）以埃及為進攻目標，參加者主要是法國人。開始他們取得了一定的勝利，迫使伊斯蘭國家恢復了耶路撒冷王國，並保持了原有疆界。但教皇特使卻不滿足這一結果，他希望在埃及建立一個新的基督教國家，於是一二二一年十字軍進軍開羅，但受洪水所阻，被迫撤離了埃及。

第六次十字軍東侵（一二二八～一二二九年）也是以埃及為進攻目標。神聖羅馬帝國皇帝腓特烈二世利用伊斯蘭國家內部矛盾，和埃及蘇丹締結條約（一二二九年）。雙方約定，歐麥爾清真寺和阿克薩清真寺歸伊斯蘭教徒，聖墓屬基督教徒，這樣腓特烈二世為耶路撒冷第二王國取得了耶路撒冷、伯利恆和通往地中海的走廊。但一二四四年，花剌子模突厥人在埃及支持下，又佔領了耶路撒冷。

第七次（一二四八～一二五四年）和第八次（一二七〇年）十字軍東侵皆由法王路易九世（一二二六～一二七〇年在位）發動、領導。第七次十字軍進攻埃及慘敗，路易被俘，一二五〇年以大筆贖金贖回。第八次十字軍進攻北非突尼斯，路易九世在軍中罹疫身亡，軍士敗退。

十三世紀十字軍已成強弩之末，留在東方的西歐封建主、義大利商人和宗教騎士團內部矛盾重重。十三世紀中葉，蒙古旭烈兀建立伊兒汗王朝，一二五八年攻陷巴格達，殺死阿拔斯王朝末代哈里發，敘利亞、巴勒斯坦皆受威脅。

埃及馬木留克王朝蘇丹拜巴爾斯一世（一二六〇～一二七七年在位）擊敗蒙古軍，不斷奪取十字軍領地，並於一二六八年攻陷安條克。一二八九年馬木留克王朝攻佔十字軍的重要據點的黎波里，一二九一年又攻佔十字軍在東方的最後據點阿克。西亞大陸的十字軍國家至此全部滅亡。

## 影響

十字軍東侵給西亞、埃及和拜占庭人民帶來了災難，嚴重阻礙這些地區社會經濟的發展，而西歐教俗封建主向東方擴張的目的最後也落空。西歐的人力、物力大量消耗，十字軍稅和其他雜稅加重了人民的負擔。從十字軍東侵中取得直接利益的是少數義大利城市，如威尼斯和熱那亞。它們取代了拜占庭和阿拉伯商人在東部地中海的商業霸權，擴大了西歐在東方的貿易市場。

十字軍東侵對西歐社會的發展起了促進作用。東西方之間的商業活動日益頻繁，近東地區的貿易成為西歐經濟的有機組成部分，促進了造船技術的發展。生產水平較低的

西歐，通過各種渠道從先進的東方學到了布匹和綢緞的精織、印染技術以及較高的金屬加工技術，同時學會了種植水稻、蕎麥、西瓜、檸檬、甘蔗等農業生產技術。封建主和市民的生活方式也受到東方的影響，如講究沐浴、理髮等。更重要的是開闊了眼界，從而對後來歐洲文化思想的變化產生了長遠影響。

# 20 成吉思汗的征服——促進東方文明的西傳

成吉思汗是蒙古族的政治軍事人才。他精通部落政治這門複雜的藝術，將忠誠、狡猾、無情的背叛以及自身的勇猛等各種因素創造性地混合在一起。正是由於這一點，他成為世界的征服者。他自己曾經說過：「人類最大的幸福在勝利之中：征服你的敵人，追逐他們，奪取他們的財產，使他們的愛人流淚，騎他們的馬，擁抱他們的妻子和女兒。」

## 草原誕生的征服者

鐵木真出生於西元一一六二年，是蒙古族孛兒只斤部酋長也速該的兒子。蒙古族起源於額爾古納河東岸一帶，其意為「永恆之火」。鐵木真出生之時漠北大草原上共有蒙古、塔塔兒、乃蠻、克烈、蔑爾乞五部，他們各自為政，為爭奪草原、牧場、奴隸、牛羊，爭鬥不休。

鐵木真九歲那年，也速該帶鐵木真到一個朋友家訂親。在獨自回家途中，也速該被敵對的塔塔兒部毒殺。

也速該一死，孛兒只斤部失掉了首領，都散了夥。原來歸附也速該的泰赤烏部也脫

蒙古騎士的頭盔

離了他們，還帶走了不少也速該的奴隸和牲畜。鐵木真的家境就一天不如一天了。

泰赤烏部的首領怕鐵木真長大以後向他們報仇，決定派兵捕殺，以絕後患。得到消息的鐵木真連忙逃到一座森林裏。鐵木真在森林裏躲了九天九夜，忍不住饑餓，走了出來。他一出森林，就被泰赤烏人抓住了。泰赤烏人給他戴上木枷，帶到各個營帳裏去示眾。有一天，泰赤烏部的首領和百姓都在斡難河邊舉行宴會，只留了一個年輕的看守監視他。鐵木真趁看守不防備，舉起木枷把看守砸昏了，逃了出來。

以後，鐵木真和他的母親、弟妹又躲進深山裏，靠捉土撥鼠、野鼠當飯吃。艱難、險惡的環境，使鐵木真倍嘗生活的艱辛，但這也鍛鍊了他的意志，培養了他勇敢無畏的鬥爭精神。

年輕的鐵木真知道憑一己之力很難恢復父親的事業，於是他依靠父親的安答（結義兄弟）克烈部的脫里罕和自己幼年的安答札木合的幫助，擊敗了擄走他妻子的蔑爾乞人，重新集合了他父親原來的部眾、屬民和奴隸。

一一八九年，鐵木真被推舉為乞顏部的可汗。為鞏固自己的政權，鐵木真首先建立一個大本營，號稱大斡耳朵，作為天廷，並設立了保衛天廷的衛隊和處理各種事務的行政官職。他所任用的人，除弟弟外，幾乎都出身於奴隸或屬民，對他絕對忠誠。鐵木真這樣建立自己的政權機構，實際上是用封官授職的官僚制度代替了各部貴族壟斷權力的制度，用統一的君主集權代替了各部貴族的分部而治。

鐵木真力量的強大引起了札木合的嫉妒。不久，札木合的弟弟搶奪鐵木真的馬群，被鐵木真部下殺了，雙方發生了衝突。札木合集合了他統治的十三部一共三萬人馬攻打鐵木真。

鐵木真也不肯示弱，把部下的三萬人馬分成十三支隊伍，抵抗札木合的進攻。雙方在斡難河邊的草原上展開了一場大戰，鐵木真抵擋不住，敗退了。獲勝後的札木合用七十口鍋烹煮抓住的戰俘，這引起其部下的不滿，紛紛脫離札木合投奔鐵木真，鐵木真雖然打了敗仗，實力反而更壯大了。

一一九六年，殺害鐵木真父親的塔塔兒部得罪了金朝，金朝派丞相完顏襄約鐵木真配合進攻塔塔兒部。鐵木真和克烈部脫里罕共同出兵於斡里札河打敗塔塔兒人。金王朝認為鐵木真立了功勞，封他札兀惕忽里（部長）官職，封脫里罕為王（脫里罕從此稱王汗）。

一二〇一～一二〇二年，鐵木真和王汗聯兵，與札木合聯盟（塔塔兒、乃蠻等部落聯盟）大戰獲勝，札木合投降王汗。一二〇二年，鐵木真消滅了塔塔兒，佔領了呼倫貝爾草原，實力猛增。一二〇三年王汗對鐵木真發起突然襲擊，鐵木真敗退到哈勒哈河以北。不久，鐵木真乘王汗不備，奇襲王汗牙帳，克烈部亡。同年，汪古部也歸附鐵木真。一二〇四年，鐵木真消滅了乃蠻太陽汗的斡魯朵，成為蒙古高原最大的統治者。

一二〇六年，全蒙古貴族集合於斡難河源，一致推舉鐵木真為全蒙古的汗，尊號成吉思汗。此時成吉思汗已佔領了東起興安嶺，西至阿爾泰山，南抵陰山的遼闊地區。

## 東征西討

成吉思汗即位以後，對外征討的首要對象就是金朝。成吉思汗藉口為被金朝殺害的祖先俺巴孩報仇，於西元一二一一年開始，發動了七年對金戰爭。金以重兵守西京（大同）和中都（北京），其他地方無力相保。蒙古軍避實擊虛，轉襲河北、山東、河南諸地，大行殺掠。但金國經營有年，民多兵眾，也非一日之功所能奏效。一二一六年，成吉思汗認識到一時不能滅亡金國，率主力退回草原，留大將木華黎偏師經營中原。

除了向南進攻，成吉思汗還把目光投向西方：中亞、印度和俄羅斯。一二一八年，成吉思汗遣勇將哲別率精騎二萬，一舉擊破宿敵乃蠻部太陽汗之子屈出律所控制的西域契丹國家西遼，殺死屈出律。從此，蒙古國與中亞新興大國花剌子模開始對峙。花剌子模原為塞爾柱突厥人的一個行省，後獨立稱國。十三世紀初，據有北界阿姆河上游，南臨波斯灣，東起印度河，西抵兩河流域的廣大地區，一時稱盛。一二一九年，花剌子模訛答剌守將劫殺蒙古商隊和使臣，致使兩國關係驟然交惡。成吉思汗乘機起兵，興師問罪。他親率大軍二十萬，分成四路，攻入花剌子模。花剌子模民風驃悍，又有雄兵四十萬，但在戰略上犯了分兵駐地守城的錯誤，無法集中禦敵，在不到一年的時間裏，先後失去訛答剌、布哈拉和撒馬爾罕等重鎮，蒙軍贏得了戰略優勢。花剌子模國王穆罕默德全然失去昔日英勇，一味奪路西逃，死於裏海一個小島上。王子札蘭丁率眾抵抗，雖有數次小勝，但終究不敵蒙軍，最後被迫單騎涉阿姆河，亡命天涯，不知所終。花剌子模王國滅亡。

蒙古鐵騎乘勝進擊，越高加索山進入頓河流域的草原地帶。一二二三年五月，蒙軍一部在卡爾卡河畔與波洛伏齊人和俄羅斯人的聯軍會戰，大勝。而後蒙軍長驅直入，攻掠俄羅斯各地，入克里米亞，溯伏爾加河而上，途中為保加爾人所敗，年末，東歸蒙古高原。

首次西征之後，成吉思汗回想起帶兵西征的時候，曾經要西夏發兵幫助，西夏不但拒絕出兵，而且和金朝結盟，於是他決心滅掉西夏。一二二五年秋成吉思汗起兵攻入西夏，連破州縣，次年底攻至西夏國都城下，圍城半年之久。其時，成吉思汗射獵墜馬，身負重傷，他知道好不起來，就在病床上對部下將領說：「我們攻打金朝，要向宋朝借路。宋朝和金朝冤仇很深，一定會答應我們。」一二二七年七月十二日，一代天驕不治而殤。三天後，夏主出城投降被殺，西夏國滅亡。

成吉思汗死後，他的兒子窩闊台接替他做大汗。窩闊台按照成吉思汗的遺囑，向南宋借路，包圍金朝京城開封。西元一二三四年，金朝在蒙、宋兩軍夾攻下滅亡。一二三五年，窩闊台收高麗為屬地。一二三〇至一二三一年，攻佔西伊朗。

西元一二三五年和林會議，蒙古大汗決定再次派遣大軍西征。一二三六年命拔都為

統帥，速不台為先鋒，率大軍十五萬出征，沿阿爾泰山麓，經吉里吉思草原，征服沿途各族。一二三七年侵入俄羅斯，征服了俄國地區的許多公國，莫斯科、羅所托夫、基輔都被擊敗；一二四一年，拔都與拜達兵分兩路向南進侵，一路攻佔馬札兒（即匈牙利）渡多瑙河入奧地利、義大利；一路侵入波蘭、德意志、西里西亞，擊敗西里西亞等各封建諸侯聯軍。歐洲大震。

蒙古人西征匈牙利

拔都本想繼續侵入歐洲中心地區，但是一二四一年，由於窩闊台逝世，蒙古貴族的興趣又被亞洲中東草原地帶的利益所吸引，因此大規模自歐洲撤軍。

窩闊台死後，其子貴由繼位。貴由頗具領袖才能，但執政只有兩年就死了。隨後經過一系列的鬥爭，拖雷之子蒙哥在拔都的支持下繼承大汗之位，這樣大汗位轉入拖雷系控制之中。蒙古帝國在蒙哥手中有了進一步的發展。一方面，他加緊對南宋的進攻；另一方面，他派兄弟旭烈兀遠征西亞，一二五三年，旭烈兀統率大軍出發西征。經過六年征戰，一二五八年，蒙古軍渡過底格里斯河，圍攻巴格達。經過近一個月的苦戰，哈里發出城投降，阿拔斯王朝滅亡。哈里發政權積累的財富被劫掠一空，蒙古軍在城中大肆搶劫屠殺七日，使名城巴格達大難臨頭。巴格達陷落後，旭烈兀進軍敘利亞，直抵巴勒斯坦海岸。這時蒙哥死訊傳至，旭烈兀留五千人由怯的不花統帥，自己引主力東歸。怯的不花率領留下的少數蒙古軍侵入埃及，被埃及軍隊擊敗，怯的不花陣亡。隨後，敘利亞也擺脫了蒙古軍的控制。但是伊朗和附屬於它的美索不達米亞此後卻構成了一個鞏固的蒙古汗國——伊兒汗國，在旭烈兀朝的統治下，一直延續到一三三五年。

## 影響

蒙古人的侵略具有深遠的意義，因為他們促進了歐亞大陸間的相互影響。眾所周知，在技術領域裏，蒙古統治下的和平導致了中國發明的大量傳播，其中包括火藥、絲綢、機械、印刷術和煉鐵高爐等。例如波斯因所處的地理位置，受到了來自東方和西方的影響。據了解，中國炮兵曾去過波斯，在蒙古軍隊中服役；另外一位名叫傅夢之的人提出了中國的天文學原理；中國醫生曾在伊兒汗朝廷裏工作；中國藝術家曾對波斯的微型繪畫產生了不可磨滅的影響。另一方面，歐洲的影響主要表現在貿易和外交領域中。在伊兒汗國首都大不里士，聚居著大批義大利商人；伊兒汗國從他們中間徵募了一些使者和翻譯，讓他們肩負著各種使命，前往歐洲。其中當然有馬可．波羅，他在護送一位蒙古公主從中國到波斯、同伊兒汗國的大汗結婚以後，繼續向威尼斯航行。

最後，由這種相互影響提供的機會，又被正在歐洲形成的新文明所充分利用。使之得到了東方先進文明的引領，終於衝破了中世紀的黑暗，看到了新世紀的曙光。

# 21 火藥的發明與改良——炸彈的巨大威力

如果說火藥的發明是源於長生不老，你一定會以為是天方夜譚，但事實確實如此。中國古時的那些幻想「得道成仙」的帝王將相們常常令術士煉製「靈丹妙藥」，而這些盡職的化學家在煉丹過程中雖沒有煉成仙丹，卻發明了火藥，而且由於火藥的獨特作用，它很快就聞名於世，成為我國古代科技的四大發明之一，在歷史的發展中佔有著重要地位。

## 中國方士發明火藥

我國古代的冶煉技術相當發達。早在殷商時期，就已經能製造出造型複雜、美觀大方的大型青銅器皿了。春秋中期，我國已經發明了生鐵冶煉技術，到了春秋末年，鐵製的農具和兵器也已得到普遍使用。

在冶煉金屬的過程中，人們不斷總結經驗，逐漸接觸和熟悉了許多礦物的性能，積累了豐富的化學知識。從戰國時代起，就有人把冶金技術運用到煉製藥物方面，夢想能煉出長生不老之藥來，也有人想從礦物中煉出金銀來。那種煉製所謂長生不老藥的煉丹術在古代被稱為「方術」，從事煉丹的煉丹家則被稱為「方士」，後來被稱為「道士」或

「丹家」。

雖然這些煉丹家始終未能煉出長生不老之藥來，但是在一次次冶煉中，他們不斷積累經驗，掌握了不少化學知識。這些煉丹家對我國古代化學的發展，起了不少作用。用現代人的眼光來看，或許把他們稱為古代的化學家更為合適。在這些方士中，較為突出的有李少君、魏伯陽、劉安、葛洪等。正是這些煉丹家的工作，才發現了火藥。

現在我們知道，製造火藥的主要原料為木炭、硫磺和硝石。

硫磺在我國古代也被稱作石流黃、留黃、流黃等。我們的祖先在西元前後，就已在湖南的郴縣發現了大量的硫磺礦。此後在我國北方、南方也多次發現大型硫磺礦。我國古籍中最早提到「流黃」的是《淮南子》一書（西元前一五〇年前後）。說明在當時古人對硫磺已有認識。西漢末年問世的我國第一本藥物典籍《神農本草經》上，把石流黃歸入「中品藥」的第三種，可見當時硫磺已被廣泛用於入藥。

硝石是黑色火藥裏的氧化劑。它的化學成分是硝酸

方士煉丹圖

鉀，受熱能產生氧氣，有很強的助燃作用。火藥爆炸力的大小主要根據含硝量的多少來決定。最遲在西元前後，我們的祖先就已發現了硝，並能掌握利用它。古代人民在實踐中慢慢發現硝石有消除積熱和瘀血等醫療作用，便將它入藥。《神農本草經》把硝石列入「上品藥」的第六種。古代的煉丹家十分熟悉硝石的性能，常把硝石作為主要的氧化劑和溶劑。西元五〇〇年左右的煉丹家陶弘景就指出硝石有「強燒之，紫青煙起」的現象。

唐朝初年，著名的藥物學家孫思邈也煉過丹藥。在他所寫的《丹經》一書中，有一種「伏硫磺法」，記載著類似火藥的方子。

由於這種伏硫磺法經常在製作過程中發生燃燒，燒傷煉丹者的手臉，甚至燒掉煉丹房，因此古人明白了硫磺、硝石和木炭的混合物極易猛烈起火，甚至發生爆炸，製作時必須十分當心。

經過一次次的爆炸起火，煉丹家們從最初的恐懼中逐漸認識到，硫磺、硝石和木炭，如按一定比例配製，可製成會爆炸的「火藥」。

火藥發明的具體年代已無從查考，但根據資料可以推斷，火藥發明的時間應在唐代以前。由於這種火藥的顏色是黑色的，所以叫作「黑火藥」。

## 火藥的早期運用

火藥雖是由煉丹家發明，但煉丹家的本意是為了製作藥物，他們並不希望它有強大的爆炸力和破壞力。可是當火藥的配方一旦為軍事家們所知曉，情況就完全不同了。他們明白，用火藥製成的武器，一定具有強大的殺傷力。於是軍事家們不斷探索研製，強化它的毒性、燃燒力和爆炸力。火藥發明後，引起了武器製造的重大改革，逐漸由冷兵器時代進入了火器時代。

唐朝末年，火藥已開始用於軍事目的，配製也更趨科學化。用硝石（硝酸鉀）百分之七十五、硫磺百分之十五、炭粉百分之十就可製成威力強大的火藥。宋朝有個叫路振的人，他所著的《九國志》有這樣一段記載：唐哀帝時（西元九〇四～九〇六年），鄭璠攻打豫章（現在的江西南昌），他命令兵士「發機飛火」，燒了龍沙門。據解釋，飛火是火炮一類的東西，是用火藥製造的燃燒性武器。可見，當時火藥已開始用於戰爭。

到了北宋，火藥生產規模進一步擴大。北宋初年開封設有「廣備攻城作」（兵工廠），其中有專門生產火藥的車間（火藥窯子作）。它以火藥為原料生產作戰用的「煙球」、蒺藜火球和火炮等。火藥配料除硝石、硫磺、炭粉外，還有油蠟、瀝清、乾漆、松香、黃丹、鉛粉等。到了宋朝，人們發明了更多種類的火藥武器，從最初的燃燒型火藥武器逐漸過渡到威力更大的爆炸型火藥武器。

一一三二年，南宋的軍事家陳規為了防禦金兵的侵擾，又發明了一種管狀的射擊性武器——火槍。這種火槍是用長竹竿做的，竹管裏面裝滿火藥。打仗時由兩個人抬著，點著了火發射出去。火槍的發明，可以說是火器史上的又一個新起點。

火藥除了用於戰爭外，還可用於生活、生產。據《武林舊事》、《夢粱錄》、《事林

廣記》等書記載，在南宋、元朝時人們已經用火藥製造焰火，以燃放焰火的形式來歡慶節日。火藥性能和作用也逐漸被人們所掌握，古代人民利用它來開山、破土、採礦、築路等，使其在生產勞動與和平建設中發揮威力。

早在唐代，我國與阿拉伯、印度、波斯等國通過海上的貿易，往來就十分頻繁。就在這時，硝隨同醫藥和煉丹術，由我國傳出。但那時人們僅知道用硝來煉金、治病和做玻璃。西元一二六〇年，元世祖的軍隊在與敘利亞一戰中被擊潰，阿拉伯人繳獲了包括火箭、毒火罐、火炮、震天雷在內的火藥武器，從而掌握了火藥的製造和使用。他們把火藥稱

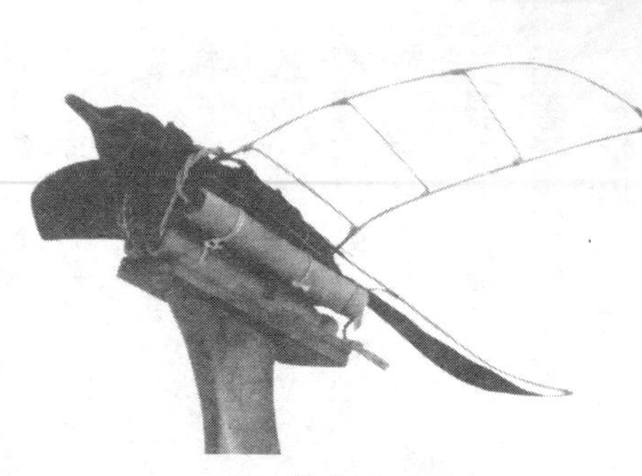

神火飛鴉

之為「中國雪」，用火藥推動的弩箭也被稱作「中國箭」。

西歐直到文藝復興後，英國人才從阿拉伯人那裏得到了火藥的配方，比我國要落後數百年之久。但重要的是火藥主要是經由戰爭西傳的，因此歐洲人把火藥主要用於軍事目的。

相傳，在歐洲第一個成功地製造出具有爆破力火藥的是著名學者羅傑爾．培根，也有的說是晚於培根一百年的德國人貝魯特爾德．施韋策。不過有人對培根的全部著作作了查對後，發現只有一處提到了用火藥：「我們以小孩玩具為例吧。世界上有許多地方製造像拇指大的一種東西；東西雖小，但由於其中有一種屬於鹽類的叫做『硝』的東

西，因此能夠爆炸。當硝爆炸時，這個用羊皮紙製的小東西發出可怕的聲音，比疾雷還響；所閃的光比隨雷而來的閃電還強。」至於貝魯特爾德．施韋策，有人認為他是傳說中的貝魯特爾德．尼克爾（即黑人貝魯特爾德），也有人認為他與培根同是方濟各會派修士，但他的存在與否，是很令人懷疑的。儘管如此，火藥的使用與改良仍在歐洲得到了很大的發展。

真正使火藥的威力得到爆發的是在十九世紀。西元一八一四年，人們發明了雷管。它能在火藥起爆的一瞬間，產生高溫的火焰和硝酸銀，使得以前所使用的點火器和打火石以及含有硝石的導火繩、緩慢傳導火焰的石灰，都成為不必要的裝備。一八四六年義大利化學家索布雷羅發現硝化甘油，但是該物質對震動很敏感，危險性大，不宜生產。一八六七年，諾貝爾把硝化甘油與木漿、硝酸鈉等混合，首次製成烈性炸藥，使用安全而威力不減。一八七五年諾貝爾把棉花浸透硝酸及硫酸，製成硝化棉，再混合硝化甘油，成為膠質炸藥，堅韌防水，可塑性高，特別適合放入礦場爆炸孔內進行爆破。

一八八四年，法國化學家維埃利製成最早的無煙發射劑，把爆發速度減慢。他把硝化棉浸於乙醚和酒精裏成為膠質，再壓成片狀切條乾燥使之硬化，這樣，炸藥便只能由外至內燃燒。

火藥雖然為中國人所發明，但是最終在西方獲得了進一步的發展，同時又推動了西方文明的進步。

## 影響

火藥的發明是中國對世界科學所做的巨大貢獻之一，為人類的文明史寫下了不朽的篇章。十二世紀時，火藥還未傳入歐洲，士兵們只得像唐·吉訶德那樣，騎在馬上用盾牌、長矛、刀劍進行衝殺。人民根本無法用這些原始的武器，衝開貴族領主們所盤踞的堅固城堡。火器的改進使戰術進入了技術階段。個人的英勇敵不過機械的技術，誰能使用比較優越的兵器，誰就是可怕的敵人。誠如西方軍事學家富勒所說：火藥的使用，使所有的人變得一樣高，戰爭平等化了。火藥、火器傳到歐洲，不僅對作戰方法本身，而且對資產階級戰勝封建貴族起了一定作用。恩格斯曾這樣評價過：「火藥和火器的採用絕不是一種暴力行為，而是一種工業的，也就是經濟的進步。」

技術的發展也有助於歐洲對外擴張。由於火藥傳入歐洲，促進了歐洲軍事技術的進步。德國人發明了一種鑄炮技術，一種較小的銅炮開始裝備在船舷上，新火炮能發射重達五十—六十磅的鐵丸，因而能擊毀三百碼射程內的船體。海戰為之而變，由佔領敵船的肉搏戰變成了舷炮齊射的炮戰。對軍艦也重新予以設計，很快每艘軍艦平均能架置四十門炮。正是這些技術上的優勢使歐洲人海上探險大獲成功。

火龍出水

# 22 黑死病的爆發——整個歐洲陷入災難

流行性淋巴腺鼠疫，俗稱「黑死病」，這是一種以老鼠和跳蚤為傳播媒介、傳播速度極快的傳染病。中世紀時，一場肆虐歐洲的黑死病，加上戰爭和饑饉，使歐洲約半數人口命喪黃泉。就這次災難所導致的死亡人數、混亂程度和恐怖心理而言，超過了二十世紀的兩次世界大戰。

## 災難頻仍的年代

從西元一三〇〇年前後一直到十五世紀中後葉，歐洲各地災難頻仍。這些災難的嚴重程度駭人聽聞，其持續時間之長甚至讓許多人絕望。在這些日子裏，歐洲地力衰竭，氣候變冷，暴雨頻頻，農業生產嚴重倒退，飢饉隨之蔓延開來。這些被稱作「上帝的懲罰之舉」的頂點，就是黑死病以災難性的規模傳播。

鼠疫是由鼠疫桿菌引起的烈性傳染病，原本係鼠間或鼠、狗、貓、兔間傳播的自然疫源性疾病。鼠和貓等動物得鼠疫會致死，而狗患病後可康復。人間鼠疫多由受染家鼠（來自野鼠）身上的跳蚤叮咬後傳給人的。鼠疫的傳染性強、病死率高，易造成大流行。

在「黑死病」籠罩下的無助的人們

以前鼠疫也曾流行於北非各地，六世紀中葉一度出現於歐洲，此後，傳染病很少四處蔓延。一三四七年，由寄生在老鼠身上的跳蚤攜帶的耶爾森氏鼠疫桿菌經地中海各港口傳到西西里島。一三四八年，傳到了義大利、西班牙、法國和英格蘭。一三四九年傳到奧地利、匈牙利、瑞士、德意志各諸侯國和低地國家（荷蘭、比利時）。一三五〇年傳至波羅的海沿岸國家和北歐。此後，又於一三六一～一三六三年、一三六九～一三七一年、一三七四～一三七五年、一三八〇～一三九〇年多次復發。

當時肆虐歐洲的鼠疫分為腺鼠疫和肺鼠疫兩種。因跳蚤叮咬而感染上的是淋巴腺鼠疫，病人的腹股溝或者腋下會出現很大的腫塊，繼而轉為壞疽。隨後，病人的四肢也會出現黑色斑點，接著出現的症狀便是腹瀉不止，三到五天內便會喪生。肺鼠疫是因呼吸感染而致，患病者在大約三天內便會因腫脹甚至咯血而死，死後全身皮膚發黑，故有「黑死病」之稱。

有些人前一天晚上上床入睡時還好好的，但經過一夜的痛苦掙扎，天明時便停止了呼吸。在海上，有些船隻因水手接二連三地喪生，而致使無人駕駛，長時間地在海面上孤零零地漂盪。

## 老鼠和屍橫遍野的歐洲

在整個十四世紀裏，黑死病在歐洲各地造成了巨大的災難。一般說來，城鎮中的死亡率要高於農村。在許多人口密度較大的城市，死亡率超過百分之五十以上。在許多地方，「屍體大多像垃圾一樣被扔上手推車」。一三三五年時的圖盧茲城共有三萬人左右，到一三四〇年減少到二萬六千，一三八〇年只剩下八千人；東諾曼第的人口在一三四七～一三五七年的十年間減少了百分之三十，到一三八〇年又遞減了百分之三十；在皮斯托亞城郊的農村中，一三四〇年～一四〇四年間人口竟減少了百分之六十。據估計，在十四世紀的一百年中，黑死病在歐洲共奪去了二千五百多萬歐洲人的生命，約占當時全歐洲人口的四分之一。

據美國著名歷史學家伯恩斯等人寫的《世界文明史》一書中的估算，這次黑死病對歐洲的襲擊，再加上戰爭、飢饉等原因，西歐的人口在一三〇〇年至一四五〇年間減少了至少一半，甚至於「很可能減少了三分之二」。

歐洲的「土著」鼠類是褐鼠，其本身並不攜帶鼠疫桿菌。過去，歐洲人認為，十四世紀歐洲鼠疫大規模流行的原因是由於亞洲黑鼠在十字軍東征後不久，入侵了歐洲，趕跑了歐洲褐鼠，進而侵入了歐洲人的住宅和穀倉，為東方報仇。因此，有些歐洲人竟毫無根據地將黑死病肆虐的原因歸咎到印度和中國的頭上。甚至在二〇〇〇年出版的《吉

尼斯世界紀錄大全》中，還明確將這場人類社會的空前浩劫標注為「由亞洲黑鼠引起的」。事實果真如此嗎？

研究表明：約在西元八世紀，即法蘭克王國的加洛林王朝時期，歐洲便發現了黑鼠。西元十一世紀時，在歐洲已有黑死病的紀錄。況且，褐鼠一般在房屋的地下室裏建窩，而黑鼠則通常在穀倉裏面居住，兩種鼠類在佔滿各自的地盤前，彼此互不侵犯。那麼，究竟是什麼原因導致了這場災難呢？

現代科學表明：中世紀時，整個歐洲社會動盪不安，人民生活條件極其簡陋。那一時期的城市基礎設施也相當差，人們生活在骯髒不堪的環境當中。人們在室內衛生、個人衛生方面的知識和意識很少，在城市內仍隨處可見人畜共居的場景。許多城市鼠多成災，各種疾病，特別是傳染病肆虐歐洲大陸，最終導致一三四六～一三五一年的全歐洲鼠疫大流行。

法國著名歷史學家、年鑒學派的開山鼻祖費爾南多・布羅代爾在其所著《十五至十八世紀的物質文明、經濟和資本主義》一書中認為：鼠疫在十八世紀的衰退，根本原因是在十六、十七和十八世紀歷次城市大火後，原有的木屋被石頭房子所代替，室內衛生和個人衛生有所改善，小家畜遠離住宅，從而使跳蚤失去了繁殖的條件。

鼠疫在歐洲的泛濫，在很大程度上還因為鼠類的天敵——貓在中世紀遭到了不公正的待遇。當時，教會無中生有地對貓橫加指責，說貓和貓頭鷹有極其相似的外表，認為貓在夜間令人毛骨悚然的鳴叫和閃爍凶光的眼睛，正是魔鬼撒旦的化身、造禍女妖的幫兇，是與魔鬼結盟的異教畜生。人們在教會蠱惑下，也把貓看成是魔鬼的化身，認為它會隨時給人帶來災難，從此貓從征服了鼠疫而奉為神貓的崇高地位急轉直下，巨變為邪惡的代表，不祥的動物，受到人們的鄙視，甚至殺戮。在教會的淫威和鼓動下，人們像對待勢不兩立的仇敵一般對待貓，這使中世紀的貓的數量大為減少，幾乎處於瀕臨滅絕的邊緣。貓的遭災，導致鼠害泛濫，終於在十四世紀又爆發了一場可怕的鼠疫。

## 絕望中的生活

這次災禍所造成的影響，遠遠超過因死亡人數過多而帶來的蕭條景象。殘存的家人，大都分散各地。有許多人因受不了這種痛苦而發瘋，也有不少人因此而自殺。政府為了掩埋堆積如山的屍體，不得不釋放牢裏的犯人。

當人們對天父的信心逐漸喪失時，少數人開始做黑彌撒，崇拜惡魔和惡魔的爪牙，他們在神職人員所棄置的教堂祭壇上祭祀動物的頭蓋骨、骨架、內臟和可怕的偶像。

在黑死病開始蔓延時，人們拼命地祈禱，希望天父能解救他們的痛苦，但是情況愈來愈糟，人們開始對教會感到失望。一些主教、祭司也不顧瀕死者的需要，從教堂中逃開，放棄神職。但大多數主教卻堅守崗位，決心殉教。

有些信徒們將此事歸咎於主教和祭司們，認為他們未能很好地侍奉天主，惹得天主震怒，不願照顧他的子民，將眾人的祈禱，也置之不理。人們對舊教的信仰逐漸動搖，迫切需要另一種新的宗教來滿足精神上的渴望。

整個歐洲的經濟生活，也因此而受到嚴重打擊，由於勞動力減少，而促使工資急劇上升，高達以往的二三倍。農奴們此時能以勞力交換錢幣和日用品，自給自足的封建經濟，已逐漸轉變為自由貿易的經濟體制，許多農奴都被釋放了。

由於勞工人數大量減少，一半以上的土地荒蕪了，封建地主們處於艱難的境況中，他們不能再要求農奴們從事義務勞動，如果他們訂的工資過低，農民們就會群起反抗，不再聽命於地主。這些農民們已了解到自己勞力的價值，不願再廉價出售。封建地主們只好將以前的農田，改為放牧地。

由於窮人的生活條件和衛生條件更差，類似鼠疫的傳染病在窮人中的傳播更為廣泛。一五六一年，圖盧茲的一名市民心安理得地寫道：「傳染病只在窮人中流行……全靠上帝保佑，讓疫病適可而止……富人也要小心提防。」在當時的薩瓦地區，每當疫病過去後，富人重返他們經過認真消毒的房舍之前，總會讓一個窮女人先在那裏住上幾星期，讓後者用生命做試驗，證明一切危險均已排除。這一切，恰如讓——保爾・薩特所言：「鼠疫猖獗無非使階級關係更加激化——窮人受難，富人倖免。」

義大利文藝復興初期著名人文主義作家薄伽丘於一三四八～一三五八年創作的短篇故事集《十日談》，即以一三四八年鼠疫的流行為背景，講述了十名青年男女逃到鄉間別墅躲避災禍，每人每天講一個故事以消磨時間，一共講了十天，故事集因此得名。

一六六四年倫敦發生鼠疫，英國王室逃出倫敦暫住牛津，市內的富人也紛紛攜家帶眷匆匆出逃。一時間，在倫敦竟不再有官司打，因為「法律界人士已全都移居鄉下」。

倫敦城有一萬餘所房屋被遺棄，有的用松木板把門窗釘死，有病人的住房都用紅粉筆打上十字標記。

## 影響

國際上把對鼠疫等傳染病的防治稱為「第一次衛生革命」。在十八世紀前後，歐洲各國積極加強基礎衛生設施的建設，如上下水道的改進，並且開始重視對垃圾的處理，加上普遍進行殺蟲和消毒，使鼠疫等一度嚴重危害人類生命的傳染疾病得到了有效的控制。現在，鼠疫等傳染疾病在發達國家基本上已消失，只是在非洲貧困地區還時有發生，可以說第一次衛生革命已經得到了勝利。

當然黑死病也並非一無是處。一六六五年，當牛頓從康橋的三一學院畢業時，正值黑死病大流行時期，學校停課。牛頓不得不離開康橋，躲避到沃爾斯索普。那些引起人類認識革命的偉大

乘車逃離倫敦的人們

思想正是在這十八個月裏孕育的。頗具傳奇色彩的是，有一天，牛頓在樹下休息，被掉下來的蘋果砸了個正著，不料，這一砸竟砸出了關於萬有引力的天才設想。

# 23 畢昇、谷登堡與印刷術——普及文化的活版印刷術

如果說從猿人進化到有獨立思想的人是人類文明的開端，那麼文字的形成和印刷術的發明是人類進化的又一標誌，它將人類文明提高到可以不受時間限制、無限期保留的嶄新階段。在印刷術的發明過程中，中國做出了重要的貢獻，德國人谷登堡在鉛活字方面為世界貢獻了力量。對世界進步做出重要促進作用的印刷術，可以說是世界上最偉大的發明之一。

## 從雕版到活字

人類發展史上最早的印刷術是雕版印刷術，大約出現於我國隋末唐初時期，距今已近一千四百年了。它用梨木或棗木板作原料，先將其刨成合適的厚度和普通線裝書面大小，然後在木板上用刀刻出凸起的陽文反字，把墨水塗在刻好的版面上，將紙鋪到上面，用刷子輕輕地一抹，揭下後紙上就會出現白底黑字。

我國現今流傳下來的古代著述大多為雕版印刷品，但

畢昇像

隨著雕版印刷術的發展，它的弊端也越來越明顯。用這種方法刻印時，需要印一頁刻一版，印完之後這塊印版就作廢了；如果印一部卷頭龐大的書，需要雕刻幾萬乃至幾十萬塊版，花費的時間很長，不管是在人力、物力或者時間上都造成了浪費。

北宋慶曆年間（一〇四一～一〇四八年），民間發明家畢昇終於首創泥活字，成功地進行了活字印刷。

有關畢昇發明活字版技術的記載很少，只有科學家沈括在他所著的《夢溪筆談》一書中，作了較詳細的記載。這一記載的歷史作用，就在於啟發了後來的有志者，沿著畢昇的道路繼續前進，從而使這一技術不斷地發展和完善，最終成為佔統治地位的印刷方式。《夢溪筆談》記載的活字印刷術的程式是：用黏土刻字，每字一印，製成大小劃一的薄字印，然後用火燒烤使它陶化，即成堅硬的泥活字。刻字時，同一字刻幾個印，常用字則多刻，最多者達二十餘印，以備排版中遇到相同的字時應用。字印按音韻分門別類，貯放在木格裏。排版時，先依照稿本揀出所需要的字，整齊地排在一塊四周有框，中間放有松香、蠟、紙灰等混合藥劑的鐵板上；當活字排滿一版就用火烘烤，等藥劑稍微熔化，再用一塊平板從上面壓平，使板上的字面平整。待藥劑冷卻凝固後，活字就平整地固定在板上，成為版型。人們可以像雕版印刷那樣，在版型上刷上墨，覆上紙，進行印刷。印刷完畢後，再把字板烘熱，把藥劑烤化，用手輕輕一抖，活字就從鐵板上脫落下來，供人們下次再用。

活字印刷不僅提高了工作效率，而且還有其他一些優點。如發現錯字可隨時更換，不必像雕版那樣要從頭開始，也不會產生雕版的蟲蛀、變形及保管困難的問題。只要有了一套活字，便什麼書都可印，大大節省了寫刻雕版的費用，又縮短了出書時間。這種既經濟又簡便的印刷方法，是畢昇在世界印刷史上樹立的一塊具有劃時代意義的豐碑。

我國雕版印刷術發明後不久，就逐漸傳播到朝鮮、日本和越南等東方鄰國。這些國家不僅與中國山水相連或隔海相望，而且受中國的漢文化的影響也是極其深刻的，他們不僅使用漢字，尊崇儒家思想，就連社會習俗、典章制度和文學藝術等，也都無不從漢文化中吸收其營養。而在印刷術向這些國家的傳播中，佛教文化則起著最重要的作用。他們經常、大批地向中國派遣留學生和佛教徒，從中國索取或購買佛經和經、史、子、集各類書籍。而這些國家自己刻印的版本也逐漸問世。日本、朝鮮等東方鄰國，不僅學習和吸收中國的印刷技術，而且在版式、字體及裝訂方式等方面，都仿照中國的習慣。

印刷術傳入朝鮮、日本之後，陸續向其他周邊鄰國傳播。在東南亞各國，較早接受中國印刷術的是菲律賓、越南，之後才傳向泰國、馬來西亞等其他南亞國家。

中國的印刷術約於西元十三世紀後期傳到波斯（伊朗），西元一二九四年，波斯的統治者開始用中國的方法印刷發行紙幣。西元十四世紀的一位波斯歷史學家，在他的著作中詳細地介紹了中國的雕版印刷技術，為中國印刷術的傳播起到了一定的作用。

## 谷登堡和鉛活字

十五世紀開始，歐洲人逐漸掌握了印刷術。起初，他們是使用雕版印刷法，印製了

一些紙牌、聖像和教學用書等。到了十五世紀中葉，活字印刷術得以推廣。其中特別值得一提的人物是德國人谷登堡。

約翰．谷登堡（約一四〇〇年～一四六八年）是德國美茵茲市一位具領導地位的公務員。他的第一個目標是使用熔化的金屬鑄造個別的鉛字，為此谷登堡選用手寫字體作為藍本，為了能模擬手寫格式，使一般人不易分辨手寫書籍和鉛字印刷品的差別，他特地選用「textura」字體（哥德體的一種）作為範本。

約翰．谷登堡為每個字母與每個符號製作了一個鋼片，壓在軟銅塊上形成一個銅模，如此即可鑄造大量的鉛字。為此目的，約翰．谷登堡發明一種手鑄工具，將銅模放置其中，只要傾入熔化的合金，字母與符號即可產生，這種合金包含鉛、銻、錫與少許比例的鉍金屬。

但僅是如此仍然不夠，印墨也必須自行生產，為此約翰．谷登堡又發明了脂肪性的印刷油墨。然而這一切準備之首要工作，仍是要製造一部印刷機，為此。他又發明了木製印刷機。經過三年的辛勞工作，四十二行拉丁文聖經終於在一四五六年印刷完成，約裝訂成二百冊，每冊有一千二百八十二頁，每本都是一樣完好而美觀。一四六〇年谷登堡又印出另一部聖經《卡特里康》。然而雖然谷登堡的發明標誌著印刷史上

谷登堡像

一個新時代的到來，貢獻特別大，但在當時人們卻還沒有認識到，谷登堡也並沒有因此成為百萬富翁，而是在貧困中死去。但是，他的發明很快地傳遍全球各個角落，使全世界均能用這種印刷方式印刷有形的讀物。

在歐洲，另一位被認為對印刷作出貢獻的是威廉・卡克斯敦，一四二二年出生於英國肯特州。一四七二年在科倫意外地學到了印刷術。兩年後，他在布魯日開始從事印刷業。一四七六年，他將印刷術帶到英國。他的最大貢獻是將大量外國文學作品介紹給社會大眾，並使這些文學作品流傳至今而不致流散埋沒。此外，由於他大量出版圖書，使英文拼音法，即句讀法和文法得到了完全定型。

印刷術傳入歐洲，正值宗教革命和文藝復興時代，西方各國以此為先導，在文藝復興和工業革命的推動下，開創了以機械操縱為基本特徵的世界印刷史上的新紀元。

## 影響

美國《生活》雜誌評出了上一個千年「改變世界歷史的百件重大事件」，其中活鉛字印刷術的發明被列在了首位。有一些歷史學家還認為，如果要選中世紀結束的標誌，谷登堡印刷術的發明比發現美洲大陸更為合適。

在中世紀的歐洲，閱讀和寫作的權利被限制在一小部分人即貴族、教士和作家之間。歷史發展到十五世紀，歐洲各國出現了受過教育的中產階級。他們對知識的渴望激勵著發明家們尋求著大量印刷文字的可能。活字印刷術的發明開拓了一直延續到今天的

資訊時代。

活字印刷術的成果在歐洲廣泛傳播。到一五〇〇年，估計有五十萬本印刷品在流通。其中包括有宗教著作、希臘和羅馬經典著作、科學文獻……可以說，如果沒有活字印刷術，新教運動以及後來幾世紀裏的政治、工業變革都不可能發生。這一發明對文藝復興的出現和中世紀的終結起到了巨大作用。印刷術使書籍的數量劇增，使西方近代教育興起並迅速繁榮，從而大大改變了西方文化、以至世界文化的面貌。

# 24 百年戰爭——英、法王權的鞏固

一三二八年，法國國王查理四世去世由於沒有男性繼承人，法國的貴族會議推舉查理四世的堂兄弟腓力為法國國王，稱為腓力六世。但是，英國國王愛德華三世對此強烈反對，他認為自己是查理四世的外孫，更有繼承法國王位的合法性。英法兩國關係緊張起來，最終導致了戰爭。這場戰爭在歷史上被稱為「英法百年戰爭」。

## 戰爭的起因

事實上，導致英法開戰時原因並非只有王位問題。十四世紀，英法兩國的發展已到了一個極限，兩者間在歐洲不但是相互競爭，且利益犬牙交錯，戰爭爆發的主因全在這些利益上。

首先是英格蘭自諾曼征服以來，長期佔有法國的大片領土。十四世紀初英格蘭國王統轄著法國南部面積廣大、地力肥沃的地區，而法王則一直希望把英國勢力逐出歐洲大陸。

其次兩國王室都要爭奪富庶的佛蘭德爾。佛蘭德爾相當於今天的法國西北和比利時一帶，這是十四世紀歐洲商業和手工業最發達的地區，和英國的經濟聯繫極為密切。但

是，佛蘭德爾伯爵是法王的附庸，在政治上從屬於法國。一三二三年，佛蘭德爾農民和下層市民發動起義，佛蘭德爾伯爵倉皇出逃，並向法王求援。一三二八年，法王腓力六世的軍隊鎮壓了起義，並開始建立起對佛蘭德爾的直接統治。許多商人和市民不堪忍受腓力六世的殘暴統治，紛紛逃往英國。腓力逮捕了與英國關係密切的商人，作為報復，英國則停止向佛蘭德爾出口羊毛。腓力的統治嚴重危及了佛蘭德爾的經濟，佛蘭德爾市民再次發動起義，趕走法王任命的伯爵，並承認英國為他們的宗主國。這樣必然使法國對英國產生敵意。除了佛蘭德爾問題，英國國王在法國的領地也是爭端之一，英王藉由婚姻和戰爭，在法國境內取得不少封土，這對百年戰爭的爆發起了推波助瀾的效果。

亨利五世

同時，英法在海洋上的衝突也越演越烈。在十三、十四世紀，一艘實力較強的船隻洗劫另一較弱的船隻，是被看作理所當然的事。當時若英國船遭法船洗劫，可以到法庭申請證明，下次遇上法船時，能從其船上取回與前次損失同價值的財物，在法蘭西也同樣有這種規定。也許在國王們需要和平時，海上的嚴重衝突會被大事化小，但到了雙方對立嚴重時，海上的劫掠問題，也成了打仗的藉口。

一三三七年，法國國王腓力六世宣布收回英王愛德華三世在法國的領地，而愛德華三世則宣布自己才是真正的法王繼承人，戰爭隨即爆發。這場戰爭延續了一百多年，歷史上稱為「百年戰爭」。

## 戰爭初期

百年戰爭開戰前夕的法國，在面積、人口、財富與軍力上，都遠勝於英國。但是在軍隊的素質上，英國要比法國好得多。愛德華三世組了一支配備長矛並具有實戰經驗的步兵隊伍，採用了一種新武器（長弓），長弓射出的箭長三呎，如果近一點發射，能穿透兩層鎖子甲。一個優秀的長弓手一分鐘能射出十至十二支箭，足足是一個最好的弓劍手所能發射箭數的兩倍。由此可見英國軍隊的組織是勝過法國的。

一三三七年十月，英王愛德華三世自稱法王，率軍進攻法國。一三四〇年，英國海軍擊潰法國艦隊，控制了英吉利海峽。以後，英軍開始進攻法國，戰爭就在法國本土展開。一三四六年，雙方在克勒西會戰，法軍大敗。

這場戰鬥中，法國騎士陣亡一千五百人，英軍僅損失三名騎士和四十名步兵。英法百年戰爭的首場陸戰，以法軍慘敗告終。這種情況，在以後的戰爭中經常上演。軍事上的落後，導致了法國在戰爭當中的極端被動。

第二年，英國佔領了加萊港，這個海港也就長期成為英國在歐洲大陸的據點。一三五六年九月，愛德華三世之子「黑太子」，在普瓦捷之戰中生擒法王約翰二世及其眾

臣，法國被迫求和。一三六〇年，英法兩國簽訂布勒丁尼和約，使英王在法國獲得了大片的領地，英王則放棄對法國王位的要求。戰爭暫告結束。

誰也沒有想到，這場戰爭會延續上百年的時間，這在人類歷史中也是少見的。一三六四年，法國國王約翰去世，其子查理即位，稱查理五世（一三六四～一三八〇年）。查理五世改編軍隊，整頓稅制。他用雇傭步兵取代部分騎士民團，並建立了野戰炮兵和新的艦隊。一三六九年，戰爭再次爆發。這一次，法國獲得了很大的勝利。到一三八〇年，幾乎收復全部失地。一三九六年，雙方停戰，締結了一個為期二十八年的停戰協定。

但是一四一一年，法國統治集團發生內訌，這給了英國可乘之機。一四一五年八月，英王亨利五世親率六萬大軍在法國諾曼地登陸。十月，兩軍在加萊東南的阿贊庫爾會戰，法軍大敗。但亨利並不乘勝攻擊巴黎，而是回兵英國，靜待法國統治集團的進一步分裂。一四二〇年，他娶了法王查理六世的女兒，並迫使查理簽訂條約承認他為法國王位的繼承人。不料，一四二二年八月，英王亨利五世突然去世。這一年的十月，法王查理六世也駕鶴西去。亨利五世的兒子亨利六世雖然根據條約繼承了法國王位，但他不過是一個剛滿十個月的嬰兒。這時，查理的兒子也在法國南部宣布繼位，史稱查理七世。法國出現了兩王並存的局面，戰火重新燃起。

法國以強大的實力而在戰爭中的四分之三時間裏被動的原因，除了軍事落後外，其內部的分裂是更主要的因素。因為法王一直對各地諸侯自治主張心存疑慮，加上在曠日持久的戰爭期間，英格蘭人也極力支持法國的內亂，許多地方貴族利用混亂之機與英格蘭勾結密謀。其中最為性命攸關的是勃艮第脫離法國，於一四一九年和英格蘭結盟。

## 聖女貞德和戰爭的結束

一四二八年，英軍再度入侵法國，很快佔領法國北部，開始大舉進攻法國通往南方的戰略要地奧爾良城。守城法國軍民頑強抵抗，英軍屢攻不克。隨後，英軍採取長期圍困戰略，在奧爾良周圍構築堡壘，堡壘之間挖掘塹壕，切斷奧爾良與外部的聯繫，並不斷增加圍城兵力。至一四二九年初，奧爾良守城軍民幾乎糧盡援絕，危在旦夕。奧爾良一旦失守，整個法國就要落入英國人之手。太子查理準備放棄法國逃亡西班牙。在這重要的時刻，聖女貞德扮演了讓法國由劣勢轉向強勢，最後把英國驅離法國的關鍵人物。

貞德是法國東部多姆列米村一位年僅十七歲的農家姑娘。一四二九年，這位目不識丁但卻極其虔誠的農村姑娘找到了太子查理，稱她受到神的委託要把英格蘭人趕出法國。太子被說動了心，任命她為救援軍總指揮，率法軍四千人去解奧爾良之圍。

貞德的救援軍以僧侶為前導，邊走邊唱讚美歌。貞德頂盔掛甲，騎著白色戰馬，腰間佩帶神劍和小斧，右手持短槍，左手高舉大旗，上寫著「耶穌，瑪麗亞」並

聖女貞德

查理七世

繪有基督的肖像，以此象徵她是神遣來的救國天使，其後是騎兵和弓箭兵，最後是輜重隊。貞德乘英軍在雷雨之夜疏於戒備之機，強渡盧瓦爾河，進入奧爾良城。五月四日，貞德率軍出城一舉攻克英軍聖羅普堡壘，極大地鼓舞了法國軍民的士氣。貞德的出現使英國人大為震驚。五月五日為耶穌升天節，貞德命令停戰一天。

第二天，貞德率軍再次出戰，連克奧古斯等數個英軍堡壘。法軍士氣空前高漲。七日，貞德率軍五千人向英軍據守在河南岸的托里斯堡壘發起進攻。該堡壘工事堅固，周圍塹壕很深，必須攀登雲梯才能登上彼岸。貞德在進攻中不幸中箭，從雲梯上掉進壕溝，險些被英軍俘虜。貞德包紮好傷口，繼續率軍進攻。英軍見貞德在陣前復出，以為她真的有「神奇」的力量，不少人都嚇呆了。經過激烈戰鬥，法軍終於攻克托里斯堡壘，佔領了南岸全部要塞，控制了通往南門的交通。英軍見大勢已去，被迫撤軍。被英軍圍困達七個月之久的奧爾良城解圍了，貞德被譽為「奧爾良姑娘」。

奧爾良之戰是英法百年戰爭的轉折點，從此戰局朝著有利於法國的方向發展。七月十六日，貞德率軍解放蘭斯，次日在蘭斯大教堂正式為太子查理舉行加冕儀式，使其正式成為法國國王。

但是次年，貞德被勃艮第人虜獲，移交給了英國。英國人指控貞德為巫婆異端，並於一四三一年將其在魯昂集市廣場上當眾以火刑處死。貞德的精神，喚起了法國的民族主義情緒，法軍節節勝利，於一四三六年收復巴黎。一四五三年，英法兩軍在波爾多附近決戰，英軍全軍覆沒，英國在法國的領地除加萊港外全部被法國收回，英法百年戰爭至此結束。

## 影響

百年戰爭不僅把英國勢力徹底趕出了法國，而且促進了法蘭西民族意識的覺醒，促進了法國的統一，為此後民族國家的建立創造了條件。百年戰爭結束後，英國繼而有三十年的黨同伐異的內亂——「玫瑰戰爭」（一四五五～一四八五年），法國則修養生息了好一陣，然後這兩個國家同時進入政治史上輝煌燦爛的君權時代。

可以說，百年戰爭在世界歷史上扮演了非常關鍵的角色。在戰爭中君主制顯示出令人矚目的持久力，因為它給法國提供了有史以來最為強大的機構。此外戰爭的緊急狀態使國王得以獲得新的權力，尤其是徵收國稅和維持常備軍的權力。在查理七世繼承人的統治時期，君主制變得空前強大，它把中世紀零散分布、各自為政的封建領主統一進王權，也讓世界零散不統一的封建政治，變作一個個君權鼎盛的國家型態。

戰爭的另外一個小小的影響，就是法國法郎的誕生。英法百年戰爭期間，法國國王約翰二世戰敗成為階下囚。四年後（一三六〇年）約翰二世才得以回到法國。為慶祝自己重獲自由，他下令打造了法國貨幣史上第一枚法郎。法國法郎由此產生。

# 25 文藝復興——人文主義者的出現

為什麼歐洲能夠在近代以來的世界競爭中佔居優勢地位，很多學者把它歸功於歐洲曾經經歷過一場歷史上最偉大的「文藝復興」革命。這場「文藝復興」風潮席捲歐洲大陸後，為世人留下偉大的文學、繪畫、雕塑藝術作品，及悠揚豐盛的樂章，滋潤人們的性靈。最終使歐洲走到了世界的前面。

## 文藝復興和人文主義

這場十四～十七世紀上半期文化運動的得名，是因為十六世紀五十年代的人文主義者認為這次運動是繼希臘、羅馬之後歐洲文化史上的第二個高峰，史學家們認為它是古代文化的復興，所以稱它為「文藝復興」。

關於文藝復興的起源，史學界基本傾向於「文藝復興多重起源說」，也就是說，文藝復興是在政治、經濟和文化等多方面因素交互作用下產生的。

從經濟因素考慮，十四～十六世紀，西歐各國封建社會內部先後產生了資本主義關係，新的資本主義要求為自己的發展掃清道路，正在形成的資產階級為了取得政治上的合法地位，首先向教會神學統治和封建意識形態發起了衝擊，文藝復興是在資本主義關係和人文主義倡導下產生的。文藝復興最早濫觴於義大利的佛羅倫斯，佛羅倫斯工場手工業發達，商業貿易規模大，為了發展資本主義經濟，新文化的發展必然要衝破教會的桎梏和擺脫經院哲學的世界觀，於是新興資產階級就從文化的各個方面向封建制度和教會展開了鬥爭。

從政治因素考慮，義大利之所以成為文藝復興的搖籃，和某些城市政權的支持是分不開的。義大利美第奇家族當政時期是佛羅倫斯的黃金時代，其中羅倫佐．美第奇不但是「文學家的保護人」，他本身也是一位傑出的學者，對建築、音樂、詩歌都十分愛好，他統治期間，佛羅倫斯的文化達到最高峰。有些統治者出於統治的需要，重用人文主義者，到十五世紀中葉，人文主義者已大量充斥於各地的政府機構中，對推動文藝復興運動無疑起了積極作用。

從文化因素考慮，若干世紀以來，這裏一直是古羅馬文化的中心；由於地理位置和歷史條件，使義大利在對古希臘文化吸收方面在西歐各國獨佔鰲頭，從古代繼承下來的文明還繼續居於領導地位，它們有豐富的古典藏書和完備的圖書館系統，獨步全歐的經濟發展產生了一系列文化效應——文化的世俗化和非閉鎖型傾向、注重文化教育投資的城市觀念、物質歸向於文化型的市民消費特徵等，都成為義大利文藝復興起源的原因。

蒙娜麗莎

文藝復興時期主要的社會思潮為人文主義。

所謂人文主義，從原意講，是從拉丁文「Humanus」深化而來的，又譯成「人道主義」。文藝復興時代的人文主義起源於十四世紀義大利人文主義者佩托拉克。人文主義的思想核心是「人乃萬物之本」，主張以人作為衡量一切事物的尺度。人文主義者重視人的價值，提倡個性與人權，主張個性自由，反對天主教的神權；主張享樂主義，反對禁欲主義；提倡科學和文化，反對迷信。中世紀基督教神學否定人性，否定現實，認為人生來就有罪。人文主義者認為主宰世界的不是上帝，而是人。天堂不在來世，而在現世。現在，人文主義已泛化成一種強調人的作用、地位的世界觀或意識形態。

人文主義自十四世紀在歐洲文藝復興時期興起以後，一直是西方思想史發展的一條主線，比如馬克斯·韋伯，就是十九世紀末二十世紀初德國人文主義社會學的代表人物之一。韋伯承認西方資本主義一直依賴於技術因素，同時，韋伯也認為某種社會精神氣質（ethos）對於資本主義精神的發展，尤其是對於它的起源是至關重要的。而這種社會精神氣質，無疑是文藝復興的產物。

## 群星燦爛的時代

吹響文藝復興號角的是偉大的詩人但丁，他的作品《神曲》閃耀著人文主義思想的曙光，把矛頭指向了封建教會，對教會的黑暗、腐敗進行了無情的揭露和批判。他斥責教皇、主教和僧侶「用基督的名義做買賣」，「使世界陷入悲慘的境地」，他咒罵羅馬教廷是「垃圾堆」。在地獄裏，他專門給當時活著的教皇卜尼法斯八世留下了一個空位，預言這個惡人注定是要下地獄的。《神曲》也表達了但丁對人類智慧和理想的追求。《神曲》中的地獄是現實世界的實際情況，天堂是人類的理想和希望，煉獄則是人類從現實到理想須經過的苦難歷程。但丁希望人們認識罪惡，悔過自新，去認識最高真理，達到最理想的境界，這在當時是非常難得的思想，顯示了新的文化思潮的萌芽。

按時間順序和發展過程，人們習慣將文藝復興分為四個階段：

十四世紀初是一個「原始文藝復興」階段，又稱開端期。這一時期，在思想領域方面受到聖方濟各會激進主義的影響，衝破了當時封建、保守、壓抑的神權思想的制約，歌頌自然的美和人的價值。這一時期突出的代表人物是佛羅倫斯的佩托拉克、薄伽丘和畫家喬托。其中佩托拉克、薄伽丘以及但丁被譽為文藝復興的「前三傑」，喬托則被稱頌為「歐洲繪畫之父」。

十四世紀末至十五世紀上半期為文藝復興的早期階段。這個時期，人文主義和文學、藝術有了進一步的發展，為後來文藝復興的鼎盛發展打下了基礎。此間，義大利產生了許多第一流的畫家、雕刻家和建築家。如著名畫家馬薩喬、雕刻家多納太羅和建築家布魯內萊斯基等。

十五世紀末至十六世紀上半期為文藝復興的盛期，又稱成熟期、高峰期。這一時期歷經三十七年，主要代表人物是文藝復興的「後三傑」——達・芬奇、米開朗基羅和拉斐爾。他們的藝術達到了前所未有的高度。蒙娜麗莎已經微笑了五百多年，但是在二十

一世紀的今天，還是有人專程到巴黎羅浮宮去一睹佳人的笑容。米開朗基羅《創世紀》的觸指畫面是經典之作，拉斐爾的《雅典學派》將古代哲人畫得栩栩如生，至今還為人津津樂道。這些藝術大師也具有非常的人格魅力，一直到現在還為人們所稱道。據說達．芬奇是個「怪人」，有人看到他在刑場給吊死的囚犯作素描，或深夜在燭光搖曳中解剖屍體。更有人看見他跟蹤一個長得極其醜陋的人，他說，奇醜的人跟極美的人一樣不平凡。他不僅是個畫家，也是數學家、發明家及人體學家。坊間都傳說他是個反基督分子，說他不信神，還要把他燒死。拉斐爾並不相信這一說法。而另一位藝術大師米開朗基羅曾對別人誇耀：「拉斐爾對藝術的所有知識，都是從我這裏學來的。」米開朗基羅跟達．芬奇一樣，是個多元藝術家，文藝復興時期的藝術家大都有這樣的特質。他對人體的研究非常細膩，還獲得修道院特准，到醫院解剖屍體及作畫。拉斐爾也曾不屑地說：「米開朗基羅就像個行刑者，孤獨而憂鬱。」

十六世紀下半期至十七世紀上半期為文藝復興晚期。一五二七年，羅馬遭受洗劫成了文藝復興宣告結束的標誌。文藝復興晚期的傑出代表有威尼斯畫派的四大名家：喬爾喬內、提香、委羅奈斯和丁托列托；三位著名的科學家和思想家：布魯諾、伽利略和康帕內拉。

文藝復興時期美術界的發展階段大致與上述四個時期雷同。但因藝術創作的時期、地點和條件的變化，在繪畫方面形成了不同的藝術流派，當時藝術家們稱其為三大畫派：第一、二兩個時期為佛羅倫斯畫派；第三個時期為羅馬畫派；第四個時期為威尼斯畫派。但是跟中古時代不同，文藝復興的畫家更關注人類存在的意義。所謂的人文主義是文藝復興的精神核心，繪畫內容不再純粹為宗教服務，而是描摹更接近現實的事物。

## 文藝復興的遺產

文藝復興時期的文學、藝術從內容到形式都有變化，具有以下幾個特點：

具有鬥爭性。當時的小說家、詩人、畫家、建築家、音樂家都以人文主義為思想武器，矛頭指向封建主義的精神支柱——教會和宗教神學，向統治中世紀的神權政治進行了英勇的挑戰。其次，樹立了注重現實和實際的務實精神。文藝復興肯定現實世界和現實生活，肯定人的偉大，相信人類的發展。他們以人為本，突出人的作用，認為人有改變現實世界的能力，認為血肉之軀並不是什麼污濁罪惡的東西，人應享受人間的幸福與愛情。義大利偉大的人文主義作家薄伽丘在他的代表作短篇小說集《十日談》一書中，提倡男女平等，提倡把人的聰明、才智和思想感情從神的禁錮和封建枷鎖中解放出來，強烈地反對禁欲主義，熱情地歌頌現實生活。他的這部巨著反映了當時的社會現實，描寫了人的世俗生活。深刻地刻畫了活靈活現的「人」，不再著筆於那些夢幻般的虛無飄渺的「神」。著名的英國哲學家培根提出了「知識就是力量」的不朽名言。當時義大利有著濃厚的學習風氣，佛羅倫斯新成立了美術學校、雕刻園、畫院以及研究古典文化的中心等。隨著新文化迅速向西歐各國傳播，歐洲人把義大利視為「歐洲的學校」，紛紛派遣留學生前往學習，從中汲取新文化的養分。

具有科學性，在這一時期，波蘭天文學家哥白尼提出了「太陽中心說」，用科學真理給幾千年來上帝創造世界的神學以毀滅性打擊。航海家哥倫布和麥哲倫等在地理上的偉大發現，為地圓說提供了無可辯駁的證據。義大利科學家、思想家布魯諾（一五四八～一六〇〇年），在天主教反動時期堅持科學真理，寫了《論原因、本原和統一》、《論無限性、宇宙和世界》等專著，抨擊宗教黑暗統治，最後為此犧牲於火刑柱上。像這樣的成果文藝復興中可以說是不勝枚舉，為人類的進步作出了重要的貢獻。

## 影響

文藝復興是歐洲從中世紀封建社會向近代資本主義社會轉變時期的反封建、反教會神權的一場偉大的思想解放運動，代表歐洲近代資本主義文明的最初發展階段，是「人類從來沒有經歷過的最偉大的、進步的變革」，其光彩奪目的成果影響深遠。文藝復興意義不僅在於天才輩出，耀若群星，出現大量美不勝收的各類著作，更因為它是一次思想大解放，從根本上改變了人的價值觀念，改變了人們對生活的態度，它促使歐洲人從以神為中心過渡到以人為中心，喚醒了人們積極進取的精神、創造精神以及科學實驗的精神，從而在精神方面為資本主義勝利開闢了道路。

# 26 哥倫布發現新大陸——擴大歐洲世界的航海壯舉

隨著科學技術的發展，到了十四、十五世紀，中世紀歐洲流行的「天圓地方」、筆直遠航有掉下深淵危險的傳說，遇到了挑戰，越來越多的人開始相信地圓學說。西歐繪製地圖的技術已很先進，出現了標明海岸線及港口位置的航海圖。中國發明的羅盤針，經阿拉伯人西傳後，十四世紀已被歐洲普遍使用。羅盤針使海船裝上了「眼睛」，使遠航有了依據而不迷失方向。十五世紀時造船術也有很大進步。過去的帆船使用舊式三角帆，只適宜於在地中海周圍航行，這時出現了新式的多桅、多帆的大型海船，具有船艙寬、速度快、安全性能好等特點。一個探索通往東方新航道的大航海時代開始了。由此產生了一批偉大的航海家，這其中就有發現美洲大陸的哥倫布。由於他的發現，使得世界的面積擴大了幾乎一半，對後世產生了無法估量的影響。

## 偉大的航海家

哥倫布出生於義大利熱那亞一個紡織工人家庭。他從

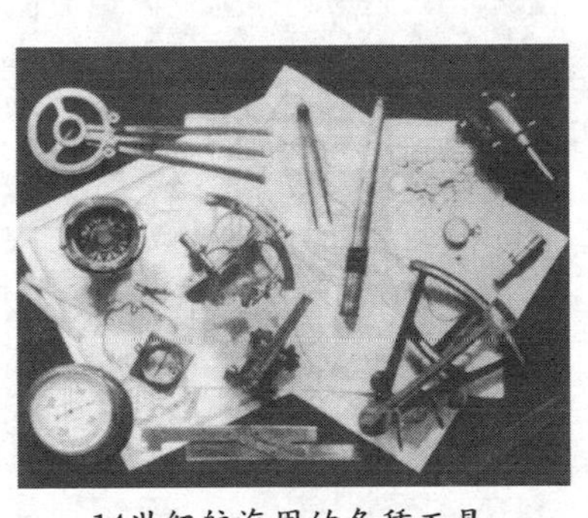

14世紀航海用的各種工具

青年時代就刻苦學習天文、地理，受德埃利地理著作《世界圖志》和義大利地理學者托斯卡內利影響，深信「地圓說」。

哥倫布還讀過《馬可．波羅遊記》，對東方的富庶非常嚮往，總想找一條從西方通向印度、中國和日本的新航線。為此他於一四七四～一四七五年到熱那亞的船隊工作。哥倫布擬定了從歐洲西行至東方的航海計劃，從此開始了他的航海生涯。但是他所在的商船隊遭到法國和葡萄牙組成的聯合艦隊的襲擊，哥倫布抓住一塊木板飄到葡萄牙，從此定居葡萄牙。

一四八四年，哥倫布向葡萄牙國王若昂二世提出他的航海計劃，尋求財政支持，未獲成功。一四八五年他移居西班牙，向伊莎貝拉一世女王求助。一四九二年四月，他的計劃終為西班牙女王所接受，同他簽訂了航海協議，授予他「海上大將」稱號，任命他為所發現的島嶼和陸地的總督，准其從這些地方的產品和投資所得中抽取一定收入，並答應給予必要的財政和物質支持。

一四九二年八月三日，哥倫布開始了第一次航行（一四九二～一四九三年），此次他攜帶著西班牙王室致中國皇帝的國書，率領「聖瑪麗亞」號、「平塔」號和「尼尼亞」號三艘船，船員九十人，從西班牙西南海岸的帕洛斯港啟航，經加那利群島西行，歷盡艱險，終於在十月十二日發現巴哈馬群島中的瓜納阿尼島（即今華特林島。當時哥倫布把這個島定名為聖薩瓦爾多，即基督教「救世主」之意）。接著發現古巴的東北海岸。繼續東航，又發現海地島，並稱之為「埃斯帕尼奧拉」，意為「小西班牙」。他在海地島尋找黃金，築納維達德堡，派人駐守，旋即返航。一四九三年三月十五日返抵帕洛斯。

第一次航行取得了意想不到的成果。當哥倫布經過二百四十天遠航探險回到西班牙的時候，不僅轟動西班牙，也震撼了整個歐洲。這是人類歷史上首次完成橫渡大西洋的壯舉，甚至還發現了新天地與新人種，被稱為「自開天闢地以來，除了造物主的降生與死亡的最偉大的事件」。對於大西洋彼岸還有不為人所知的陸地，這對歐洲人來說，整個世界的概念，頃刻之間起了驚天動地的變化。因為在這之前，人們都以為西班牙西岸是世界的盡頭。

第一次航行以後不久，哥倫布開始了自己的第二次航行（一四九三～一四九六年）。一四九三年九月二十五日，他在西班牙國王資助下，懷著在新發現地區殖民和尋找黃金的目的，率領約一千二百人分乘十七艘船隻，滿載牲畜、農具、種子和糧食，從加的斯出發，第二次前往美洲。十一月三日發現多明尼加島，接著又發現瓜德羅普島和波多黎各等島，然後駛抵海地島。因納維達德堡已為當地印第安人夷平，於是另築伊莎貝拉堡，建立西班牙在美洲的第一塊殖民地。印第安人被課以黃金重稅，或被驅使到金礦從事奴隸勞動，還有的被捕捉運回歐洲販賣。一四九六年，哥倫布返回西班牙，其弟B·哥倫布留在海地島，另建聖多明各城作為西班牙新的殖民據點。

一四九八年五月三十日，哥倫布率領由六艘船隻和二

哥倫布家族的徽章

百人組成的船隊，開始第三次航行。哥倫布將船隊分兩組從聖盧卡爾啟錨，三隻船直駛海地島，另三隻船由哥倫布率領，經佛得角群島向西航行，於八月一日發現特立尼達島。八月五日在委內瑞拉帕里亞半島登陸，第一次踏上南美大陸。八月三十一日返回聖多明各。此時海地島西班牙人互相傾軋，爭權奪利，雖然哥倫布實行委託監護制進行安撫，仍不能穩定局勢。一五〇〇年十月，哥倫布連同他的兩個弟弟被強行押回西班牙。哥倫布後雖獲釋，卻失去統轄其所發現土地的權力。

哥倫布

一五〇二年四月三日，哥倫布率領四艘船隻和約一百五十人從加的斯出發，開始他第四次也是最後一次航行，企圖在古巴和帕里亞半島之間的海面上儘快找到通往「印度」的航道。一五〇二年六月十五日，發現馬提尼克島，然後沿海地島南海岸西行，過牙買加向中美洲進發，再沿宏都拉斯南駛，越尼加拉瓜和哥斯大黎加，最後抵巴拿馬的達連灣。因無西行航道，只得於一五〇三年六月折回牙買加島，經聖多明各返回西班牙。

一五〇四年十一月七日哥倫布完成了他的最後一次航海回到西班牙，結束了他充滿驚險的海上生涯。這時他剛五十多歲，但是長期的航海生活極大地損害了他的健康，而且哥倫布的發現並未給西班牙國王帶來豐厚的收益，他所發現的土地並不如他所宣稱的那樣富庶，和人們所了解的亞洲毫無共同之處，所以受到國王的冷落。一五〇六年五月二十日，哥倫布在貧病交加中死於巴利亞多利德。他死後留下的航海日記和信件，成為研究美洲航行的重要史料。

## 溝通

哥倫布在航海中，不但發現了新大陸，而且也將很多新大陸的物產帶回了歐洲。

比較重要的，一個是煙草，一個是梅毒。

一四九二年十月十二日，哥倫布的船隊到達聖薩爾瓦多島嶼時，其中兩船員「看到無數人，男男女女手裏拿著火把和草葉在吸」。哥倫布的航海人員被那些「吞雲吐霧」的印第安人驚呆了。只見他們一手持著點燃的木棒，一手拿著一根長管，嘴巴和鼻孔裏噴出一縷縷濃霧般的青煙。經過一番調查，終於揭開了其中的奧秘。原來，那是用一種草的葉子（即煙草）捲在玉米葉子裏製成的。這就是煙草的發現。哥倫布成了目前世界公認的煙草傳播者。現在，煙草行業成為世界工業的重要組成部分，不但影響著人類的經濟，而且幾十億人都在抽煙，也大大改變了人類的生活習慣。

哥倫布向西班牙國王講述航海的經過

如果對哥倫布把煙草傳到歐洲有非議的話，另一個梅毒就更是污點了。哥倫布既有很好的名聲——航海發現了新大陸，也有不太好的名聲——把花柳病（梅毒）帶回到歐洲。哥倫布的船員在新大陸寂寞的生活導致他們接近一些印第安婦女，而他們並不知道，在新大陸，有一種極其嚴重的疾病——梅毒，這種病就是現在也是非常危險的，關鍵是傳播很快，不好控制。哥倫布的船隊回到歐洲，也把梅毒帶到了歐洲。梅毒迅速在歐洲蔓延，很多人因此喪命。後來由於交往的緣故，歐洲人又把梅毒帶到了中國。現在，全世界範圍內都能看到梅毒的影子。

但是不管怎麼樣，新大陸的發現還是將哥倫布推到了世界偉人的地位。雖然哥倫布發現了美洲新大陸，但他一直把它當作印度，直到去世也未曾明白這一點。哥倫布儘管沒有達到亞洲大陸，但是他發現了西半球的美洲大陸，發現了加勒比海中幾乎所有重要的島嶼，開闢了橫渡大西洋的新航線，並帶回了在這個大陸的另一面存在一個「南海」的消息，所有這些重要的地理發現，都大大開拓了人們的視野，打破了長期禁錮人們頭腦的傳統地理概念。哥倫布的航行揭開了地理大發現的序幕。歐洲新興的資產階級紛紛步哥倫布的後塵，踏上新發現的美洲大陸。另一位偉大的航海家麥哲倫，繼續哥倫布未完的事業，進行了人類歷史上的第一次環球航行。

## 影響

哥倫布處在十五世紀末十六世紀初歐洲商業資本主義發展和封建制度瓦解的轉變時

踏上美洲的哥倫布

期，他對美洲的發現順應了歐洲資產階級掠奪新財富、發展資本主義的迫切要求。美洲的發現和殖民，促進了世界市場的形成，大量金銀流入歐洲，擴大了資本主義的原始積累，推動了歐洲資本主義的發展，加速了歐洲封建制度的崩潰。同時，哥倫布發現美洲以後，在拉丁美洲建立起殖民奴役制度，給印第安人帶來了深重的災難。但從另一方面來講，同樣也加速了美洲的開發和資本主義化的進程。總之，哥倫布的遠航是大航海時代的開端。新航路的開闢，改變了世界歷史的進程。它使海外貿易的路線由地中海轉移到大西洋沿岸。從那以後，西方終於走出了中世紀的黑暗，開始以不可阻擋之勢崛起於世界，並在之後的幾個世紀中，成為海上霸主。一種全新的工業文明成為世界經濟發展的主流。

# 27 達·伽馬的航海——「新航線」改變了東西方貿易狀況

十四～十五世紀時的西歐，發展迅速，對外貿易交流也繁榮起來。由於《馬可·波羅遊記》對中國和印度的精采描述，使西方人認為東方遍地是黃金、財寶。然而原有的東西方貿易商路卻被阿拉伯人控制著。為了滿足自己對黃金的貪欲，歐洲的封建主、商人、航海家開始冒著生命危險遠航大西洋去開闢到東方的新航路。最終是偉大的航海家達·伽馬開闢了歐印航線。

## 第一次遠航

一四六〇年，達·伽馬出生於葡萄牙一個名望顯赫的貴族家庭，其父也是一名出色的航海探險家，曾受命於國王若昂二世的派遣從事過開闢通往亞洲海路的探險活動，幾經挫折，宏大的抱負未如願以償而溘然去世。達·伽馬的哥哥巴烏爾也是一名終生從事航海生涯的船長，曾隨同達·伽馬從事了一四九七年的探索印度的海上活動。可以看出，達·伽馬是一名青少年時代受過航海訓練，出生於航海世家的貴族子弟。

十五世紀下半葉，野心勃勃的葡萄牙國王若昂二世妄圖稱霸世界，曾幾次派遣船隊考察和探索一條通向印度的航道。一四八六年，他派遣以著名航海家巴托洛梅烏·迪亞士為首的探險隊沿著非洲西海岸航行，企圖找尋出一條通往東方的航路。當船隊航行到今好望角附近的海域時，強勁的風暴使這支船隊險些葬身於魚腹之中。迪亞士被迫折回葡萄牙。從此，歐洲人便發現了非洲最南端的好望角。事過不到幾年，一四九二年哥倫布率領的西班牙船隊發現美洲新大陸的消息傳遍了西歐。面對西班牙將稱霸於海上的挑戰，葡萄牙王室決心加快探索通往印度的海上活動。子承父業，葡萄牙王室將這一重大政治使命交給了年富力強、富有冒險精神的貴族子弟達．伽馬。

一四九七年七月八日，達．伽馬奉葡萄牙國王曼努埃爾之命，率領四艘船共計一百四十多名水手，由首都里斯本啟航，踏上了探索通往印度的航程。開始他循著十年前迪亞士發現好望角的航路，迂迴曲折地駛向東方。水手們歷盡千辛萬苦，在足足航行了將近四個月時間和四千五百多海里之後，來到了好望角附近的聖赫勒章灣，看到了一片陸地。而水手們卻無意繼續航行，紛紛要求返回里斯本。

達．伽馬

原來好望角正位於大西洋和印度洋的匯合處，強勁的西風急流掀起的驚濤駭浪常年不斷。這裡除風暴為害外，還常常有「殺人浪」出現。這種海浪前部猶如懸崖峭壁，後部則像緩緩的山坡，浪高一般有十五～二十公尺，在冬季頻繁出現，還不時加上極地風引起的旋轉浪，當這兩種海浪迭加在一起時，海況就更加惡劣，而且這裡還有一股很強的沿岸流，當浪與流相遇時，整個海面如

同開鍋似地翻滾，航行到這裡的船舶往往遇難，因此，這裡成為世界上最危險的航海地段。

十年前，迪亞士的探險隊就是在這裏遇到洶湧的海浪襲擊，幾乎全隊覆沒的。迪亞士率少數親信死裏逃生流亡到非洲南端岬角處，喪魂失魄的迪亞士將其登陸的岬角命名為「風暴角」，讓人們永遠記住這裏風暴巨浪的威力。後來，這支船隊返航回國後，迪亞士向國王彙報風暴角的歷險經過時，國王對這個令人沮喪的名字極為不滿，為了儘快打通駛向東方的航道和鼓舞士氣，國王下令將「風暴角」改名為「好望角」，示意闖過這裏前往東方就大有希望了。

雖然水手們都不想前行，但是達．伽馬則執意向前，宣稱不找到印度他是絕不會罷休的。耶誕節前夕，達．伽達率領的船隊終於闖出了驚濤駭浪的海域，繞過了好望角駛進了西印度洋的非洲海岸。一四九七年耶誕節時，達．伽馬來到南緯三十一度附近一條高聳的海岸線面前，他想起這一天是耶誕節，於是將這一帶命名為納塔爾，現今南非共和國的納塔爾省名即由此而來，葡語意為「耶誕節」。

隨後，船隊逆著強大的莫桑比克海流北上，巡迴於非洲中部贊比西河河口。一四九八年四月一日船隊抵達今肯尼亞港口蒙巴薩，當地酋長認為這批西方人是他們海上貿易的對手，因此態度極為冷淡。然而，當達．伽馬船隊於四月十四日來到馬林迪港口拋錨停泊時，卻受到馬林迪酋長的熱情接待。他想與葡萄牙人結成同盟以對付宿敵蒙巴薩酋長，並為達．伽馬率領的船隊提供了一名理想的導航者，即著名的阿拉伯航海家艾哈邁德・伊本・馬吉德。這位出生於阿拉伯半島阿曼地區的導航員，是當時著名的航海學專家，由他編著的有關西印度洋方面的航海指南至今仍有一定的使用價值。達・伽馬率領的船隊依靠經驗豐富的領航員馬吉德的導航，於四月二十四日從馬林迪啟航，乘著印度洋的季風，沿著馬吉德所熟知的航線，一帆風順地橫渡浩瀚的印度洋，於五月二十日到達印度南部大商港卡利卡特。而該港口正好是半個多世紀以前，我國著名航海家鄭和所經過和停泊的地方。

達・伽馬他們一上岸，便被這裏的繁榮富庶與異國風光給驚呆了。他們用國內帶來的物品和金錢與印度人交換當地的土產、寶石、香料等。達・伽馬又在卡利卡特豎立了一根顯示葡萄牙權力的標柱，正如他在這次航行的途中所豎的其他標柱一樣。但是長期壟斷這裏貿易的阿拉伯商人，把達・伽馬視作自己的競爭對手，並逼迫他們在八月底離開了卡利卡特。

回國途中，由於沒有嚮導，達・伽馬他們歷盡千難萬險。壞血病在船員中蔓延，不少人因而病倒、死亡。由於暴風雨襲擊，船隊被沖散。當達・伽馬於一四九九年九月帶領船隊回到里斯本時，人員已經不到出發時的一半了。

達・伽馬首航印度的成功，使葡萄牙舉國為之歡騰，國王也極為高興，下令授予達・伽馬貴族稱號，並賜給他許多的錢財和地產。此外，從海外帶回的各種財物，也賣了許多錢，使船隊中每個活著回來的人都發了大財。

## 劫掠的開始

在第一次利潤的刺激之下，一五〇二年二月，達·伽馬再度率領船隊開始了第二次印度探險，目的是建立葡萄牙在印度洋的海上霸權地位。船隊途經基爾瓦時，達·伽馬背信棄義，把該國埃米爾扣押到自己的船上，威脅埃米爾臣服葡萄牙，向葡萄牙國王進貢。在坎納諾爾附近的海面上，達·伽馬捕俘了一艘阿拉伯商船，將船上幾百名乘客，包括婦女兒童全部燒死。據一名葡萄牙目擊者敘述：「……在持續了長時間的戰鬥之後，司令以殘暴和最無人性的手段燒毀了那隻船，燒死了船上所有的人。」為了減弱和打擊阿拉伯商人在印度半島上的利益，達·迦馬下令卡利卡特城統治者驅逐該地的阿拉伯人，爾後又在附近海域的一次戰鬥中，擊潰了阿拉伯船隊。一五〇三年二月，達·伽馬滿載著從印度西南海岸掠奪來的價值昂貴的香料，乘著印度洋的東北季風，率領十三艘船返回葡萄牙，同年十月回到了里斯本。據說，達·伽馬此次航行掠奪來的東方珍品如香料、絲綢、寶石等，其所得純利竟超過第二次航行總費用的六十倍以上。

當達·伽馬完成了第二次遠航印度的使命後，得到了葡萄牙國王的額外賞賜，一五一九年受封為伯爵。一五二四年，他被任命為印度副王。同年四月以葡屬印度總督身分第三次赴印度，九月到達果阿，不久染疾，十二月死於柯欽。

為了壟斷與東方之間的貿易利益，葡萄牙王室曾一度封鎖了繞過好望角可到達印度的消息。另一方面，葡萄牙王室又秘密策劃了對印度洋上其他航路的封鎖。為此，它發動了一場對阿拉伯人的海戰，於印度洋上打敗了阿拉伯艦隊。一時間，葡萄牙船隊成為獨霸印度洋海域的盟主。

從一四九四年葡、西兩國簽訂的劃分海外勢力範圍的《托爾德西拉條約》到一五二九年再次協商簽訂的《薩拉戈薩條約》，由於達·伽馬開闢印度新航路的成功，像葡萄牙這樣一個人口當時僅為一百五十萬的蕞爾小國竟囊括了東大西洋、西太平洋、整個印度洋及其沿岸地區的貿易和殖民權利。

由於新航路的發現，自十六世紀初以來，葡萄牙首都里斯本很快成為西歐的海外貿易中心。葡萄牙、西班牙等國的商人、傳教士、冒險家聚集於此，從此啟航去印度、去東方掠奪香料、珍寶、黃金。這條航道為西方殖民者掠奪東方財富而進行資本的原始積累帶來了巨大的經濟利益。無怪乎西方人直至四百年後的一八九八年，仍念念不忘達·伽馬對開闢印度新航道的貢獻而舉行紀念活動。

## 影響

新航路的開闢，對世界尤其對歐洲有著重大的影響。首先，引起了所謂「商業上的革命」：世界各地區、各民族之間擴大了經濟和文化往來，歐洲同非洲、亞洲之間的貿易擴大，同美洲開始有了聯繫，各地區的商品逐漸在歐洲市場上出現。不過，這時的商路和貿易中心發生了變化，主要商路從地中海轉移到大西洋沿岸，義大利的商業地位逐漸被西班牙、葡萄牙以及英國、尼德蘭所代替。其次，引起了所謂「價格革命」：由於

西方殖民者的掠奪，大量貴金屬源源流入歐洲，造成金銀價值下降，物價猛漲。在「價格革命」過程中，新興的工商業資產階級獲得了暴利，封建主衰落了，勞動人民日益貧困化。「價格革命」加速了西歐封建制度的衰落和資本主義的發展。

然而必須指出的是，新航道的打通同時也是歐洲殖民者對東方國家進行殖民掠奪的開端。在以後幾個世紀中，由於西方列強接踵而來，印度洋沿岸各國以及西太平洋各國相繼淪為殖民地和半殖民地。達·伽馬的印度新航路的開闢，最終給東方各國人民帶來了深重的民族災難。

# 28 哥白尼的日心說——推翻以地球為中心的宇宙觀

在中世紀的歐洲，托勒密和亞里士多德的宇宙體系是基督教極力推崇的「真理」。為了與神學教條相吻合，天主教會閹割了其中比較合理的部分，把「地心說」擺到了一個神聖的地位。大多數人也接受了這種觀點，直到波蘭的哥白尼提出了他的「日心說」理論

## 哥白尼其人

「哥白尼」名字的原意「謙卑」，這反映了他的性格。哥白尼一四七三年生於波蘭西部托倫城聖阿娜港。父親是富商，曾任過市政官吏，在他十歲時，父親去世，由舅父路加斯·瓦茲路德撫養了他。瓦茲路德於一四八九年開始任艾姆蘭教會主教，他曾留學義大利，博學多才，思想開朗，提倡研究實際，這對少年時期的哥白尼有較深刻的影響。哥白尼上中學時就對天文學發生了興趣，曾幫助老師做過日晷並隨同觀察過星空。詩人卡里馬赫對他說：「數學和觀測是天文學家的兩個法寶」，這話對他影響很深，這也反映了當時的學術傳統。哥白尼從十八歲到三十三歲，就讀於波蘭克拉科夫大學、義大利博洛尼亞和帕多瓦大學學習醫學、教會法、繪畫和天文學等。博洛尼亞大學受文藝

哥白尼

復興運動影響最早，新興資產階級人文主義和經院哲學兩派學生之間的鬥爭十分激烈，在進步的天文學教授勃魯采夫斯基的影響下，哥白尼對天文、數學和觀測技巧產生了極大興趣，學習越深入，他發現托勒密體系存在的問題越多。在義大利時，他訪問過達·芬奇。二十四歲時，他和諾法拉共同觀測到一四九七年三月九日的月掩星（金牛座$\alpha$畢宿五），這種現象是托勒密的理論所不能解釋的。為了改革不合實際的天文學體系，哥白尼一方面努力吸取古希臘學者們著作中的精華，繼承前人的成果，另一方面在和同代人的討論中探索新的真理。一五〇六年回到波蘭後，哥白尼在其舅父身邊當了醫生。

一五一二年，哥白尼來到弗龍堡作了教堂神甫。他以箭樓為宿舍，以平台作為天文台，進行了三十年的潛心研究。一五一四年教皇里奧十世曾邀請哥白尼及各國天文學家助修曆法，哥白尼拒絕說：「必須先完成對月亮和太陽運動的研究才有可能修改曆法。」哥白尼選擇的天文學課題，正好是當時科學要擺脫經院哲學統治的突破口。天文學這一最古老的學科，不僅積累了豐富的觀測資料，而且提出了各種理論模型，這些模型直接涉及到人們的宇宙觀和哲學思想。大學教授們所講的托勒密地心體系，雖然建築在人們的感官證據之上，又合乎《聖經》的古訓，但哥白尼說：「人們總習慣於把自己看作是世界的中心，這是一種偏見。」

## 挑戰「地心說」

當時哥白尼所在的歐洲正處在黑暗的中世紀的末期。亞里士多德——托勒密的地球中心說早已被基督教會改造成為基督教義的支柱。然而，由於觀測技術的進步，在托勒密的地心體系裏必須用八十個左右的圓周才能獲得同觀測比較相合的結果，而且這類圓周的數目還有繼續增加的趨勢。當時一些具有進步思想的哲學家和天文學家都對這個複雜的體系感到不滿。

哥白尼不是一個想要推翻全部傳統觀念的革命派，他只是一個深受畢達哥拉斯學派思想影響的科學家。他認為真理必定是簡單明瞭的，而托勒密體系所給出的幾何圖像太複雜了，他堅信一定能用一種比較簡單明瞭的幾何圖像，來描述宇宙的結構。他在阿利斯塔克日心說的啟發下，在自己長期堅持天象觀測所獲得的大量資料基礎上，決心從根本上改革托勒密體系。經過近三十年的觀測、計算和反覆思考，他終於寫出了不朽的名著《天體運行論》。

哥白尼在書中明確提出：地球不是宇宙的中心，太陽才是宇宙的中心；地日距離與眾恆星所在的天穹

托勒密

的高度相比是微不足道的；天穹周日旋轉的視現象是由於地球繞其自轉軸每天旋轉一周所致；太陽在地球上的周年視運動並不是由於它本身在運動，而是因為地球像其他行星一樣繞著太陽公轉而造成的。哥白尼的宇宙體系是把太陽放在宇宙的中心，並規定地球有三種運動：繞地軸的周日自轉運動；繞太陽的周年運動；用以解釋二分歲差的地軸回轉運動。

哥白尼的日心說否定了教會把地球置於宇宙中心的宗教教義，建立了科學的宇宙體系。它標誌著自然科學與神學的分離和獨立。《天體運行論》的發表被後代的歷史學家稱為「哥白尼革命」。很多歷史學家認為，近代自然科學就是從一五四三年起誕生的。由於時代的限制和科學研究條件的制約，哥白尼雖然提出了嶄新的學說，但他在方法上卻是保守的。他始終認為天體運動是勻速圓周運動。他的體系雖然比托勒密的體系簡單得多，但與後來開普勒創立的體系相比仍要複雜得多。日心說的穩固的科學基礎是在以後開普勒發現行星運動三定律和牛頓發現萬有引力定律之上才建立起來的。

但是哥白尼的《天體運行論》並沒有及時公開出版。因為他知道，他的書一經刊布，便會引起各方面的攻擊。批判可能從兩種人那裏來：一種人是頑固的哲學家，他們堅持亞里士多德、托勒密的說法，把地球當作宇宙的固定的中心；另一種是教士，他們會說日心說是離經叛道的異端邪說，因為《聖經》上明白指出地球是靜止不動的。當哥白尼終於聽從朋友們的勸告，將他的手稿送去出版時，他想出一個辦法，在書的序中寫明將他的著作大膽地獻給教皇保羅三世。他認為，在這位比較開明的教皇的庇護下，

《天體運行論》也許可以問世。除了這篇序之外，《天體運行論》還有另外一篇別人寫的前言。哥白尼當時已重病在身，輾轉委託教士奧塞安德爾去辦理排印工作。這位教士為使這書能安全發行，假造了一篇無署名的前言，說書中的理論不一定代表行星在空間的真正運動，不過是為編算星表、預推行星的位置而想出來的一種人為的設計。這篇前言裏說了許多稱讚哥白尼的話，細心的讀者很容易發現這是別人寫的。然而，這個「迷眼的沙子」起了很大的作用，在半個世紀的時間裏，騙過了許多人。一五四二年秋，哥白尼因中風已陷入半身不遂的狀況，到一五四三年初已臨近死亡。延至五月二十四日，當一本印好的《天體運行論》送到他的病榻的時候，已是他彌留的時刻了。

## 人類的一大步

哥白尼發表了地動學說，不僅帶來天文學上的革命，而且開闢了各門科學向前邁進的新時代。因為他帶給人們科學的實踐精神，他教給人們怎樣批判舊的學說，怎樣認識世界。他首先告訴人們不要停留在事物的外表，而要依靠人類的實踐，進行全面的分析，深入事物的本質。譬如對天文現象的認識，就不能讓直覺支配，以為太陽等恆星都在繞地球轉動，而不去全面深入地研究太陽系內全部行星的運行。他還啟示人們，不應該迷信古書上的道理，而應該重視客觀事實，重視實驗和實踐；要有勇氣懷疑並且敢於批判不符合實際卻歷來被認為神聖不可侵犯的權威學說。

因此，哥白尼的學說不只在科學史上引起了空前的革命，而且對人類思想的影響也

是極深刻的。哥白尼推翻了亞里士多德以來從未動搖過的地球是宇宙的中心、日月星辰都繞地球轉動的學說，從而在實質上粉碎了上帝創造人類、又為人類創造萬物的那種荒謬的宇宙觀。不管這些思想在當時人們的心目中是處在多麼神聖的地位，哥白尼還是從事實出發，證明地球和其他行星一樣都按照同一規律運行，為唯物主義的科學的宇宙觀奠定了基礎。德國詩人歌德曾經這樣評論過哥白尼的貢獻：「哥白尼地動學說撼動人類意識之深，自古以來沒有任何一種創見，沒有任何一種發明，可以和它相比。在哥倫布證實地是球形以後不久，地球為宇宙主宰的尊號，也被剝奪了。自古以來沒有這樣天翻地覆地把人類的意識倒轉來過。因為地球如果不是宇宙的中心，那麼無數古人相信的事物將成為一場空了。誰還相信伊甸的樂園，讚美詩的歌頌，宗教的故事呢？」

哥白尼在他的《天體運行論》一書中，以他給教皇的一封信開頭。他在信末說：「假使有一知半解的人，並無數學知識，而根據《聖經》這一段或那一段妄肆批評或者駁斥我的著作，我不但不預備答覆他們，而且還要輕視這樣的無知的見解。」這是一封科學向宗教挑戰的信。哥白尼直率地把問題提到當時歐洲最有權威的教皇面前。

《天體運行論》出版以後，即使是宗教的革新者馬丁．路德也罵哥白尼是瘋子，並且引證《聖經》上的話來批評地動學說。天主教起初還沒有注意到這個學說的革命作用，到十六世紀中葉，地動學說的影響慢慢地被他們覺察了，他們才驚慌起來。當時鎮壓進步力量的羅馬教皇的異端裁判所，更以恐怖手段威脅相信地動學說的人們。一六〇〇年，忠於真理、忠於哥白尼學說的義大利天文學家布魯諾因為到處宣傳地動學說，到處被新教和舊教的教會驅逐出境，最後在羅馬被捕，被異端裁判所活活燒死在十字架上。伽利略也因為信仰和傳播哥白尼學說，在一六三三年他已經七十歲的時候，還被審訊，受到嚴刑的威脅。一六一六年起，教皇宣布把《天體運行論》列入禁書，直到一七五七年，牛頓的萬有引力學說已經確立很久，地動學說成了天經地義，這才解除禁令。一八二二年，教皇被迫承認地動學說。科學終於以偉大的不可壓制的力量戰勝了神權。

## 影響

哥白尼可以說是歷史上最傑出的天文學家。哥白尼的「日心說」沉重地打擊了教會的宇宙觀，這是唯物主義和唯心主義鬥爭的偉大勝利。因此使天文學從宗教神學的束縛下解放出來，自然科學從此獲得了新生，這在近代科學的發展史上具有劃時代的意義。恩格斯在《自然辯證法》中對哥白尼的《天體運行論》給予了高度的評價。他說：「自然科學藉以宣布其獨立並且好像是重演路德焚燒教諭的革命行動，便是哥白尼那本不朽著作的出版，他用這本書（雖然是膽怯地而且可說是只在臨終時）來向自然事物方面的教會權威挑戰，從此自然科學便開始從神學中解放出來。」

# 29 路德的宗教改革——基督教的分裂

五百多年前，當高舉藝術和人性的文藝復興運動席捲整個歐洲時，有一場更為深刻和意義深遠的運動也在轟轟烈烈地進行著，這就是宗教改革運動。說是改革，其實就是一場革命，一場心靈深處的革命。從某種意義上來說，那段歷史也就是一段「心靈史」，一段曾經被天主教會禁錮並扭曲的心靈重新釋放並回歸真理的歷史。自此以後，上帝從壁壘森嚴的神龕又回到人們滄桑而乾渴的心靈，復又成為歐洲信心與進步的內在動力，從而將歐洲文明帶上了一條近代化之路。馬克斯．韋伯在其代表作《新教倫理與資本主義精神》中就指出，近代資本主義的最初發展便得益於宗教改革中所形成的新教倫理。可以說，若是沒有宗教改革，歐洲的天空，或許還是陰暗的，只有一群孤獨而好鬥的人文主義者，在半空中嘲諷和吶喊，而巋然不動的，依然是那千年壁壘。

## 改革的提出

馬丁．路德是十六世紀德國宗教改革運動的發起者，新教路德宗的奠基人。他一四八三年十一月十日生於德意志薩克森州埃斯勒本一個富裕市民家庭。第二年，全家遷居到當時的採礦中心曼斯菲爾德。父親漢斯．路德成了一個礦工，靠租用領主三座小熔鐵爐起家。漢斯希望兒子光大他的事業，因而於一五〇一年把路德送進埃爾富特大學學習法律。在這裡路德深受唯名論哲學和人文主義思潮影響，於一五〇五年離開了父母、朋友、親戚，並完全違反他們的意願，進入奧古斯丁修道院研究神學，後被修道院送往維登堡大學學習。一五一二年路德獲神學博士學位，並任維登堡大學神學教授。

從一五〇五年起經過八年的隱修，路德於一五一三年在隱修院的鐘樓裏突然領悟到上帝的公正與他的懲誡力量毫無關連。隨後路德又在維登堡大學講授使徒保羅寫給各地教會與個人的書信中得出了自己的中心教條——「因信稱義」。「因信稱義」的主旨就是一個人的救贖全在於信仰。也就是說上帝的公正不需要無休止的善功，不需要宗教儀式。因為任何人都無法靠自己的善功得到救贖，人類得到救贖——稱義，完全是上帝賜予那些預定得救的人的。

路德與教廷辯論

一五一七年十月三十一日，為反對教皇里奧十世借頒發贖罪券（教會宣稱只要購買了這個，就可以在死後升入天堂。）盤剝百姓，路德在維登堡大教堂門前貼出了《關於贖罪券效能的辯論》（即九十五條論綱）。路德開始時只是想在同行之間進行一次學術性的討論，因此《論綱》是用拉丁文所寫，但一個好事者卻將其翻譯成了德文。社會各階層馬上都對《論綱》表現出濃厚的興趣。《論綱》

所引起的強烈反響，甚至出乎路德自己的預料。可以說《論綱》點燃了第一次德國資產階級革命——宗教改革的火焰。路德一下子成為德國全民族的代言人，各階層的熱烈支持，使路德走上了同羅馬教庭徹底決裂的道路。

《論綱》認為教皇出賣贖罪券是犯了錯誤和違背基督教的原理，指出基督徒只要懺悔，不買贖罪券也能得救。一五一九年，羅馬教會的神學家約翰．艾克同馬丁．路德在萊比錫展開了大論戰。馬丁．路德當面對這位教皇的代表說：教皇和宗教會議的權力不是神授的，是人為的，都會犯錯誤，並勇敢地為捷克宗教改革家胡斯翻案。在路德唇槍舌劍、咄咄逼人的攻勢之下，約翰．艾克狼狽不堪地敗下陣去，這場大辯論無疑成為路德宗教改革生涯中的一次重大轉機。

## 馬丁．路德與德國

一五二〇年，路德出版德文著作一百三十三冊之多。被稱作宗教改革三大論著的《致德意志貴族公開書》、《教會被囚於巴比倫》和《基督徒的自由》都發表在那一年。在這些著作中，路德的攻擊矛頭並非指向某一教皇或教庭的奢侈腐敗，他矛頭所指是整個封建神權政治。他的學說從根本上否定了中世紀的教會組織，否定了奴役人們的聖禮制度和教會法規，提出建立與資本主義發展相適應的資產階級廉儉教會，並在宗教理論上以資產階級自律的宗教取代封建主義他律的宗教。

這一切點燃了下層人民的熱情之火，呼出了人們的心聲。人民擁戴路德，以教皇為首的教會人員卻對路德恨之入骨。一五二〇年六月十五日，教皇下詔書，勒令路德在六十天之內悔過自新，否則將開除他的教籍。路德面對威逼利誘毫不動搖，在擁護者的讚美聲中把教皇的詔書付之一炬。路德的反抗行動進一步劃清了自己同教會的界限，同時也極大地鼓舞了德意志和西歐各國的人民，他們更加崇敬路德，也更加嚮往宗教改革。可以說由路德點燃的宗教改革之火在西歐各國已成燎原之勢。

面對這種可怕的局面，教皇有些慌了手腳，只好一再敦促德皇查理五世為路德定罪。德皇終於決定於一五二一年四月十七～二十六日，在沃爾姆斯召開帝國會議，為路德定罪，給這樣一個離經叛道者以懲誡，同時也要給路德的擁護者們表演一次殺雞儆猴的把戲。路德並沒有被教皇的淫威嚇倒，他昂首挺胸地到達沃爾姆斯，在帝國會議上據理力爭，毫不讓步。他聲稱：「我堅持己見，絕無反悔！」這擲地有聲的話語，充分表達了當時德意志人民要求擺脫羅馬教廷控制的強烈願望和堅定信心。

查理五世、教皇等一幫人無計可施，只好蠻橫地對路德進行人身迫害，宣布路德為不受法律保護的人。路德無法立足，只好在薩克森選侯的幫助下隱居到瓦特堡，從事聖經翻譯。路德並沒有沉寂下去。他選擇的聖經翻譯工作有著不可估價的積極意義。

一五四二年，路德翻譯的德文聖經面世了，海涅認為路德對聖經的翻譯是「創造了德語」。路德所譯聖經依照的是未經後世篡改的希伯來文和希臘文原本。他的翻譯為人民提供了對抗天主教會的思想武器。從另一種意義上說，他譯的聖經使用的是德國語言，這種統一的語言成為聯繫德意志各邦的重要紐帶。

但是當德國農民要把宗教改革變成一場推翻現存剝削制度的政治革命時，路德退縮了，最後走向背叛，成為世俗統治者的代言人。他先寫了《勸基督徒勿以事叛亂書》，又開始回維登堡講道，平息騷亂，最後寫了《反對殺人越貨的農民暴徒書》。他對待農民起義的態度由勸撫、調解到力主鎮壓，後叫囂：「無論誰，只要力所能及，無論是暗地裡也好公開地也好，都應該把他們戳死、扼死、刺殺，就像必須打死瘋狗一樣！」醜惡猙獰的面目暴露無遺。路德徹底脫離了人民，路德教在德國蛻變成為世俗諸侯的工具。以路德為代表的市民階級溫和的宗教改革運動，僅在宗教形式上進行了一些改革。恩格斯說：「路德不僅把下層人民的運動，而且連市民階級的運動也出賣給諸侯了」。

馬丁．路德

一五四六年二月，路德死於出生地埃斯勒本，享年六十三歲。馬丁．路德領導的宗教改革使德國出現了天主教和新教兩個對立的教派，它們代表著封建諸侯的不同利益。新舊教派之間的矛盾衝突最終引發了一六一八～一六四八年的三十年戰爭。這場戰爭也是諸侯與皇帝之間、諸侯相互之間以及德國與法國之間矛盾的結果。這場戰爭後來擴大為政治矛盾和宗教對立相互撞擊的全歐性爭鬥，其結果是德國在領土、經濟和人口上都蒙受了極大的損失，並被分裂成三百六十多個大小邦國和上千個騎士國。德意志進一步處於四分五裂的狀態。

## 影響

宗教改革打破了天主教會的壟斷地位，天主教會的大量土地和財產被沒收。英國、荷蘭、瑞士、北歐諸國和部分德意志邦國，紛紛成立不受羅馬控制的新教組織，摧毀了天主教會的精神獨裁，有力地削弱了封建統治，從而有利於資產階級的活動。新教成為早期資產階級革命的旗幟，並對後來資產階級革命產生了重大影響。到了十六世紀中葉以後，新教漸漸成為西、北歐和英國以及美國的主要宗教信仰，並助長了歐洲現代民族主義的形成，現代民族主義國家也應運而生。

# 30 西班牙「無敵艦隊」從海上消失——英國的崛起

縱觀世界戰爭史，海戰對許多國家的前途和命運曾產生過決定性的影響。如：薩拉米斯海戰之於波斯和希臘；阿克興海戰之於羅馬和埃及。一五八八年，海上霸主西班牙派遣自己的「無敵艦隊」入侵英國，最後失敗，再一次證明了海戰對歷史發展的影響力。西班牙衰落，而英國一躍成為世界上最強大的國家。

## 兩個海軍強國的較量

十六世紀，世界上的「超級大國」不是美國，也不是後來殖民地遍布全球、號稱「日不落」的大英帝國，而是歐洲的西班牙。自從哥倫布發現美洲新大陸後，西班牙殖民主義者紛紛湧到那裏掠奪金銀財寶，致使西班牙很快成為歐洲最富有的海上帝國。

據統計，西元一五四五～一五六〇年間，西班牙海軍從海外運回的黃金即達五千五百公斤，白銀達二十四萬六千公斤。到十六世紀末，世界貴重金屬開採中的百分之八十三為西班牙所得。為了保障其海上交通線和其在海外的利益，西班牙建立了一支擁有一百多艘戰艦、三千餘門大炮、數以萬計士兵的強大海上艦隊，最盛時艦隊有千餘艘艦船。這支艦隊橫行於地中海和大西洋，驕傲地自稱為「無敵艦隊」。

那時，英國的資本主義處於萌芽狀態。輕工業的發展，迫使它急於尋找海外商業市場；艦船製造和航海技術的革新，更加膨脹了英國奪取殖民地的勃勃野心。

對於西班牙來說，自然不允許其他國家分佔他來自殖民地的利益。英國的海上搶劫以及對美洲的掠奪嚴重地威脅著西班牙對殖民地的壟斷地位，引起西班牙國王腓力二世的仇視。起先腓力二世不想訴諸武力，他勾結英國天主教勢力，企圖把信奉天主教的蘇格蘭女王瑪麗扶上英國王位。為此，他在英國開始進行顛覆活動。

瑪麗早在一五六八年就因蘇格蘭政變而逃到英國，被伊麗莎白所囚禁。當英國的天主教徒在西班牙的慫恿下謀刺伊麗莎白而另立瑪麗時，伊麗莎白乘機處死了瑪麗。腓力二世謀殺不成，就決心用武力征服英國。

當時，英國的海上實力並不強大，難以與西班牙海上艦隊相匹敵，只能靠海盜頭子德雷克、豪金斯和雷利等人組織的海盜集團在海上襲擊、攔劫西班牙運載金銀的船隻，進行海盜活動。而腓力二世卻擁有一支龐大的艦隊——「無敵艦隊」。

## 戰爭初期

一五八八年五月末，西班牙公爵梅迪納統

無敵艦隊

率的西班牙「無敵艦隊」從里斯本揚帆出航。這時「無敵艦隊」共有艦船一百三十四艘，船員和水手八千多人，搖槳奴隸二千多人，船上滿載二萬一千名步兵。顯然，梅迪納是要利用西班牙步兵的優勢，運用傳統戰法，衝撞敵艦，在強行登艦後進行肉搏，然後奪取英國船隻。

不幸的是，「無敵艦隊」出發不久，就在大西洋上遭遇風暴。狂風惡浪使帆船失去控制，水手們被晃得暈頭轉向，準備登陸的「旱鴨子」更暈得像站不住的醉漢。這樣，艦隊只好返港避風。待到七月，艦隊又踏著大西洋的滔滔海浪，一路浩浩蕩蕩地駛進英吉利海峽。

英國方面也作好了迎擊準備，由霍華德勳爵任統帥，德雷克任副帥。英軍共有一百九十七艘戰艦，載有作戰人員九千多人，全是船員和水手，沒有步兵。英國的戰艦性能雖不如西班牙，但由豪金斯做了改進，船體小、速度快、機動性強，而且火炮數量多、射程遠。這種戰艦既可以躲開西班牙射程不遠的重型炮彈的轟擊，又可以在遠距離對敵艦開炮，以火炮優勢制勝。

七月二十二日清晨，戰爭爆發，英軍縱隊列陣，迎著強勁的西南風，搶到橫隊列陣的「無敵艦隊」上風位置，放過「無敵艦隊」的前衛後，充分發揮自己兩舷的火力，重炮猛轟其後衛艦船。「無敵艦隊」陣腳大亂，節節敗退。二十三日拂曉，海上風向逆轉，「無敵艦隊」處在東北風上風頭，於是他們以多圍少，重創英國最大軍艦「凱旋」號。這樣，在第一回合雙方打了個平手。

二十五日，雙方再度交手，激戰幾小時後，雙方儘管損失不大，但彈藥基本上消耗光了。梅迪納決定改變計劃，向加萊前進。霍華德也率領艦隊轉向多維爾。此刻，雙方面臨的主要問題是彈藥補給問題，霍華德還可以從附近的港口獲取一些補給，而「無敵艦隊」則要困難得多，在未到達加萊之前，一點接濟都沒有。

二十六日黃昏，「無敵艦隊」到達加萊附近海域，在加萊與格里斯尼茲港之間駐錨，英國艦隊也隨後趕來。鑒於「無敵艦隊」彈藥空虛，英國艦隊放心大膽地在敵人長炮射程之內停泊，甚至一些英國艦隻駛到敵輕武器射程的邊緣線上，穿來穿去，隨心所欲，梅迪納對此唯有望洋興歎。

二十八日凌晨，雷華德在旗艦「皇家方舟」號的主艙召集作戰會議。因為攻擊的時間緊迫，決定在艦隊中挑選八艘二百噸以下的小船，改裝成大船，作為突擊使用。清晨，「無敵艦隊」的哨兵發現幾艘輕裝船隻向他們靠攏，突然，小船上發出熊熊火光，接著，「無敵艦隊」的大小船隻一片混亂，一些船已經被大火點燃。梅迪納慌忙命令各艦砍斷錨索，想等火船過去後，重新佔領這個投錨地。但在混亂中，許多船隻只顧奪路逃走，結果互相碰撞，甚至自己打了起來，全艦隊已經開始潰散。火船過後，梅迪納命令所屬各分艦隊向加萊集中，但只有少數船隻執行了命令，大多數船隻由於剛才砍去兩隻錨，只靠剩下的一隻錨已經繫留不住，遂沿岸向東北方向漂流而去。

此時發生的情況，霍華德看得清清楚楚，「無敵艦隊」正以雜亂無章的隊形駛向敦刻爾克方向，這樣它就沒有可能再回到加萊了。霍華德立即命令艦隊全速追擊，在高速

航行中，英國艦隊與「無敵艦隊」的距離逐漸縮短。考慮到自己的彈藥也不是十分充足，霍華德命令艦隊儘量靠近敵人，在保證彈無虛發、全部命中的短距離才開始實施炮擊。此時，「無敵艦隊」已沒有彈藥儲備了，英國艦隊抓住這個弱點，把握風向，進退靈活，無所顧忌，時而左舷，時而右舷，連續不斷地向敵艦發射大小炮彈。「無敵艦隊」只有後退之力而無招架之功。

上午九時，雙方艦隊在格南費里尼斯角接火。英國艦隊步步緊逼，「無敵艦隊」各艦距離越拉越大，秩序更加混亂。英國艦隊各艦配合默契，各式火炮此起彼伏，打得有章有法。海戰一直持續到下午六時，突然風向轉變，霍華德及時命令艦隊擺脫戰鬥，「無敵艦隊」趁此機會，退出英吉利海峽。

整整一個星期的交戰中，「無敵艦隊」耗費了十萬多發大型炮彈，而英國艦隊無一遭到重創，只是陣亡了一名艦長和二十餘名水手。與此相比，僅僅格南費里尼斯一戰，「無敵艦隊」即死傷一千四百餘人。

七月二十九日黃昏，梅迪納召集作戰會議，權衡利弊後，決定如果風向有利，應再度設法控制英吉利海峽，否則，別無出路，只能繞道北海，返回西班牙。結果，天公不作美，風向始終未變，「無敵艦隊」只得採取第二方案，返回西班牙。

## 「無敵艦隊」的覆滅

八月，英西兩軍在加萊東北海上進行了二次會戰。西班牙的戰艦高聳在水面上，外形壯觀，但運轉不靈，雖然人數和噸位佔優勢，卻成為英國戰艦集中炮火轟擊的明顯目標。英國戰艦行動輕快，在遠距離開炮，炮火又猛又狠，打得「無敵艦隊」許多艦隻紛紛中彈起火。西班牙開炮向英艦射擊，卻不能命中英艦，英國艦隻盡可能避免進入西班牙火炮射之內，在遠處靈活閃避，活動自如。這種遠距離炮戰使西班牙艦隊的步兵和重炮不能充分發揮作用。激烈的炮戰持續了一整天，直到雙方彈藥用盡，轟擊才告終止。「無敵艦隊」被打得七零八落，兩個分艦隊的旗艦中彈、撞傷，一個分艦隊司令被俘。

西班牙全線退卻，在退卻途中，英國艦隊緊追不捨。八月八日，在格拉夫林子午線上，英國艦隊又緊逼「無敵艦隊」的五十多艘軍艦，以優勢兵力發起攻擊。這時，「無敵艦隊」其餘七十餘艘軍艦正在六海里外，未能及時介入戰鬥。英國軍艦輕便靈活，機動性能好，其火炮射程也遠遠大於敵人，因此，英艦始終保持著有利於自己的距離作戰。而西班牙火炮射程近，只能力圖靠近英艦隊，以便進行接舷戰。英艦憑藉強大火力壓制對方，不讓其靠近一步。戰鬥持續到下午六時才以西班牙艦隊受到重創而結束。這一戰，「無敵艦隊」被擊沉十六艘軍艦，而英國軍艦雖有一些損傷，但無一被擊沉。

「無敵艦隊」集中殘餘船隻，從北面繞過不列顛群島向西班牙駛去。英國艦隊雖取得勝利，但一

西班牙國王與王后

些艦隻受創，加之彈藥消耗過大，霍華德命令停止追擊。剩下的西班牙艦隻乘著風勢向北逃竄，準備繞過蘇格蘭、愛爾蘭回國。受損的艦隊抵達蘇格蘭西北岸的拉斯角時，遇到猛烈的大西洋風暴掀起的巨浪。戰艦漏水、損壞，船員饑餓、生病，他們孤立無援地在海上隨風漂泊。許多戰艦撞上岩石；另一些戰艦進水下沉，消失在浪濤之中。風暴狂吹了一個月。還有一些戰艦在愛爾蘭海岸外失蹤，數千人淹死。好容易登上愛爾蘭海岸的倖存者也被殺死或餓死。到一五八八年十月，「無敵艦隊」僅剩四十三艘殘破船隻返回西班牙，近乎全軍覆沒。而英艦沒有損失，陣亡海員水手只有百人左右。

## 影響

「無敵艦隊」覆滅以後，西班牙逐漸衰落下去，而英國則取得了海上霸主地位，使本來一個僅有數百萬人口的孤島小國一躍成為世界上頭號殖民帝國，並在以後好幾個世紀中保持著世界「第一強國」和「海上霸主」的地位。十六世紀末，英國幾次派艦隊去侵掠西印度群島。接著，英國開始組織向北美的殖民活動。十六世紀後半期，英國國勢空前強盛，生產力不斷增長，經濟走向繁榮，倫敦成為國際貿易和信貸的中心。一五〇〇年，倫敦大約有五萬人口，過了一個世紀，它的人口增加到原來的五倍左右，而且還在繼續增長。

# 31 五月花號駛往美洲新大陸——美國的誕生

美國的歷史並不長，短短的幾百年時間，從一個流放犯人的地方發展成為世界的超級大國，這其中必然有什麼東西在支撐著他們。最早的美國精神，應該從第一批白人移民到達美洲算起，在那時美國的命運就已經被謀劃定了。

## 五月花號

大約在西元十六世紀末到十七世紀，英國清教徒發起了一場來勢猛烈的宗教改革運動，宣布脫離國教，另立教會，主張清除基督教聖公會內部的殘餘影響。但是，在十七世紀中葉，保皇議會通過了《信奉國教法》，清教徒開始遭到政府和教會勢力的殘酷迫害，逮捕、酷刑、宗教審判，每時每刻都在威脅著清教徒。被逼無奈，他們只得遷往荷蘭避難。但是，寄人籬下的日子不好過。在荷蘭，清教徒不僅沒能逃脫宗教迫害，而且飽受戰爭帶來的痛苦和折磨。更令他們難以忍受的是，遠在異國他鄉，孩子們受不到英國式的教育，對故土的感情一天一天地淡薄下去。為了徹底逃脫宗教迫害的魔爪，為下一代保留住祖國的語言和傳統，他們再一次想到大遷徙。

天下雖大，何處是這群天涯淪落人的歸宿呢？想來想去，他們把目光投向了美洲。

哥倫布在一百多年前發現的這塊「新大陸」，地域遼闊，物產富饒，而且有很多地方還是沒有國王、沒有議會，沒有劊子手的未開發的處女地。「海闊憑魚躍，天高任鳥飛。」只有在這樣的地方，他們才能輕輕鬆鬆地生活，自由自在地信奉、傳播自己所喜歡的宗教，開拓出一塊屬於清教徒的人間樂園。

於是，清教徒的著名領袖布雷德福召集了一百零二名同伴，在一六二〇年九月，登上了一艘重一百八十噸，長九十英尺的木製帆船——五月花號，開始了哥倫布遠征式的冒險航行。對於航海來說，這艘有著浪漫名稱的船隻未免太小了。由於形勢所迫，他們「選擇」的，又是一年中最糟的渡洋季節。不過，懷著對未來的美好憧憬，為了找回失去的權利和自由，這群飽經憂患的人已經不顧一切了。

五月花號

海上風急浪高，五月花號就像狂風暴雨中的一片樹葉，艱難地向前漂泊著，隨時都有船毀人亡的危險。但在大家的共同努力下，船隻沒有遇到任何損害，並在航行了六十六天後，於十一月十一日安抵北美大陸的科德角，即今天美國麻塞諸塞州普利茅斯港。稍事休整後，五月花號繼續沿海岸線前進。由於逆風和時差，它沒有能到達預定的目的地——維吉尼亞的詹姆斯敦，在耶誕節後的第一天，他們來到了新英格蘭的土地上。

有意思的是，在這次充滿危險的遠征中，所有探險者只有一人死亡。但由於旅途中誕生了一名嬰兒，使到達美洲的人數不多不少，仍然是一百零二名。移民都是虔誠的教徒，無不手劃十字，衷心感謝上帝的眷顧。

現在，呈現在他們面前的，完全是一塊陌生的土地。蜿蜒曲折的海岸線，顯得沉寂、荒涼。因此，大約在一個月內，移民們不敢貿然靠岸，仍然以船為家。在此期間，他們派出了偵察隊，乘坐小船在科德角灣沿線尋找定居地。一天，正在大家焦急等待的時候，偵察隊返回來報告說，他們發現了一個適合移民們居住的、真正的「天堂」。「天堂」就是今天的普利茅斯港，這是一個天然的良港，非常適合五月花號停泊。港口附近有一個優良的漁場，可以提供大量的海產品。不遠處一片連綿起伏的小山，就像一道天然屏障，把這塊土地環繞起來。在明亮的陽光下，結了冰的小溪反射著晶瑩的光澤，可以為移民們提供充足的淡水。開墾過的肥沃農田，一塊一塊整整齊齊地排列著。除此之外，他們還看到了一片雖然殘破，卻足以遮風避雨，幫助他們度過嚴冬的房屋……看起來，一切都不錯，而且不能再好了。唯一令他們感到迷惘的是，這片到處都有人類生活遺跡的土地，竟然看不到一個人影、一縷炊煙，顯得是那樣荒涼，倒好似事先就為他們準備的一樣。後來才知道，這裏原來是一個相當繁榮的印第安村落。幾年前天花流行，全村人無一倖免，這才使它成了這群異國漂泊者的最佳避難所。

一六二〇年十一月十一日，大家決定上岸，在登上新大陸之前，這些人中的五十一

個男子集合在船艙裏開會誓願：

「以上帝的名義，阿門。我們這些簽署人是蒙上帝保佑的大不列顛、法蘭西和愛爾蘭國王的信仰和捍衛者詹姆斯國王陛下的忠順臣民。

為了上帝的榮耀，為了增強基督教信仰，為了提高我們國王和國家的榮譽，我們漂洋過海，在維吉尼亞北部開發第一個殖民地。我們在上帝面前共同立誓簽約，自願結為一民眾自治團體。為了使上述目的能得到更好的實施、維護和發展，將來不時依此而制定頒布的被認為是這個殖民地全體人民都最適合、最方便的法律、法規、條令、憲章和公職，我們都保證遵守和服從。

據此於耶穌紀元一六二〇年十一月十一日，於英格蘭、法蘭西、愛爾蘭第十八世國王暨英格蘭第五十四世國王詹姆斯陛下在位之年，我們在科德角簽名於右。」

五月花號渡過了科德角灣，在普利茅斯港拋下了錨鏈。移民們划著小艇登陸時，按照古老的航海傳統，首先登上了一塊高聳於海面上的大礁石。五月花號上禮炮轟鳴，人聲鼎沸，共同慶祝新生活的開始。後來，這塊礁石就被稱為「普利茅斯聖岩」，成為美洲新英格蘭第一個永久性殖民地的歷史見證。

## 感恩節

不過，對這些渴望幸福的移民來說，第一個冬天並不美好。從大西洋上吹來的凜冽寒風，像魔鬼一樣在空中嘶鳴，漫天的飛雪，無情地拍打著簡陋的住房。在這一片冰天雪地裏，移民們缺少必要的裝備，也缺乏在這片土地上生活的經驗。在繁忙勞動的重壓下，不少人累倒了，惡劣的飲食，難以忍受的嚴寒，使更多的人倒地不起。接踵而來的傳染病，奪去許多人的生命。一個冬天過去，歷盡千難萬險來到美洲的一百零二個移民，只剩下了五十個，幾乎天天都有 家或幾家在辦喪事。剛剛踏上這片土地時的歡樂沒有了，每個人的心頭都被一種空前絕望的氣氛所籠罩。一個夢，一個剛剛開始的美夢，難道就這樣被打破了嗎?每個人都在思索著。

就在移民們束手無策、坐以待斃時，一天早晨，一名印第安人走進了普利茅斯村。他自我介紹說，他是臨近村落的印第安酋長派來察看情況的。這是移民們來到美洲後接待的第一個客人。他們向客人傾訴了自己的來歷以及所經受的種種無以復加的苦難。印第安人默默地聽著，臉上流露出無限的憐憫。事情就此有了轉機，幾天後，這名印第安人把他的酋長馬薩索德帶進了移民們的房屋。酋長是個慷慨熱情的人，他向移民表示了熱烈的歡迎，給他們送來了許多生活必需品作禮物。派來了最有經驗、最能幹的印第安人，教他們怎樣在這塊土地上生活，教他們捕魚、狩獵、耕作以及飼養火雞等技能。

這一年，天公作美，風調雨順，再加上印第安人的指導和幫助，移民們獲得了大豐收，終於闖過了生活的難關，過上了安定、富裕的日子。就在這一年秋天，已成為普利茅斯總督的布雷德福頒布了舉行盛典、感謝上帝眷顧的決定，這就是歷史上的第一個感恩節。當然，他沒有忘記為移民們排憂解難的真正「上帝」——熱情、好客、智慧的印第安人，特地邀請馬薩索德和他手下的印第安人前來參加節日慶典。

印第安人欣然接受了邀請，提前送來了五隻鹿作為禮物。十一月底的一天，移民們大擺筵席，桌子上擺滿了自山林中打來的野味和用自產的玉米、南瓜、筍瓜、火雞等製作的佳餚。慶祝活動一共進行了三天，白天，賓主共同歡宴，暢敘友情。晚上，草地上燃起了熊熊篝火，在涼爽的秋風中，印第安小伙子同普利茅斯殖民地的年輕人一起跳舞、唱歌、摔跤、氣氛定常熱烈。

今天，在美國人心目中，感恩節是比耶誕節還要重要的節日。首先，它是一個長達四天的假日，足以使人們盡情狂歡、慶祝。其次，它也是傳統的家庭團聚的日子。感恩節期間，散居在他鄉外地的家人，都要趕回家過節，這已經成了全國性的習俗。此外，美國人一年中最重視的一餐，就是感恩節的晚宴。在美國這個生活節奏很快、競爭激烈的國度裏，平日的飲食極為簡單。美國的速食流行於世界，就是一個很好的說明。但在感恩節的夜晚，家家戶戶都大辦筵席，物品之豐盛，令人咋舌。在節日的餐桌上，上至總統，下至庶民，火雞和南瓜餅都是必備的。這兩味「珍品」體現了美國人民憶及先民開拓艱難、追思第一個感恩節的懷舊情緒。因此，感恩節也被稱為「火雞節」。

## 影響

五月花號上的人們在登陸之前簽訂的那份契約具有重要的意義，這種意義在於它預設了美國民主政治的理念與理想，奠定了「政府須經被統治者同意方可實行統治」的原則。它與維吉尼亞議會一起，成為後來美國政治制度的兩塊奠基石。這些思想和主張使得殖民地在草創時期殖民地議會權力的增長成為一股趨勢，代表殖民地利益與代表英國國王的總督的鬥爭貫穿著殖民地的歷史。在鬥爭中，殖民地民眾產生了對行政部門的懷疑和對立法部門的好感，同時又使他們認為立法權與行政權必須分開，這對後來美國政治體制的形成產生了重大的影響。美國正是在這個基礎之上，建立了美利堅合眾國，也正是在這個基礎上，美國成為世界資產階級民主制度的典範，成為世界上最強大的國家。

# 32 血液循環的發現——建立近代醫學基礎的威廉・哈維

一六一六年，英國醫學家哈維公布了自己所發現的血液循環理論，即人體內的血液是循環的，它分為體循環和肺循環兩部分。血液從左心室進入動脈，流到全身各處後，再匯集到靜脈，然後流回右心房，這叫體循環；血液由右心室進入動脈，流經肺部，然後由靜脈流回左心房，這叫肺循環。這個發現，奠定了近代醫學的基礎。

## 哈維其人

哈維於一五七八年四月十二日出生在英國肯特郡的福克斯通市。他的父親是當地有名的地主，曾任福克斯通市市長。雖然生活在一個富裕家庭中，但哈維不像紈袴子弟那樣游手好閒，養尊處優。他知書達禮，學習上能吃苦，很勤奮。在所學的幾門課程中，他最喜歡英文和拉丁文。

哈維十歲時進入著名的埃特布里中學就讀。六年後，他以優異成績考入康橋大學。大學三年級時，他突然患了重病，不得不休學回家靜養。母親請來一位民間醫生為他治病。這醫生有套治病的絕招，就是給病人「放血」。只見醫生一手拿起一把鋒利的手術刀，一手握緊哈維的胳膊，「噓——」地一下，割開了他胳膊上的一條血管，一股股紅的血液汩汩流出。然後，醫生把哈維的傷處包紮好。隔了幾天，再來為哈維放一次血。如此連續幾次，哈維的病竟痊癒了。

這件事引起了哈維的沉思。「割破血管，血液就流出來。那麼它是怎樣流動的呢？」為了解開這個謎，哈維決定棄文從醫。一五九九年，他獲得文學學士學位後，離開家鄉，遠赴義大利帕多瓦大學醫學院學習。這所醫學院是當時世界上最大的醫學院，政策開明，學術自由，大批有志青年雲集於此。

哈維留學期間，物理學大師伽利略正在這裏任教。伽利略所倡導的實驗——數學方法和力學自然觀，影響了許多從事其他自然科學研究的人，哈維得益匪淺。他深深懂得：「無論是教解剖學還是學解剖學，都應以實驗為依據，而不應當以書本為依據。」

哈維

他師從解剖學家法布里修斯學習並研究醫學，於一六〇二年獲得醫學博士學位。在他的學位證書上寫著：「哈維突出的學習成績和不平凡的才能，引人注目。他受到本校講授解剖學、醫學和外科學的眾多教授的讚揚。」

自一六〇三年起，哈維開始在倫敦行醫，行醫之餘，繼續從事解剖學研究。不久他與伊麗莎白女王的御醫朗斯洛·布朗的女兒結婚，這樁婚姻對於哈維的事業大有幫助。一六〇七年，哈維被接受為皇家醫學院成員，一六一五年，他被任

命為盧姆雷恩講座的講師，一六一六年，被任命為聖巴多羅買醫院的醫生。

在哈維的職業生涯中，他與皇室建立了密切的關係，先後做過國王詹姆斯一世和查理一世的御醫。一六四九年，英國國內戰爭結束後，查理一世被絞死，哈維因為一直忠於查理一世而被處以二百英鎊罰金，並被禁止進入倫敦城。

一六五四年，哈維被選為英國醫師協會主席。他以年事已高、身體欠佳為理由，婉拒此職。三年後，春暖花開之時，哈維病重。他用顫抖的雙手拿出自己的積蓄，託人贈給倫敦醫學院。醫學院用這筆錢建造了一座圖書館、一座會議廳。他還捐出一筆錢，設立了一個基金，專門用來獎勵這所醫學院在醫學研究方面有突出貢獻的人員。

一六五七年六月三日，哈維創立的血液循環理論仍未被醫學界所承認，而七十九歲的他卻在英格蘭羅漢普頓默默離開了人世。

## 血液循環的發現

對血液的最早論述是由亞里士多德提出的，他十分錯誤地以為人體內（血管內）充滿著空氣。這種錯誤的說法延續了幾百年。直到西元二世紀才被古羅馬的名醫蓋侖否定。蓋侖設想，人體內有一個由肝臟、心臟和大腦組成的循環系統。在肝臟中，人體所吸收的食物轉化為血液，這些血液攜帶著「自然靈氣」，通過靜脈流向身體各個部位，再通過同樣的靜脈流回肝臟。在這裏，血液的運動恰如潮水的漲落，來來回回，永不停息。當血液流到心臟後，大部分流了回去，一少部分從右心室透過隔膜上的小孔進入左心室。在左心室裏，這些血液與來自肺部的空氣混合，形成「生命靈氣」，再由動脈傳送到身體各部位並被吸收。其中，進入大腦的那部分血液與「動物靈氣」融合，然後流動到身體各處的肌肉和感官中。

蓋侖是醫學界的權威，他的血液理論自然是不容置疑的真理。因此，後來關於血液流動的探索停止了一千年。

十六世紀中葉，比利時學者維薩里在解剖動物時發現，心臟的中隔很厚，沒有可見的孔道，蓋侖關於左心室與右心室之間有小孔相通的觀點是錯誤的。但他沒有猜測到人體內的血液是循環的。他的理論激怒了教會，因為教會利用蓋侖的醫學為他們的教義服務，對他的錯誤賦予巨大的權威。只要誰違反了蓋侖主義，就會被指控為異教徒而遭到迫害。一五六三年，維薩里被宗教法庭拘禁、審訊，作為異教徒被判了死刑，但被菲利普二世赦免。一五六四年，他在從耶路撒冷回來的途中，在希臘的札金索斯島去世。

維薩里

他在巴黎大學讀書時結交的好友塞維塔斯也進行了科學試驗，包括當時被人禁止的人體解剖。一五五三年，塞維塔斯出版了《基督教的復興》一書。在這部宗教專著中，他用六頁的篇幅闡述了自己發現的肺循環：血液從右心室通過肺動脈流入肺部，同吸入的新鮮空氣相

結合，再經肺靜脈流入左心房，完成一次循環過程。這個循環，又稱小循環。

塞維塔斯的肺循環理論是生理學發展史上的一次革命，同時也是對宗教神學的一次衝擊，因此冒犯了教會。儘管《基督教的復興》是秘密出版的，但最終還是被教會查出來，塞維塔斯被判處火刑。塞維塔斯逃到日內瓦，不久，又被抓住。一五五三年十月二十七日，年僅四十二歲的塞維塔斯在日內瓦被教徒們活活地燒死。

塞維塔斯的死，並沒有嚇退獻身科學和真理的人們。一六〇三年，義大利外科教授法布里修斯公開出版了著作《論靜脈瓣膜》。在這本書中，他描述了靜脈內壁上的小瓣膜，它的奇異之處在於永遠朝著心臟的方向打開，而向相反的方向關閉。遺憾的是法布里修斯沒有認識到這些瓣膜的意義。

在前人科學探索的基礎上，哈維最終創立了血液循環理論。在解剖一些大動物時，哈維仔細觀察了心臟的內部結構。他發現，這些心臟猶如一個水泵，當它收縮的時候，血液就被壓出去。那麼，血液從心臟裏泵出來後，流到哪裏去了呢？

哈維用蛇做實驗。他把活蛇殺死，剖開，用鑷子夾住大動脈，觀察後發現：鑷子以下的動脈很快就癟了；鑷子與心臟之間的動脈和心臟，膨脹開來，越來越鼓，顏色變深。而鬆開鑷子以後，心臟及動脈很快又恢復了正常。後來，哈維又做了一個類似的實驗，他用鑷子夾住大靜脈，切斷心臟與鑷子以下的靜脈通路。這時，他看到：鑷子和心臟之間的靜脈，立時就癟了；同時，心臟變小，顏色變淺。鬆開鑷子，在癟下去的一段靜脈中，馬上就有血液流過，心臟的大小和顏色也恢復如初。

人體內的血液是否這樣？哈維請來一名身體削瘦、臂上大靜脈清晰可見的人。他用繃帶紮緊這人的上臂。過一會兒，摸摸繃帶以下的動脈，無論在肘窩還是在手腕，都不跳動了，而繃帶以上的動脈，卻跳動得十分厲害；繃帶以上的靜脈癟下去了，而繃帶以下的靜脈，卻鼓脹了起來。這表明心臟中的血液來自靜脈，而動脈則是心臟向外泵吐血液的通道。

哈維做解剖實驗時發現，心臟分為左右兩部分，每一部分又分為上下兩個腔，這就是我們現在說的左心房、左心室、右心房、右心室。他算過這樣一筆帳：人的左心室容量為二盎司（一盎司等於二十八點三五克），以心臟每分鐘搏動七十二次計算，每小時由左心室進入主動脈的血液流量應為八六四〇盎司（約等於二百四十四點九千克），這個數字相當於普通人體重量的三倍多。而肝臟在這麼短的時間內也絕不可能製造出如此之多的血液來。唯一正確的解釋是：體內血液是循環流動的。

一六一六年，哈維在演講中宣布了他的血液循環理論。他說，在心臟收縮時，心臟裏的血液流到動脈；而靜脈裏的血液，又流回了心臟。總之，血液在體內是循環流動的。但哈維並未說明動脈、靜脈末端的相互聯繫問題，哈維的演講當時沒有引起多大反響。他深入研究，總結整理，撰成一部劃時代的專著《心血運動論》。這部只有七十二頁的著作於一六二八年出版後，立即遭到教會和一些保守學者的攻擊。有人甚至評價說：這本書是「虛妄的、荒謬的、有害的」！幸好，哈維當時是英國國王查理一世的御醫，受到國王的寵幸，這才使他沒有像前輩維薩里、塞爾維特那樣付出生命的代價。

一六六一年，即哈維逝世後的第四年，義大利科學家馬爾比基在顯微鏡下觀察到毛細血管的存在。正是這些肉眼看不見的微小血管，把動脈和靜脈連接起來形成一個「可循環的管道」。這進一步證實了哈維的血液循環理論的正確性。

## 影響

哈維的貢獻是劃時代的，他的工作標誌著新的生命科學的開始，屬於發端於十六世紀的科學革命的一個重要組成部分。他的《心血運動論》一書也像《天體運行論》等著作一樣，成為科學革命時期以及整個科學史上極為重要的文獻。

哈維創立的血液循環理論，徹底推翻了蓋侖的「血液潮汐論」，宣告了生命科學新紀元的到來。恩格斯高度評價了哈維的科學成就。他指出：「哈維由於發現血液循環而把生理學確立為科學。」

# 33 牛頓的科學——萬有引力的發現

二〇〇〇年到來之前，英國《星期日泰晤士報》雜誌》編輯約請著名專家學者，對過去一千年來對人類做出卓越貢獻的人物加以排名，科學家牛頓名列首位。

## 影響最大的科學家

牛頓一六四三年一月四日誕生於英格蘭東部小鎮烏爾斯索普一個自耕農家庭。出生前八九個月父親死於肺炎。牛頓自小瘦弱，出生時只有三磅重。三歲時他的母親再嫁給一位牧師，把孩子留在他祖母身邊撫養。八年之後，牧師病故，牛頓的母親帶著後夫所生的一子二女又回到烏爾斯索普。牛頓自幼沉默寡言，性格倔強，這種習性可能來自他的家庭處境。

到了六歲該上學的年紀，牛頓又厭倦學校，上課時心不在焉，成績上不去，下課又不和人交朋友，也不會頑皮地討人喜歡，於是老師和同學們把他看作「遲鈍的呆子」。但幼小的牛頓很願意動手幹木工活，專注於自己喜愛的各種勞作，還愛沉思默想一些自然現象。八歲時

牛頓

牛頓用平時積攢的零錢買了錘、鋸來做手工，他特別喜歡刻製日晷，利用圓盤上小棍的投影顯示時刻。傳說他家裏牆角、窗臺上到處都有他刻製的日晷，他還做了一個日晷放在村中央，被人稱為「牛頓鐘」，一直用到牛頓死後好幾年。他還做過帶踏板的自行車；用小木桶做過滴漏水鐘；放過自做的帶小燈籠的風箏（人們以為是彗星出現）；用小老鼠當動力做了一架磨坊的模型，等等。他觀察自然最生動的例子是十五歲時做的第一次實驗：為了計算風力和風速，他選擇狂風時做順風跳躍和逆風跳躍，再量出兩次跳躍的距離差。

牛頓十二歲時，進入格蘭薩姆的皇家學校就讀。在這裏，牛頓開始奮發圖強，和班裏的同學交往談話，學習越來越用功，成績也越來越好。為了就近上學，牛頓曾寄住在格蘭瑟姆鎮克拉克藥店，這裏更培養了他的科學實驗習慣，因為當時的藥店就是一所化學實驗室。牛頓在自己的筆記中，將自然現象分類整理，包括顏色調配、時鐘、天文、幾何問題等等。這些靈活的學習方法，都為他後來的創造打下了良好基礎。

牛頓的母親希望牛頓成為一個農民，因此他曾停學務農。在這段時間裏，他利用時間自學。放羊、購物、農閒時，他都手不釋卷，甚至羊吃了別人莊稼，他也不知道。他舅父是一個神父，有一次發現牛頓看的是數學，便支持他繼續上學。一六六一年六月牛頓考入了劍橋大學三一學院。作為領取補助金的「減費生」，他必須擔負侍候某些富家子弟的任務。在這裏，牛頓遇到了博學多才的伊薩克巴羅教授。巴羅教授不墨守成規，他不僅講授自己的觀點，還介紹各種假說的爭論情況，以啟發學生的智慧。他還是當時主持自然科學新講座（盧卡斯講座）的第一任教授，被稱為「歐洲最優秀的學者」。

遇到巴羅教授，對於牛頓的一生來說，無疑是一件極幸運的事情。是巴羅教授把牛頓引向探索自然科學真理的征途，是巴羅教授最早發現了牛頓的才華。牛頓受到了巴羅教授的特別教誨，打開了思路。一六六四年牛頓經考試被選為巴羅的助手，一六六五年大學畢業。

在一六六五～一六六六年，倫敦流行鼠疫的兩年間，牛頓回到家鄉。這兩年牛頓作出了多項發明。一六六七年牛頓重返康橋大學，一六六八年七月獲碩士學位。一六六九年巴羅推薦二十六歲的牛頓繼任盧卡斯講座教授。一六七二年牛頓成為皇家學會會員，一七〇三年成為皇家學會終身會長。一六九八年就任造幣局局長，一七〇一年他辭去康橋大學工作，因改革幣制有功，一七〇五年被封為爵士。一七二七年牛頓逝世於肯辛頓，遺體葬於威斯敏斯特教堂。

牛頓無疑是世界上最偉大的科學家，自二十一歲至二十七歲，牛頓就奠定了某些學科理論基礎，導致以後世界上的一系列科學革命。他的第一個轟動科學世界的成果就是發現光的本質。經過一系列的嚴格試驗，牛頓發現普通白光是由七色光組成的。經過一番光學研究，牛頓製造了第一架反射天文望遠鏡，這架天文望遠鏡一直在天文臺使用到今天。

萊布尼茨曾說：「在從世界開始到牛頓生活的時代的全部數學中，牛頓的工作超過了一半。」的確，牛頓除了在天文及物理上取得偉大的成就，在數學方面，他從二項式

定理到微積分，從代數和數論到古典幾何和解析幾何、有限差分、曲線分類、計算方法和逼近論，甚至在概率論等方面，都有創造性的成就和貢獻。

但是他最為人所知的，就是萬有引力的發現。

## 萬有引力的發現

一六六五年到一六六六年，由於一場可怕的瘟疫，康橋大學被迫停課，牛頓因此回到故鄉烏爾斯索普村。

在回家躲避瘟疫的那兩年裏，牛頓非常注意觀察太陽、月亮和星辰的運行，他經常在思考天體的運行能不能從動力學的角度來加以解釋。一六六六年的一天，牛頓正坐在花園裡的蘋果樹下看書，忽然一顆蘋果從樹上掉下來，正好打中他的腦袋，然後滾落在草地上一個小坑裏。牛頓還顧不得去揉一揉被打疼了的腦袋，就被這件十分平常的事情所吸引。他問自己，蘋果為什麼不掉向天空，卻偏偏落向地面呢？這一連串的問題，逐步把牛頓的思路引導到引力的觀念上去。他想，地球大概有某種力量，能把一切東西都吸向它吧！物體所具有的重量，可能就是它受地球引力的表現。

牛頓沒有讓他的思路停止在這一步，他想到，地球的引力如果沒有受到阻止，那麼月亮是否也受到了地球的吸引力呢？月亮總是按照一定的軌道繞地球旋轉而不會越軌跑掉，不正是地球對它有吸引作用的結果嗎？牛頓又進一步推想到各個行星之所以圍繞著太陽運轉，也必定是因為太陽對它們有吸引作用。因此，他認為宇宙中的一切物體之間都存在著一種相互吸引的作用，牛頓把這種相互作用稱之為「萬有引力」。

但是，有一個問題隨之產生了。既然地球吸引著月亮，太陽吸引著地球和其他行星，那麼為什麼不會像地球上的物體都落向地面那樣，月亮落向地球，地球和各個行星落向太陽呢？牛頓又通過對拋射物體的研究，從中得到了啟發。他設想：如果有一個巨人站在一座很高很高的山頂上，沿著水平的方向拋出一塊石頭。這塊石頭在向前飛行的同時，由於重力的作用也在向下落，石頭在空中的路徑是一條拋物線，最後落到地面上。石頭拋出的水平速度越大，它落地以前飛過的水平距離也越遠。它的軌道彎曲程度也越小。可以設想，如果拋石的力量足夠大，以致使石頭的軌道曲線的彎曲程度和地球表面的彎曲程度相同，那麼這塊石頭就會像月亮那樣，繞著地球運轉下去，永遠落不到地面了。至此，在牛頓的腦海裏，已逐步形成了完整的引力思想。

有了萬有引力這個思想，還需要用嚴密的數學手段，精確地得出萬有引力的數學運算式。牛頓認識到，從動力學的角度來看，開普勒所得出的行星運動的三個定律都是萬有引力作用的結果。於是，牛頓從這些定律入手，通過一系列的數學推導，並從天體運動規律的具體分析中，得出了普遍的萬有引力定律。可是，牛頓並沒有立即發表這個理論，他仍在冷靜地深思和研究著。一方面，他要對它的每個細節作嚴密的數學論證；另一方面，還要為這一理論提供切實可靠的實踐驗證。可是，在這兩個方面，牛頓都遇到了巨大的困難。

一六七二年，法國人皮卡爾用精密的大地測量得出了地球直徑的更準確的數值，一

六八二年，牛頓根據這個最新的數值，使根據萬有引力定律算出萬有引力係數G的理論值，與由運動學方法側出的實際數值取得了一致。一六八五年，牛頓又克服了數學上的困難，嚴格地證明了計算一個均勻的球狀物體對外面物體的吸引作用時，已經看作所有的質量都集中在物體的中心。困難終於被掃除，牛頓的萬有引力定律終於在一六八七年的《自然哲學的數學原理》中正式發表了。

## 影響

牛頓的成就，恩格斯在《英國狀況十八世紀》中概括得最為完整：「牛頓由於發明了萬有引力定律而創立了科學的天文學。」但他的天才對於現代世界產生了更為深遠的影響。早在基督之前三個世紀便已成名的亞里士多德曾引導自然哲學家（當時對科學家的稱謂）去關注無法解釋的「緣由」問題。在漫長的世紀中，亞里士多德關於世間萬物都受內在理念驅動的觀點導致後人作出了眾多徒勞無益的猜測。牛頓並非首先對亞里士多德理論發難的挑戰者，但他卻是在廣泛領域中最終駁倒該理論的第一人。他說服自然的研究者放棄了緣由說，而將注意力系統集中在事物「如何」變化上來。而且他為他們提供了找出答案的基本數學工具。因此，根據包括愛因斯坦在內的眾多科學家的看法，牛頓對於現代科學的貢獻超過了歷史上任何其他一個人，他的研究成果對於整個人類文明都產生了決定性的影響。

# 34 威斯特伐里亞和約——歐洲三十年戰爭的結束

近代國際關係體系源於三十年戰爭之後正式形成的西方國家關係體系。十五世紀末，歐洲各主要國家開始進入絕對主義時代。絕對君主制代替了等級君主制，權力從分散的貴族那裏集中到專制君主的手中，鬆散的多元的早期國家逐步演變為中央集權的近代民族國家。各國內部權力結構的變動給國際政治注入了全新的內容：曾經盛極一時的封建領主的私人外交隨著封建主的沒落失去了往日的地位，民族國家開始作為新型的外交主體登上了權力鬥爭的舞台。倫敦、巴黎、華沙、馬德里、維也納、阿姆斯特丹、斯德哥爾摩取代了中世紀星羅棋布的采邑，成為歐洲的權力中心。圍繞著領土和權力，新興的民族國家展開了縱橫捭闔的外交活動和軍事鬥爭，力圖最大限度地攫取國家利益。一六一八～一六四八年的三十年戰爭將幾乎所有的歐洲強國都裹挾進去。戰爭的殘酷性和持久性使各國的君主普遍意識到只有確立一個包括共同利益、規則和單一價值觀的國家關係體系，才能阻止各自的利益持續受到損害。這就是著名的威斯特伐里亞和約所確定的威斯特伐里亞體系。

## 三十年戰爭

三十年戰爭，是由神聖羅馬帝國內戰發展為歐洲主要國家捲入的大規模國際性戰爭。

十七世紀初，德意志仍處於諸侯割據狀態。各邦諸侯因信仰不同和教會財產矛盾相互敵視。一六〇八年，以普法爾茨選侯為首的新教（信奉路德教和加爾文教）諸侯，結成「新教聯盟」。次年，以巴伐利亞公爵為首的天主教諸侯建立「天主教聯盟」。哈布斯堡王朝極力限制新教活動，爭取舊教諸侯重振帝國皇權，並得到羅馬教皇、西班牙和波蘭貴族的支持。法國為稱霸歐洲，力圖使德意志保持分裂狀態；丹麥、瑞典早已覬覦北海和波羅的海的德意志領土及港灣，不願哈布斯堡王朝的勢力伸展至該地區；荷蘭和英國則不願意帝國勢力在北歐擴張，英國還企圖削弱西班牙的勢力。因此這些國家都支持新教聯盟。大戰一觸即發。

一六一八年五月二十三日，哈布斯堡家族的德皇兼波希米亞國王、天主教徒馬提亞斯的特派使節馬路基尼克和斯拉馬達來到了波希米亞首都布拉格，帶來了令新教徒們撕心裂肺的消息：波希米亞的法律不再保護新教徒了。整個布拉格籠罩在一片灰暗之中，但沉默之後是憤怒。新教議會整夜整夜地開會，討論他們的對策。激進派們要求乾脆組織軍隊，攻進王宮，另立國王，徹底清除天主教。保守派則主張暫時忍氣吞聲，認為自身的力量尚不足，看國王下步行動再作對策。最後，激進派的意見佔了上風，但也參考了保守派的主張。結果，驚人的事件發生了：馬路基尼克和斯拉馬達被新教徒們從王宮的窗戶裡扔出去，暴屍街頭，史稱「擲出窗外事件」。新教徒們成立了由三十人組成的臨時政府，宣布捷克獨立，這成為三十年戰爭的開端。次年六月，起義軍包圍維也納，但在神聖羅馬帝國和西班牙軍隊侵入捷克後撤退。八月，捷克議會選舉新教聯盟首領、普法爾茨選侯弗里德里希為捷王。一六二〇年九月，天主教聯盟軍二萬四千人在西班牙的蒂利伯爵率領下侵入捷克，於十一月八日在布拉格附近的白山擊敗新教聯盟軍和捷克起義軍（約二萬人），布拉格陷落。捷克再度淪為哈布斯堡王朝領地，起義慘遭鎮壓。年底，西班牙出兵普法爾茨。一六二一～一六二三年，西班牙將軍蒂利回師擊敗普法爾茨新教諸侯軍隊。

一六二五年二月，丹麥在英、荷、法支持下，以援助德意志新教聯盟為名出兵德意志，佔領盧特城。與此同時，曼斯菲爾德率英軍進佔捷克西部。神聖羅馬帝國皇帝起用瓦倫斯坦為武裝部隊總司令，一六二六年四月，瓦倫斯坦在德紹擊敗英軍。八月，蒂利軍收復盧特城。隨後，兩軍協同直搗日德蘭半島（一六二七年），進而攻佔梅克倫堡、波美拉尼亞（一六二八年），迫使丹麥簽訂《呂貝克和約》（一六二九年），保證不再干涉德意志事務。

神聖羅馬帝國皇帝和天主教聯盟勢力向波羅的海發展，引起瑞典不滿。在法國支持下，瑞典國王古斯塔夫二世阿道夫於一六三〇年七月率兵在奧得河口登陸。此時，天主教陣營發生內部矛盾，瓦倫斯坦被免職，瑞軍迅速侵入德意志中部。一六三一年九月十七日，瑞典薩克森聯軍在布賴滕費爾德之戰中重創蒂利軍。瑞典軍向西推進到萊茵河畔，薩克森軍攻陷布拉格。一六三二年春，瑞典軍回師巴伐利亞，在萊希河之戰中擊斃蒂利。四月，皇帝再次起用瓦倫斯坦。瓦倫斯坦重組軍隊收復布拉格（五月），出師巴伐利亞（九月），迫使瑞典軍撤向薩克森。十一月十六日在呂岑之戰中，瓦倫斯坦戰敗，損失慘重，古斯塔夫二世戰死。一六三四年，神聖羅馬帝國皇帝在西班牙軍隊支持下，在訥德林根大敗瑞典軍。瑞典軍被迫北撤。一六三五年五月，同瑞典結盟的薩克森和勃蘭登堡與皇帝締結《布拉格和約》。

瑞典軍戰敗促使法國直接出兵。法軍在德意志、尼德蘭和義大利同時採取行動，留在德意志北部的瑞典軍隊乘機再次侵入德意志中部和南部。法軍在義大利重創西班牙軍隊，切斷西班牙與尼德蘭的陸上聯繫；在尼德蘭與荷軍協同作戰，奪取阿圖瓦等地。在德意志，法瑞聯軍佔領阿爾薩斯等地，瑞軍重新控制梅克倫堡。一六四三年五月十九日，孔代親王率領法軍二萬三千人，在法國北部邊境的羅克魯瓦同梅洛將軍指揮的西班牙軍二萬七千人遭遇。法軍迂迴敵後，攻擊對方騎兵並以炮火轟擊敵步兵，殲敵一萬五千餘人。一六四五年三月，瑞軍在捷克南部的揚科夫重創神聖羅馬帝國軍隊。八月，法軍在訥德林根打敗神聖羅馬帝國軍隊。一六四八年五月，法瑞聯軍在楚斯馬斯豪森交戰中獲得巨大勝利。神聖羅馬帝國皇帝無力再戰，被迫求和。同年十月，參戰各方簽訂《威斯特伐里亞和約》，戰爭結束。

## 一個全新的國際秩序開始出現

三十年戰爭是歐洲歷史上第一次大規模國際戰爭，以反哈布斯堡集團的勝利告終。根據一六四八年的《威斯特伐里亞條約》，歐洲領土被重新分割。法國奪得歐洲霸權；瑞典鞏固了在波羅的海的地位；德意志的經濟遭到嚴重破壞，內部分裂局面加劇；西班牙遭到削弱，葡萄牙脫離西班牙獨立；荷蘭和瑞士的獨立得到確認。

三十年戰爭是西方國家關係體系的催生婆，在戰爭的瓦礫堆上，一個全新的國際秩序開始出現。根據美國國際政治學者弗雷德里克·舒曼的研究，西方國家關係體系主要包括：

一．相互承認擁有國家主權的國家。

二．以國際法的原則處理相互關係。

三．根據「勢力均衡」的政策謀求本國生存的國際社會是通過基督教結合起來的。

這一關係體系的內容是由中世紀末期以來歐洲的政治現實——幾個勢力均衡的力量中心長期對峙；共同利益要求一個包容所有國家的集體安全體制以避免永無止境的國際衝突；而相同或近似的文化背景使得它們在尋求一定程度的政治聯合時可以找到共同的語言——所決定的。

西方國家關係體系形成之時也正是近代資本主義在歐洲蓬勃興起，科學技術和工商業的結合使得生產力以幾何級數迅速增長的年代。不可遏止的工業增長和科技進步賦予

西方國家關係體系以無限擴張的可能性。可以說，這一體系從它誕生的那天起就注定要向外擴張，形成全球性的近代國際關係體系。近代國際關係體系不是西方國家關係體系這一調整各平權主體關係的道德規範體系在世界範圍的簡單的複製，而是一個維護西方國家對世界統治的不折不扣的法律秩序。在這一秩序裏，西方國家集團是立法者和審判者，源於西方哲學和價值觀的國際法和國際習慣是法律條文，資本主義生產方式呼喚出來的巨大的生產力以及在此基礎上建立的強大的軍事力量是保證法律實施的強制力。「眾神之王」用「閃電霹靂」確立了奧林匹斯山的秩序，西方資本主義列強則用「堅船巨炮」確立了近代國際關係體系。這一進程始於西方國家關係體系開始向外擴張之時，在十九世紀後期瓜分殖民地和「勢力範圍」的狂潮中最後完成。這樣，歷史的際會就將宰治世界的權力第一次交給少數幾個國家。這些國家是人類歷史上最幼稚的國家，剛剛經過一場反對神權的人文主義運動的洗禮。在這一浪潮的衝擊下，宗教的節制精神被擯棄，古代社會的禁忌傳統遭到徹底的破壞，禁錮千年的人欲從「所羅門銅瓶」中釋放出來，像凱旋的英雄一樣受到熱烈的歡呼。沒有節制的欲望是仇恨的種子。隨著近代國際關係體系向全世界擴張，人類歷史開始進入一個充滿對立、衝突和動盪的時代。

## 影響

威斯特伐里亞條約意味著近代國際關係體系的形成，一些基本原則也確立下來了，比如主權國家的概念。威斯特伐里亞體系形成後的一個半世紀裏，歐洲社會進入了戰爭頻繁、競爭激烈的戰國時代。歐洲社會之所以有如此旺盛的精力進行戰爭，是由於這個社會已跳出了谷底開始了上升——貿易繁榮、農業發展、技術進步等等所致。反過來這些戰爭又刺激了社會經濟的發展。造成這一蓬勃局面的是多個要素匯成有機體且在推波助瀾的作用下而成的。這一名副其實的「戰國時代」歷經法西戰爭、法荷戰爭、九年的奧格斯堡戰爭、十三年的西班牙王位之戰、八年的奧地利王位之戰以及決定英法歐洲霸權的七年戰爭，最終在拿破崙戰爭失敗後，以維也納體系形成、均勢歐洲出現而告一段落。

## 35 英國的《權利法案》——個人自由獲得最初的保障

歐洲政治革命的開始是十七世紀的英國革命。英國這場大變動的根源可以在國會和斯圖亞特王朝之間的衝突中找到；這場衝突後來演變成一場公開的內戰，內戰中，國會獲勝。英國國會勝利的結果是建立起了代議制立憲政體，通過了《權利法案》——這是英國對歐洲、對世界的最大政治貢獻。

### 斯圖亞特王朝的倒臺

英國斯圖亞特王朝之前的都鐸王朝普遍受人歡迎，特別是受中產階級和紳士們的歡迎，因為它使敵對的貴族家族受到中央的控制。都鐸王朝通過建立國教——英國聖公會來切斷基督教會與羅馬的聯繫，並在這一過程中，分配了原屬於天主教機構的廣大土地和其他財產。另外，它還建立了海軍並且實行獲得民眾擁護的反天主教的外交政策。

但是可惜的是，斯圖亞特王朝第一代國王詹姆斯一世（一六〇三～一六二五年在位）與他的兒子查理一世（一六二五～一六四九年在位）很快就失掉了前代王朝的種種信譽。詹姆斯一世和查理一世企圖把英國聖公會的教義和儀式強加於所有的人，從而引起不信奉國教的臣民即清教徒的敵視。他們還企圖進行無國會的統治，但遇到了困難，因為國會控制了國家的資財。他們試圖通過出售進出口貿易、國內貿易和許多製造行業中的專營權來獲得財政支持，但卻引起資產階級的反抗；資產階級要求「所有的自由臣民都有自由地經營其行業的繼承權」。

當蘇格蘭人起義反對查理將英國聖公會教義強加於他們的企圖時，危機降臨了。為了獲得鎮壓起義的資金，查理被迫召開已休會十一年的長期國會。而於一六四〇年召開的長期國會不理查理對金錢的需求，反而利用《大憲章》賦予的權利提出許多影響深遠的要求，其中包括處決國王的首席顧問和徹底改組英國聖公會，但是查理拒絕服從。這種對峙最終導致了一六四二年保皇的「騎士黨」和清教徒「圓顱黨」之間的戰爭。

一六四二年一月，查理一世企圖逮捕反對派領袖，但陰謀未能得逞，隨即逃離倫敦，北上約克城，在那裏糾集保王勢力並組織軍隊，於八月二十二日在諾丁漢扯起國王的軍旗，正式向議會宣戰。

英國內戰剛開始的時候，由於議會內主張與國王妥協的長老派（以埃塞克斯伯爵和曼徹斯特伯爵為首）把持軍隊領導權，作戰不堅決，且缺乏統一指揮，使議會軍處於被動地位，訓練有素的王家軍長驅南下，一直打到離倫敦只有五十英里的牛津。議會軍的節節敗退，使議會內部一片混亂，有的主張打下去，有的認為應當和國王談判，大家爭吵不休，不知如何是好。但是後來，由克倫威爾——一個鄉紳的兒子——和他招募的六十名農民軍扭轉了戰爭的局面，拯救了議會。

這支隊伍在歷次戰鬥中越戰越強，數量也不斷增加，被稱為「鐵騎軍」。因此，克

倫威爾得到了官兵的擁護，當上了議會軍統帥。

一六四四年七月的一個傍晚，在約克城西的馬斯頓草原上，議會軍和保王黨軍突然遭遇。克倫威爾指揮議會軍不到兩個小時就擊潰了王家軍，取得了第一次大捷，扭轉了議會軍的被動局面。一六四五年，在克倫威爾為首的獨立派要求下，議會通過改革軍制的《新模範軍法案》，組建了一支二十二萬人的新模範軍，並解除了長老派將軍對議會軍的領導職務，而使領導權轉移到獨立派手中。同年六月十四日，議會軍和保王黨軍在英格蘭中部的納斯比村附近展開了決戰。克倫威爾的「鐵騎軍」以迅雷不及掩耳之勢衝破了保王黨軍陣地。查理一世還沒有清醒過來，保王黨軍就已被擊潰。一六四六年六月二十四日，議會軍攻克保王黨軍大本營牛津，查理一世見勢不好，急忙化裝成一個僕人，逃到了蘇格蘭。國王軍隊全軍覆沒。

一六四七年二月，英格蘭議會以四十萬英鎊的高價，把查理一世從蘇格蘭買了回來，囚禁在荷思比城堡中。第一次內戰結束後，革命陣營內部各派之間由於利益不同而發生衝突，長老派控制的議會和獨立派控制的軍隊之間產生了矛盾，軍隊內部獨立派的高級軍官和平等派的士兵之間也出現了分歧。一六四七年十一月，被囚的國王乘混亂之機潛逃出倫敦。一六四八年二月，查理一世以出賣英格蘭為條件，勾結蘇格蘭人，在許多地方發動武裝叛亂，挑起第二次內戰。這年八月，克倫威爾擊潰了王家軍，九月，佔領了蘇格蘭首都愛丁堡，將查理一世再次抓獲。

這一次，議會組成了一個高等法庭，對查理一世進行審判。最後法庭宣布查理一世是「暴君、叛徒、殺人犯和人民公敵」，判處其死刑。

查理一世被處決僅一個星期，蘇格蘭議會便宣布擁立查理一世的兒子查理二世為國王，並且加緊備戰，準備出兵討伐英格蘭。克倫威爾聞訊，迅速進軍，不久就攻佔了蘇格蘭首都愛丁堡。一六五一年九月三日，克倫威爾全殲蘇格蘭軍隊，查理二世逃到了法國。克倫威爾佔領了整個蘇格蘭，從此，他獲得了「常勝將軍」的稱號。

從一六四九起，克倫威爾和他的清教徒追隨者極其有效、虔誠地統治著英國。這是各種宗教權力受到抑制、宗教問題得到解決的時期。一六五三年四月克倫威爾以武力解散議會，十二月任「護國公」，獨攬行政、立法、軍事、外交等大權。其間，通過英荷戰爭迫使荷蘭接受《航海條例》；一六五五年出兵遠征西屬牙買加，掠佔敦刻爾克等，為英國奪取海上霸主地位奠定了基礎。克倫威爾死於一六五八年，繼他之後擔任共和政體護國公的是他的兒子理查。理查是個庸碌無能的人，而且，國民已對在清教徒治下的受限制的、簡樸的生活感到厭倦。因此，斯圖亞特王朝得以復辟。

復辟後的斯圖亞特王朝國王查理二世（一六六〇～一六八五年在位）和詹姆斯二世（一六八五～一六八八年在位）沒有取消、也不能夠取消共和國的種種改革。但是，他們的確試圖恢復個人統治。這一點，加之他們追隨法國王室、鼓勵天主教，使他們愈來愈不得人心。

## 光榮革命和《權利法案》

到了一六八八年，反抗詹姆士二世的運動在英國興起。人們拒絕參加採用天主教儀式的禮拜，一聽到美化和吹捧國王的宣傳，便都馬上走開。詹姆士二世對不聽從他命令的主教實行殘酷迫害，把他們交給法庭審判。在資產階級新貴族和廣大人民的支持下，法官宣布遭國王迫害的主教無罪。雙方的衝突日益激烈，這都預示著可能會再來一次革命。

最後，資產階級和新貴族決定發動一次政變，結束詹姆士二世的統治。他們開始同荷蘭國王威廉談判，要求他對英國進行武裝干涉。威廉是英王詹姆斯二世的女婿，他的妻子瑪麗是詹姆士的長女。由於詹姆士二世沒有兒子，她是王位的當然繼承人。

一六八八年六月十日，詹姆士二世的王后生了一個兒子，王位的繼承權發生了變化。三日，英國議會向威廉發出邀請書，請他即刻到英國來保護他們的自由。威廉立即同意。十月十日，威廉發表宣言，對英國人民的苦難處境深表「同情」，並聲明自己到英國的目的是為了保護英國「新教、自由、財產及自由的議會」。

一六八八年十一月五日，威廉率六百艘軍艦和一萬五千名士兵，在英國西南部的托匀基海港登陸，隨即向倫敦進軍。威廉進入英國後，受到了貴族和鄉紳們的擁護，許多高級軍官親自到威廉的駐地表示支持，甚至詹姆士二世的第二個女兒和女婿都背叛了他，投向威廉。走投無路的詹姆士二世逃往法國。一六八九年二月，議會宣布威廉為英國國王，瑪麗為女王，實行雙王統治。

這就是光榮革命。光榮革命標誌著英國革命的結束。

一六八九年，威廉接受了闡明國會至高無上的《權利法案》。法案規定：此後英國國王必須是國教徒。它還限制了國王的許可權，保障了國會的權威，取消了國王「擱置」法律的權利，規定國王沒有權力使法律無效，或者不得國會同意而執行它，國王不經國會同意便無權徵稅、招募及維持常備軍。它規定了國會的權利，國會選舉必須自由，國會議員有言論自由，國會應該經常集會。《權利法案》以法律的形式肯定了資產階級的統治地位，正式建立起君主立憲制的新型國家，接著，為了補充《權利法案》又頒布了《容忍法案》，允許非天主教的國教以外教徒有宗教信仰自由，但這種自由有一個條件，即他們必須接受國教教會的信條。這樣就擴大了統治階級的社會基礎，有利於社會的安寧和國家的穩定。

## 影響

在英國資產階級革命中，英國革命群眾處死了查理一世。臣民們把自己的國王送上斷頭臺，這在人類歷史上還是頭一次。這是英國資產階級革命的偉大成果，從此，歐洲的歷史揭開了新的一頁。光榮革命以後頒布的《權利法案》並不意味著英國已成為一個民主國家，這個目標直到十九世紀後期確立起普選制時才實現。但是，一六八九年的這一法案一勞永逸地確立了國會的最高權力，是最初保證人的人身權利的法案，標誌著民主政治確立。並且在這情況下，結束了幾乎早半個世紀就已開始的英國革命。

# 36 彼得大帝——促使俄國現代化的變革

現在的俄羅斯雖然已經沒有蘇聯時期的強盛氣勢，但是卻仍然是世界上強大的國家之一。而在三百年前，俄羅斯還不過是歐洲人眼中的蠻夷之地，從一個蠻夷落後的國家成長為一個世界大國，這一變化，源於俄羅斯沙皇彼得一世的改革。十八世紀初彼得大帝推行的「歐化」政策，及對西歐先進文化的借鑒與吸收，引發了俄羅斯政治、經濟、文化的變革與繁榮。

## 傳奇的彼得大帝

一六八二年，一個剛滿十歲的小孩與其兄伊萬五世並立為沙皇。他就是俄國羅曼諾夫王朝的第四代沙皇彼得·阿列克塞耶維奇·羅曼諾夫，也就是以後的彼得大帝。

彼得即位不久，他的同父異母姐姐索菲婭便借助射擊軍兵變，上臺執政。彼得被迫和母親住在莫斯科郊外，實際上是傀儡。彼得從小就喜歡軍事遊戲，把自己的小夥伴編成兩個「遊戲」兵團，整天在綠蔭環繞的村莊中建築土堡，進行軍事演習及攻防遊戲。七年以後，彼得長大了，他的遊戲兵成了兩支訓練有素的近衛軍。索菲婭意識到彼得的威脅，企圖在一六八九年八月發動兵變，廢掉彼得。但是陰謀失敗，索菲婭被送進修道院。隨後，一六九六年伊萬五世病死後，彼得獨掌政權。

此時的俄國基本上是個內陸國家，非常落後，在西方人眼裏是個野蠻的國家。要使俄國強大起來，必須向西方學習，首先，應該奪取一個出海的港口。彼得認識到了這點，他宣稱「水域，就是俄國所需要的」。有了出海口，就等於打開了通向西歐的窗口。

為了奪取出海口，一六九五年一月，彼得親率三萬大軍進攻土耳其，企圖佔領亞速海。由於沒有海軍，彼得不能從海上包圍亞速城堡，而土耳其軍隊卻可通過艦隊提供援助，最後，這次遠征失敗了。但是彼得並不灰心，他用一年多的時間建立了一支艦隊。一六九六年春天，三十艘俄國戰艦出現在亞速海上，俄軍水陸並進，圍攻亞速城堡，土耳其戰敗求和，亞速海落到了俄國人手中。但是，佔領亞速海後，俄國並沒有打通南方的出海口。因為土耳其不僅佔領著亞速海的門戶——刻赤，而且擁有一支強大的海軍，統治著黑海。彼得覺得應該向西歐學習，他決定派一個使團到西歐各國考察。

彼得大帝

一六九七年，俄國考察使團出發。彼得化名為彼得．米哈依洛夫，以下士身分隨同前往。在考察中，彼得非常重視學習西方的先進科學技術，自稱是「一個尋師問道的學生」。他身高近兩公尺，強壯有力，親自在造船廠當木匠，學習造船技術。在阿姆斯特丹，他在一家最大的造船廠當學徒，一直幹了四個多月。空閒的時候，彼得總是去參觀手工工場、博物館，訪問著名的學者、科學家，聘請

他們去俄國工作。在倫敦，他考察了英國的國家制度，還出席了國會的會議，甚至參加了王宮的化裝舞會。

正當彼得在國外考察時，國內射擊軍發動兵變，要求立索菲婭為沙皇。彼得聞訊後，急忙趕回國內，殘酷地鎮壓了叛亂，處死了一千多人。他強迫索菲婭當修女，還把一百九十五名叛軍的屍體吊在她的窗前。

## 改變俄羅斯命運的改革

隨後，彼得開始在俄國進行全面改革。他大力鼓勵本國商人和外國商人投資發展工業，先後開辦了冶金、紡織、造船等二百多家工場。他又徵召大批農奴開鑿運河，建設通商口岸，發展商業。彼得也非常重視文化教育，先後開辦了工程技術學校、航海學校、造船學校、海軍學校等專門學校，派遣留學生到西歐學習。他還創建了博物館、圖書館和劇院，創辦了俄國第一份報紙《新聞報》，並親任主編。

彼得大帝又改革了禮儀制度，甚至採取強制性手段，迫使俄國貴族接受西方習俗。彼得一六九八年從國外回來接見貴族時，當場剪掉他們的長鬍子，禁止他們下跪，後來又下令禁止穿俄羅斯長袍。彼得鼓勵貴族學習西方人的嗜好，要他們頭戴撒了香粉的假髮，腳穿喇叭口的長統靴，帶著妻子兒女參加各種晚會、舞會、進行社交往來等等。對於禮儀制度的改革，歷史留下了很多有趣的記載，比如，彼得一世曾經在新落成的列福爾特宮邸舉行過一次滑稽儀式——「醉鬼大會」。在盛宴上，彼得同寬袖長袍的傳統服式展開了第一次交鋒。

當時，出席宴會的顯貴都身著傳統的俄羅斯服裝：繡花襯衫、鮮豔的綢緞上衣、外罩長袍，手腕上緊繫著繡花袖套。長袍上面又套著一件又長又大的天鵝絨無袖袍。從上到下扣著一大排紐扣。此外還有高聳的天鵝絨面的帽子。逢到天氣暖和時，皮大衣便被換成了皮領大袍，這是一種用昂貴料子製作、長及腳跟的袍子，袖口肥大，帶有四角可以折疊的領子。

彼得對這種礙手礙腳的錦衣繡服十分厭惡。在宴會上彼得動開手了：他拿起剪刀就去剪他們的袖子。據當時目擊者證實，他一邊剪一邊說道：「長袖子這玩意兒實在礙事，到處闖禍，不是拂掉了玻璃杯，就是蹭到湯裏去；剪下來的袖頭縫雙靴子滿夠。」但人們不願親自下手剪短自己的長袍、無袖袍和皮領大袍。過了幾個月，莫斯科人在克里姆林宮大門旁，在基塔城牆上，在秋多夫修道院附近，以及其他人煙稠密的地方，都讀到了張貼的告示。為使告示不被撕掉，旁邊站著衛兵。告示上寫著沙皇的諭旨：「茲規定莫斯科和其他城市居民均應著如下的服裝：匈牙利式男長服不得長於吊襪帶銜接處，內衣要短於外衣，如此類推……」

彼得對國家行政機構進行了全面改革。他撤消了原來那些守舊無能、臃腫混亂的政權機構，把地方政權完全集中到中央，也就是彼得一人手中，這些改革使俄國皇帝有至高無上的權力，俄國也變成了絕對君主專制的國家。

彼得花了很大力氣進行軍隊改革。興辦兵工廠，造船、鑄炮，改善軍隊的武器裝

備。同時，擴大徵兵，建立了一支擁有一三〇個兵團、二十萬士兵的強大陸軍和一支擁有四十八艘戰艦的海軍。

在改革過程中，彼得深深感到過去按門第選用官吏的這種制度的腐敗，決定打破舊傳統，按能力和才幹任用各級官吏。這一改革，使一些出身低微的人在政府中升任要職。彼得的第一位總檢察長雅古任斯基小時候放過豬，他的親信大臣、陸軍元帥緬西科夫曾經在莫斯科街頭賣過肉包子。

彼得及其改革是俄羅斯歷史上重大的改革，開始了俄羅斯向歐洲資本主義文明的邁進，並使俄羅斯躋身於歐洲強國行列的進程。彼得激烈、激進地改革，不僅改換了俄羅斯人的頭腦，甚至改變了俄羅斯皇族的血緣。他嚴厲地鎮壓改革的反對派，不惜處死反對改革的親生兒子阿列克塞。馬克思曾說過：「彼得大帝用野蠻制服了俄國的野蠻。」

## 彼得堡

改革之後，俄國富強了。彼得又開始為俄國尋取出海口，南方不行，就把眼光投向北方，首要的進攻目標就是瑞典。瑞典是北歐最強大的國家，也是歐洲強國之一，它擁有一支強大的軍隊。彼得要和瑞典爭奪波羅的海是一個非常大膽的決定，是對俄國的一次嚴峻的考驗。

一七〇〇年秋天，彼得率三萬大軍包圍了瑞典的城堡納爾瓦。俄軍一連猛攻了兩個星期，瑞典軍隊頑強抵抗，納爾瓦城堡又非常堅固，俄軍的炮彈都快打完了，納爾瓦依然還在瑞典人手裏。這時，瑞典十八歲的國王查理十二世親自率領一萬多名瑞典軍人，首先擊敗俄國的盟友波蘭和丹麥，然後又以閃電般的速度來到納爾瓦，增援被圍的瑞典軍隊。

初冬的北歐已經十分寒冷了。俄軍在納爾瓦激戰了將近一個月，已經疲憊不堪，後邊的糧食又供應不上，俄軍忍著饑餓伏在戰壕裏，怨天怨地。瑞典軍隊在凌晨時分突然發動了攻擊，前鋒悄悄摸到了俄軍的陣地上。俄軍立即亂作一團，有的盲無目標地射擊，有的看情勢不對，開始逃跑。

這一仗下來，俄軍幾乎全軍覆沒，傷亡一萬多人，大炮和各種武器全被瑞典人繳獲，軍官大多數死在了戰場上，彼得僥倖逃脫。但是，彼得沒有就此放棄。為了向國外購買武器裝備，他把賦稅提高了四倍，還增加了各種新的稅收。對於老百姓來說，幾乎沒有什麼東西可以不繳稅的，就連婦女的洗衣盆，死人的棺材，房子的煙囪，人臉上的鬍子，都要繳稅，甚至連人的眼珠如果不是藍色而是黑色或灰色，也要繳稅。

彼得又下令全國每二十五戶農民出一名終身服役的士兵，於是一支擁有二十萬人的陸軍很快建立起來。他高薪聘請外籍軍官到俄國服務，讓他們嚴格訓練俄軍士兵，提高部隊的戰鬥力。他命令每三座教堂交出一口大鐘，很快就鑄造了三百門大炮，比在納爾瓦損失的大炮多三倍。他命令每一萬個農民要繳納一艘戰艦的錢，然後又徵集全國的工匠加緊建造船隻，迅速地造了四十多艘大船和二百多隻小船，建立了俄國第一支海軍艦隊——波羅的海艦隊。

一年之後，彼得率領強大的俄國軍隊向波羅的海進軍。俄國和瑞典在波爾塔瓦再次展開了規模空前的激戰。彼得親臨前線指揮，他的帽子和馬鞍都中了槍彈。最後，瑞典潰敗，查理十二世逃到土耳其。後來俄軍又多次在波羅的海打敗瑞典。一七二一年，雙方簽訂和約，俄國從瑞典手中奪得了芬蘭灣、里加灣沿岸的土地，從而解決了北方出海口問題。獲勝後的彼得在涅瓦河口附近的科特林島上修建要塞卡朗施塔特，在葉尼薩利島上建立彼得．保羅要塞。彼得．保羅要塞地處大涅瓦河、小涅瓦河的匯合點，控制著通向波羅的海的水路。彼得選中這塊地方作為未來的首都，使它成為真正的通向歐洲的窗口。一七一二年，彼得又在涅瓦河兩岸的荒島上建立了一座新城市，這就是後來的彼得堡，一座通向歐洲的海港城市誕生了。建造這座城市付出了巨大的代價，據說，當時貴族們被命令離開莫斯科到這裏定居；數千名農奴命喪黃泉；除這裏外，其他地方禁止將石頭用於建築；每位參觀者必須要搬幾塊大石頭以充當稅錢。彼得一世從此可以實現自己的諾言了：「我們在未來的幾十年中都會需要歐洲，然後我們就可以轉過身去，拿屁股對著它了！」

一七二一年十月，俄國樞密院尊稱彼得為「全俄羅斯大帝」和「祖國之父」，俄國也正式改稱「俄羅斯帝國」。

## 影響

彼得一世的改革鞏固了專制統治，增強了俄國的經濟、軍事實力，使俄國一躍而為歐洲強國，為進一步對外擴張創造了條件。俄羅斯在彼得一世改革的基礎上，最終從一個落後的內陸國家發展成為一個世界強國，甚至一度成為世界超級大國。這一切，大大改變了俄國和世界歷史面貌。

# 37 啟蒙運動——資產階級革命的原動力

「啟蒙」，就是開啟智慧，通過教育和宣傳，把人們從愚昧、落後、黑暗的封建社會中解放出來，使人們擺脫教會散布的迷信和偏見，從而為爭取自由與平等去鬥爭。啟蒙運動是發生在十八世紀歐洲的一場反封建、反教會的思想文化革命運動，它為資產階級革命作了思想準備和輿論宣傳。

## 時代的呼喚

到了十七、十八世紀，西歐資本主義有了較大的發展，新興資產階級的力量日益壯大，他們掌握了越來越雄厚的經濟實力。但是，當時歐洲大陸的封建統治仍然佔據主導地位，教會也嚴重制約了資本主義經濟的發展。封建主義的主權、神權、特權之所以能夠在很長時間裏佔統治地位，其重要的前提之一，便是人們的迷信與愚昧。破除迷信，批判蒙昧主義，自然成了啟蒙運動的一項重要使命，也是它被稱為「啟蒙」的重要原因之一。而這一時期，科學技術的突飛猛進，使理性學說有了科學的依據和強大的生命力，它使人們認識到人類是可以征服自然的，人類社會是不斷進步的。在這種背景下，強調人的價值和權利的思潮興盛起來，形成了以宣傳理性為中心的啟蒙運動。

啟蒙運動是繼文藝復興之後，歐洲發生的第二次思想解放運動。啟蒙運動興起於西歐，波及歐洲大多數國家，後來影響到全世界。啟蒙思想家把歐洲的封建制度比作漫長的黑夜，呼喚用理性的陽光驅散現實的黑暗。他們集中力量，批判專制主義、教權主義，號召消滅專制王權、貴族特權和等級制度，號召打倒天主教會的世俗權威。他們追求政治民主、權利平等和個人自由。啟蒙運動在政治上產生了極其巨大的影響，啟蒙思想家們有力地批判了封建專制制度及其精神支柱天主教會，描繪了未來「理性王國」的藍圖，為資產階級取得統治地位提供了思想上和理論上的準備。啟蒙思想家們共同吹響了法國大革命的號角，為即將到來的法國大革命作了充分的思想準備。被推翻的法國國王路易十六曾經哀歎：是伏爾泰和盧梭毀滅了法國。由此可見，精神力量一旦化為物質力量，其巨大作用是難以限量的。

伏爾泰

整個啟蒙運動的中心在法國。十八世紀，法國資本主義發展程度較高，資產階級力量強大。但是同時，法國又是歐洲大陸封建勢力的堡壘，專制主義、等級制度盛行。作為第三等級的擁有雄厚經濟實力的資產階級在政治上處於無權地位。資產階級強烈要求政治民主、權利平等和個人自由。許多資產階級的代表人物開始在思想文化領域裏對舊體制發起了猛烈衝擊，從而進一步完善了啟蒙思想。

## 思想家輩出的年代

在啟蒙運動中，誕生了許多的思想大師。他們的思想，對世界的進步作出了重要貢獻。他們當中最重要的是伏爾泰、孟德斯鳩、盧梭和狄德羅。

伏爾泰是法國啟蒙運動的領袖。他出生於巴黎，自幼受過良好的教育。因得罪一個貴族而被放逐出法國後，到了英國。在英國期間，他研究了牛頓的科學成就和洛克的哲學著作。回到法國後經商發了財，過著優裕的生活。伏爾泰是一位多產的作家，他的著作清新、機智、常帶有絕妙的諷刺，對封建教會和封建制度的反動統治進行了猛烈的抨擊，深受法國人民的愛戴。一七七八年，伏爾泰逝世於法國和瑞士邊境的小城。一七九一年，法國大革命期間，人民把他的遺骸運到巴黎著名的先賢祠重新安葬。人們在他的靈車上寫著這樣的句子：「他教導我們走向自由。」

伏爾泰以批判天主教著稱，但他卻並不是以無神論的觀點進行批判，而是以天主教的腐化、墮落、濫施淫威為出發點的。相反，他還認為宗教有助於維繫人心。他有一句名言：「如果沒有上帝，也要捏造一個出來。」

孟德斯鳩出身於貴族世家，但他卻接受了時代精神的影響，投身於資產階級革命的洪流之中。他曾經到英國遊歷了兩年多，考察了英國的政治制度，認真學習了早期啟蒙思想家的著作。孟德斯鳩對封建專制制度的弊端進行了猛烈的抨擊。他的名著《波斯人信札》，通過兩個波斯人漫遊法國的故事，用諷刺的筆調，勾畫出法國上流社會中形形色色人物的嘴臉，如荒淫無恥的教士，誇誇其談的沙龍紳士，傲慢無知的名門權貴等。

孟德斯鳩最突出的貢獻是對資產階級的國家和法的學說作出了卓越貢獻。他在代表作《論法的精神》中，發展了洛克的分權學說，更明確地提出了立法權、司法權、行政權三權分立的原則。認為立法權應由人民集體享有，司法獨立，君主享有行政權，三者之間以權力的「制約和平衡」為思想核心，互相獨立、互相監督。孟德斯鳩特別強調法的功能，政府的功能。他說：「如果一個公民能夠做法律禁止的事情，他就不再有自由了。」只有在法律和社會契約允許的範圍內，在政府的統治下，公民才會是真正自由的，安全的，一個公民可以不懼怕另一個公民。《論法的精神》，為資產階級以法制對抗專制指出了道路，為資產階級法學奠定了基礎。

盧梭是對法國社會進行了更嚴厲批判的人，他祖籍法國，出生於瑞士日內瓦一個鐘錶工人家庭。他幼年輟學，當過傭人和家庭教師。長期漂泊不定的生活，既使他飽嘗了寄人籬下的辛酸，也使他目睹了社會不平等給廣大人民帶來的深重災難。他強烈渴望社會平等。他憑藉活躍而豐富的想像力和深刻的洞察力，撰寫了名著《論人類不平等的起源和基礎》。

盧梭最主要的政治觀點是「社會契約論」和「人民主權」說。盧梭熱情倡導社會契約論，繼承和發展了英國霍布斯的觀點。盧梭認為，人是生而平等的，社會存在著人們的共同利益的「公意」，為了維護這種利益，人們都要遵守契約。他主張在社會契約面前，人們遵守同樣的制約，享有同樣的權利，以此反對專制和封建等級制度。他提倡，

當統治者要撕毀社會契約時，人民有權推翻他。盧梭明確提出了「人民主權」說，反對君權神授論，將人民置於至高無上的崇高地位。

狄德羅是法國啟蒙思想家中又一位具有深遠影響的人物，因主編《百科全書》而被視為百科全書派的代表。《百科全書》的內容反映了啟蒙思想的特徵：反迷信、反狂熱、反宗教迫害、反專制、反社會不平。它同時反映了當時的一切科學成就。這都有助於啟發民智和解放思想。由於《百科全書》有力地批判了封建制度和天主教會，它的主編人屢遭當局的迫害，它的發行曾被禁止且遭焚毀。但是，一百六十多位為《百科全書》撰稿的思想家和科學家為追求真理，為捍衛正義的事業，身處逆境，堅守信念，面臨迫害，鬥志愈堅。他們通過傳授知識，向反動的宗教和社會勢力發動了猛烈的進攻。從此，以《百科全書》的編寫和出版為中心，形成了法國啟蒙運動的高潮。

## 大革命的靈魂

在這幾位偉大的啟蒙思想家中，伏爾泰、孟德斯鳩都極力讚美英國的君主立憲制。伏爾泰認為英國「建立了一個舉世唯一的政府」，「在當今世界中，（英國政府）可能是最完美的政府」。孟德斯鳩也認為，英國的政治制度可能是能夠保障公民的政治自由和平等權利的最好的最理想的政治制度。

當伏爾泰、孟德斯鳩為君主立憲制取代封建專制主義制度的巨大進步而歡呼的時候，盧梭以他那天才的思想，獨特的心理結構和深邃敏銳的政治眼光，看到了君主立憲制度的缺陷：「英國人民自以為是自由的，他們是大錯特錯了。他們只有在選舉國會議員期間，才是自由的；議員一旦選出以後，他們就是奴隸，他們就等於零了。」盧梭認為，真正保障人民自由與平等權利的，不是英國的君主立憲制，而是人民直接擁有國家主權和立法權的民主共和制度。無疑，盧梭的思想閃耀著更明亮的智慧之光。正是在這個意義上，歌德獨具慧眼，如此評判伏爾泰和盧梭：「伏爾泰結束了一個舊時代，而盧梭則開闢了一個新時代」。赫爾岑則說得更為坦率：「當伏爾泰還為了文明與愚昧無知戰鬥時，盧梭卻已經痛斥這種人的文明了。」盧梭的思想對法國社會的影響特別巨大，是法國大革命的靈魂。

## 影響

啟蒙運動不僅為法國大革命作了充分的輿論準備，奠定了思想基礎，而且超出了國界，跨越了時代，在更寬廣、更長遠的領域和時間裏發揮了巨大而深遠的作用。首先，它在十八世紀的美國獨立戰爭中發揮了動員作用，對於美國的政治制度的建立也影響深遠。美國獨立後的政治制度、一七八七年的憲法，實際上都是啟蒙思想的實踐。其次，它對十九世紀亞洲的中國和日本也有深刻的影響，啟蒙思想家的著作被介紹到亞洲，啟迪了人們的思想，動搖了封建統治，促進了亞洲社會的進步。比如孟德斯鳩的《論法的精神》，被我國著名的翻譯家、維新運動時期的思想家嚴復譯為《法意》，介紹到中國，在中國思想界引起了極大的震動，鼓勵了中國的維新志士們為改造舊社會而鬥爭。

# 38 工業革命——開啟現代資本主義社會

歐洲各國在十八世紀已先後取得了資產階級革命的勝利，擺脫了阻礙生產力發展的封建羈絆。資本的原始積累使資本家獲得了大量金錢，使成千上萬農民破產為「自由的」勞動者。工場手工業的發展和分工的擴大，使大批熟練工人在技術改進上積累了經驗，使應用機器生產成為可能。十七、十八世紀的科學技術，為生產的發展提供了許多發現和發明。在這種情況下，英國和相繼而起的其他一些國家，開始了工業革命。

## 從紡織工業開始

十八世紀的工業革命首先是從工作機或工具機開始的。這時的機器系統由三個部分組成，它們是工作機、動力機以及傳動機械。工作機直接作用於勞動對象並使之變為產品，從技術進化的歷史看，人們首先是把加工勞動對象的過程機械化，然後再根據機械的性質和工作阻力大小採用適當的動力推動它。紡織業在很長時期裏是英國工業的重要部門，紡織工作機的發明、改進和推廣是英國工業革命的起點。

十八世紀英國的紡織業發展很快，紡織技術不斷改進。一七三三～一七三八年間，當時還不到三十歲的鐘錶匠凱伊（一七〇四～一七七四年）發明了「飛梭」，改變了過去用手穿梭的落後的織布操作方式，提高了織布效率。但是，隨之帶來的是紡紗難以適應織布的要求。一七三八年，英國人惠特製成的滚輪式紡紗機，紡出了「不用手指」的棉紗，揭開了十八世紀工業革命的序幕。一七六〇年，織布工人哈格里夫斯（一七二〇～一七七八年）把原來水平旋轉的單錠紡車改造為立式的由多個紗錠構成的新型紡紗機——珍妮機，把引紗和捻紗的操作機械化，使紡紗效率提高了十幾倍。一七七一年，理髮師阿克萊特（一七三三～一七九二年）利用木匠海斯的設計製成了一種利用水力帶動的滾筒紡紗機。珍妮機紡出的線精細但不結實，水力紡紗機紡出的線堅實但不均勻。童工出身的克倫普頓（一七五三～一八二七年）在一七八五年綜合二者的優點，設計了紡線既結實又均勻的紡紗機——「Mule」，即騾機。這種騾機有三百～四百個紗錠，效率很高，它是近代工業革命中的重大發明。騾機的出現使織布能力又落後於紡紗，一七八五年，牧師卡特賴特（一七四三～一八二三年）又發明了自動織布機。在十八世紀末，英國的紡織工業已基本上用機器代

工業革命時代的工廠

替了手工操作，把紡織工業推向了一個新階段。

紡織技術的改革引起了一系列的連鎖反應。由於在紡織部門中使用機械提高了生產效率和競爭能力，增加了利潤，別的部門中的資本家也紛紛仿效，把利用新的工作機作為聚財之道。而且，由於社會分工之間的聯繫，紡織技術的進步必然要求其他方面生產技術的相應改變。有了機器紡紗、機器織布，就要求機械化的淨棉、梳棉，機械化的漂白、印染，機械化的起重、運輸，要求有生產各種機械化裝備的原料和加工技術，要求有力學、機械工藝學、化學等方面的研究。正如恩格斯所說：「隨著紡紗部門的革命，必然會發生整個工業的革命。……我們到處都會看出，使用機械法和普遍應用科學原理是進步的動力。」由蒸汽驅動的工業上通用的動力機的發明和應用是十八世紀工業革命的第二階段。隨著紡織機和其他新的工作機的出現，要求動力機也要有所變革。工業革命起源於工作機的改變，發展於動力機的更新。

瓦特（一七三六～一八一九年）發明新的蒸汽動力機，是工業革命中最重大的事件。瓦特採取精密加工、油潤滑和設置絕熱層等措施，改進紐可門蒸汽機，使熱效率提高到百分之三百以上。隨後他又經過多年的研究、試驗，在一七八二年研製成功了具有連桿、飛輪和離心調度器的雙向蒸汽機，使蒸汽機可以把直線運動變為連續而均勻的圓周運動，因此可以經過傳動裝備帶動一切機器運轉，從而給整個工業和交通運輸業提供了一種可靠的通用動力機。從此，動力機、傳動裝置、工作機組成了機器生產的一個完整的大系統，這是人類生產技術的一次重大飛躍，是認識和利用自然力的一個大突破。

開始用機器製造機器，是十八世紀工業革命的第三階段。在製造蒸汽機、紡織機和槍炮的推動下，十八世紀末期的機械加工技術也有新的進展。在製鎖、製槍支中開始實行了可以互換零部件的標準化方法。英國機械師莫茲利（一七七一～一八三一年）在一七九四年發明了車床上的移動刀架，在一七九七年製成了安放在鐵底座上帶有移動刀架的車床。莫茲利把原來用手握持的刀具安裝在機架上並使之沿著車床的中心軸線平行滑動，這種自動刀架車床可以方便、迅速、準確地加工直線、平面、圓柱形、圓錐形等多種幾何形狀的部件，使車床真正成為機器製造業自身的工作機。滑動刀架這一簡單的發明是機械技術史上的重大創造，在十九世紀中葉英國出版的《全國的工業》一書中認為，滑動刀架「對機器使用的改良和推廣所產生的影響，不小於瓦特對蒸汽機的改良所產生的影響。採用這種附件的結果是，各種機器很快地完善和便宜了，而且推動了新的發明和改良」。機械化操作的金屬切削機床可以用來製造各種行業的工作機和動力機，也可以用於自己製造自己，它是工業革命中名副其實的工作母機，它的出現標誌著機器製造業進入到一個嶄新的階段。

一七八六年以後蒸汽機的製造帶來了冶鐵業的繁榮。此時，機器大工業已代替了家庭手工業和工場手工業。一八三五年英國棉紡織業已有二十三萬七千工人，毛紡織廠已達一千三百個，工人七萬一千人。

生產的增長，國內市場的擴大，對交通運輸部門提出了新的要求，火車的發明從根本上解決了陸路交通問題。一八二五年斯托克頓達靈頓鐵路通車；一八三〇年利物浦和

曼徹斯特被鐵路連結起來。到十九世紀五十年代，英國的主要鐵路幹線均已完成。十九世紀上半葉，雖然帆船在遠洋航行上還處於極盛時代，但蒸汽機在船舶上的使用已獲成功。一八一二年在多佛爾和加萊間已有了輪渡。一八三八年蒸汽輪船「天狼星」號和「大西洋」號橫渡大西洋成功。

工業革命中的技術進步不僅是生產力的巨大發展，而且是從根本上動搖舊世界的強大槓桿。在十八世紀中葉以前，封建經濟仍有相當的實力，個體農業、個體手工業仍然存在，工場手工業的一些工匠同時又是小生產者或與小生產者有著種種社會聯繫。在這種條件下，封建王朝的勢力就比較容易把歷史拉向後退，更有可能把復辟的願望變成復辟的行動。機器大工業徹底瓦解了封建的自然經濟，在莊園主的領地上建立了大批工廠、礦山，使個體農民和手工業者成為雇傭勞動者並使他們不能再保持同農村的宗法聯繫，資本主義大中城市不斷增多（十八世紀的歐洲有二十二個人口超過十萬的城市，到十九世紀末則有一百四十七個），鐵路和電報把它們聯結起來，並控制了社會的經濟命脈。由於有了這一切，封建勢力的復辟就成為根本不可能的事了，封建舊世界的社會經濟基礎已經喪失殆盡，它的王朝一去不復返了。

## 影響

英國工業革命到十九世紀四十年代基本完成。英國率先進行工業革命，國力大增，迅速成為世界上最強大的國家，在全世界的殖民地面積達到全世界版圖的四分之一。

工業革命促進了社會生產力的迅速發展。由於工業革命的結果，從一八二〇年到一九一三年，世界工業生產增加了四十九倍。以大機器生產為特點的工業體系的形成是工業革命的主要成就，工業革命是資本主義生產關係推動生產力迅速進步的巨大動力，同時又為資本主義生產方式奠定了鞏固的經濟技術基礎。恩格斯在總結工業革命的意義時指出，「蒸汽和新的工具機把工場手工業變成了現代的大工業，從而把資產階級社會的整個基礎革命化了。工場手工業時代的遲緩的發展進程變成了生產中的真正的狂飆時期」。

隨著工業革命的發展，新的社會力量——無產階級登上了歷史舞臺。為了反抗剝削和壓迫，在十九世紀的英法等國，爆發了憲章運動、里昂起義、巴黎公社運動、爭取八小時工作制的罷工等工人運動。

總之，工業革命是由一系列技術革命引起的從手工勞動向動力機器生產轉變的重大飛躍，是世界近代史上繼資產階級政治革命之後又一次世界性的革命，是人類生產物質技術方式全面的根本性變革。工業革命使資本主義從早期的工場手工業階段過渡到近代機器大工業階段，實現了真正意義上的資本主義社會。它是資本主義制度發展史上極為重要的轉折，是人類社會發展史上不容忽視的重大歷史事件。

# 39 蒸汽機的發明——工業革命找到動力

一個人的奮鬥，不論成敗，只是在把世界雕琢完美，盡你所能，沉靜和堅毅地盡力去做。在世界科技史上，有一位學徒出身的科學家、發明家，以自己的聰明才智，完成了人類社會急需的一種偉大發明，為人類歷史發展做出了極大的貢獻。這個人就是發明蒸汽機的瓦特。

## 科學巨匠的少年時代

詹姆斯·瓦特一七三六年一月十九日出生於英國格拉斯哥市附近的一個小鎮，祖父和叔父都是機械工匠，父親原來是個造船技術工人，後來自己經營過造船和建築，做過儀器製造家和商人，還曾經一度擔任過小鎮的地方行政官。耳濡目染，瓦特從幼年起就隨父親學習各種手藝，並養成了一種獨立思考和探索奧秘的興趣和習慣。關於這個，曾有過一個廣為人知的傳說：有一天，小瓦特在家裏看見一壺水開了，蒸汽把壺蓋衝得噗噗地跳。這種常人司空見慣的現象卻引起了他極濃厚的興趣。他目不轉睛地凝視那跳動的壺蓋和冒出的蒸汽，苦思冥想其中的奧秘，一直看了一個多小時。

由於體弱多病，瓦特沒有受過完整的正規教育。他曾經就讀於格里諾克的文法學校，數學成績特別優秀。但沒有畢業就退學了，但是，他在父母的教導下，一直堅持自學。瓦特很早就對物理和數學產生了興趣，從十三歲開始學習幾何學，到十五歲時就學完了《幾何原理》等書籍。他常常自己動手修理和製作起重機、滑車和一些航海器械。一七五三年，瓦特到格拉斯哥市當徒工。由於收入過低不能維持生活，第二年他又到倫敦的一家儀錶修理廠當徒工。憑藉著自己的勤奮好學，他很快學會了製造那些難度較高的儀器。但是繁重的勞動和艱苦的生活損害了他的健康，

一年後，他不得不回家休養。

瓦特觀察冒氣的茶壺

一七五六年，當身體稍有好轉，瓦特再次踏上了坎坷的道路來到格拉斯哥市。他想當一名修造儀器的工人，但是因為他的手藝沒有滿師，當時的行會不允許。幸運的是，瓦特的才能引起了格拉斯哥大學教授台克的重視。在他的介紹下，瓦特進入格拉斯哥大學當了修理教學儀器的工人。在那裏，他認識了化學家約瑟夫·布萊克和約翰·魯賓遜等，並從他們那裏學到了很多科學理論知識。一七六四年八月，瓦特與表妹瑪格麗特·米勒結了婚。

## 推動整個世界文明向前跑

人類對蒸汽的認識和利用，經歷了一個漫長的歷史過程。早在西元前二世紀，古希臘人就製造過一種利用蒸汽噴射產生反作用的發動機。

一六九八年，法國物理學家巴本創造性地設計了汽缸——活塞裝置。這個裝置源於高壓鍋上壓力閥所受的重力（自身重量）是由鍋內蒸汽的壓力（作用在閥上）來平衡的這個現象。如果鍋內壓力超過閥的重量，閥就將被推起，這時如果使壓力閥和壓力鍋間既能有相對的運動又能形成一個封閉的容器，那麼壓力閥就變成了「活塞」，壓力鍋也就變成「汽缸」了。至於活塞被蒸汽推起後返回其原來位置的運動，可以靠使蒸汽冷凝而由外部的大氣壓力的推動來完成。也許因為巴本畢竟是物理學家而不是一位工程師或熟練工人的緣故，他未能把這個聰明的設想完善到可以實際應用的程度。

在巴本之後，英國工程師托馬斯·塞維利修改了巴本的設想，於一六九八年，設計發明了第一台實際應用於礦井抽水的蒸汽機，第一次真正把蒸汽變成了工業動力。但是這種機器還是有許多缺陷必須克服：它的熱損失極大，效率很低；由於靠大氣壓力汲水，使其工作受到限制；而且也很不安全。

一七〇五年英國鍛工托馬斯·紐可門在另一位工人考利的幫助下，發明了一種更加適用的大氣活塞式蒸汽機，他將從礦井裏抽水的工作機和為它提供動力的蒸汽裝置完全分開，並且使蒸汽裝置的活塞運動回程靠搖桿的不平衡在重力的作用下自然實現。這樣，便保證了蒸汽機的安全運行，並且也較塞維利蒸汽機大大減少了熱量的損失，提高了揚程，從而降低了它的運行成本。

一七六三年，格拉斯哥大學請瓦特修理一台紐可門蒸汽機。他通過大量實驗以及根據格拉斯哥大學教授布萊克提出的潛熱、比熱理論進行分析，對舊式蒸汽機進行深入研究，找出了舊式機器效率低的主要原因：除了漏汽、散熱等造成熱量的浪費外，主要缺陷在於每一衝程都要用冷水將汽缸冷卻一次，從而消耗了大量熱量，使絕大部分蒸汽沒有被有效利用。針對這一缺陷，瓦特提出了減少蒸汽消耗、提高熱機效率的兩項措施：一、為了使汽缸始終保持蒸汽所必須具有的溫度，必須在汽缸外加上絕熱外套或用其他方法對汽缸加熱；二、使作功後的蒸汽盡可能快地冷卻，液化成水並要使這一過程在汽缸外進行。

一七六五年的春天，在一次散步時，瓦特想到，既然紐可門蒸汽機的熱效率低是蒸汽在缸內冷凝造成的，那麼為什麼不能讓蒸汽在缸外冷凝呢？瓦特產生了採用分離冷凝器的最初設想。

在產生這種設想以後，瓦特在同年設計了一種帶有分離冷凝器的蒸汽機。按照設計，冷凝器與汽缸之間有一個調節閥門相連，使他們既能連通又能分開。這樣，既能把作功後的蒸汽引入汽缸外的冷凝器，又可以使汽缸內產生同樣的真空，避免了汽缸在一冷一熱過程中消耗熱量，據瓦特計算，這種新的蒸汽機的熱效率將是紐可門蒸汽機的三倍。但當瓦特辛辛苦苦造出了幾台新式蒸汽機，效果反而不如紐可門蒸汽機，甚至四處

漏氣，無法開動。試驗的失敗使瓦特債臺高築。當布萊克知道瓦特的困境後，把瓦特介紹給了自己一個十分富有的朋友——化工技師羅巴克。羅巴克對三十來歲的瓦特的新裝置很是讚許，當即與瓦特簽訂合同，贊助瓦特進行新式蒸汽機的試製。

從一七六六年開始，在三年多的時間裏，瓦特克服了材料和工藝等各方面的困難，終於在一七六九年製出了第一台樣機。同年，瓦特因發明冷凝器而獲得他在革新紐可門蒸汽機過程中的第一項專利。第一台帶有冷凝器的蒸汽機雖然試製成功了，但它同紐可門蒸汽機相比，除了熱效率有顯著提高外，在作為動力機來帶動其他工作機的性能方面仍未取得實質性進展。

由於瓦特的這種蒸汽機仍不夠理想，銷路並不廣。當瓦特繼續進行探索時，羅巴克本人已瀕於破產，於是他又把瓦特介紹給了工程師兼企業家博爾頓。瓦特自與博爾頓合作之後即在資金、設備、材料等方面得到大力支持。隨即又生產了兩台帶分離冷凝器的蒸汽機，由於沒有顯著的改進，這兩台蒸汽機並沒有得到社會的關注。這兩台蒸汽機耗資巨大，使博爾頓也瀕臨破產，但他仍然慷慨的贊助瓦特，自一七六九年試製出帶有分離冷凝器的蒸汽機樣機之後，瓦特就已看出熱效率低已不是他的蒸汽機的主要弊病，而活塞只能作往返的直線運動才是它的根本局限。一七八一年，瓦特從行星繞日的圓周運動受到啟發，想到了把活塞往返的直線運動變為旋轉的圓周運動就可以使動力傳給任何工作機。同年，他研製出了一套被稱為「太陽和行星」的齒輪聯動裝置，終於把活塞的往返的直線運動轉變為齒輪的旋轉運動。為了使輪軸的旋軸增加慣性，從而使圓周運動

詹姆斯・瓦特

更加均勻，瓦特還在輪軸上加裝了一個飛輪。由於對傳統機構的這一重大革新，瓦特的這種蒸汽機才真正成為了能帶動一切工作機的動力機。一七八一年底，瓦特以發明帶有齒輪和拉桿的機械聯動裝置獲得第二個專利。

由於這種蒸汽機加上了輪軸和飛輪，這時的蒸汽機在把活塞的往返直線運動轉變為輪軸的旋轉運動時，多消耗了不少能量。這樣，蒸汽機的效率不是很高，動力不是很大。為了進一步提高蒸汽機的效率，瓦特在發明齒輪聯動裝置之後，對汽缸本身進行了研究，發現他的蒸汽機中蒸汽推動活塞的衝程工藝與紐可門蒸汽機沒有不同。兩者的蒸汽都是單項運動，從一端進入、另一端出來。他想，如果讓蒸汽能夠從兩端進入和排出，就可以讓蒸汽既能推動活塞向上運動又能推動活塞向下運動。那末，他的效率就可以提高一倍。一七八二年，瓦特根據這一設想，試製出了一種帶有雙向裝置的新汽缸。由此瓦特獲得了他的第三項專利。把原來的單向汽缸裝置改裝成雙向汽缸，並首次把引入汽缸的蒸汽由低壓蒸汽變為高壓蒸汽，這是瓦特在改進紐可門蒸汽機的過程中的第三次飛躍。通過這三次技術飛躍，紐可門蒸汽機完全演變為瓦特蒸汽機。

## 影響

由於瓦特把蒸汽機的往返直線運動變成為連續而均勻的圓周運動，從而可以經過傳動裝置帶動一切機器運轉，成為能普遍用於工業和交通運輸業的「萬能動力機」。這種高效率的蒸汽機很快取代了舊式的蒸汽機，被各工業部門迅速採用。從此，動力機、傳動機和工作機組成了機器生產系統，成為產業近代化的核心。

到十九世紀三十年代，蒸汽機廣泛應用到紡織、冶金、採煤、交通等部門去，很快引起了一場技術革命。美國人富爾頓發明了用瓦特蒸汽機作動力的輪船；英國人斯蒂芬森發明了用瓦特蒸汽機作動力的火車。瓦特的蒸汽機成為真正的國際性發明，它有力地促進了歐洲十八世紀的產業革命，推動世界工業進入了「蒸汽時代」。

# 40 庫克船長的發現——澳大利亞、紐西蘭、夏威夷進入世界版圖

澳大利亞、紐西蘭、夏威夷無疑是現代世界的組成部分，但是在英國著名航海家庫克船長在澳洲登陸之前，文明社會沒有人知道在太平洋的中南部，還有一個面積達到近八百萬平方公里的「南方大陸」。由於庫克的發現，世界地圖擴大了八百萬平方公里的陸地，和哥倫布一起，庫克為地理大發現作出了重要貢獻。

## 發現澳洲

詹姆斯．庫克是英國的一位探險家、航海家和製圖學家。他由於進行了三次探險航行而聞名於世。通過這些探險考察，詹姆斯．庫克為人們增添了關於大洋——特別是太平洋的地理學新知識。庫克雖然沒有科學背景，但他努力學習數學，以便賦予其航行儘量多的科學意義。他繪製的航海圖力求精確。一七六六年，他曾經觀察到一次日食，並利用它測定了紐芬蘭的經度。他也是第一個注意到並且實際應用新鮮的酸橙汁來防治壞血病的人，這在當時的極地探險和考察中具有特別重要的意義。

詹姆斯．庫克

庫克於一七二八年十月二十七日出生於英國約克郡的一個貧苦農民家庭裏。十八歲時，他在一家船主那裏找到一項工作並且到波羅的海作了幾次航行。當英法戰爭爆發時，他作為一名強壯的水手應徵到皇家海軍服役，不到一個月就被提升為大副，四年之後升為船長。一七五九年，他被任命指揮一艘艦船參加了聖・勞倫斯河上的戰鬥。一七六三年，戰爭結束之後，庫克作為縱帆船「格倫維爾」號的船長承擔了紐芬蘭、拉布拉多和新斯科舍沿岸的調查工作。在四年多的時間裏他取得了許多重要成果。這些成果後來由英國政府予以發表。

一七六八年八月二十六日，庫克率領「促進」號啟航去調查太平洋中的維納斯航道並考察該海區的新島嶼。伴隨他的有一名天文學家、兩名植物學家和一名善長博物學的畫家——約瑟夫・班克斯。他先向南航行，後向西轉彎，繞過合恩角，於一七六九年四月十三日到達塔希提島。調查了維納斯航道之後，庫克又於六月三日觀察了金星凌日現象，隨後他的調查船駛向紐西蘭。在那裏庫克逗留了六個月的時間並把兩個島嶼標繪在海圖上。為了繞地球一周，庫克船長決定繼續向西航行，取道好望角回國，經過二十天航行，他們來到澳大利亞，在這裏庫克船長發現了袋鼠。庫克船長把澳大利亞東海岸命名為新南威爾士，並以喬治三世的名義宣布了英國對這個大陸的佔領。庫克船長繼續向西穿過澳大利亞和新幾內亞之間的海峽，經爪哇，取道印度洋，繞過好望角返回英國。他到達英格蘭的時間是一七七一年七月十二日。這是他的第一次航行。

現在在墨爾本費洛伊公園內有一間小屋，就是為了紀念庫克船長發現澳洲，在一九三四年維多利亞州成立一百周年時，由當時英國的拉塞爾・格里姆韋德爵士贈送給墨爾本市的。小屋的原型始建於一七七〇年的英國，在庫克船長死後被拍賣。當時，為了「遷移」它，人們費盡心思——先畫出圖紙，然後把原屋的一磚一瓦運到墨爾本，再一點一點對照圖紙拼裝而成。小屋保留了原屋的風貌，就連屋上的藤蔓也是靠英國的種子長出來的。

在一七七二年七月十三日，庫克再次從英格蘭啟航，進行第二次遠航。他這次航行的目的是想去驗證「在南方還存在著一個大陸」的報導。

這個所謂的「南方大陸」，就是後來世人熟知的南極洲大陸。庫克船長是最早探索這片大陸的探險家之一，為後來的南極洲探險奠定了重要基礎。一七七二～一七七五年，庫克船長率兩艘獨桅帆船「決心號」和「冒險號」三次穿過南極圈，並於一七七四年一月三十日到達南緯七十四度一〇分，西經一〇六度五四分的海面。在沒有破冰船的時代，靠木帆船來穿過這一片無邊無際的冰田，根本就是不可能的事，地球上最後一個未知大陸的神秘大門，就這樣在庫克面前關上了。不過，庫克是第一個闖進南極圈的航海家，他的航海紀錄保持了五十一年之久。在南極洲雖然沒有留下以他命名的地名，但他此前穿過的紐西蘭南島與北島間的海峽和太平洋中的一處群島已被命名為庫克海峽和庫克群島。

庫克之死

在這次航海中，庫克船長還將復活節島和馬克薩揚群島繪進了海圖，並且訪問了新喀里多尼亞島和諾褐克島。他還在麥哲倫海峽測繪了火地島和斯塔呑島，又在南大西洋中測繪了南喬治亞島，發現了南桑德韋奇群島。一七七五年七月二十九日他再次從好望角返航到英國，完成了在南半球高緯度地區繞地球一周的航海。

## 發現夏威夷和太平洋探險時代的結束

庫克第三次、也是最後一次航海是一七七六年七月十二日從英格蘭啟航的。這次的目標是考察北太平洋和尋找繞過北美洲到大西洋的航道。繞過好望角之後，庫克橫渡印度洋到達紐西蘭。從那裏又航行，到塔希提島。隨後他們繼續北行，在聖誕節前夜發現了一個小島。這個小島被庫克命名為「聖誕島」。進一步向北航行，他發現了夏威夷群島。夏威夷群島後來成為美國的一個州，著名的軍事海港——珍珠港，就位於夏威夷群島之中，第二次世界大戰中，日軍偷襲珍珠港成功，揭開了太平洋戰爭的序幕。

一七七八年一月十八日，庫克的「決心號」和「發現號」發現了瓦胡島，並於一月二十日在考愛島登陸，上島後船員們用銅章和鐵釘與當地人換取魚、豬肉和山藥。在這裏，船員們被島上婦女的「友好」舉動所吸引。實際上，島上居民是要試探這些海外來客到底是神還是有著人類欲望的普通人。水手們的行為讓他們確信無疑，知道他們也是普通的人類，只不過來自遙遠的未知大陸。但是這種嘗試使許多英國水手染上了性病。

庫克船長用他的贊助人英國海軍大臣桑威奇伯爵的名字將他發現的島命名為桑威奇

群島，隨後繼續航行到阿拉斯加。阿拉斯加後來也成為了美國的一個州，而且是美國最大的一個州。一年後庫克船長又返回夏威夷群島，並用兩個月的時間試圖在毛伊島尋找一個港口，但被證明是徒勞的。不過在這期間，隨行的威廉・布萊上尉繪製出這片海岸的地圖。

船隊最後來到了夏威夷島（大島）。誰知在這裏發生了一系列奇異和致命的事件。一七七九年一月十六日，庫克船長航行到凱阿拉凱兮灣。當時這裏正在舉行一個紀念洛諾神的儀式。據當地土著居民的傳說，洛諾神有一天會降臨地球。神話中的洛諾神是一個站在桅杆形柱子上的小個子，身披船帆一樣的樹皮布斗篷。庫克船長的到來似乎應驗了這種預言。於是他和他的船員們被領入一個寺廟，在那裏受到對待上帝般的禮遇。當地人把他們當作洛諾神供養，希望他們能夠降福給他們，但不幸的是，庫克船長並不能給他們帶來幸福。當地人逐漸對庫克船長一行產生了懷疑。

更不幸的是，過了幾個星期後，庫克船長的一個船員死了，這個船員的死，給庫克船長帶來了災難，因為在夏威夷人眼中，洛諾神是不會死的。於是他們明白了這些白人也是人。從此以後，雙方的關係迅速惡化。有一次，一群夏威夷人從庫克船長的「發現」號上偷走了一條救生船，雙方的矛盾徹底激化。就在這危難的時候，庫克船長卻採取了非常不恰當的措施：他擄獲了卡拉尼奧普酋長，想用他換回救生船。但這個未經熟慮的策略卻導致了更大的衝突，雙方正式進入戰爭狀態。在這場衝突中，英國人用火炮利箭打死十七名當地人，土人們則用木棍石器還擊，把庫克船長和四名水手擊斃，按照慣

例，大卸八塊，分而食之。英國船員見狀，一擁而上，沿途燒殺過去，將七零八落的屍首奪回。然後用死者的帆布吊床把殘骸纏成一袋，舉行海葬。時年庫克船長五十一歲。

儘管庫克船長在所有的航行中都特別注意照顧自己的人員和下屬，在所有考察中都特別強調和平的努力，而且卓有成效，但最終還是死在愚昧與暴力的屠刀之下，實在令人惋惜。庫克船長是人類太平洋探險時代中最為重要的領軍人物，他的死亡，宣告了太平洋探險時代的結束。

## 影響

庫克船長在人類探險史上具有重要的地位，一直到現在，庫克船長的形象，還是許多探險故事、特別是一些動畫片中的主人公。由於庫克船長的太平洋探險，人類發現了今天太平洋上的許多地方，澳大利亞、紐西蘭、夏威夷等陸地為文明社會所了解，並且逐漸成為世界的一部分，它大大改寫了太平洋地區的地圖，也改變了世界的版圖。不久的將來，將是太平洋的時代，從這一點上看，庫克船長的發現，具有偉大的歷史意義。

# 41 亞當・斯密出版《國富論》——確立自由主義經濟學

回顧經濟學的歷史，雖然兩三百年來經濟學著作可謂是車載斗量，學科分類五花八門，但理論經濟學不外兩大門派：一是以亞當・斯密為鼻祖的市場經濟學，二是馬克思的政治經濟學。可以說一七七六年斯密出版的《國富論》，奠定了現代經濟學的基石。

## 亞當・斯密其人

一七二三年六月五日，亞當・斯密出生於蘇格蘭法夫郡的卡柯爾迪。他的父親是當地海關的審計員，在斯密出生前幾個月就去世了。母親是大地主的女兒，一直活到九十歲，僅比斯密早死六年。斯密生前喪父，童年體質孱弱多病，又無兄弟姐妹，一生未曾娶妻，同母親相依為命六十年。斯密接受啟蒙教育是在卡柯爾迪市立學校，這所學校在相當有名望的戴維・米勒的領導下，造就了一批卓越人才。幼年的斯密在學校中以對書籍的熱愛和超人的記憶而引人注目。斯密在卡柯爾迪度過了中小學時代。工場手工業和外貿相當發達的卡柯爾迪，使斯密對蘇格蘭社會有了一個朦朧的認識。

亞當・斯密

一七三七年，斯密以出色的成績進入格拉斯哥大學學習。在該校的三年中，道德哲學教授哈奇森以淵博學識與高尚人格給斯密留下了深刻的印象。哈奇森也似乎注意到了他的天資，把十六歲的斯密介紹給了當時正在寫作《人性論》的哲學家大衛．休謨。一七四〇年，斯密作為斯內爾獎學金的獲得者被推薦到牛津大學深造。在那裏，他致力於鑽研拉丁語和希臘語的古典著作，認真研究了《人性論》等當代和古代偉大思想家的作品，打下了堅實的古典哲學與當代哲學的基礎。

一七四八年秋，斯密擔任愛丁堡大學講師，一七四九年他編寫過一份經濟學講義，在一七五〇～一七五一年，講授過一學期經濟學。一七五一年，他被選為格拉斯哥大學的邏輯學教授。從一七五二年起，他又繼承他的老師——哈奇森博士任該校的道德哲學教授，直到一七六四年辭去教職為止。這個時期是他學術思想形成的重要時期。

一七五九年四月，斯密以《道德情操論》為題出版了他的倫理學名著。在那個時代，「道德情操」這個詞是用來說明自私的人的令人難以理解的能力，即作出判斷克制私利的能力。斯密在《道德情操論》中，闡明了具有利己主義本性的個人怎樣控制他的感情或行為，尤其是自私的感情或行為，以及怎樣建立一個有確立行為準則必要的社會。

《道德情操論》出版後，亞當．斯密加強了對法學和政治經濟學的研究，一七六三年他在格拉斯哥大學作了《關於法律、警察、歲入及軍備的演講》。斯密在這個演講中，論證了在經濟自由的條件下，資本主義經濟關係能夠迅速地推動財富的積累，並圍繞這個中心，初步分析了當時英國經濟生活的基本問題，闡述了政治經濟學的一系列基本原理，從而確定了他經濟研究的總方向及其經濟理論體系的中心思想。因此，可以把斯密在這次演講中所闡明的基本思想，看作是他後來在《國富論》中所建立的古典政治經濟學體系的雛形。

## 《國富論》的出版

一七六三年十一月，斯密受聘為英國財政大臣查爾斯．湯申德的養子──年輕的巴克勒公爵出國旅行的家庭教師，進行了為期近三年（一七六四年二月至一七六六年十月）的歐洲大陸之行。在此期間，由於比較空閒，斯密就在長期醞釀、構思的基礎上，根據他已積累的資料，開始撰寫他的經濟學著作。一七六四年七月五日，斯密在圖盧茲給休謨的信中寫道：「為了消磨時光，我已開始寫一本書。」他在這封信中所講的已開始寫的這本書，就是《國富論》。

在整個旅行中，他訪問了法國和瑞士的一些重要城市，考察了各地的經濟、政治和社會狀況，並與法國著名啟蒙思想家伏爾泰、百科全書派成員狄德羅、達朗貝、孔狄亞克、霍爾巴赫、愛爾維修，重農主義者魁奈、杜爾哥、奈穆爾、老米拉波等，就經濟學、哲學、文學、政治等方面的問題進行了交流，從中汲取了不少思想精華。在經濟理論方面，對斯密影響較大的是魁奈和杜爾哥，在巴黎期間，斯密還曾將他正在創作中的《國富論》一書的某些觀點，徵求過魁奈、杜爾哥等重農主義者的意見。

一七六六年十一月初，斯密從巴黎回到了倫敦。在倫敦停留的半年時間內，他曾利

用當時剛剛建立的英國博物館所藏的豐富資料，繼續進行《國富論》中所要論述的一些重要問題的研究，其中包括殖民地行政管理問題的研究等。一七六七年五月他回到了出生地卡柯爾迪，直到一七七三年四月的七年間，他一直在從事《國富論》的著述工作。

一七七三年春，斯密攜帶完成的初稿前往倫敦，原打算稍加修訂和潤飾便交給出版商出版，但是，他在倫敦看到許多新的資料，包括一七七四年以後杜爾哥特地寄給他的被稱為「稀世珍本」的《關於課稅的備忘錄》，特別是一七七三年以後不斷加劇的北美殖民地對英國殖民統治的反抗和一七七五年爆發的美國獨立戰爭，引起了他對殖民地問題的極大關注。為此，他又用了三年時間閱讀資料，繼續研究有關問題，對初稿進行了廣泛的修改和補充。到一七七六年三月九日，《國富論》這部經濟學巨著才得以問世。

一七七八年一月，由於巴克勒公爵的舉薦，亞當．斯密被諾思首相任命為蘇格蘭海關專員及蘇格蘭鹽稅專員。斯密在擔任這兩項公職期間，從未停止過學術研究和著述活動。在任職的第一年，他就利用擔任海關和鹽稅專員所獲得的實際知識，增補、修訂了《國富論》中有關論述公共事務的部分，出版了該書的第二版。

一七八四年，斯密又根據從事海關專員所獲得的確切資料，更詳細地論述了蘇格蘭的漁業獎勵制度、特許公司和非特許公司以及東印度公司等有關部分，出版了《國富論》第三版。

一七八六年，亞當．斯密又為《國富論》增寫了《序論及全書設計》，出版了該書的第四版，這是斯密生前審訂的最後一個《國富論》版本。

一七九○年七月十七日，斯密在愛丁堡與世長辭。

## 《國富論》

《國富論》——全稱《國民財富的性質和原因的研究》——的中心任務就是弄清楚國民財富的性質和原因，以達到富國裕民的目的。斯密認為國民財富就是一個國家所生產的商品總量，而政治經濟學的目的正在於促進國民財富的增長，兼顧好個人和社會、生產者的利益，而避免犧牲掉某一方面的利益。圍繞著這個主題，斯密系統地發揮了關於價值、市場、競爭、經濟目標的分析、經濟政治學、財政學等一系列觀點，以高屋建瓴的氣勢建立起一座經濟理論的大廈。

儘管亞當·斯密的《國富論》最突出的特色是它的矛盾性——他幾乎對一切問題的見解都是二重性的，但在當時，那兩卷四開本的輝煌巨著，以其嚴密的結構、深邃的結論、通俗生動的文字和精采廣博的例證讓人們無可爭議地去接受他所得出來的「在資本主義制度下，採取自由放任的政策，努力使個人經濟和社會利益保持一致」的結論。

斯密認為增進國民財富的最大原因是提高勞動生產率，而提高勞動生產率就是要加強分工和增加勞動力。所以他的《國富論》從分工寫起，引出了他的價值理論，引出他關於資本的劃分……斯密龐大博雜的理論被後來的許多經濟學家「各取所需」，創造出許多經濟流派。

「既沒有打算，事前也不知道，我們對私人目的的追求，便促進了一個超過我們原

有的更大的目的，看不見的手，於是作為作用於人類命運的一個最初的動力。」」斯密創造了一個「看不見的手」的理論。這個前提，便是把人看作「經濟人」。「經濟人互通有無，物物互換，互相交易，是人類本性的一個根本特徵，每個人改善自身境況的一致性、經常性和不斷的努力是國民財富賴以產生和增長的重大原因。」斯密從人性論出發分析人，認為作為「經濟人」的人們從利己主義出發達到了利他的結果。在人類社會中存在一種內在自然秩序。經濟生活就是按照這種秩序自發運動的，這種秩序就是自由發展政策。他極力主張限制國家干預經濟的作用，認為國家的作用應僅限於維護國家安全和個人競爭，以及舉辦一些資本家無利可圖的工程，國家的政權義務，是保障資產階級有一個和平、安全地進行經濟活動的環境，起到一個資產階級「守夜人」的作用。

政府要開支，就必須有收入，收入的主要來源就是賦稅，斯密提出稅收應遵循的四原則：（一）公平。國民必須按照各自收入比例納稅。（二）穩定。即稅額、徵稅方法等必須穩定明確，不能隨意變更。（三）便利。給納稅人以最大方便。（四）經濟原則。把收來的稅款最大限度用於人民。這些原則，對以後的財政學作用很大。

## 影響

可以說，亞當·斯密是英國古典政治經濟學最偉大的代表，是工場手工業和產業革命前夕的集大成的經濟學家，經濟自由主義理論的主要創建者。《國富論》提出的經濟自由主義理論，構成了市場經濟的理論基礎和商品經濟運行的原則。《國富論》的內容極為豐富，包括的不僅是政治經濟學、而且囊括了經濟史、經濟學說史和財政學。在該書裏，斯密締造了古典政治經濟學的理論體系，概括了古典經濟學在它的形成階段的理論成就，最先系統地闡述了政治經濟學的各個主要學說，對它的形成和發展起了極其重要的作用。以後的經濟學家和經濟政策的決策者，都不能跳過亞當·斯密這座高山。

# 42 美國獨立戰爭——美利堅合眾國的誕生

一七七五年四月十九日，在列克星敦打響第一槍的美國獨立戰爭，是北美殖民地人民為反對英國殖民統治，爭取民族獨立而進行的民族解放戰爭。這場戰爭從一七七五年至一七八三年，持續八年之久，最終以英國在北美殖民統治的破產和北美殖民地的獨立而告結束。一個今後將主導世界的超級大國在萬里長征中邁出了第一步。

## 聞名世界的第一槍

北美大陸本來是土著居民印第安人世代生息繁衍之地。

十七世紀初，歐洲開始向北美移民。一六〇七年第一批英國移民在今維吉尼亞建立了第一個立足點——詹姆斯城，從此掀起了奔向北美大陸的移民潮。從一六〇七年第一批移民踏上維吉尼亞至一七三三年最後一個殖民地喬治亞的建立，英國移民先後在北美東海岸建立了十三個殖民地，這就是後來美國最初的十三個州。

歐洲移民來到北美洲，同時也把歐洲的資本主義生產方式移植到了北美洲。資本主義生產關係首先在種植場迅速萌發。殖民地農業、工商業尤其是航海業、造船業、海外貿易蓬勃發展。與此同時，北美十三個殖民地的居民日益融合。

在獨立戰爭爆發前，在北美這個新的地域上已形成了一個不同於英國的新民族——美利堅民族，在不列顛帝國的疆界內出現了與英國資本主義並存的北美資本主義。英屬北美殖民地資本主義的發展合乎邏輯地提出了這樣的要求：掙脫對宗主國的依附關係，獨立地發展資本主義。

然而北美殖民地獨立發展資本主義的強烈願望遭到了英國當局高壓政策的阻撓。英國殖民當局為了使北美殖民地永遠充當其廉價的原料基地和商品傾銷市場，極力遏制殖民地經濟的自由發展。英國殖民當局接連頒布一系列法令，禁止向阿巴拉契山以西遷移，禁止殖民地發行紙幣，解散殖民地議會，對殖民地課以重稅，加緊軍事控制等等。英政府的這種作為，激起了殖民地各階層人民的強烈反抗。群眾紛紛走上街頭，舉行聲勢浩大的遊行示威。一七七○年三月五日發生了駐北美英軍槍殺波士頓居民的「波士頓慘案」，群情為之激憤。一七七四年英政府變本加厲，又接連頒布五項「不可容忍的法令」，使宗主國與殖民地矛盾進一步激化。北美殖民地人民忍無可忍，決心拿起武器與殖民當局抗爭。為了迎接即將到來的戰鬥，各個殖民地紛紛儲集軍火，製造武器，組建民兵隊伍。

一七七四年九月五日，十三個殖民地選派的五十五

獨立戰爭中的美國士兵

名代表在費城召開了第一屆大陸會議，商議共同抗英事宜。會議後，革命形勢日益成熟，北美殖民地同宗主國之間除了用戰爭解決問題外，已別無選擇。

一七七五年四月十八日，麻塞諸塞總督托馬斯・蓋奇根據密報，派遣八百名駐波士頓英軍前往康科德，搜繳當地民兵的秘密軍火庫，並企圖逮捕當地革命組織「通訊委員會」的領導成員。這一消息為「通訊委員會」情報人員所截獲，星夜飛報了當地愛國者。當地民兵組織接報後，

華盛頓

立即集結。翌日清晨，當英軍進至列克星敦和康科德一帶時，遭到了嚴陣以待的民兵的襲擊。民兵們從岩石、樹林、灌木叢後面對準英軍發出了雨點般的射擊。英軍傷亡二百七十三人，北美民兵傷亡九十三人，康科德、列克星敦的戰鬥打響了「聲聞全世界」的第一槍，揭開了美國獨立戰爭的序幕。八月二十三日英王發布告諭，宣布殖民地的反抗為非法，聲言「寧可丟掉王冠，絕不放棄戰爭」。十二月二十二日，英國議會通過派遣五萬軍隊赴北美殖民地鎮壓革命者的決議。面對這一形勢，一七七五年六月十五日大陸會議決定組建正規的大陸軍，原英軍上校、維吉尼亞種植場主華盛頓被任命為大陸軍總司令。英軍企圖憑藉其陸海軍優勢首先切斷新英格蘭與其他殖民地的聯繫，然後各個擊破之。大陸軍在華盛頓的率領下採取避敵鋒芒、持久耗敵的方針，與英軍展開了長期的艱苦卓絕的鬥爭。

## 獨立戰爭和美利堅建國

從一七七五年四月打響獨立戰爭第一槍到一七八三年戰事結束，為期八年的美國獨立戰爭大體經歷了以下三個階段：

第一階段：從一七七五年四月至一七七七年十月，為戰略防禦階段。這一階段的主戰場在北部地區，戰略主動權掌握在英軍手中。一七七五年六月十七日，波士頓民兵在邦克山與裝備精良的英國正規軍展開了第一次正面交鋒，顯示了北美民兵驚人的戰鬥力，大大鼓舞了殖民地人民為獨立而戰的鬥志。在鬥爭的高潮中，一七七六年七月四日，第二屆大陸會議通過了《獨立宣言》。資產階級民主派傑弗遜是宣言的主要起草人。宣言列舉和痛斥了英王對殖民地實施的暴政，向全世界莊嚴宣告北美殖民地脫離英國，由此獨立的美利堅合眾國正式成立。是日定為美國國慶日。

費城會議的代表

一七七六年十二月，在經過激烈爭奪後，為了保存軍力，化被動為主動，華盛頓放棄紐約。紐約失陷標誌獨立戰爭進入困難時期。一七七六年十二月二十五日的耶誕節之夜，華盛頓率部渡過特拉華河，奇襲特倫頓黑森雇傭軍兵營成功，接著又在普林斯頓重創英軍，使陷入低潮的美國獨立戰爭重新

獲得了活力。一七七七年七月，英軍計劃兵分三路，分進合擊，會師奧爾巴尼，以儘快實現其切斷新英格蘭的戰略企圖。當北路七千二百餘名英軍在伯戈因的率領下，從蒙特利爾孤軍南下時，立即陷入新英格蘭民兵的汪洋大海之中，處處受到民兵阻擊和圍追堵截。在弗里曼農莊和貝米斯高地接連受挫後，伯戈因被迫退守薩拉托加。大陸軍和民兵以三倍於英軍的優勢兵力將其團團圍住，伯戈因彈盡糧絕，孤立無援，於十月十七日被迫率領五千七百名英軍投降。薩拉托加大捷大大改善了美國的戰略態勢和國際地位，是美國獨立戰爭的重要轉捩點。

第二階段：從一七七七年十月至一七八一年三月，以薩拉托加大捷為標誌，進入戰略相持階段，主戰場逐步轉向南部地區。

在這一階段國際環境日益向有利於美國方向發展。薩拉托加大捷後，法國、西班牙、荷蘭等改變了動搖不定的觀望態度。一七七八年二月法美簽訂軍事同盟條約，法國正式承認美國。一七七八年六月法英開戰，西班牙也於一七七九年六月對英作戰。俄國於一七八〇年聯合普魯士、荷蘭、丹麥、瑞典等國組成「武裝中立同盟」，打破英國的海上封鎖。一七八〇年十二月荷蘭進一步加入法國方面對英作戰。北美獨立戰爭擴大為遍及歐、亞、美三大洲的國際性反英戰爭，英國陷入空前孤立的境地。在南部戰場上，美國大陸軍和民兵以游擊戰和游擊性的運動戰與敵周旋，日趨主動。在一七八一年的吉爾福德之戰中，英軍傷亡慘重，在大陸軍和民兵的持久消耗下，英軍漸感力量不支。

一七八一年四月英軍在康華利率領下，實行戰略收縮，向北退往維吉尼亞。美軍乘勢揮師南下，在民兵遊擊隊配合下，拔除英軍據點，收復了除薩凡納和吉爾斯頓之外的南部國土。

第三階段：從一七八一年四月至一七八三年九月，為戰略反攻階段。一七八一年八月，康華利率七千名英軍退守維吉尼亞半島頂端的約克敦。此時在整個北美戰場英軍主要收縮於紐約和約克敦兩點。一七八一年八月，華盛頓親率法美聯軍秘密南下維吉尼亞，與此同時，德格拉斯率領的法國艦隊也抵達約克敦城外海面，擊敗了來援英艦，完全控制了戰區制海權。九月二十八日，一萬七千名法美聯軍從陸海兩面完成了對約克敦的包圍。

在聯軍炮火的猛烈轟擊之下，康華利走投無路，於一七八一年十月十九日宣布投降。八千名英軍走出約克敦，當服裝整齊的紅衫軍走過衣衫襤褸的美軍面前一一放下武器時，軍樂隊奏響了《地覆天翻，世界倒轉過來了》的著名樂章。

約克敦戰役後，除了海上尚有幾次交戰和陸上的零星戰鬥外，北美大陸戰事已基本停止。一七八二年十一月三十日，英美簽署《巴黎和約》草案，一七八三年九月三日，英國正式承認美國獨立。

## 影響

美國獨立戰爭是世界歷史上第一次大規模的殖民地人民爭取民族解放的資產階級革命戰爭，是歷史上以小勝大，以劣勝優，以弱勝強的傑出戰例。在廣泛的國際援助下，

經過八年艱苦卓絕的戰鬥，僅有三百萬人口的北美十三個州，最終打敗了擁有近三千萬人口的世界第一工業國——大英帝國。獨立戰爭的勝利，實現了北美殖民地政治上的獨立，大大解放了北美殖民地的生產力，為美國資本主義和現代文明的迅速發展開闢了廣闊的道路。

美國獨立戰爭第一次將歐洲啟蒙運動的自由哲學思想大規模地付諸實踐，體現了一種新的進步的政治精神和價值觀念。獨立戰爭中誕生的《獨立宣言》繼承和發展了天賦人權和社會契約理論，闡述了殖民地人民爭取獨立的理論根據。第一次以政治綱領形式確立了資產階級的革命原則——人權原則。宣言宣布，一切人生而平等，上帝賦予他們諸如生存、自由和追求幸福等不可讓與的權利。為保障上述權利，人們才建立政府，任何政府一旦損害這些權利，人們就有權改換它或廢除它，建立新政府。

# 43 法國大革命——西歐民族主義與自由主義的奮起

世界從封建時代走向資本主義時代，是從歐洲開始的。歐洲經過長時間的中世紀黑暗時期，迎來了光明的一天。在此之前，歐洲大陸處在封建主統治之下，諸侯割據，壓迫沉重，沒有人權和自由，也沒有產生現在意義上的民族獨立國家。現在的義大利、德國等，都是在以後才統一的。民族主義和自由主義能夠在世界發揚光大的一個大契機，就是法國資產階級大革命。

## 爆發革命

十八世紀的法國，資本主義工商業已經有了很大發展。但是法國又是歐洲大陸上典型的封建專制國家。它的農業佔統治地位，工商業發達的程度，也在歐洲大陸首屈一指。但是專制政府不斷提高稅收，加重了對企業的盤剝。全國關卡林立，阻礙了國內貿易的發展。此時的法國社會分為三個等級。其中第一、第二等級為特權等級，特權等級包括教士和貴族，只佔總人口的百分之三，卻佔有全國三分之一以上的土地。第三等級包括農民、工人、城市平民和資產階級，農民少地或無地，工人和平民生活困苦，資產階級要求享有政治權利，社會等級對立嚴重。此時的法國社會還是依據出身而不是財產

攻佔巴士底獄

來決定其地位，這一點已經不適應社會的發展。總之，封建統治已經嚴重制約了法國資本主義的發展，影響了歷史進步的潮流，這就需要一場革命，來除舊布新，完成從封建社會到資本主義的轉變。

就在這時，法國封建政府正在受到越來越嚴重的財政困擾。為了解決財政危機問題，國王路易十六被迫召集一百五十年來從未召開的三級會議。這次三級會議成了法國大革命的導火線。參加三級會議的第三等級代表提出限制國王的權力，把三級會議變成國家的最高立法機關。這引起了國王的震怒和恐慌，他馬上出動軍警，封閉會場，禁止國民議會開會。一七八九年七月九日，國民議會改名為「制憲議會」，公開反抗國王，雙方的衝突趨向激烈。

一七八九年七月十四日清晨，憤怒的巴黎市民揭竿而起。而巴士底獄成為重要的攻擊目標。巴士底獄是一座非常堅固的要塞。十八世紀末，它成了控制巴黎的制高點，法國國王在那裏駐紮了大量軍隊，專門關押政治犯。在某種意義上，巴士底獄成了法國專制王朝的象徵。這一次，憤怒的起義者把它完全拆毀，象徵著封建罪惡的巴士底獄從此在地球上消失了。為了紀念巴黎人民英勇攻佔巴士底獄的偉大功績，法國把七月十四日作為自己的國慶節。

巴士底獄的陷落標誌著民眾登上了歷史舞臺。他們的干預挽救了資產階級，從此，後者不得不在關鍵時刻依靠街頭下層民眾提供「二次革命」。從巴黎人民攻佔巴士底獄到熱月政變，法國大革命經過了五年的歷程，發生了三次大起義，其勢如暴風驟雨，迅猛異常。在三次起義中，人民群眾都顯示了偉大的力量，而且一再從危急中把革命挽救過來，進一步推動它向前發展。

## 《人權宣言》和王權的顛覆

一七八九年七月十四日以後，制憲議會實際上成了法國最高的行政和立法機關。左右大局的是第三等級的代表，其中起主導作用的，是代表大資產階級和自由派貴族利益的君主立憲派。不久，制憲議會又發布《人權宣言》。它的主要內容包括：人類生來是而且始終是自由平等的；自由、財產、安全和反抗壓迫都是不可動搖的人權；法律是公共意志的表現，在法律面前人人平等；財產是神聖不可侵犯的權利等。宣言揭示了天賦人權、自由、平等的原則，體現了摧毀君主專制的要求，否定了封建等級制度，具有進步的歷史意義。但在同時又承認了財產的不平等，維護了資產階級的利益。

隨著革命的爆發和發展，統治階級驚慌萬狀。大批王公貴族逃往國外，從事反革命活動。路易十六拒絕批准制憲議會的決議和《人權宣言》，還準備以武力解散制憲議

處死路易十六

會。幾支部隊奉命向凡爾賽調集，國王的行為激怒了巴黎群眾。一七八九年十月初，首都民眾湧向凡爾賽，將王室強行帶回巴黎，制憲議會也遷到巴黎。

一七九一年，制憲議會頒布憲法，規定法國為君主立憲制。制憲議會解散。根據憲法，同年新選出來的立法會議開幕。君主立憲派控制著議會的領導權。不久，來自國外武裝干涉的危險加劇。

一七九二年春，法國立法會議對奧地利宣戰，不久普魯士站在奧地利一邊對法作戰。戰爭開始時，形勢對法國不利。敵軍闖入法國境內，革命處於危機之中。為了捍衛革命，法國人民奮起保衛祖國，組織義勇軍，不斷開往前線。在抗擊外國武裝干涉的戰爭中，路易十六的反革命面目充分暴露。一七九二年八月巴黎人民起義，攻佔王宮，推翻了法國的君主制。

## 從吉倫特派掌權到熱月政變

八月起義勝利以後，代表工商業者利益的吉倫特派控制著立法議會，掌握了行政大權。立法議會為民意所迫，宣布暫時停止國王的權力，決定召開由普選產生的國民公會。九月，法國贏得瓦爾密之戰的勝利，外敵入侵被制止。國民公會開幕，取代了立法議會。國民公會通過成立共和國的決議，這就是歷史上的法蘭西第一共和國。

一七九二年底，國民公會開始審判國王。一七九三年初，路易十六以「陰謀反對公眾自由和危害國家安全」的罪行，在巴黎被推上斷頭臺。處死國王，是一個劃時代的事件，它標誌著封建勢力遭到了嚴重的打擊。

當時，法國面臨的內外形勢依然十分嚴峻。一七九三年五月底至六月初，巴黎人民發動第三次武裝起義，打倒了吉倫特派，把代表中小資產階級利益的雅各賓派推上了統治地位。雅各賓派採取一系列革命的措施，「把恐怖提上日程」：在經濟方面，嚴禁囤積居奇，對日用生活品實行最高限價政策；在政治方面，頒布嫌疑犯法令，規定一切嫌疑犯都要收押和監管。許多嫌疑分子被處決，甚至路易十六的王后也被送上了斷頭臺。

雅各賓派實行的恐怖政策，在挽救共和國和拯救革命方面，起了不容抹煞的作用，但不幸的是，雅各賓派過激和恐怖的政策，也使它走向分裂和內訌。陷於孤立的羅伯斯庇爾未能完全守護住法國革命的成果，而反法同盟一而再地被各歐洲封建君主拼湊起來，它們一輪輪地圍剿法國革命，企圖恢復法國波旁王朝的封建統治。一七九四年七月二十七日，雅各賓派中被羅伯斯庇爾鎮壓的右派勢力發動「熱月」政變，逮捕了羅伯斯庇爾和聖鞠斯特，建立熱月黨人統治。這時革命最危急的關頭已過去，熱月黨人成立了新的革命政府——督政府，他們清除了羅伯斯庇爾時期的革命恐怖政策和激進措施，建

立了資產階級的正常統治，維護了共和政體，在法國國內維護了資產階級革命的成果。但國外圍剿革命的勢力仍是濁浪滔天。此時，督政府中又一個新的政治明星應運而生，他就是拿破崙。歷史又淘汰了熱月黨人，在「霧月」政變中，年輕的拿破崙執政，擔負起並完成了掃蕩歐洲封建勢力、最後鞏固大革命成果的重任。

## 民族主義和自由主義崛起

法國大革命的另一個成果就是使民族主義和自由主義在歐洲大陸勃然興起。

中世紀時，所有西方基督教徒都屬於天主教會，所有受過教育的人都使用拉丁語；羅馬帝國的普濟主義存在於天主教會，存在於拉丁語，存在於神聖羅馬帝國中，雖然神聖羅馬帝國是個搖搖欲墜的國家。因而，在那些世紀裏，民眾應忠於國家這一點是無人知曉的。相反，大多數人認為自己首先是基督教徒，其次是某一地區如勃艮第或康沃爾的居民，只是最後——如果實在要說的話——才是法蘭西人或英格蘭人。

民族主義在法國革命和拿破崙時期中得到了最大的促進。法國革命要求所有法國公民都說法語即「中央的或國家的語言」，來代替許多地區方言。它建立了公立小學網，來教授法語和灌輸對國家的熱愛。法國革命也促進了報紙、小冊子和期刊的出版，這些讀物寫得粗淺、通俗，因而給全國人民留下了深刻的印象。此外，法國革命還創立了如國旗、國歌和國家節日那樣的民族主義儀式和象徵。

十九世紀，民族主義成為歐洲歷史中的一個主要因素，以後又成為二十世紀世界歷史中的一個主要因素。但是，在十九世紀後半世紀，它變得愈來愈沙文主義和軍國主義，其原因在於社會達爾文主義的影響，在於俾斯麥用馬基維里式的外交手腕和他所稱的「鐵血」戰爭成功地統一了德國。

自由主義是歐洲第二個影響世界的偉大的主義。由於法國大革命的推動，到十九世紀末葉，成年男子選舉權已在西歐大部分國家被使用。甚至受崇敬的自由放任主義原則也逐步得到修改。一種新的、民主的自由主義發展起來，它承認國家對全體公民的福利所負的責任。因此，西歐各國由德國帶頭，紛紛採納了種種社會改革方案，其中包括老年養老金，最低工資法，疾病、事故和失業保險，以及有關工作時間和工作條件的法規。民主的自由主義的這些改革已成為我們當今時代的福利國家的前奏。

## 影響

法國大革命不僅結束了法國一千多年的封建統治，而且對歐洲各國的封建統治也是一個沉重的打擊。它的徹底性為此後各國的革命樹立了榜樣，因此它具有世界意義。法國大革命所確認的民主政治的理論原則，給在封建專制統治下的歐洲各國人民帶來了希望之光。法國革命的思想和原則在歐洲廣泛傳播，哺育了十九世紀歐洲各國一代資產階級革命家，甚至以「十二月黨人」為代表的俄國貴族革命家，也是在法國革命思想影響下成長起來的。法國大革命對歐洲各國的革命運動和政治產生了深遠影響，最終造就了近代歐洲。

# 44 從人痘到牛痘——人類擺脫天花的威脅

天花是人類首次也是迄今唯一被消滅的傳染性疾病。它是由一種濾過性病毒——天花病毒引起的烈性傳染病。在世界歷史上，這種傳染病曾經廣為流傳，傳染性極強，病死率極高，一般可達百分之二十五，有時甚至高到百分之四十。僥倖生存下來的病人，因臉上豐富的皮脂腺遭天花病毒侵害，常常留下永久性瘢痕，俗稱「麻臉」。一九八〇年，第三十三屆世界衛生大會宣布在全球範圍內消滅天花，到現在為止世界上已經見不到天花病人，這一切都歸功於中國人和英國醫生勤納發現人痘和牛痘。牛痘的發明極大地改變了世界生活的面貌，甚至影響到歷史的走向。

## 無論貴賤都在劫難逃

天花是世界上流行時間最長的傳染病，早在三千多年前，人們在埃及木乃伊上，已見到了天花疤痕。西元前六世紀，印度發現天花流行。中世紀時，天花在世界各國廣泛流行，幾乎有百分之十的居民死於天花，平均每五人中就有一位「麻臉」。甚至連至高無上的國王也難逃厄運。法皇路易十五，英國女王瑪麗二世，德皇約瑟夫一世，俄皇彼得二世等，都是感染天花而死。十八世紀，歐洲死於天花的總人數達一億五千萬。天花也沒有放過美洲，美洲之有天花，是十六世紀時由西班牙人帶入的。據記載，一八七二年天花在美國流行，僅費城一個城市就有近二千六百人死亡。在俄國，從一九〇〇年到一九〇九年的十年中，死於天花者達五十萬人，可見天花是一種極其兇險的傳染病。

中國古代典籍上沒有見到有關天花的確切記載。天花在中國流行，最早可以追溯到西元一世紀。中國的天花是由俘虜從印度經越南帶到中國的，所以天花在中國古代也稱「擄瘡」。從歷史上看，唐宋以後，天花在中國逐漸流行開來。到了十五世紀，由於交通日益發達，人員往來頻繁，天花在我國廣泛流行，甚至蔓延到深宮禁諱，據載順治皇帝即是患天花死去的，康熙幼年時為了避免感染，由保姆護視於紫禁城外，不敢進宮看望他的父皇。可見天花是多麼可怕。

## 以毒攻毒

中國古人發現一個人如果得了某種傳染病，可以長期或終身不再得這種病，有的即使再得病，也是比較輕微而不致死亡。於是人們從中得到啟發，懂得「以毒攻毒」的原理，即在未病之前，先服用或接種有毒的致病物質。使人體對這些疾病產生特殊的抵抗力，這種思想包含了近代醫學的免疫萌芽。中國在治療疾病中，首先發明了人工免疫療法——人痘接種術。這項發明具有重大的歷史意義，因為它在治療傳染病過程中邁出關鍵的一步。

關於人痘接種術，在唐代就已出現。孫思邈就曾根據以毒攻毒原則，提出取天花患

者瘡中膿汁傳於皮膚的辦法預防天花。清代朱純嘏的《痘疹定論》（一七一三年）一書中記載有這一則故事：宋真宗時的宰相王旦，一連生了幾個子女，都死於天花，待到老年又生了一個兒子，取名王素。王旦擔心兒子又遭不幸的病害，於是召集了許多醫師來商議，請他們提供防治痘瘡的方法。當時有人提議，說四川峨嵋山有一個「神醫」，能種痘，百無失一。丞相王旦立即派人去請，一月後，那位醫師趕到了汴京。醫生對王素作了一番檢查後，摸著他的頭頂說，這個孩子可以種痘，次日即為他種了，第七天小孩身上發熱，十二天後種的痘已經結痂。據載這次種痘效果很好，後來王素活了六十七歲。這是我國典籍上有關種痘的最早記載。由於缺乏旁證，尚不能確證我國十一世紀就已發明種痘術了。

清代，人痘法得到了推廣，這得益於康熙皇帝的提倡。他首倡在皇族內接種人痘，然後推廣到外邊四十九旗以及喀爾喀諸藩。一七四二年，在清政府命人編寫的大型醫學叢書《醫宗金鑒．幼科種痘心法要旨》中介紹了四種種痘方法，其中，以水苗法最佳，旱苗法其次，痘漿法危險性最大。

中國的人痘接種術為阻止天花在中國的傳播起到了一定的預防作用，對此法國哲學家伏爾泰曾給予高度評價。他在《哲學通信》中寫道：「我聽說一百年來，中國人一直就有這種習慣（指種人痘）。這是被認為全世界最聰明、最講禮貌的一個民族的偉大先例和榜樣。」

我國的人痘接種法，不久即引起其他國家的注意與仿效。西元一六八八年，俄國首先派醫生來北京學習種痘及檢痘法。據史籍記載：「康熙時俄羅斯遣人至中國學痘醫，由撤納特衙門移會理藩院衙門，在京城肄業。」這是文獻上記載的最早派醫生來我國學習種痘的國家。一七四四年，中國醫生李仁山到達日本長崎，將中國的人痘接種術首次帶到日本。一七六三年，在朝鮮人李慕庵的信札中記載了中國的人痘接種術。一七九〇年，朝鮮派使者朴齋家、朴凌洋到中國京城，回國時帶走大型醫學叢書《御纂醫宗金鑑》，書中《幼科種痘心法要旨》介紹了種人痘的方法和注意事項。後來，朴齋家指派．鄉吏按照書中的方法試種人痘，獲得成功。

十八世紀，我國的人痘接種術由俄國傳至土耳其，英國駐土耳其大使夫人崇塔古在君士坦丁堡看到當地人為孩子種痘以預防天花，效果很好，頗為心動。出於她

接種人痘

的兄弟死於天花，她自己也曾感染此病，因此，她決定給她的兒子接種人痘。一七一七年在大使館外科醫生的照顧下，她的兒子種人痘成功，事後，她把這個消息寫信告訴了她的朋友。一七一八年六月蒙塔古夫人返英後，大力提倡種痘，從此，人痘接種術在英國流傳起來。隨後，歐洲各國和印度也試行接種人痘，十八世紀初葉，非洲北部突尼斯也開始推行此法。

## 勤納發明牛痘

自從中國的種痘術傳入英國後，在英國流傳了四十年。後來，經過一位叫做勤納的英國醫生的改革，種痘術獲得了空前進步。

勤納十三歲起便跟隨一位外科醫生學醫。八年以後，他又從師於當時最著名的醫學家約翰・亨特。亨特的精湛醫術和勇於獻身的精神給勤納極大的影響，使他立志畢生為人類健康服務。

二十六歲時，勤納大學畢業，在家鄉當了一名鄉村醫生。在行醫過程中他目睹大量的天花病人在痛苦中死去，心裏很不是滋味。於是他一邊行醫，一邊開始研究治療天花病的方法。勤納在以往的學習中已經知道，十二世紀時中國人已發明了往人的鼻孔裏種人痘預防天花的方法，問題是這種方法並不安全，輕的留下大塊疤痕，重的會導致死亡。為了根絕可怕的天花，勤納決心尋找更有效更安全的辦法。

有一次，鄉村裏有位檢查官讓勤納統計一下幾年來村裏因天花而死亡或變成麻臉的人數。他挨家挨戶了解，幾乎家家都有天花的受害者。但奇怪的是，養牛場的擠奶女工中間，卻沒人死於天花或得麻臉。他問擠奶女工生過天花沒有？奶牛生過天花沒有？擠奶女工告訴他，牛也會生天花，只是在牛的皮膚上出現一些小膿瘡，叫牛痘。擠奶女工給患牛痘的牛擠奶，也會傳染而起小膿疱，但很輕微，一旦恢復正常，擠奶女工就不再得天花病了。這給了勤納很大啟發，他開始研究用牛痘來預防天花。經過數十次試驗，勤納終於想出了一種方法，從牛身上獲取牛痘膿漿，接種到人身上，使之像擠奶女工那樣也只得一些輕微的天花。

一七九六年五月的一天，勤納從一位擠奶姑娘的手上取出微量牛痘疫苗，接種到一個八歲男孩的胳臂上。不久，種痘的地方長出痘皰，接著痘皰結痂脫落。一個多月後，勤納為確定這個男孩還會不會得天花，又把天花病人的膿液移植到他肩膀上，這樣做要冒很大風險的，但事實證明，這個男孩沒有再得天花。人類從此獲得了抵禦天花的有效武器。這次成功，使勤納增強了接種牛痘的決心。一七九八年，他發表了著名論文《關於牛痘的原因及其結果的研究》，牛痘接種法

勤納在接種牛痘

正式誕生。勤納以前，曾有人試種過牛痘，但沒能作出科學的試驗。

勤納發明牛痘以後，種牛痘也並非一帆風順。在英國曾出現污蔑種牛痘的漫畫。但是流言遮不住真理，牛痘法最終被世界各國所接受。勤納也因此獲得了英國議會的獎金四萬英鎊。勤納去世後，英國倫敦為他立塑像，使人們永遠記住這位偉大而平凡的醫生。

一八〇五年，在澳門的葡萄牙人赫微特將牛痘接種法介紹到了中國，東印度公司的船醫皮爾遜也向中國介紹了牛痘接種法。因為當時在中國種牛痘常常免費，而且牛痘法比人痘法更安全，因此越來越多的中國人接受了牛痘。牛痘替代了人痘。

## 影響

自從人類採用普遍種痘以後，天花發病率普遍下降，天花狂魔逐步被制服了。一九七七年十月二十六日，聯合國衛生組織在索馬利亞發現最後一例天花後，這些年在全世界各地，特別是在規定地區如索馬利亞、衣索比亞、肯尼亞、吉布提、也門阿拉伯共和國等處的監測表明，沒有發現有人傳染天花。一九八〇年，聯合國曾在內羅畢莊嚴宣告：「天花已經在世界上絕跡。」有趣的是，世界衛生組織還特設立一千美元的懸賞，凡是誰先辨別出一例天花患者的人，就可得到這筆獎金。令人欣慰的是，至今還沒有人捧走這筆獎金，我們但願以後永遠也沒有人得到這筆獎金。人類由於中國醫生和勤納的發明，再也不會遭到天花的困擾，生活品質大大提高了，世界面貌也大為改觀。

# 45 滑鐵盧之戰——拿破崙的失敗

「拿破崙」——一個皇帝或者將軍的名字，也是很多精神病人的筆名。不過，拿破崙使我們深信一點：有志不在身高。這位人類歷史上最偉大的統帥之一，創造了無數的奇蹟，影響了人類歷史的軌跡，他很少失敗，但是卻在滑鐵盧戰敗，以後，滑鐵盧就成為失敗的代名詞。

## 最後的輝煌

一八一四年，歐洲反法聯軍攻陷巴黎，拿破崙被迫宣布退位，被流放於厄爾巴島。一八一五年三月一日，拿破崙率領，千餘名士兵偷渡回國，沿途守軍紛紛重新聚集在他的鷹徽旗下。三月二十日，拿破崙凱旋巴黎，重登皇位（史稱百日王朝）。在維也納開會的同盟國一派譁然，他們立即放棄了彼此間的爭吵，再次聯合起來，並宣布拿破崙為「世界和平的擾亂者和人類公敵」，將不受法

拿破崙

律保護。三月二十五日，英、俄、普、奧、意、荷、比等國組成了第七次反法同盟，決心徹底打垮這個科西嘉怪物。同盟國約定在六月二十七日至七月一日之間同時越過法境。

當時，拿破崙考慮到法軍兵力不足，不能重蹈一八一四年的覆轍——被迫打一場防禦戰，作困獸之鬥。他決定先發制人，以快制敵，首先擊破最近的兩個敵手威靈頓和布呂歇爾，然後騰出手來對付俄奧兩軍。拿破崙的戰略計劃是：擬於六月初將北方軍團集中於比利時邊境正南的桑布林河與默茲河之間的地區，然後於六月十五日在沙勒羅瓦渡過桑布林河，揮戈向右，粉碎布呂歇爾軍團，將其逐回萊茵河，次日再回師向左，摧毀威靈頓所部，將威靈頓從布魯塞爾攆回奧斯坦德，在兩支聯軍之間打進一個楔子將其分割開來，然後於六月十七日佔領布魯塞爾。為了隱蔽自己的意圖，達到迷惑和麻痹敵人的目的，拿破崙指示達武在巴黎周圍建築防禦要塞，他自己也儘量拖延離開巴黎的時間，以給敵人造成他準備在巴黎附近打一場防禦戰的錯覺。

當法軍全面集中之時，聯軍對敵情卻毫無所知，威靈頓還以為拿破崙仍在巴黎加強防務。六月十五日，拿破崙在利尼包圍普魯士軍隊，迅速發動攻擊。利尼一戰，普軍死傷約十六萬人。法軍傷亡同樣慘重，共損失了十一萬人。拿破崙對這一仗非常不滿意，他認為如果不是內伊的行動遲緩，他一定會在利尼將普軍全部消滅。現在的普軍只是被擊敗，並沒有被消滅。

## 永恆的滑鐵盧

威靈頓在得到布呂歇爾戰敗的消息之後，他看到自己的左翼已完全暴露，隨時都有被法軍迂迴包圍的危險，當即決定向布魯塞爾南面二十二公里的滑鐵盧地域撤退，並把陣地設在滑鐵盧以南約三公里處的一片丘陵地帶上。威靈頓以可以俯視整個戰場的聖傑安山高地為主陣地，以霍高蒙特別墅為陣地右翼，這裏是威靈頓防禦的重點，他在這裏使用了英國近衛軍。荷蘭軍和其他盟國的雜牌部隊則被安放在中央和左翼陣地上。在左翼的最外端，配備了英國騎兵旅。同時，在中央陣地後面，即聖傑安山與前沿陣地之間，配備了強大的預備隊，聯軍的大部分火炮都集中在這裏。威靈頓曾給炮兵作出明確規定：不要理會法軍的炮兵，集中火力直接射擊逐步推進的敵軍步兵和騎兵。威靈頓的兵力共六萬八千人，火炮一百五十六門。

拿破崙面對聯軍陣地將部隊在拉貝爾同盟嶺的前坡上展開。雷耶的第二軍居左，以一個騎兵師為後援；戴爾隆的第一軍居右，以一個騎兵師為後援；內伊指揮中軍，以洛鮑的第六軍、近衛軍和二個騎兵師為後援。根據聯軍陣地的部署，拿破崙決定以左翼佯攻霍高蒙特別墅以牽制敵軍兵力，以中軍和右翼突破聯軍防禦薄弱的中央陣地，搶佔聖傑安山，然後向兩翼擴大戰果，將敵人一分為二，各個擊破。拿破崙的兵力共七萬二千人，火炮二百四十六門。

一八一五年六月十八日上午十一時，拿破崙向各軍軍長下達了他一生中最後的作戰

命令，要求各軍各就其位，作好一切戰鬥準備。十一時三〇分，戰幕拉開，法軍八十門大炮同時向英軍陣地轟擊。

下午一時左右，拿破崙準備命令右翼戴爾隆的第一軍發起進攻，實施中央突破。在下令之前，他習慣性地拿起望遠鏡，向敵人的後方和側翼進行觀察。突然，他發現在東北方向約十公里以外的一片樹林邊上，有一塊黑鴉鴉的東西。幾分鐘後，法軍的偵察兵押來了普軍的一個傳令兵，從截獲的文件中得知這是普軍第四軍的前衛。但拿破崙並不緊張，他堅信在普軍趕來增援之前，他能先將威靈頓擊潰。既然普軍第四軍已經前來側擊法軍的右翼，那麼格魯希的軍隊也應該前來側擊該軍的左翼。拿破崙立即向格魯希傳信，命他迅速趕到滑鐵盧與他回合。此信本應在二小時內送到，但由於道路難走，信使直到下午五時才將信送至格魯希手中，而當時格魯希已被普軍的第三軍纏在瓦弗無法脫身。下完對格魯希的命令後，拿破崙又從預備隊中抽出二個輕騎兵師前去阻擊普軍，並命洛鮑的第六軍（僅二個師）隨後跟進。

下午一時三十分，法軍全面進攻開始。戴爾隆的第一軍從左至右一線排開，左翼為第一師，在輕騎兵旅的支援下，進攻敵軍中央陣地正前方的拉海聖莊園，其餘三個師進攻敵軍的左翼。法軍從四面圍攻拉海聖莊園，由於拉海聖莊園的主體是個非常堅固的磚石建築物，守軍龜縮在裏面進行頑強的抵抗，法軍一時難以攻佔。

法軍在霍高蒙特和拉海聖兩地久攻不克，致使大軍無法向縱深推進，拿破崙開始有些擔心，不斷地猛吸著鼻煙。下午三時三十分，法軍再度向這兩地發起猛烈攻擊，拿破崙決心不論付出多大代價，也要在敵方援軍趕到之前拔掉這兩顆釘子。面對法軍凌厲的攻擊，兩地的守軍損失嚴重，彈藥也快用完，但他們仍堅持不動。拿破崙為此焦急不安。

這時，內伊自作主張，命令米豪德的騎兵師和部分近衛騎兵約五千人，對敵主陣地發起衝擊。四時左右，在炮火的掩護下，五千名騎兵如潮水般向拉海聖和霍高蒙特之間狹窄的正面衝去，很快就衝上對方陣地，俘虜了聯軍全部火炮。法軍步兵沒有跟上，炮兵也因怕誤傷自己人而停止射擊，結果，五千名騎兵難以繼續前進，無法突破發射著猛烈排槍火力的敵軍步兵方陣。正當法軍騎兵前進受阻的時候，威靈頓又將他的五千名騎兵預備隊投入了戰鬥。形勢立即發生逆轉，法軍再次被打退，原已成為法軍戰利品的聯軍火炮，又在背後響了起來。

拿破崙擔心若是法國騎兵失敗，會影響軍心。於是他鋌而走險，拋出了法軍騎兵的全部預備隊去支援內伊。萬名騎兵如同旋風一般向敵方陣地捲去，狹小的戰場上馬頭擠著馬頭，後面只有一個排炮連伴隨掩護，步兵們沒能跟隨前進。這時，英軍也加強了防禦力量，英軍炮兵不斷進行猛烈的射擊，步兵也充分發揮了排槍的火力，結果，法軍一連五次大規模的衝擊全被打退，損失慘重。

經過長時間的激戰，法軍終於攻佔了拉海聖。但是由於傷亡過重，法軍已無力再向縱深和兩翼擴大戰果。

下午十八時三十分，法軍右翼突然傳來了一片呼喊聲和射擊的轟響聲。原來，布呂歇爾率領的三萬普軍打退了前去阻擊的法軍，趕到了戰場。幾經激戰之後，普軍佔領了

距離拿破崙指揮所只有一千多公尺的南普西特村。

最後的衝擊開始了，戰場上出現了一幅極為壯觀的景象：大約四千名身經百戰的法國近衛軍官兵組成了一個排列極為嚴密的進攻方陣，他們同內伊的部隊一起，在猛烈的炮火掩護下，向敵軍陣地挺進。他們邊挺進邊整齊地高呼「皇帝萬歲」。法軍很快突破了英軍的防禦，衝到了山頂上的英軍陣地。眼看就要大功告成了，突然聽到威靈頓一聲令下：「近衛軍，起立，準備戰鬥！」從山後的反斜面上一下子出現了兩個營的英國近衛軍，他們等法軍離他們只有五六十步的時候，一起猛烈地開火。面對彷彿是從地底下冒出來的英軍，法軍來不及還擊，就一排排地倒下來了。

普軍的二個軍則更加猛烈地向法軍右翼發起進攻。法軍兩面受敵，陣腳大亂。這時的拿破崙再也沒有預備隊可用了，威靈頓意識到發起全線反擊的時刻已經到來。他騎馬來到陣前的突出部位，脫下帽子在空中搖晃著，大聲喊道：「是時候了，我的孩子們！」反擊信號一經發出，四萬名英軍官兵從山上直撲下來，法軍招架不住，紛紛敗退。

那一天前還是青翠碧綠的田野和山坡，此時鋪滿了血肉模糊的屍體、傷員以及無數殘缺的肢體，綠色的平原變成了血的海洋。據估計，此戰威靈頓軍團死傷一萬五千人，布呂歇爾軍團死傷七千人，而法軍死傷二萬五千人，被俘虜八千人。

## 影響

這是一個時代的結束，這是一個永留紀念的會戰，它是身經百戰的拿破崙所進行的

## 45 滑鐵盧之戰——拿破崙的失敗

最後一次戰役，此戰宣告了拿破崙最終失敗的命運。

拿破崙的失敗，宣告了法蘭西第一帝國的徹底滅亡，在某種程度上，歐洲又回到了法國大革命前的模樣，資產階級革命遭到了挫折，帝制全面復辟。拿破崙的失敗，也宣告了長期以來法國與英國爭奪霸權的失敗，法國失去了歐洲霸主的地位，而英國在全世界範圍內成為一個日不落帝國。同時，拿破崙帝國的覆滅，也使歐洲各國可以拿出力量來在世界各地開闢殖民地，由此亞非人民陷入了無邊的苦難中。

# 46 法拉第的實驗——革命性電學理論的提出

今天，電已經成為人們生活中所不可缺少的重要組成部分。電作為一種客觀存在的物質，經過漫長的歷史過程逐漸被人們認識並廣泛應用到人類生產生活的各個領域。沒有電，就沒有現在這個文明社會。而在這個探索過程中，法拉第是不應該被忘記的。

## 科學家們世代的求索

人們對電的了解，是一個非常漫長的過程。

西元前六世紀，希臘哲學家就曾記載了用布摩擦過的琥珀能夠吸引毛髮的現象。我國古籍中也有「琥珀拾芥」的記錄。到十八世紀，人們才發現電有兩種，稱為「正電」和「負電」，並且確立了「同性相斥，異性相吸」的規律。

一七五二年美國科學家佛蘭克林冒著生命危險，做了一個永垂科學史冊的所謂「費城試驗」，證明電和閃電是同樣的物質。一七五三年他發明的避雷針，一直沿用至今。佛蘭克林有關電學的初步理論照亮了電學發展的道路。一七八五年，庫侖用實驗方法在量值上確定了電荷間相互作用的定律，同時確定了電荷的定量意義。因此，庫侖定律成為靜電學的基礎。

義大利科學家伽伐尼於一七八〇年曾進行過青蛙肌肉收縮的實驗，發現了動電。義大利物理教授伏特對這一實驗作出解釋，認為這是由於一種「電的激發力」引起伽伐尼電流的緣故。一八〇〇年春，伏特發明了電池，成功地將化學能轉化為電能。由此，電流可以源源不斷地獲得，電流成為科學研究的重要對象，電流的化學效應和熱效應也隨之發現。伏特發明電池使人類從靜電時代走向了動電時代。

同電現象一樣，磁現象也是早在遠古時候就被發現了。中國最早發現了天然磁鐵，並發明了指南針。一七八五年庫侖測量了磁力的作用，確立了磁的庫侖定律。一八一九年，奧斯特發現電流的磁效應，電流有使磁針偏轉的作用，從此人們才認識到磁現象與電現象之間的內在聯繫。

一八二〇年到一八三〇年期間，電學的研究工作發展很快。歐姆、安培、畢奧、沙伐等人都有不少的發現，其中除有關電流強度的歐姆定律以外，主要的有電流與電流所產生的磁場之間有量值上的關係的畢奧——沙伐定律，以及磁場對通有電流的導體和線圈的作用的安培定律。安培還初步闡明了磁性的微觀本質。一系列的發明發現逐步卸下了電學身上的魔衣，露出它那熠熠的科學光芒。

對電磁學的發展貢獻最大的無疑是法拉第。無論在實驗上還是科學思想上，他都可以說是十九世紀最偉大的物理學家。

## 早年求學的法拉第

法拉第一七九一年九月二十二日出生在英國的薩利，父親詹姆斯．法拉第是一位鐵匠，因過度勞累，身體極為衰弱；母親是個家庭主婦。由於家境貧寒，法拉第童年時生活很清苦，只在七歲到九歲讀過兩年小學。從十一歲起法拉第開始當報童，他覺得賣報這個差事對他很合適，因為在閒暇時可以看各種報紙，學習知識，看完的報還可以賣掉。賣報這種工作，雖地位低下，但也能鍛鍊人。幾年的賣報生涯，使法拉第閱歷很廣，有膽有識，十分機警。十三歲時，法拉第又到一家裝訂和出售書籍兼營文具生意的鋪子裏當了學徒。但與眾不同的是他除了裝訂書籍外，還經常閱讀它們。他的老闆也鼓勵他，有一次法拉第裝訂並閱讀了一本叫《關於化學的對話》的書，從此對科學產生了濃厚的興趣，他用僅有的錢買了藥品，按照書裏的話做起了實驗。法拉第讀的書越來越多，於是他用廢紙訂成筆記本，摘錄各種資料，有時還在筆記中配上插圖。他從《大英百科全書》裏學到了許多電學知識。

一八一二年冬季有一位顧客送給了法拉第一些倫敦皇家學院講演的聽講證。這使法拉第有機會聽了著名化學家戴維的講演。那是法拉第生平第一次跨進皇家學院的大門，坐在階梯形的講演廳裡，他的心情緊張而又焦急。戴維終於出現了，大廳裡響起一陣陣熱烈的掌聲。戴維講的題目是《發熱發光物質》，他講的是如此輕鬆、透徹。他那天才的光華和熱力，似乎正從他的身上向外輻射。法拉第被深深地吸引住了，他飛快地記著，筆記本翻過一頁又一頁。

法拉第一連聽了戴維的四次講座，好像遊歷了美麗、莊嚴、聖潔的科學殿堂，那裏陽光燦爛，照得他心裏溫暖如春。他把四次聽講的筆記仔細整理以後，用漂亮的皮封面裝訂成冊。他經常輕輕地翻閱它們，並渴望著能像戴維一樣從事科學研究工作。

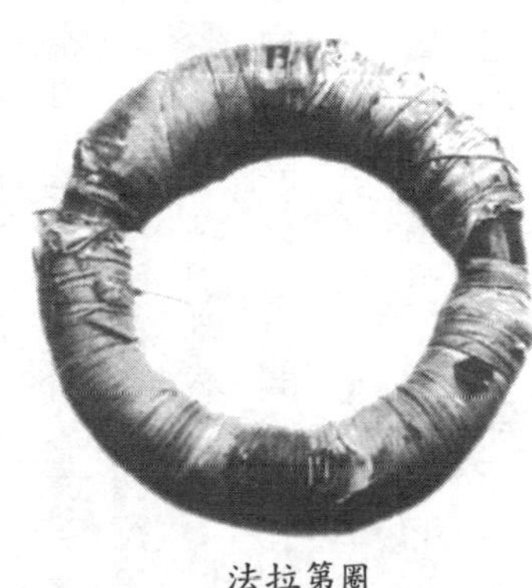

法拉第圈

遺憾的是，在那個時代，命運對窮人從來不露出笑臉。於是法拉第決定寫信給當時的英國皇家學會會長班克斯爵士，要求在皇家學院找個工作，哪怕在實驗室裡洗瓶子也行。他心神不寧地等了整整一個星期，音信全無。他忍不住跑到皇家學院去打聽，得到的回音只是冷冰冰的一句話：「班克斯爵士說，你的信不必回覆！」受到這個屈辱的打擊，法拉第感到十分傷心。但他沒有氣餒，而是鼓起勇氣給戴維寫信，並且把裝訂成冊的戴維四次講座的筆記一起送去。法拉第的巨大熱情、超人記憶和獻身科學的精神，感動了這位大化學家。

一八一三年三月，戴維推薦法拉第到皇家研究院實驗室作了自己的助理實驗員，從此法拉第走上了科學研究的道路。

## 提出電磁感應定律

一八二〇年奧斯特發現電流的磁效應，受到科學界的關注，促進了科學的發展，一

八二一年英國《哲學年鑑》的主編約請戴維撰寫一篇文章，評述自奧斯特的發現以來電磁學實驗的理論發展概況。戴維把這一工作交給了法拉第。法拉第在收集資料的過程中，對電磁現象產生了極大的熱情，並開始轉向電磁學的研究。他仔細地分析了電流的磁效應等現象，認為既然電能夠產生磁，反過來，磁也應該能產生電。這個想法為日後人類利用電能奠定了基礎。剛開始，他企圖從靜止的磁力對導線或線圈的作用中產生電流，但是努力失敗了。經過近十年的不斷實驗，到一八三一年法拉第終於發現，一個通電線圈的磁力雖然不能在另一個線圈中引起電流，但是當通電線圈的電流剛接通或中斷的時候，另一個線圈中的電流計指針有微小偏轉。法拉第心明眼亮，經過反覆實驗，都證實了當磁作用力發生變化時，另一個線圈中就有電流產生。他又設計了各種各樣實驗，比如兩個線圈發生相對運動，磁作用力的變化同樣也能產生電流。這樣，法拉第終於用實驗揭開了電磁感應定律。法拉第的這個發現掃清了探索電磁本質道路上的障礙，開通了在電池之外大量產生電流的新道路。

根據這個實驗，法拉第在一八三一年十月二十八日，發明了圓盤發電機。這個圓盤發電機，結構雖然簡單，但它卻是人類創造出的第一個發電機。現代世界上產生電力的發電機就是從它開始的。

一八三一年十一月二十四日，法拉第在論文中把產生感應電流的情況概括成五類：變化著的電流；變化著的磁場；運動的恆定電流；運動的磁場；在磁場中運動的導體。他指出：感應電流與原電流的變化有關，而不是與原電流本身有關。他將這一現象與導體上的靜電感應類比，把它取名為「電磁感應」。為了解釋電磁感應現象，法拉第曾提出過「電張力」的概念，後來在考慮了電磁感應的各種情況後，認為可以把感應電流的產生歸因於導體「切割磁力線」。法拉弟在電磁感應現象發現二十年後，直到一八五一年才得出了電磁感應定律。一八三三年到一八三四年，法拉第從實驗中得出了電解定律，這是電荷不連續性的最早的有力證據。法拉第的另一貢獻是提出了場的概念。他反對超距作用的說法，設想帶電體、磁體周圍空間存在一種物質，具有傳遞電、磁力的作用，他把這種物質稱為電場、磁場。一八五二年，他引入了電力線（即電場線）、磁力線（即磁感線）的概念，並用鐵粉顯示了磁棒周圍的磁力線形狀場的概念和力線的模型，這對當時的傳統觀念是一個重大的突破。

法拉第從近距作用的物理圖景出發，還預見了電、磁作用傳播的波動性和它們傳播的非瞬時性。他在一八三二年三月十二日給英國皇家學會寫了一封密封信，信封上寫著「現在應當收藏在皇家學會檔案館裏的一些新觀點」，這封信直到一九三八年才啟封公布，信中法拉第說明了他的上述新觀點，這表現了法拉第深邃的物理洞察力和深刻的物理思想。

## 不求名利

法拉第是靠自學成才的科學家，在科學的征途上辛勤奮鬥半個多世紀，不求名利。

一八二五年，他參與冶煉不銹鋼材和折光性能良好的光學玻璃工作，不少公司和廠家出

重金聘請法拉第為他們的技術顧問。面對十五萬鎊的財富和沒有報酬的學問，法拉第選擇了後者。一八五一年，法拉第被一致推選為英國皇家學會會長，他也堅決推辭掉了這個職務，把全部身心都獻給了科學研究事業，終生過著清貧的日子。法拉第成名以後，世界各國贈給他的榮譽頭銜有九十四個，但是他說：「我承認這些榮譽很有價值，不過我從來沒有為追求這些榮譽而工作。」「科學家不應是個人的崇拜者，而應當是事物的崇拜者。真理的探求應是他唯一的目標。」

一八六七年八月二十八日，法拉第在倫敦病逝。他逝世後，皇家學會為他舉行了隆重的葬禮，各國科學家都表示了深切哀悼。

## 影響

法拉第印證了電流能產生磁場，磁場也一定能產生電流的假說。他發明的電磁電流發生器，實際上就是最原始的發電機。法拉第不僅作出了跨時代的貢獻而且奠定了未來電力工業的基礎。電能的使用極大地改變了人類的生活。人類將永遠生活在法拉第科學實驗所帶來的光明之中，這就是一個科學家的貢獻。他的貢獻足以讓無數的高官貴族感到慚愧。那些自認為是大人物的帝王將相們，卻很快淹沒在歷史的長河裏。

# 47 攝影術的發明——開拓記錄與傳達的新方法

「她高度緊張地坐著，全神貫注，能坐上一個小時，幾乎就像在照相機鏡頭前一樣紋絲不動。我照著她的輪廓落筆，看著手下的鉛筆繪出優美、流暢的線條……」美國作家亨利．詹姆斯在小說《真品》裏這樣描述暢銷書插圖畫家與其模特兒合作的方式。

看得出，在亨利．詹姆斯（一八四三～一九一六年）生活的時代，畫家的工作仍然極為嚴謹：即使一位「替雜誌、替小說、替當代生活畫黑白插圖的」三流窮畫家，也要勉力雇傭模特兒來完成創作。這一普通習慣在今天的商業藝術領域，已經變得難以想像：即使最喜歡用巨額成本來冒險的人廣告公司，也不願在這最基礎的造型環節花多餘的錢。一個顯而易見的原因是：廉價而普及的照片最終取代了活生生的模特兒，被置放在畫家眼前。

## 早期對攝影技術的初步探索

照相是一種能把有形之物原樣不變地記錄下來的技術。古代，人們為了把物體的形狀記錄下來，只有採取繪畫的方法。但再高明的畫師，也難以把物體的原形毫不走樣地記錄下來。

達蓋爾用銀版拍攝的第一張人像

為了解決這個問題，人們發明了利用光學原理的照相。最原始的照相機就是所謂的「針孔照相」。這是通過針孔使物體的像映照在牆壁上的做法。例如著名畫家達芬奇就曾用這種方法把風景正確地映照在牆上，再用鉛筆進行描繪。中國對光和影像的研究，也有著十分悠久的歷史。早在西元前四〇〇多年，我國的《墨經》一書就詳細記載了光的直線前進、光的反射，以及平面鏡、凹面鏡、凸面鏡的成像現象。到了宋代，在沈括（一〇三一～一〇九五年）所著的《夢溪筆談》一書中，還詳細敘述了「小孔成像匣」的原理：針孔照相本身並不能記錄，只是投影而已。

第一個利用銀化合物光化學反應原理進行製作圖像實驗的，是約翰・海因里希・舒爾茨。一七二七年舒爾茨作了一次實驗，他將硝酸銀和白堊的混合物裝入一個瓶子，然後塗在紙上，上面覆一張按字母形狀剪成缺口的黑紙。經太陽照射後，他發現只有剪去字母形缺口的部位變黑了。於是，得出結論：這一變化並不是太陽熱量所致，而是由陽光引起的反應。

一七七七年，瑞典人卡爾・威廉・席勒（一七四二～一七八六年）用被稜鏡分解成不同色光的太陽光照射在塗有氯化銀的紙上，結果發現感光力量最強的是青藍色光部分

（短波光譜）。這是首次進行的太陽光與氯化銀之間關係的學術研究，也可以說是照相感光理論的創始。

英國的托馬斯．韋奇伍德（一七七一～一八〇五年）十九歲時就已經開始用自己的方法來製作圖像了。他在塗有硝酸銀溶液的紙上覆蓋一塊繪有圖像或寫上字跡的玻璃板，然而它確有中間色調。可惜，儘管他已經認識到短波光譜的感光能力最強，但還未能找到如何使這種紙到一定程度不再繼續感光的方法（即定影處理）。

韋奇伍德在友人漢弗萊．戴維（一七七八～一八二九年）的協助下，又準備將映現在暗箱上的圖像攝取下來，他們把塗有硝酸銀溶液的紙放入暗箱，進行試驗，但因為感光不足試驗失敗了。這一試驗經過，後來還是發表在皇家科學研究所一八〇二年的雜誌上，韋奇伍德和戴維，可以說是最早試圖將暗箱和感光材料結合起來的探索者。

一八一三年，法國的約瑟夫．尼塞福爾．涅普斯（一七六五～一八三三年）在其子伊西多爾的協助下，著手進行了石版印刷術的研究，他們把感光性物質塗在石板上，試著用太陽光照射的方法製作曬相版，但沒有獲得完全成功。一八一六年前後，他們又試驗將塗有鹵化銀的紙放入暗箱製作圖像，結果還是未能獲得所希望的正像。此後，涅普斯又發明了一種不用鹵化銀的瀝青照相術。他在一八二二年給其兄克洛德的信中，稱此方法為「日光膠版術」，也就是用「太陽光來繪圖」的意思。涅普斯的日光膠版術的程式是：

一、將瀝青溶解於薰衣草油或迪佩爾油中；

二、塗在錫基合金板上；

三、放入暗箱進行攝影；

四、在薰衣草和揮發油的混合液中顯像。

現存世界最古老的照片，就是一八二六年涅普斯拍攝自己窗外庭院景色的那一張。畫面內容是鴿子窩與貯藏室。但是，使用此法每拍一張照片，就要在陽光下曬上六至八個小時，這樣複雜的過程顯然不適合實際使用。

## 攝影之父

真正意義上的攝影術是由法國人達蓋爾發明，並經法國法蘭西科學藝術學院於一八三九年八月授予其發明專利的。因此，人們把達蓋爾稱為現代銀鹽攝影的創始人。在法國巴黎郊區的法國國家攝影博物館內，保存著達蓋爾的半身塑像、以達蓋爾的名字命名的街道的標牌和一些達蓋爾使用過的相機、鏡頭、顯影箱以及用這些相機拍攝的照片。

一八二二年，達蓋爾（一七八七～一八五一年）在巴黎開設了一家「幻視畫」館，裏面展覽的是一些風景畫片。所謂幻視畫，就是在畫布的正反兩面都繪上圖，然後分別使正面射入的光和反面照來的光巧妙地結合，造成一種幻覺。當時，它簡直是一種令人歎為觀止的魔術畫。

一八二四年以後，達蓋爾又進行了利用暗箱製作幻視畫的嘗試。一八二九年，在涅普斯的倡導下達蓋爾建立了旨在發明照相術的聯合研究小組。但不幸涅普斯於一八三三年去世，從此研究小組由達蓋爾獨挑大樑。一八三九年達蓋爾在研究照相技術時，無意中把一把銀匙放在了用硫磺處理過的金屬板上，過了一會兒，達蓋爾發現這把銀匙的影子居然印到了板上。這一現像使他大為吃驚。於是他專門磨製金屬板，並在上面塗了硫磺，用鏡頭進行拍攝，果然拍下了薄薄的影子，這一成功極大地鼓舞了達蓋爾的信心。

達蓋爾繼續向突破照相技術的最後難關進軍。又是一個偶然的發現幫了他的大忙。有一天，達蓋爾到藥品箱中找藥品，突然看到過去曾經曝過光的底片上有一個十分清晰的影像。這是什麼原因呢？為了找到答案，他每天晚上將一張曝過光的底片放在藥箱裏，第二天早晨，在取出底片的同時取出一瓶藥。他想：如果某一種有效藥品被取出箱外，再放進曝過光的底片就不可能再顯像了。

但是使達蓋爾意外的是，當箱子裏的藥品全部取完後，而底片仍然顯像清晰。這不禁使達蓋爾十分驚慌。為了查清原因，達蓋爾把箱子裡裡外外地進行反覆檢查，終於發現了箱子裏有一些小水銀珠。他立刻意識到，奇蹟一定是水銀造成的。經過分析達蓋爾認為：因箱子裏溫度較高，使水銀蒸發影響底片使其顯像良好。為了證實這一判斷，達蓋爾把曝過光的底片放在暗室裏，用水銀蒸氣進行試驗，果然取得了預期效果。這樣，達蓋爾就解決了照相的關鍵技術——顯影問題。接著，他又改進了定影技

達蓋爾

術，從而徹底解決了照相技術問題。達蓋爾的發明已經與現在的照相技術所差無幾了。

達蓋爾使用的是木製的箱形照像機，由裝有銅製鏡筒鏡頭的前箱和裝有玻璃取景器的後箱組成。中間裝有可以滑動的滑動槽。用後箱的前後滑動來調整焦距。影像通過鏡頭，在機身後部的毛玻璃上取景、對焦。然後關閉快門，取下毛玻璃，換上鍍銀的銅版，再打開鏡頭在銅版上曝光。由於當時的鏡頭孔徑、感光劑的感光敏感度的限制，拍攝一張照片需要十五分鐘到半個小時。拍攝結束後，把感受光後的金屬版放入顯影箱，使拍攝的影像顯影出來並固定住。

最早的照像機

達蓋爾的發明，具有劃時代的意義，奠定了銀鹽化學感光攝影的基礎，以致於一百六十多年來長盛不衰，達蓋爾也被譽為「攝影之父」。

雖然早年的相機十分簡單，但它卻能在短促到幾千分之一秒的瞬間裏，把從景物反射來的光線捕捉到相機之內，投射到感光板上，永久地把景物的影像紀錄下來。自從攝影技術自達蓋爾於一八三九年在巴黎發明銀版法以後，影像新技術不斷湧現，改變了整個西方世界的文化發展。到美國內戰結束後僅僅二十五年，人們就已經有了普及的攝影技術，可以用來記錄各種大小的事物，例如記錄人物、風景，以至歷史事件。相機這個劃時代的發明，由那時開始，已經成為文明世界中不可缺少的重要組成部分。

## 影響

在攝影術發明以前，人類是無法準確轉述和描寫所見到的事物和景象的。這種知識的傳播，絕大多數是依靠文字的描寫，如果繪畫的技術高明，可以用畫來記述。但是，這些都是不精確的，是感性的東西，而不是原來的面貌。

攝影術的發明，使得人類進入一個精確的時代，事物可以被精確地重現出來。這對於軍事、經濟、科學實驗、歷史研究等等方面，都是一個很大的促進。一個非常明顯的例子是，由於引進照片，現在冒充別人的可能性就大大降低了。考試的時候，可以通過照片檢查是否替考；警察管理社區也就更加容易。如此這些，不一而足。

隨著科技的發展，以前的攝影技術已經日新月異，數位相機也出現了，更有裝載在衛星上的照相機用於各種用途。但是這一切的起源，都應該感謝攝影技術的發明。

# 48 近代麻醉術的發明——人類進入不痛的世界

眾所周知，在絕大多數的現在外科手術中，麻醉都是一個非常重要的程式。如果沒有麻醉藥的輔助，很少有病人能夠忍受手術帶來的巨大痛苦。所以在發明麻醉藥以前，外科手術往往失敗，因為還沒有等到手術結束，病人就因為無法忍受劇痛而死去。雖然許多國家（如中國、印度、巴比倫、希臘等）在古代即積累了麻醉法的經驗，但是主要是應用植物性麻醉藥（曼陀羅花、鴉片、印度大麻葉等），亦有神經幹機械性壓迫、飲酒、放血等使病人喪失神志，甚至棒擊病人頭部造成昏迷的「麻醉」方法，也有手術時在手術部位搽酒精，靠酒精的吸熱作用減緩疼痛感，然而這些方法都不能使人滿意。

## 歐洲沒有發明麻醉術之前的情況以及對麻醉術的初步探索

在使用麻醉劑之前，慘死在外科醫生刀下的人所經受的痛苦無可名狀。每一例手術都伴隨著令人毛骨悚然的痛苦嘶叫。

由於手術時病人十分痛苦，休克極多，迫使手術向快速方向發展。俄國外科醫生皮羅果夫可三分鐘鋸斷大腿，半分鐘切去乳房。法國名醫讓．多米尼克．拉里二十四小時為二百個病人做完了截肢手術。在這些快刀手中，最出名的是英國醫生羅伯特．李斯頓，他以手術奇快著稱，人稱「李斯頓飛刀」。

李斯頓畢業於愛丁堡大學，曾發明外傷軟膏、止血鉗等醫療用品，其中骨折用的固定木條，直到第二次世界大戰時仍在使用。他身高一點八八公尺，天生一副急性子，在當時的醫學界是個很有爭議的人物。在他經手的病例中，有三個特別令人膽寒：他曾在兩分半鐘內切下患者的腿，但由於用力過猛，同時也切下了患者的睪丸；一名頸部潰爛的少年，由於李斯頓的過分自信而導致誤診，當他用刀切開患部時，少年立即噴血不止而死；他還創造了一起歷史上唯一死亡率達百分之三百的手術紀錄：被他以神速切下腿部的患者翌日因感染死去（這在當時相當常見），他的助手則被他失手切斷手指，亦因感染而死去，另一個無辜受害者是在場觀摩手術的一位名醫，被他刺中兩腿間的要害，因恐懼而休克致死。

在這種情況下，人類的一個早期願望必定是對魔幻止痛物的希冀。為達到這一目的，古代的醫生們對某些植物的止痛性能作過廣泛的研究，從實踐經驗中悉心積累了許多知識。

四千年之前，可卡因和鴉片就已作為影響心理狀態的藥品而為人所熟知。它們也經常被當作藥物來使用。西元一世紀初，羅馬作家塞爾蘇斯曾建議將莨菪當作鎮靜劑使用。對羅馬人來說，藥力最強的麻醉劑當屬曼陀羅了。其理由還是充分的：曼陀羅子含有顛茄和東莨菪，都是減緩心律的藥物，服用得當還能徹底消除疼痛，減少手術給病人帶來的精神創傷。普林尼於西元七十五年前後描述過羅馬醫生更具建設性地使用這種藥

物的過程。在歐洲中世紀，為古羅馬人所熟知的這些麻醉藥物一直在繼續使用。但在攝取途徑方面發生了很大的變化。最常見的攝取途徑是西元九～十五世紀無數典籍中提到的「催眠海綿」法。它是把一些藥物——包括鴉片、曼德拉草、莨菪和從芹葉鈎吻中提煉的毒物——混合後浸入海綿之中，隨後將海綿晾乾。在需要麻醉劑時可將海綿浸濕，放在患者的嘴上，讓患者吸入藥味。這些混合藥物肯定會使任何人陷入毫無知覺的狀態，儘管吸入致命的芹葉鈎吻毒物（可以先後抑制神經系統的運動中樞和感覺中樞），會使整個手術極具風險。

但是情況表明，這些處方並不像所說的那樣深受歡迎——因為它們在劑量過高時可能會帶來致命的危險。

## 華佗發明「麻沸散」

除了西方，中國古人很久以前就有關於手術麻醉的傳說和記載。

西元二世紀，醫學家華佗發明了「麻沸散」，並已可以使用全身麻醉進行腹腔手術。而歐美使用全身麻醉術是十九世紀初的事，比我國推遲了一千六百多年。這是中國麻醉術最重要的一個進步。

華佗對麻醉學的貢獻已得到國際醫藥學界的承認，並不斷有人對麻沸散的成分進行研究。美國的拉瓦爾在其所著的《藥學四千年》一書中指出：「一些阿拉伯權威提及吸入性麻醉術，這可能是從中國人那裏演變出來的。因為，據說中國的希波克拉底——華佗，曾運用這一技術，把一些含有烏頭、曼陀羅及其他草藥的混合物應用於此目的。」其中所說的希波克拉底，是古希臘醫師，西方醫學的奠基者。也有研究者認為，保留在醫書《華佗神方》中的麻沸散，是由羊躑躅、茉莉花根、當歸、菖蒲四味藥組成的。

除了華佗的「麻沸散」，西元六五二年，孫思邈在《備急千金藥方》，一五九六年李時珍在《本草綱目》中，都介紹了曼陀羅花的麻醉作用。一七四三年趙學敏所著的《串雅內編》中也介紹了由草烏、川烏、天南星、蟾酥、番木鱉等組成的開刀藥方。

## 現代麻醉劑的發明

十九世紀以來，手術治療的客觀要求日益增長，對麻醉的要求也更加迫切，同時化學的發展為麻醉的探索和研究提供了有利的條件。

一七九九年，英國的化學家戴維最早發現了氧化亞氮有麻醉作用，他在自己吸入氧化亞氮後，發現其炎症部位的疼痛有所緩解，因而他斷定：「氧化亞氮，可以在出血不多的手術中起到麻醉作用。」戴維在給朋友的一封信中，敘述過他吸入氧化亞氮以後的歡樂、快慰的感覺。因此氧化亞氮也稱作「笑氣」。但是這一發現卻沒能及時在臨床上推廣。一八二四年，希克曼用二氧化碳、氧化亞氮和氧氣對動物施行了麻醉實驗，並進行了截肢手術。他要求進行人體實驗，但未被應允。直到一八九三年，化學家斯考芬證實吸入多量笑氣可使人呈醉態，甚至失去知覺，使用麻醉劑的時代才真正開始了。

除了氧化亞氮以外，人們還探索了其他麻醉的方法。一八一八年，著名科學家法拉

第在著作中曾指出「乙醚有致人昏迷的作用，其效應與氧化亞氮很相似」。醫生們從中受到啟發。一八四二年，美國羅徹斯特的一個叫威廉．克拉克的學化學的學生，給一個需要拔牙的婦女施用了乙醚，使她在拔牙時毫無痛苦。同年三月三十日，美國的另一位醫生克勞福德．郎格應用乙醚吸入式麻醉方法，成功地為一個頸背部腫瘤患者進行了切除手術，隨後他繼續用乙醚進行了許多小手術。由於當時郎格居處偏僻，他的成就未能被世人所知。

一八四四年夏天，美國牙科醫生莫爾頓到波士頓實習，並來到他的校友傑克遜處學習化學知識。後者畢業於哈佛大學醫學院，是位化學家。一次閒談中，莫爾頓談到拔牙時如果能破壞牙神經就好了。傑克遜說，他有些乙醚，這種物質可減輕牙痛，說著隨手給了莫爾頓一些。後來，一位患者找莫爾頓拔牙，並希望不要太痛。於是莫爾頓將蘸有乙醚的手帕遞給患者，讓其吸入，使其漸漸失去知覺，然後在助手的幫助下，將牙拔掉。莫爾頓拔完牙後，問患者有何感覺，病人高興地說：「真是奇蹟！一點疼痛感都沒有。」這次成功引起很大轟動。麻醉藥開始得到越來越多的醫生承認和應用。

一八四六年十月十六日，美國麻薩諸塞州總醫院的另一個莫爾頓用乙醚麻醉，從一個病人的脖子上割下一個腫瘤，僅歷時八分鐘，首次證明在進行大手術時，能用乙醚來進行全身麻醉。這次手術成功的消息在美國迅速傳開，而後又傳遍了全世界。各國相繼採用乙醚麻醉進行手術，結束了病人必須強忍劇痛接受手術的時代。中國和俄國都是在莫爾頓成功的次年即開始採用乙醚麻醉的國家。

後來，婦產科大夫辛普森把乙醚用在產科手術中，但是過了一段時間後，他發現用氯仿比乙醚的麻醉效果更好，所以氯仿成了第三種重要的麻醉藥。

今天，乙醚和氯仿仍是全身麻醉最常用的麻醉劑。

## 影響

現在在外科手術中，已經無法想像沒有麻醉劑的情況會是怎麼樣的。如果沒有麻醉劑，對於要動手術的病人而言，那是一種怎樣的痛苦的煎熬：撕心裂肺的嚎叫和痛徹骨髓的感覺。醫生手術的效果也會大打折扣，無數的病人慘死在手術臺上。這些悲劇，在沒有發明麻醉劑之前，是非常正常的。特別是戰爭，成千上萬的受傷士兵都要面對這種悲慘的結局，本來可以挽救的生命，往往就此失去。

麻醉劑的發現，減輕了人類的痛苦，挽救了更多病人的生命，提高了人類生存的能力和生活的品質，通過造福人類身體本身，進而造福後世，改變了世界悲慘的一面。

# 49 鴉片戰爭——中西文明的碰撞

一八四〇年，英國侵略者在其他西方資本主義列強的支持下，向古老封建的中國發動了一次侵略戰爭。由於這次戰爭是英國強行向中國傾銷鴉片引起的，所以歷史上叫作鴉片戰爭。鴉片戰爭以後，中國開始由獨立的封建國家逐步變成半殖民地半封建的國家，中華民族開始了一百多年屈辱、苦難、探索、鬥爭的歷程。

## 鴉片的輸入和林則徐禁煙

八世紀時，鴉片便經由阿拉伯人，輸入中國，一直作為藥物使用。大概到了十六世紀，人們發現它可以被燒成煙霧吞到肚子裏。當時葡萄牙是最大的販毒國。十七世紀末，英國征服印度後，把鴉片專賣權授給治理印度的東印度公司，遂大量向中國傾銷，然後再從中國把茶葉、生絲等輸往英國，英國人在這種三角貿易中大獲其利。除了英國之外，美國也從土耳其向中國輸入鴉片，俄國則從中亞向中國北方輸入鴉片。

當時的鴉片價格，每公斤約值白銀五兩。在鴉片戰爭以前的四十年中，英國走私運入中國四十多萬箱鴉片，從中國掠奪去約三、四億銀元。造成國內銀元枯竭，銀價上漲一倍以上，工商停滯，國窮民困。當時吸食的人越來越多，不僅貴族官僚、地主豪紳、商人、學士，到後來連農、工、兵、役也抽起鴉片來。到一八三八年，全國抽鴉片煙的人達二百多萬。一些堅決主張禁煙的愛國志士痛心地指出：「以中國有用之財，填海外無窮之壑，易此害人之物，漸成病國之憂。」對此，清政府不得不考慮處置的辦法了。

一八三八年六月二日，力倡禁煙的鴻臚寺卿黃爵滋向道光皇帝上疏，提出一個「重治吸食」的嚴禁方案，主張吸鴉片的人，必須在一年內戒絕，過期不戒者，普通百姓處以死刑，官吏則罪加一等，本人處死，其子孫不准參加科舉考試。湖廣（湖南省・湖北省）總督林則徐、兩江總督陶澍等支持黃爵滋的主張。林則徐從一八三八年七月至九月，三次覆奏道光皇帝，贊成黃爵滋的主張。他尖銳地指出，如果不切實禁煙，長此下去，幾十年後，軍隊就會衰弱，國庫就會空虛，中原幾無可以禦敵之兵，國家無可以充餉之銀。在這種情況下，道光皇帝被林則徐打動，決定禁煙。

一八三八年，道光皇帝授林則徐為欽差大臣，加兵部尚書銜，節制廣東水師，前往廣東厲行禁煙。一八三九年一月八日，他奉命離開北京，前往廣州。三月十日，林則徐一到廣州，立即開展禁煙運動。原來對禁煙不太積極的兩廣總督鄧廷楨，在形勢推動下，也轉變為禁煙派中的積極人物。他向林則徐表示，一定要「合力同心除中國大患之源」。三月十八日，在經過周密調研後，林則徐令外國商人把現存的鴉片，於三天內全部交出，還要具結保證：「以後永不夾帶鴉片，如果違犯被查出時，甘願船隻立即沒收，人員就地處決。」第二天，外國商人所住的商館即被包圍，中國僕婦跟附近居民，也都撤退。其他國家都願作此承諾。英國商務監督查理義律也願具結保證以後英國商船

絕不夾帶鴉片，但遇到有違犯這項禁令時，他要求兩點：一、沒收鴉片，必須付給補償。二、對於違法人員，不能就地處決，必須經過公開的審判，才可以定罪。

三月二十二日，三天期限已滿，毒販們只交出一個零頭（一千零三十七箱）。見此情況，林則徐立即下令派兵封鎖商館，停止中英貿易，斷絕商館與鴉片船之間的交往，並撤退商館中的中國雇員。義律無計可施，只得命令交出全部鴉片。林則徐會同鄧廷楨親自驗收。從四月十二日到五月二十一日驗收完畢，共收繳鴉片二萬多箱，約二百三十多萬斤，值白銀八百萬兩。

為了不讓鴉片毒害人民，林則徐決定將收繳的鴉片全部銷毀。一八三九年六月三日下午兩點鐘，林則徐宣布銷煙開始。士兵們向挖好的池子裡放滿海水，投進鴉片，再撒上石灰。剎時間，滿池鴉片很快化為渣沫。這時正是退潮的時候，林則徐命令打開閘門，滿池廢渣隨滾滾潮水捲入大海。從一八三九年六月三日起，花了二十三天時間，終於把二萬多箱鴉片全部銷毀。

## 戰爭的爆發和清朝的失敗

面對清政府的禁煙措施，英國資產階級特別是其中的鴉片利益集團，立即掀起一片侵華戰爭叫囂。英國政府很快作出向中國出兵的決定。一八四〇年六月，侵華英軍總司令懿律率艦隻四十餘艘、士兵四千多名，陸續到達中國南海海面。六月二十八日英艦封鎖珠江海口，第一次鴉片戰爭正式爆發，英國侵略中國的戰爭正式開始。七月初，英軍侵佔浙江定海，八月初到達天津大沽口外，直逼京畿。道光帝這時候才大吃一驚，命直隸（河北省）總督琦善趕到天津談判。英國來勢兇猛，本來要展示它的炮火威力的，但駐紮在舟山群島的英軍得了傳染病，已有很多人死亡，懿律急於結束在北方的停留，於是他接受琦善所提的條件：一、清政府承諾處罰「辦事不公平」的林則徐。二、清政府承諾再派大員到廣州，聽取英國商人的冤情。道光對琦善竟以三寸不爛之舌，說退英夷，認為是天下奇才。於是把林則徐撤職，發配到邊遠的伊犁充軍，任命琦善當欽差大臣兼兩廣總督，負責跟英國談判。年底，琦善在廣州與英國侵略者談判。英軍卻於一八四一年一月七日突然在穿鼻洋發動進攻，攻陷沙角、大角炮臺。一月中旬，琦善被迫答允英國全權代表義律提出的割讓香港、賠償煙價六百萬元、開放廣州等條件。琦善私允英軍條件，違背了清廷的指示精神，後來受到嚴懲。但在二十六日，英軍卻不待中國政府同意就佔領香港。清政府得知沙角、大角炮臺失守後立即對英宣戰。二月下旬，英軍攻陷虎門炮臺，水師提督、愛國將領關天培與守軍數百人壯烈犧牲。五月，英軍逼近廣州城外，清軍全部退入城內。下旬，新任靖逆將軍奕山向英軍乞和，與英國訂立了可恥的城下之盟——《廣州和約》，規定由清朝方面向英軍交出廣州贖城費六百萬元。

英國政府不滿足義律從中國攫取的利益，改派璞鼎查為全權公使，增調援軍，擴大侵華戰爭。一八四一年八月下旬，璞鼎直率英艦自香港北犯，二十六日攻陷廈門。九月侵犯台灣。十月攻陷定海、鎮海、寧波。一八四二年五月，英軍繼續北犯，六月攻陷長江口的吳淞炮台，寶山、上海相繼失陷。接著，英軍溯江西上，八月五日到達江寧（南

京）江面。腐敗的清政府命令盛京將軍耆英趕到南京，於二十九日與璞鼎查在英國軍艦上簽訂中國近代史上第一個不平等條約——《南京條約》，第一次鴉片戰爭到此結束。

## 巨變

通過《南京條約》及其補充條約，英國從中國獲取了許多特權，主要內容有：

一、強佔香港。英國早就想在中國沿海佔領島嶼一處。鴉片戰爭爆發前，查頓向帕麥斯頓獻策，認為可以佔香港。香港擁有非常安全、廣闊的停泊港，給水充足，並且易於防守。《南京條約》規定，清政府將香港割讓英國，「任便立法治理。」從此，香港建立起英國的殖民統治，成為侵略中國的重要基地。

二、勒索巨款。中國賠償英國鴉片煙價六百萬元、商欠三百萬元、軍費一千二百萬元，共二千一百萬元（廣州「贖城費」六百萬元不包括在內），分四年付清。這筆鉅款，相當於那時清政府全年財政收入的約三成。

三、五口通商。《南京條約》規定，開放廣州、福

中英《南京條約》簽署

州、廈門、寧波、上海為通商口岸。英國在五口有權駐領事等官員，商人可以自由通商，不受只准清政府指定的「行商」進行貿易的限制。從此，中國東南沿海各省門戶大開，資本主義商品洶湧而來。隨後的《虎門條約》還准許英國人在五口租地建屋，永久居住。之後，外國侵略者利用這一點，恣意引申，在中國各通商口岸劃出一部分土地，作為直接管理的租界，並以租界為據點，在政治上、經濟上加強對中國的控制和掠奪。

四、控制關稅。所謂協定關稅，規定英國商人「應納進口出口貨稅、餉費、均宜秉公議定則例」。從此，中國喪失了關稅自主權，只要英國不同意，中國就不能增減海關稅率。《五口通商章程》更規定「值百抽五」的低稅率，摧毀了關稅壁壘應起的保護作用，從而大大便利了外國資本主義對中國的商品傾銷和原料掠奪。

五、領事裁判權。《五口通商章程》規定，凡是英國人與中國人發生「交涉詞訟」，或在中國領土上犯罪，其如何定罪，「由英國議定章程、法律，發給管事官（即領事官）照辦」，中國官員無權依據中國法律進行判處。這種「領事裁判權」制度，嚴重破壞了中國司法主權，開創了外國人在中國犯罪而不受中國法律管束的惡例。

六、片面最惠國待遇。最惠國待遇應該是締約國雙方的對等權利。但在中英不平等條約裏，卻只規定了締約外國能夠片面享受最惠國待遇。

在《南京條約》及其附約中，英國利用中國清政府官員對國際事務的茫然無知，一半恐嚇，一半欺騙，使清政府在糊里糊塗中任憑英國擺布。中國閉關自守的大門，從此被英國的軍艦大炮打開，再不能復合。

## 影響

鴉片戰爭，是西方文明強烈衝擊東方文明的開始。中國一直以天朝上國自居，但是在英軍的炮火之下，這種一廂情願的想法破滅了，這對中國思想界是一個衝擊，同時對日本等東方國家也是一個衝擊。經過鴉片戰爭，英國在東方擊敗了中華帝國，從而更加奠定了英國以及其他西方國家對東方的優勢，東方逐漸淪為西方資本主義國家的原料產地和產品傾銷市場。而西方資本主義國家由此而更加迅速地發展起資本主義，形成一個強大的資本主義世界。

鴉片戰爭以後，中國的社會階級結構和主要矛盾開始發生變化。戰前，中國社會基本上只有兩大對立階級，即農民階級和地主階級。戰後，出現了一批買辦和買辦商人；在外國企業中出現了第一批產業工人。中國社會的主要矛盾，除原有的封建地主階級和人民大眾的矛盾外，又出現了外國資本主義與中華民族的矛盾。從此，中國的革命進入了一個新的歷史時期，即以反帝反封建為主要任務的資產階級民主革命的時期。因此，鴉片戰爭是中國歷史的轉捩點，是中國近代史的開端。

# 50 明治維新——日本近代化的曙光

我們以複雜的心情看看日本崛起的歷史。日本明治維新之前，德川幕府多次頒布海禁和嚴禁基督教的法令，並嚴格限制對外通商。在各個方面，都是中國的翻版。但是從明治維新開始，日本勵精圖治，迅速崛起，並且多次發動對外戰爭，成為世界一流強國，對東亞甚至世界格局產生了重要影響。

## 倒幕運動

日本在明治維新前是一個閉關自守、封建落後的國家。這個國家號稱「神國」，是所謂「諸神保護的國家」。天皇就是神的化身，他對自己的臣民擁有至高無上的權力。「忠君報國」、「效忠天皇」的思想一直是日本封建社會的最高道德準則。

到了十七世紀初，國家權力落到了由德川家康創立的被稱作「武家政權」的德川幕府手中。德川家康（一五四二～一六一六年），原是一個地方諸侯（日本人稱作「大名」），在多年的群雄爭霸戰爭中勢力逐步擴大，並於一六〇〇年關原之戰中擊敗了與之對立的大名，奠定了日後總攬天下的基礎。一六〇三年，德川家康從日本天皇那裏取得「征夷大將軍」的稱號，並在江戶城（東京）創設了封建軍事專政政權。此後，德川一

家世襲相承，經十五代將軍，在日本維持了長達二百六十餘年的幕府統治。

在德川幕府統治下，日本名義上的首腦是天皇，但實權已落在德川家族的手中。當時幕府將軍把持著全國最高土地所有權，直轄約佔全國耕地總面積的四分之一，是最大的封建領主。並且，還掌握著全國的商業城市和礦山，壟斷著對外貿易，控制著國家經濟命脈。在政治上，德川幕府名義上是「大將軍」，實際上自稱「大君」，對外代表國家，對內主持政府，大權獨攬。最典型的是，幕府並不設在首都，而在江戶辦公，處理國家大事，往往自作主張，根本不把天皇放在眼裏。

為了加強自己的統治，德川幕府在日本全國實行了「幕藩體制」，這是一種金字塔般的制度，德川幕府將軍端據於其頂，下面由各諸侯支持。為了獲得大名的擁護，德川家族把掠奪來的土地分封給二百六十家大名，各地大名則必須宣誓效忠將軍，遵守幕府法規，聽從調遣。大名的領地和統治機構叫

明治天皇的葬禮

做「藩」，意即幕府的屏障。並按親疏關係，把二百多個藩分為親藩、內藩和外藩，將軍依靠親藩、內藩，對邊遠的外藩大名嚴加防範。大名又把自己的領地分割成更小的單位分賜給自己的家臣，他們屬於將軍和大名之下，被稱作武士。這些武士一般是職業軍人，擁有佩刀的特權，殺死平民可以不受懲罰，是幕府將軍統治人民的主要力量。

為了更加鞏固自己的統治，幕府一方面拼命鼓吹迂腐的儒家思想，尤其把宋朝理學家朱熹的學說定為國學，禁錮人民的思想，壓制他們的反抗情緒；另一方面，推行閉關自守的「鎖國」政策，不和其他國家建立任何關係，把整個日本嚴密地封閉起來。

十八世後期，隨著商品經濟的發展，出現了新興的地主階級和商業資本家，他們為了爭得政治上的地位，擺脫封建統治，對幕府制度產生強烈的不滿。而廣大的人民群眾不堪忍受苦難的生活，反抗的情緒也日趨高漲，接連爆發無數次農民起義和市民暴動。這些反抗鬥爭，嚴重地動搖了幕府的統治。

十九世紀中葉，一向奉行「鎖國政策」的日本，遭到美、英、法、俄等國的侵略。一八五三年和一八五四年，美國海軍將領柏利率領艦隊兩次闖進江戶灣，迫使日本開港通商。幕府屈服於列強的炮火，連續與列強簽訂了很多不平等條約和關稅協定，出賣國家主權和民族利益。日本面臨著嚴重的民族危機。日本人民仇視外國侵略者，更痛恨和侵略者相勾結的幕府。農民和市民紛紛起義，開展「倒幕」運動；中下層武士、商人、資本家和新興地主中的改革勢力也投入了「倒幕」鬥爭。

一八六三年十二月，長州藩討幕派高杉晉作率領以農民為主體的「奇兵隊」擊敗保

守派，奪取了藩政權。隨後，薩摩藩討幕派西鄉隆盛、大久保利通等人也控制了藩權。不久，這兩股力量結成討幕聯盟，成為全國討幕運動的核心。他們一方面實行政治、經濟改革，以調動農民、商人和中下級武士的積極性；另一方面，在軍事上武裝自己，購置大量的西方先進武器，與幕府軍隊抗衡。

面對這個情況，德川幕府自不會善罷甘休。一八六六年五月，幕府藉口長州藩蓄謀叛亂，派遣大軍討伐。以為勝券穩操的幕府軍對於他們對手的詳情是所知不多的，只曉得高杉晉作的部隊喚作奇兵隊，是用各種稀奇古怪的洋玩意裝備起來的，但是等到了戰鬥打響時，幕府軍終於發現他們的敵手是可怕的。那是支由貧窮武士、浪人、農民所組成的軍隊，所有官兵都作戰勇敢，所有服裝、武器和訓練方式都取法於歐洲。幾番衝殺和突擊，幕府軍終於撐不住，敗下陣來。這時，幕府的後院又開始起火，各地不約而同地爆發了四十多起暴動。七月間，將軍家茂在大阪於絕望中病死。

一八六六年的十二月，德川慶喜繼任將軍。不久，壓制討幕派的孝明天皇去世，不滿十五歲的明治天皇即位。這時，宮廷形勢開始向有利於討幕派方面發展。一八六七年十月，薩摩、長州、安藝三藩討幕派在京都召開秘密會議，決定利用年幼的明治天皇的名義武裝倒幕。他們一方面擴充兵力，另一方面秘密同天皇取得聯繫，準備發動宮廷政變，把德川將軍趕下台去。

一八六七年十二月九日，西南各諸侯率兵包圍皇宮，解除德川幕府駐後宮警衛隊的武裝。他們簇擁著年少的明治天皇，召開御前會議，宣布「王政復古」，大權全歸天皇掌握。明治天皇隨即頒布詔書，決定建立由他領導的新的中央政府，並委派西鄉隆盛和大久保利通這些改革派主管政事。

一八六八年一月底，倒幕軍在京都附近擊敗幕府軍，德川慶喜逃往江戶。政府軍不給對方喘息之機，跟蹤幕府殘軍，迅即包圍江戶。二月，天皇組織討幕軍，由於廣大農民和城市貧民積極配合，倒幕軍終於打敗了比自己數量大三倍的幕府軍，德川慶喜被迫投降，統治日本長達二百多年之久的德川幕府垮臺。倒幕派取得了勝利，建立起以明治天皇為首的日本新政府。明治天皇廢藩置縣，將全國劃為三府七十二縣，消滅了國內的封建割據勢力，建立起一個統一的中央集權的國家，為發展資本主義掃除了障礙。

## 明治維新

一八六八年三、四月間，明治政府先後頒布了《五條誓文》和《政體書》，從而提出推行資本主義新政的基本方針，從一八六八年至一八七三年，開展了大刀闊斧的維新運動。《五條誓文》是：一、廣興會議，萬機決於公論；二、上下一心，盛行經綸；三、官武一途以至庶民，各遂其志，務使人心不倦；四、破歷來之陋習，基於天地之公道；五、求知識於世界，大力振興皇基。

日本維新運動的主要內容有，收回封建地主領地、取消封建身分級制、扶植資本主義工商業、破除封建主義舊文化。同時，思想家西周倡導西方思想，成為日本「近代哲學之父」，福澤諭吉等人提倡「實學」，以儒家吸收西學，以「理」接受自然法思想，以

「天」接受天賦人權思想，不像中國人以儒家排斥西學。政界大久保利通等人則提出「富國強兵，殖產興業，文明開化」的口號，力促改革，從官辦企業開始，強行積累原始資本；同時以貿易立國，不惜經濟被奴役，喪失海關自主權，貿易逆差大量存在，金銀嚴重外流而對外開放。後來，日本政府提出「開拓海外直銷基業的建議」，外交官肩負起發展對外貿易的使命。日本還以教育為「大本」。一八七二年文部省頒布《學制》，普及小學教育，到二十世紀七十年代則普及了高中教育。

## 影響

這些有利於發展資本主義的改革措施，使日本走上了資本主義道路，擺脫了淪為殖民地的危機，由一個落後的封建社會，逐步轉變為獨立的資本主義強國。

但是由於當時日本資本主義的發展水平不高，資產階級較為軟弱，尚未形成獨立的政治力量，因而國家的領導權落在中下級武士手中，他們雖然資產階級化了，但仍保留著濃厚的封建主義因素，使它日後逐步發展成為軍事封建的帝國主義。

明治維新是日本擠進資本主義列強的轉捩點。新興的資產階級與保留下來的封建貴族相勾結形成軍事封建帝國主義，極力對外擴張，成為第二次世界大戰的策源地。給世界帶來了巨大的災難和痛苦。

# 51 馬克思創立科學社會主義學說——共產主義革命時代來臨

在二十世紀快要結束的時候，英國《泰晤士報》舉行了一個測驗，目的是看看到底在幾千年的人類歷史中，哪些人影響了世界歷史的發展。測驗的結果，作為無產階級革命導師的馬克思以絕對多數排在首位。

## 馬克思的早期活動

卡爾．馬克思，一八一五年五月五日出生於德國一個風景如畫的小城特利爾城。他的父親是猶太人，一個非常有名的律師，這對於馬克思豐富的思維、嚴密的邏輯和雄辯的演說才能影響很大。在馬克思的家裏，有較為富裕的條件和充滿文化氣氛的環境。他的母親是荷蘭人，賢淑善良，善於持家，對馬克思父親的工作幫助很大。

一八三五年夏天，馬克思即將中學畢業，他的一篇作文引起了老師的注意，這篇文章的題目是「青年在選擇職業時的考慮」。文中有幾段這樣寫

馬克思

道：「如果人只是為了自己而勞動，他也許能成為有名的學者、絕頂聰明的人、出色的詩人，但他絕不能成為真正的完人和偉人。」「如果我們選擇了最能為人類福利而勞動的職業，我們就不會為它的重負所壓倒，因為這是為全人類所作的犧牲，那時，我們感到的將不是一點點自私而可憐的歡樂，我們的幸福將屬於千萬人，我們的事業並不會顯赫一時，但將永遠存在。」文章中深刻的思想內容為教師們所驚歎，給他們留下了深刻的印象。

一八三六年，馬克思轉入柏林大學學習。馬克思在柏林大學學習過程中，加入「青年黑格爾派」，積極參與他們的活動，這使他更多地吸收了該派的民主思想成分，加強了對世界的認識，增強改造世界的信心，為他以後的思想發展、理論建樹奠定了基礎。

一八四一年，馬克思大學畢業之際，認真完成了一篇哲學論文，他試圖以哲學來改造世界，論文系統完整地反映了馬克思此時的哲學觀點、理論建樹和思想內涵。在論文中，他引用希臘神話中普羅米修斯為了人類而寧願犧牲自己的話語，表現自己決心為改造人類世界而進行堅持不懈的鬥爭。大學畢業後，馬克思任《萊茵報》主編。他借助《萊茵報》來宣傳革命思想，所以這份報紙成了馬克思畢業後進行革命工作的第一步。

一八四三年深秋，馬克思離開了德國，來到了法國巴黎。為了更好地宣傳自己的理論，馬克思不斷地加強與工人的聯繫，以便了解工人階級的願望，把自己的理論思想與工人階級的實際思想結合起來。因此，他不斷到工人家去了解工人生活、思想、要求，還經常參加工人組織的秘密會議。

由於認真地、長時間地參與工人的活動，馬克思越來越清晰地看到，要使工人階級翻身解放，成為社會的主人，就必須消滅私有制，全面提高全人類的思想覺悟和文化水準，進而建立一種更完善、更理想、人人平等、沒有剝削、沒有壓迫的新型社會——共產主義社會。只有在這個社會裏，才能夠實現人類大同。

同時他又認識到，要實現共產主義社會，光靠抽象的理論是不行的，還必須付諸實際的行動。這個行動，就是打碎舊的國家機器，推翻資產階級專政。要做到這一點，還必須依靠廣大的工人、農民等無產者聯合起來，共同奮鬥。

## 《共產黨宣言》的出版——馬克思主義的誕生

隨著工業革命的深入，資本主義迅速發展，資本主義制度的各種弊端也日益暴露。一方面，自一八二五年英國爆發第一次資本主義經濟危機以後，差不多每隔十年左右，資本主義國家就發生一次經濟危機，使經濟遭到嚴重破壞。這是生產社會化和生產資料私人佔有之間的矛盾造成的結果，資本主義制度無法克服這一矛盾。另一方面，廣大工人對惡劣的勞動條件和生活狀況越來越不滿，為了改善自身的處境，同資本家展開了各種形式的鬥爭，工人運動逐漸興起，並日趨成熟。

十九世紀三十~四十年代，歐洲爆發了三次大規模的工人運動。一八三一年和一八三四年的法國里昂工人起義、一八三六年開始的英國憲章運動和一八四四年的德意志西里西亞織工起義。這三次工人運動雖然最後都失敗了，但是，它們表明，無產階級已經

覺醒，並作為一支獨立的力量登上了政治舞台。工人運動的實踐使越來越多的人感到無產階級革命迫切需要科學理論的指導，同時也為科學理論的創立提供了必要的條件。

在長期的革命實踐和理論研究中，馬克思、恩格斯一方面深入工人群眾，揭露並分析資本主義制度；另一方面廣泛汲取人類優秀文化成果，特別是對當時出現的德意志古典哲學、英國古典政治經濟學和英法的空想社會主義學說加以批判繼承，創立了馬克思主義理論。

德意志古典哲學的主要代表是黑格爾和費爾巴哈。黑格爾的主要貢獻是辯證法，他認為，世界處於不斷運動、變化和發展之中，矛盾是發展的內在根源。但是，在黑格爾看來，辯證運動的主體不是客觀存在的物質，而是「絕對精神」，從而陷入了唯心主義。費爾巴哈發展了唯物主義，但他的唯物主義很機械，而且僅局限於解釋自然現象，在說明社會歷史問題時，他又成為唯心論者。馬克思、恩格斯批判地吸收了黑格爾的辯證法思想和費爾巴哈唯物主義思想的合理部分，建立了辯證唯物主義和歷史唯物主義。

英國古典政治經濟學的代表人物有亞當．斯密和大衛．李嘉圖等，他們的主要貢獻是奠定勞動價值論的基礎。馬克思、恩格斯在繼承其勞動創造財富思想的基礎上，批判了他們關於資本家和工人共同創造財富的觀點，提出剩餘價值學說，確立了馬克思主義的政治經濟學。同時，馬克思和恩格斯還借鑒了聖西門、傅立葉、歐文等空想社會主義者對資本主義社會的批判和對社會發展方面的一些天才設想，創立了科學社會主義。

一八四七年十一月底至十二月初，共產主義者同盟在倫敦召開第二次代表大會。馬克思和恩格斯都出席了會議。這次大會的主要任務，是通過新的《章程》和制訂綱領。大會共開了十天。早在兩個月前，同盟中央委員會曾用一種問答的形式寫成了綱領草案：《共產主義信條的象徵》，同盟把它分發給全體成員討論。因為這份綱領還具有不少空想成分，如把共產主義看成是思想家的發現。為此，恩格斯又草擬了一份綱領，也是用問答體，名為《共產主義原理》。新章程的討論比較順利，但在討論綱領時，第二次代表大會產生了激烈的爭論。於是，馬克思和恩格斯耐心地做了宣傳和解釋工作。漸漸地使代表們的意見趨向一致。最後，大會同意了馬克思和恩格斯的觀點，並且決定委託馬克思和恩格斯起草一個宣言，作為共產主義同盟的行動綱領。同時，也作為同盟的重要文件，向全世界公開發表。

他們吸收了《共產主義原理》中的基本觀點，在大會結束以後，馬克思和恩格斯積極投入新宣言的寫作。不久，《共產黨宣言》順利完成，並於一八四八年二月在倫敦正式出版發行。《共產黨宣言》是科學社會主義的第一個綱領性文件，它系統地闡述了共產主義理論，成為全世界無產階級鬥爭的總綱領。它著重闡明了資產階級的滅亡和無產階級的勝利都是不可避免的客觀規律，明確規定了無產階級革命的任務和目的，提出了無產階級革命的策略思想。

《共產黨宣言》的結尾，馬克思、恩格斯豪邁地宣稱：讓統治階級在共產主義革命面前發抖吧！無產者在這個革命中失去的只是鎖鏈，他們獲得的將是整個世界！最後，以「全世界無產者，聯合起來！」作為《宣言》莊嚴的結語。

《共產黨宣言》的發表，是世界歷史上劃時代的大事，它標誌著馬克思主義的誕生，標誌著人類思想史上一次偉大的革命。無產階級革命者從此可以用嶄新的世界觀來觀察世界和改造世界。

## 無產階級的聖經——《資本論》

一八四八年歐洲大革命失敗以後，馬克思和恩格斯到了巴黎，他們認真地總結了革命失敗的經驗教訓，認識到，要建立無產階級政權，必須打碎舊的國家機器，建立無產階級領導的工農聯盟。這對於指導今後的工人運動具有重要意義。

由於受到驅逐，馬克思只好前往英國。這年的十二月，馬克思領到了一張英國博物館的閱覽證，從此，閱覽室成了他的半個家。馬克思在這裏寫成了揭露資本主義罪惡的煌煌巨著《資本論》。他每天所摘錄的大量資料，都是在為寫作《資本論》作準備的。其實，早在一八四三年，馬克思就開始研究政治經濟學了，只不過到這時，他把主要精力集中運用到了這部書上。據有人統計，在世界一流的倫敦博物館所藏圖書中，馬克思閱讀過的書籍有一五〇〇多種，他所摘的內容和整理的筆記有一百餘本！

一八六七年，《資本論》第一卷出版了。馬克思懷著無比興奮的心情緊緊地捧住了這部剛剛出版的著作。《資本論》的出版，是國際共產主義運動史上的一件重要大事，它迎來了無產階級的新的鬥爭歷程。

在這部書中，馬克思通過大量事實，詳細而深刻地分析了資本主義的發展歷史，揭穿了資本主義迅速發展的「秘密」，暴露了資本主義殘酷剝削工人階級的醜惡本質，也指出了工人階級之所以極其貧困的原因。

書中一個重要的理論，就是「剩餘價值」學說，馬克思指出，幹活付錢，這是錯誤的認識，就是說工人幹活，資本家付給他錢，看來這並沒有什麼不對，但是實際上，這不是「等價交換」，工人為資本家勞動所創造的財富遠遠大於自己所得的報酬，如一個工人一天勞動所得為八塊錢，而他在一天之內為資本家所創造的利潤遠遠不止八元，可能是十六元，也可能是二十四元，還可能更高。這怎麼能是「等價交換」呢？那麼這多餘的部分，即這個工人工資之外的八元、十六元或更高的數額，就是「剩餘價值」，被資本家無償地剝削走了。馬克思把這個「帳」算清以後，資本家剝削工人的本質、手段、訣竅就給暴露出來了，這使廣大工人階級更認清了資本家的剝削方法，從而為自己爭取更高的待遇準備了充足條件。

馬克思在《資本論》中斷然指出，資本主義必然滅亡和無產階級的必然勝利都是不可改變的，是歷史發展的必然趨勢，這就為無產階級的革命鬥爭提供了理論武器，增強了無產階級革命鬥爭的決心和信心。

## 影響

馬克思無疑是世界歷史上最偉大的革命理論家和思想家，正如達爾文發現生物界的發展規律一樣，馬克思發現了人類歷史的發展規律，而且不止於此，馬克思還發現了現

代資本主義生產方式，以及由它所產生的資產階級社會的特殊運動規律。可以說，馬克思、恩格斯完成了社會主義學說的第一次飛躍。馬克思創立的科學社會主義學說，成為全世界無產階級革命的聖經，馬克思去世以後，一場無與倫比的無產階級革命運動就揭開了序幕。

# 52 林肯就任美國總統——廢除奴隸制和美國走向強盛的源頭

一八六○年，林肯當選為美國總統。林肯的當選，使得美國南方實行奴隸制的諸州非常惶恐，因為眾所周知，林肯是一個廢奴主義者。當林肯走向白宮的時候，南北雙方的矛盾已經非常激化，大有拔刀相向之勢。林肯的前任對他說：「現在我可以輕鬆地度假了，你現在坐在火山口上面了。」這時，後來成為世界超級大國的美國，卻面對著分裂的局面，美國將來的命運隨時都會改變，就在這個時候，林肯成為美國這艘巨輪的舵手。美國是走向分裂，還是走向統一；是走向工業化，還是走向奴隸制；是走向民主，還是走向壓迫；完全不同的兩條道路，擺在了美國和林肯的面前。這一切將決定著美國的命運，如果美國從此走向一條光明的道路，在不遠的將來，美國將和俄國一個用犁、一個用劍來取代長期以來英國和歐洲主宰世界的局面，進而影響到世界的面貌。

## 林肯其人

一八○九年二月十二日，林肯出生在肯塔基州哈丁縣一個農民家庭。當時，正處在西進運動時期，他們家不斷向西搬遷，一八三○年，遷到伊利諾斯州的梅肯縣。小時候，林肯家裏很窮，他沒機會上學，每天跟著父親在西部荒原上開墾勞動。他自己說：

林肯在葛底斯堡演說

「我一生中進學校的時間，加在一起總共不到一年。」

長大後，林肯離開家鄉獨自一人外出謀生。他什麼活都幹，打過短工，當過水手、店員、鄉村郵遞員、土地測量員，還幹過伐木、劈木頭的大力氣活。不管幹什麼，他都非常認真負責，誠懇待人。據說，他當鄉村店員時，有一次，一個顧客多付了幾分錢，他為了退還這幾分錢竟追趕了十幾里路。

平時，無論勞動多麼緊張，林肯都要擠出時間讀些書。一八三二年，他參加伊利諾伊州議員的競選，儘管演說很成功，但還是落選了。一八三四年，二十五歲的林肯當選為伊利諾伊州議員，開始了他的政治生涯。一八三六年，他自學取得律師執照；次年，與人合作辦律師事務所，成了一名青年律師，並獲得了正直和廉潔的好名聲。林肯一度加入輝格黨，一八四七年，作為輝格黨的代表，他進入國會。林肯青年時期就痛恨奴隸制度，因為他當水手時，多次運貨到南方，親眼目睹了奴隸主的野蠻殘暴和黑奴遭到的殘酷折磨。因此在國會期間，他曾提出了一個在哥倫比亞特區逐漸地、有補償地解放奴隸的方案，但沒有成功。一八五〇年，美國的奴隸主勢力大增，林肯很少參加政治活動，拒絕當國會議員，繼續當律師。一八五四年，南部奴隸主派人進入新併入美國的堪薩斯，用武力強制推行奴隸制，引起了堪薩斯內戰，南北的矛盾進一步激化。這一年，共和黨成立，因為該黨主張廢除奴隸制，林肯就參加了，兩年後他在第一次全國代表大會上被提名為副總統候選人。他在競選演說中說：「我們為爭取自由和廢除奴隸制度而鬥爭，直到我國的憲法保證言論自由，直到整個遼闊的國土在陽光和雨露下勞動的只是自由的工人。」但這次競選沒有成功。

一八五八年六月一六日，林肯在同道格拉斯競選總統時發表了題為《家庭糾紛》的著名演說，他把南北兩種制度並行的局面比喻為「一幢裂開了的房子」。他說：「一幢裂開了的房子是站不住的，我相信這個政府不能永遠保持半奴隸、半自由的狀態。」林肯的演說語言生動、深入淺出，表達了北方資產階級的要求，也反映了全國人民群眾的願望，因而為他贏得了很大的聲譽。這次競選最後雖然沒有成功，但卻擴大了林肯的影響。一八六〇年，林肯成為共和黨的總統候選人，十一月，選舉揭曉，他獲得二百萬張選票當選為美國第十六任總統，但在南部十個州，他沒有得到一張選票。

林肯的當選，對南方種植園主的利益構成嚴重威脅，他們當然不願意一個主張廢除奴隸制的人當總統。為了重新奪回他們長期控制的國家領導權，他們在林肯就職之前就發動了叛亂。一八六〇年十二月，南方的南卡羅來納州首先宣布脫離聯邦而獨立，接著密西西比、佛羅里達等蓄奴州也相繼脫離聯邦。一八六一年二月，他們宣布成立一個「美利堅邦聯」，推舉大種植園主傑弗遜．戴維斯為總統，還制定了「憲法」，宣布黑人奴隸制是南方聯盟的立國基礎：「黑人不能和白人平等，黑人奴隸勞動是自然的、正常

的狀態。」

## 《解放黑奴宣言》

一八六一年四月十二日，南方軍隊炮擊並於十四日佔領了聯邦軍的薩姆特要塞，挑起了內戰（又稱「南北戰爭」）。林肯不得不宣布對南方作戰。林肯本人並不主張用過激的方式廢除奴隸制，他認為可以用和平的方式，先限制奴隸制，然後逐步加以廢除，而關鍵是維護聯邦的統一。在這種思想的支配下，北方政府根本沒有進行戰爭的準備，只是倉促應戰，而南方則是蓄謀已久，有優良的裝備和訓練有素的軍隊，所以，儘管北方在多方面都佔有優勢，還是被南方打得節節敗退，連首都華盛頓也險些被叛軍攻破。

北方在戰場上的失利引起了廣大人民的強烈不滿，許多城市爆發了示威遊行，要求政府採取措施扭轉戰局。這時林肯才意識到，要想打贏這場戰爭，就必須調動農民的積極性，廢除農奴制、解放黑奴。

一八六二年五月，林肯簽署了《宅地法》，規定每個美國公民只要交納十美元登記費，便能在西部得到一百六十英畝土地，連續耕種五年之後就成為這塊土地的合法主人。這一措施從根本上消除了南方奴隸主奪取西部土地的可能性，同時也滿足了廣大農民的迫切要求，大大激發了農民奮勇參戰的積極性。

一八六二年九月二十四日，林肯召開內閣會議，公布預告性《解放宣言》。宣布：如果在一八六三年一月一日以前南方叛亂者不放下武器，叛亂諸州的奴隸將從那一天起

林肯紀念堂

獲得自由並受保障。一八六三年元旦，林肯以總統身分，依據憲法所授予的合眾國陸海軍總司令的職權頒布了《解放宣言》。正式宣布：仍在反叛聯邦的各州及若干區域內，「所有被據為奴隸的人們立即獲得自由，並且以後將永保自由，合眾國政府和陸海軍當局並將承認和維護他們的自由」；「獲得自由的人們，除必要的自衛外，應避免使用任何暴力」，並在可能的情況下「忠誠地工作」；合乎條件的人「將被容納於聯邦的武裝部隊」，為聯邦服務。但《解放宣言》不適用於沒有參加叛亂的蓄奴州，對這些州的奴隸解放仍按一八六二年四月國會決議，採取自願的、逐步的、有償的方式實行。而且《解放宣言》是作為軍事措施頒布的，沒有以憲法的形式固定下來。一八六五和一八六八年，國會分別通過了憲法第十三、十四條修正案，才正式廢除奴隸制。《解放宣言》是聯邦成立以來美國歷史上最重要的文件之一，宣言得到國內外進步人士和廣大勞動群眾的堅決支持和擁護。根據宣言，有四百萬黑奴獲得自由。被解放的黑奴成為聯邦軍隊得力的同盟軍，此舉使大批黑人奴隸參加了聯邦軍隊，戰爭後

期達到十八萬人，扭轉了南北戰爭的戰局，並保證了聯邦政府贏得最後勝利。

這兩個法令的頒布是南北戰爭的轉捩點，戰場上的形勢變得對北方越來越有利了。

## 北方軍轉敗為勝

一八六三年七月一日到三日，南北雙方在華盛頓以北的葛底斯堡展開了內戰以來規模最大的一次戰鬥。雙方激戰了三天三夜，北軍重創南軍主力羅伯特．李軍團，南軍二個旅長和十五個團長全都陣亡，死傷二萬八千人。北軍傷亡也達二萬三千人。李率軍後撤。這次大戰是內戰中最激烈的一次，戰場上有棵樹竟身中二百五十彈。這一仗扭轉了東線戰局，從此北方完全掌握了主動權。

一八六四年，北軍向南方發起三路攻勢。在東戰場，格蘭特採用消耗戰略，經荒野戰役、冷港會戰，使李軍團主力消耗殆盡，損失三萬二千人，再無力進攻。在西線，謝爾曼指揮十萬大軍插入南方腹地，長途奔襲敵後方，於九月攻佔南方最大工業城市亞特蘭大。從十一月十五日起，又挑選六萬二千精兵，發起「向海洋進軍」，一個多月內大軍長驅三百多英里，所到之處，實行「三光」政策，燒毀種植園、城鎮和村莊，摧毀工廠企業，連鐵軌都拆下來弄彎。南方到處火光沖天，一片廢墟。十二月二十一日大軍攻佔了薩凡納，完成了摧毀南方後方的任務。與此同時，北方海軍也對南方實行「窒息式封鎖」，完全切斷了南方的對外聯繫。

一八六五年，南方已山窮水盡，瀕臨崩潰的邊緣。北軍從陸海兩個方向發起最後攻勢，北軍攻克重鎮彼得斯堡和南方首都里士滿，李軍還剩不到三萬殘兵敗將，四月九日被迫向格蘭特投降。不久，南方殘軍一七萬人全部放下武器。北方取得徹底勝利。

此時，林肯在美國人民中的聲望已愈來愈高，一八六四年，林肯再度當選為總統。但不幸的是，一八六五年四月十四日晚，他在華盛頓福特劇院觀劇時突然遭到槍擊，次日清晨與世長辭，享年五十六歲

## 影響

內戰以後，美國開始走向一個徹底現代化、徹底工業化的時代。南北戰爭實際上就是北方工業文明對南方奴隸制大莊園經濟的勝利，北方的獲勝，使得美國廢除了南方的奴隸制，確定了發展資本主義工業的國家目標。同時奴隸制的廢除，使工業企業獲得了足夠的廉價勞動力、豐富的工業原料，加上美國天然的優良條件，使美國在短短的半個世紀以後，在資本主義經濟體系中穩坐第一把交椅。經濟上的雄厚基礎，是美國走向世界超級大國的重要保障。

經過南北戰爭，美國走向了一個史加民主的社會，影響了世界其他的國家和民族。林肯廢除奴隸制，是美國歷史上的一件重大事件，它解放了佔美國人口很大比重的黑人，激發了黑人的尊嚴，成為以後黑人人權運動的先驅，以後的黑人運動，都將林肯作為解放者來紀念。林肯在葛底斯堡的演講，闡述了民主政府的標準，被後人無數次地引用：民治、民享、民有。

# 53 達爾文提出進化論——向上帝的挑戰

對於宇宙萬物的來源，有兩派衝突的見解。一派認為宇宙萬物自然產生，不需外來的智慧設計，一切基於機遇作用，沒有目的與意義，這便是進化論。另一派則認為宇宙萬物由上帝創造，有智慧設計，有目的，這叫做創造論。進化論始自西元前的希臘人，二千多年來，西方人對此只是一笑置之，直至十九世紀中葉，達爾文等人重提此說，進化論披上了科學的外衣後，才逐漸為大眾接受。

## 「不務正業」的學生

一八〇九年二月十二日，達爾文出生在英國塞文河畔的希魯茲伯里小鎮上。他的祖父是科學社團的成員之一，也曾經研究過演化思想，不過沒有得到什麼結論，但仍是位受尊敬的人物。父親則是一位非常成功的醫生，母親是陶工威治偉勒的女兒。達爾文可能受他祖父的影響，從小愛好自然。他在很小的時候就想知道各種樹木的名稱，從十歲開始搜集各種昆蟲、貝殼、鳥蛋和礦石。他對學校裏教條式的課程幾乎不感興趣，就愛和哥哥一起做化學實驗，讀課外書。

由於父親希望孩子將來繼承祖業，所以十六歲那年，達爾文和他哥哥一起進愛丁堡大學學習醫學。但是，他對醫學毫無興趣，只讀了兩年就轉學了。在這兩年裏，他自己也只是研究動植物學。

望子成龍的父親為了不使家族蒙羞，就把不願學醫的達爾文送進了康橋大學基督學院。在康橋大學期間，達爾文遇到了有名的植物學教授亨斯洛。亨斯洛精通植物學、昆蟲學、化學、礦物學和地質學。於是在他的指導下達爾文成為一個真正的自然科學家。

在康橋大學的最後一年裏，有兩件事大大地影響了年輕的達爾文。一是他讀了兩部書：德國自然科學家洪堡著的《南美旅行記》，以及英國天文學家約翰·赫歇耳著的《自然哲學入門》。這兩部著作徹底激起了達爾文對自然科學的熱情。另一件事是，達爾文聽從亨斯洛的意見，讀了好幾本地質學著作，並且在短時期內考察了家鄉附近的地質情況，繪製了一套彩色地圖。

一八三一年，達爾文從康橋大學畢業後放棄了待遇豐厚的牧師職業，以「博物學家」的身分加入了英國政府組織的「貝格爾號」軍艦的環球考察。

在考察過程中，達爾文根據物種的變化，整日思考著一個問題：自然界的奇花異樹，以及人類萬物究竟是怎麼產生的？他們為什麼會千變萬化？彼此之間有什麼聯繫？這些問題在腦海裏越來越深刻，逐漸使他對神創論和物種不變論產生了懷疑。

一八三二年二月底，「貝格爾」號到達巴西，達爾文上岸考察，向船長提出要攀登南美洲的安第斯山。當他們爬到海拔四千多公尺的高山上時，達爾文意外地在山頂上發現了貝殼化石。達爾文非常吃驚：「海底的貝殼怎麼會跑到高山上了呢？」經過反覆思

索，他終於明白了地殼升降的道理。於是他對自己的猜想有了更進一步的認識：「物種不是一成不變的，而是隨著客觀條件的不同而相應變異！」

## 《物種起源》

經過五年的航海旅行，一八三六年達爾文回到英國，開始整理他帶回來的動植物標本，並著手寫航行日誌。在整理資料之間的相關性後，達爾文發現地球上的各種生物均是從始祖生命體系分歧演化而成，並不是一創造便很完美，而是遺傳和環境創造了新的生命形態。

一八三七年，達爾文讀到了馬爾薩斯的人口論。在書中馬爾薩斯認為，在整個自然界中，出生的人遠遠多於能夠生存下來的人，因而弱者勢必在爭奪食物的鬥爭中被淘汰。由此達爾文想到在自然界中也一定有類似的生存競爭，而且由於它們繁衍得更迅速，這種生存鬥爭更加激烈。於是達爾文確定他自己正在發展的是一個很重要的想法。經過長時間辛苦的工作，達爾文於一八五九年十一月二十四日出版了劃時代的巨著《物種起源》（全名《論通過自然選擇的物種起源，或生存鬥爭中最適合生存》）。在這本書中，達爾文提出了一個大膽而新穎的學說——自然選擇學說。

「自然選擇」理論認為：某個物種只要條件比其他物種優越，哪怕是略見優越，也會有更多的機會生存下來，並且繁殖後代。生物間的生存鬥爭，生物與環境的鬥爭，最終的結果一定是強者和適應者可繼續生存，這叫做「適者生存」。它是「自然選擇」理論的精髓。由於自然選擇就是適者生存，因此，凡是能夠生存下來的生物就具有適應的型狀。如有的生物具有保護色而利於躲避天敵。自然選擇是長期的、緩慢的過程。在一定的環境條件下，變異總是朝著一定的方向發展，通過長期多代的自然選擇，有利的變異逐漸積累，出現顯著的變異，形成與原種有所區別的變種。變種再進一步發展，便產生了新種，即新的生物類型。由於生物居住的環境多種多樣，生物適應環境的方式也同樣多種多樣，因此，就形成了生物的多樣性，成為今天如此繽紛的生物世界。

在自己的自然選擇學說的基礎上，達爾文加上對地質學演化的新學說的領會和自己的環球自然考察的經驗，在一八七一年出版的第二本巨著《人類的由來》（全名《人類的由來及其性選擇》）提出了一個人們熟知的論斷：人是從猿猴演化而來的。這是對當時強大的宗教勢力的一個巨大挑戰。

達爾文指出，當今一切生物都是在漫長的地質年代裏由過去的原始生物緩慢進化而來的。這個觀點對於人類世界觀、人生觀的改變有著重要意義，恩格斯稱他的理論是十九世紀自然科學三大發現之一。《物種起源》一書出版的這一天，不只是在達爾文的個人生活中具有重大意義的一天，也是十九世紀五十年代至七十年代大批有學問的人對生物界的觀點和對人在生物界中的地位的觀點開始轉變的一天，這種轉變就像哥白尼在十六世紀因指出地球在宇宙中的位置而實現的轉變一樣。

達爾文的進化論，實際上對上帝進行了挑戰：承認人類是從猴子進化來的，也就否認了人類不是上帝創造的。教會的力量因此又一次遭到重創。既然人類不是上帝創造

諷刺達爾文的漫畫

的，那上帝是不是存在也是一個大問題了，人們的世界觀從此一變，更加科學和理性。《物種起源》的出版，在歐洲乃至整個世界都引起轟動。它沉重地打擊了神權統治的根基，從反動教會到封建御用文人都狂怒了。他們群起而攻之，誣衊達爾文的學說「褻瀆聖靈」，觸犯「君權神授天理」，有失人類尊嚴。與此相反，以赫胥黎為代表的進步學者，積極宣傳和捍衛達爾文主義。指出進化論轟開了人們的思想禁錮，啟發和教育人們從宗教迷信的束縛下解放出來。

## 假說的完善

達爾文的假說在後來一些博物學家的幫助下不斷得到完善。一八九六年德國的魏斯曼通過實驗得出了：唯一能夠遺傳給後代的是那些始終存在於母體種質內的性狀。一九〇一年，荷蘭植物學家佛里斯公布了其著名的突變學說，佛里斯斷定進化並不像達爾文說的那樣源於微小的變化，而是源於根本性變化或突變。這種變化多少是按比例出現在物種後代之中。當這種突變在特定環境有利於生存時，含有這種突變的個別物種理所當然地在生存鬥爭中取得了勝利。這些物種的後代不僅承襲了突變中得到的特性，而且時常出現新的變種，其中有的比母體更適合生存。這樣，經過有限次的傳種接代，一個新物種就可能產生了。佛里斯的突變學說彌補了達爾文假說的一個主要缺點，即進化源於變異，而變異如此之微小，以致於由變異產生出新物種的時間漫長得不可理喻。這一問題在一八六〇年後當物理學家金肯證明地球的年齡比過去想像要年輕得多時，變得尤為尖銳。佛里斯使人們有可能把進化論構想為一種飛躍。

## 影響

《物種起源》的出版是自然科學史上一個最重大的事件，它成了十九世紀絕大多數有學問的人改造世界觀的開端。除了挑戰「上帝」以外，達爾文的物競天擇理論被引用到了社會學科，形成了社會達爾文主義。這種理論對世界的影響是相當大的。當時世界上各個國家互相競爭，特別是那些處於被侵略地位的民族，往往拿達爾文的進化論來激勵自己。比如中國嚴復將達爾文進化論介紹進入中國，對中國社會產生了重要的影響。那時候人人都在講物競天擇，講適者生存。比如著名學者胡適的名字，就是受了進化論的影響而取的。

# 54 諾貝爾獎的誕生——澤被後世的諾貝爾

在世界科學史上，有這樣一位偉大的科學家：他不僅把自己的畢生精力全部貢獻給了科學事業，而且還在身後留下遺囑，把自己的遺產全部捐獻給科學事業，用以獎勵後人，向科學的高峰努力攀登。今天，以他的名字命名的科學獎，已經成為舉世矚目的最高科學大獎。他的名字和人類在科學探索中取得的成就一起，永遠地留在了人類社會發展的文明史冊上。這位偉大的科學家，就是世人皆知的瑞典化學家阿爾弗雷德·伯恩哈德·諾貝爾。

## 火藥大王

諾貝爾一八三三年出生於瑞典首都斯德哥爾摩。母親是以發現淋巴管而著稱的瑞典博物學家O·魯德貝克的後裔，父親是一位頗有才幹的機械師、發明家，但由於經營不佳，屢受挫折。後來，一場大火又燒毀了全部家當，生活完全陷入窮困潦倒的境地，要靠借債度日。父親為躲避債主離家出走，到俄國謀生。諾貝爾的兩個哥哥在街頭巷尾賣火柴，賺錢維持家庭生計。由於生活艱難，諾貝爾一出世就體弱多病，身體不好使他不能像別的孩子那樣活潑歡快，當別的孩子在一起玩耍時，他卻常常充當旁觀者。童年生活的境遇，使他形成了孤僻、內向的性格。

諾貝爾從小主要受家庭教師的教育，十六歲就成為有能力的化學家，能流利地說英、法、德、俄、瑞典等國家語言。為了使他學到更多的東西，一八五〇年，父親讓他出國考察學習。兩年的時間裏，他先後去過德國、法國、義大利和美國。由於他善於觀察、認真學習，知識迅速積累，很快成為一名精通多種語言的學者和有著科學訓練的科學家。回國後，在工廠的實踐訓練中，他考察了許多生產流程，不僅增添了許多的實用技術，還熟悉了工廠的生產和管理。就這樣，在歷經了坎坷磨難之後，沒有正式學歷的諾貝爾，終於靠刻苦、持久的自學，逐步成長為一個科學家和發明家。

早在一八四七年，義大利的索伯來格就發明了一種烈性炸藥，叫硝化甘油。它的爆炸力是歷史上任何炸藥所不能比擬的。但是這種炸藥極不安全，稍不留神，就會使操作人員粉身碎骨。許多人因為意外的爆炸事件而血肉橫飛，連屍體也找不到。諾貝爾決心把這種烈性炸藥改造成安全炸藥。一八六二年夏天，他開始了對硝化甘油的研究。這是一個充滿危險和犧牲的艱苦歷程。死亡時刻都在陪伴著他。在一次進行炸藥實驗時發生了爆炸事件，實驗室被炸得無影無蹤，五個助手全部犧牲，連他最小的弟弟也未能倖免。由於危險太大，瑞典政府禁止重建這座工廠，被認為是「科學瘋子」的諾貝爾，只好在湖面的一條船上進行實驗，尋求減小搬動硝化甘油時發生危險的方法。在一次偶然的機會，他發現：硝化甘油可以被乾燥的硅藻土所吸附，這種混合物可以安全運輸。上述發現使他得以改進黃色炸藥和必要的雷管。黃色炸藥在英國（一八六七年）和美國

（一八六八年）取得專利之後，諾貝爾進而實驗並研製成一種威力更大的同一類型的炸藥爆炸膠，於一八七六年取得專利。一八八八年，諾貝爾又研製出最早的硝化甘油無煙火藥彈道炸藥。他曾要求彈道炸藥的專利權要包括柯達炸藥，但遭到法庭否決。

諾貝爾一生的發明極多，獲得的專利就有二百五十五種，其中僅炸藥就達一百二十九種。他的發明興趣不僅限於炸藥，作為發明家、科學家，他有著豐富的想像力和不屈不撓的毅力。他曾經研究過合成橡膠、人造絲，做過改進唱片、電話、電池、電燈零件等方面的實驗，還試圖合成寶石。儘管與炸藥的研究相比，這些研究的成果不是很大，但是他勇於探索的精神卻給後人留下了深刻的印象。諾貝爾把他的畢生心血都獻給了科學事業，他一生過著獨身生活，大部分時間是在實驗室中度過的。他謙虛謹慎，對別人親切而忠誠。他拒絕別人吹捧他，不讓報紙刊登他的照片和畫像。

諾貝爾在全世界都有炸藥製造業的股份，加上他在俄國巴庫油田的產權，所擁有的財富是巨大的，他因此而不得不在世界各地不停地奔波。諾貝爾本質上是一位和平主義者，希望他發明的破壞性炸藥有助於消滅戰爭，但是不幸的是，炸藥卻成了戰爭的工具。

## 流芳百世的遺願

諾貝爾是一位名副其實的億萬富翁，他的財產累計達三十億瑞典克朗。但是他與許多富豪截然不同，他一貫輕視金錢和財產，當他母親去世時，他將母親留給他的遺產全部捐獻給了慈善機構，只是留下了母親的照片，以作為永久的紀念。他說：「金錢這東西，只要能夠解決個人的生活就夠用了，若是多了，它會成為遏制人才的禍害。有兒女的人，父母只要留給他們教育費用就行了，如果給予除教育費用以外的多餘的財產，那就是錯誤的，那就是鼓勵懶惰，那會使下一代不能發展個人的獨立生活能力和聰明才幹。」

諾貝爾於一八九六年十二月十日病逝於他在聖雷莫的別墅裏。他的遺體被運回國，在那裏火化以後，於十二月二十九日用隆重的禮儀安葬在斯德哥爾摩北方公墓的一座家庭墓穴裏；在這座墓穴中，他的父母和弟弟埃米爾已先入葬。諾貝爾的墓碑是一座高約三公尺的灰色尖頂石碑，看上去很普通。石碑正面列有「Nobel」幾個金字和諾貝爾的生卒年月，墓碑兩側列有諾貝爾四位親人的名字和生卒年月。墓碑右側的地上，插著編號牌：170/1678。周圍是十棵一人多高的柏樹。碑上沒有諾貝爾的肖像（據說諾貝爾生前只有一張畫像），沒有浮華的雕飾，沒有隻字關於他在人類歷史上寫下的輝煌！每一個知道諾貝爾的人站在他的墓前，都會感到這種樸素帶給人的心靈震撼。

去世之前，諾貝爾不顧其他人的勸阻和反對，在遺囑中指定把他的全部財產（九百二十多萬美元）作為設立諾貝爾獎金的基金，每年提取基金利息，獎勵對人類科學文化事業作出重大貢獻的後人。

他在遺囑中還強調指出，在評選得獎人的時候必須做到不分國籍、民族、膚色，不問宗教信仰和政治信仰，一視同仁，唯一的標準是視其實際成就。這一義舉充分顯示了

這位大發明家的博大胸懷，它對推進科學事業的發展產生了深遠的影響。一九〇一年十二月十日，即諾貝爾逝世五周年時首次頒發諾貝爾獎，獎金分為物理學、化學、生理學及醫學、文學、和平六種。諾貝爾在其遺囑中規定，獎金應每年授予「前一年中」在上述領域和事業中「對人類作出最大貢獻的人」。一九六八年，瑞典銀行決定再增設一項經濟學獎金，該獎項於一九六九年第一次頒發。除和平獎由挪威議會負責頒發外，其他獎項均由瑞典各機構頒發。自從一九〇一年第一次評獎以來已有六百多人獲獎，他們絕大多數是在各自的科研領域內作出傑出貢獻的出類拔萃的人物，因此諾貝爾獎在全世界享有盛譽。但是諾貝爾獎的評選也並非完全公平合理，能做到使世人心悅誠服，例如與意識形態有密切關係的文學獎與和平獎，就經常引起意見分歧，和平獎金也常有保留。

以個人的巨額財產設立科學基金來獎勵後人，諾貝爾的這一義舉確實堪稱史無前例。諾貝爾獎金的設立，對於近百年來科學文化事業的發展產生了巨大的推動作用。

從一九〇一年頒發首屆諾貝爾獎迄今，已一百年，在這期間有六百多位專家、學者和著名人士獲得諾貝爾獎金。諾貝爾獎金雖然不是世界獎賞中數額最高的，但它是最權威的。它推動了科學技術的進步。二十世紀以來，諾貝爾科學獎金獲得者走過的道路，就是現代科學技術發展的歷史軌跡。

## 影響

自從一九〇一年諾貝爾獎金首次頒發以來，該項獎金及其獲得者已經引起了整個文明世界的興趣。一八六七年諾貝爾發明的炸藥開始進入市場，從此以後，一種崇敬的光輪便環繞在這種黃色炸藥周圍。作為舉世聞名的專利品之一的黃色炸藥，早已成為猛烈力量的象徵；對於它的重要性和巨大影響，也幾乎家喻戶曉。諾貝爾獎不僅僅表明了這位科學家的偉大人格，而且，隨著世界科學技術的飛躍發展，越來越成為世界科學技術冠軍的標誌。激勵著越來越多的精英豪傑，獻身於科學事業，去攻克一道道科學難關。同時，它也極大地促進了世界科學技術的發展和世界科學文化的交流。

# 55 俾斯麥的鐵血政策——一個軍事帝國的產生

拿破崙帝國覆滅後，英、俄、奧、普等歐洲國家在維也納召開國際會議，決定建立一個「德意志邦聯」，由德意志的三十四個邦國和四個自由市組成。邦聯各國在政治上、外交上都有獨立性。因此，它不是一個統一的國家。一八四八年革命失敗，德國統一的任務沒有完成，繼續保持分裂的局面。隨著工業革命的深化和資本主義經濟的發展，各地之間的聯繫日益密切；但是，由於缺乏統一的國內市場，資本主義經濟受到很大的阻礙；資產階級越來越感到，要加強在國際市場上的競爭，必須有強大的國家作後盾。於是，德意志的統一變得日益緊迫。

## 普魯士和奧地利

在德意志的眾多邦國中，奧地利歷來居於領導地位。一八四八年五月，德意志聯邦的各邦代表，在緬因河畔的法蘭克福召開預備會議。最後，雖然選出了奧地利的約翰大公擔任臨時的帝國首腦，但他並沒有任何實權，各邦的王公根本不聽他的調遣，所以這個首腦形同虛設。德意志仍然無法統一。相反，彼此間的矛盾日益發展，兩個大邦國即奧地利和普魯士爭奪統治權的鬥爭，變得更加尖銳和公開。於是，王朝戰爭成為德國統一的唯一之路。

當時，有可能完成德意志統一大業的只有奧地利和普魯士。奧地利在德意志各邦中佔有首席地位，是一個多民族的國家，除了日爾曼人以外，還包括很多其他民族，因此奧地利的統一是希望把普魯士與別的小國都包括在內。而普魯士則不同，它是一個純粹由日爾曼人組成的國家，所以他們計劃要統一的國家中，排除了奧地利。就這樣，雙方展開了鬥爭。

德相俾斯麥

十九世紀五十年代，普魯士的重工業生產已占全德意志的一半以上，它的魯爾、薩爾和西里西亞等地是德意志最發達的工業地區。同時普魯士有當時歐洲最強大的陸軍。一八三四年，以普魯士為主，共有十八個主要邦國參加的德意志關稅同盟成立。它實行統一的對外關稅，免除內部各邦之間的關稅。這就為統一創造了條件。

一八五〇年春，奧地利主動發起攻勢。五月，奧地利在法蘭克福召集全德代表會議，會議決定恢復全德議會，並由奧、普輪流擔任主席。但普魯士予以斷然拒絕。結果，雙方不歡而散。

十九世紀五十年代末，普魯士開始反攻。它首先與許多德意志小國發展了經濟聯繫，並利用一八五九年法、意與奧地利打仗的機會，企圖迫使全德議會交出領導權。

## 鐵血宰相

一八六一年一月，普王威廉一世登上寶座。他為了實現兼併全德的目的，立即擴充軍備，計劃建立一支擁有三十七萬常備軍和十三萬後備部隊的軍隊，並在全國儲備十六萬人的國民預備兵。這在當時的歐洲，可以說是無與倫比的。同時，他任命具有新思想的羅恩為軍政部長，毛奇為總參謀長，進行軍事改革。一八六二年，威廉一世又任命俾斯麥為首相兼外交大臣。這一任命，標誌著普魯士快步走上用王朝戰爭統一德國之路。

俾斯麥一生叱吒風雲，充滿傳奇色彩。但是讀中學時，就連他的母親都對他失望，以至於只期待他能夠「比我這樣的女人有更高的思想境界」。在哥廷根大學，俾斯麥曾與同學作過二十七次決鬥，二十一歲剛到亞琛任職，就為追求一位英國小姐開了三個月小差。儘管他聲稱自己的抱負是指揮別人而不是被人指揮，可並沒有什麼跡象讓人相信他會前程遠大，平步青雲。

然而正是這位昔日人們眼裏的瘋子和野人，在他享盡天年時，卻被前去弔唁的威廉二世讚美成上帝為實現德國統一和偉大而創造的工具。

一八四八年，德國爆發革命，俾斯麥在自己的領地上組織起軍隊，準備武力鎮壓革命。一八五一年～一八五九年，他擔任普魯士邦駐德意志聯邦代表大會的代表，一八五九年又出任駐俄大使，一八六一年改任駐法大使，一八六二年他出任普魯士宰相兼外交大臣。由以上介紹可以看出，俾斯麥是一個主張使用武力的頑固分子，而且很了解俄、法統治者的內心想法，這就使他當上宰相後深知該如何使用武力去對付敵人。

俾斯麥當上宰相的第一周，就在邦議會上發表了他的首次演說，他非常激動地說道：「當代的重大政治問題不是通過演說和多數派決議所能決定的，而必須用鐵和血來解決。德國所指望的不是普魯士的自由主義，而是它的武力！」這就是「鐵血宰相」的由來。俾斯麥深知，議會裏的資產階級議員只會吵吵嚷嚷，他們懦弱無能，根本沒有實力對抗政府，所以，為了更有效地實行「鐵血政策」，他乾脆一腳踢開議會，在議會指控政府「違背憲法」的情況下，他不但不害怕，反而公開揚言：「衝突在所難免，在衝突中最有力量的一面，一定獲勝！」一副挑戰者的姿態。同時，他還知道，一旦自己的「鐵血政策」得到最後勝利，取得了全德的統一，那麼，這些嘰嘰喳喳的資產階級議員就會立刻拜倒在他的面前。

俾斯麥竭力推行「鐵血政策」。對此，俾斯麥花了巨大精力。首先，積極開展外交活動，爭取同盟者或中立者支持戰爭。其次，積極進行財力準備，以籌備足夠的軍費。再次，大力加強軍事工作，積極改善武器裝備，改組軍隊並加強訓練，始終不懈地進行戰爭準備。俾斯麥大聲疾呼：「讓我們把德國扶上馬！它一定會策馬奔騰。」

## 統一德國

俾斯麥「鐵血政策」的第一步，就是向丹麥進攻。一八六三年末，丹麥合併了屬於德意志邦聯的施勒斯維格小公國。次年初，俾斯麥聯合奧地利對丹麥作戰。俾斯麥之所

以要聯奧抗丹，原因是既解除了後顧之憂，又能共同對外。奧地利馬上同意了普魯士的要求，普奧聯合向丹麥發出最後通牒，隨即開始戰爭。丹麥以四萬士兵對六萬敵人，結果戰敗。普魯士得到了施勒斯維格。奧地利也得到了另一小公國何爾斯泰因。「鐵血政策」的第二步，就是挑起對奧地利的戰爭。打敗丹麥後，俾斯麥調轉槍口，對準了奧地利。但打敗奧地利並不像打敗丹麥那樣容易。於是俾斯麥先聯合義大利，義大利因威尼斯地區一直受奧地利欺凌，所以馬上答應了普魯士的請求，雙方結成反奧聯盟。然後，俾斯麥三次親往法國，假意許諾拿破崙三世，打敗奧地利後，讓法國得到一份領土報酬。這樣，穩住了法國。

普魯士經過全面戰爭準備，到一八六六年上半年，可以說是萬事俱備，只欠東風，即尋找戰爭藉口。六月十四日，德意志聯邦議會以九比六的票數通過了反對普魯士的方案。俾斯麥立即授權普魯士公使聲明：聯邦議會無權以這種方式對待它的成員，並堅決要求解散聯邦議會。同時，向薩克森國王、漢諾威國王提出最後通牒，要求他們接受普魯士提出的《聯邦改革綱要》，並且允許普軍自由通過他們的國土。這當然都遭到上述國王的拒絕。於是，任何外交談判都已無濟於事。六月十七日，奧地利首先發表宣戰書；十八日，普魯士接著對奧宣戰。二十日，義大利按照意普盟約對奧宣戰。普奧戰爭終於在俾斯麥的策劃之中揭開了序幕。

這場戰爭的爆發，對於雙方來說都不意外，而且陣線早已分明。站在普魯士方面的，有義大利王國以及北德的一些中小邦國；站在奧地利方面的，有薩克森、漢諾威、巴伐利亞等德意志邦國。一八六六年七月三日，二十八萬奧軍與二十五萬普軍在薩多瓦村附近展開決戰，俾斯麥決心一舉擊潰奧軍，並自帶毒藥，準備一旦失敗就服毒自殺！

結果，普軍大獲全勝。十天後，俾斯麥逼近奧地利都城維也納。在有人提議一舉佔領奧地利全境時，狡猾的俾斯麥沒有聽從，他估計到法國會出面干預，另外，他覺得可能還會利用到奧地利。

果然，拿破崙三世出面調停。七月二十日，普奧雙方代表在尼科爾斯堡進行談判，八月二十三日，雙方正式簽訂《布拉格和約》，戰爭至此結束。和約規定：德意志邦聯議會解散，奧地利完全退出舊的德意志聯邦，並將四個邦國和一個自由市讓歸普魯士。

這樣，普魯士就統一了德國整個北部和中部地區，建立起了一個北德意志聯邦。這時只有德意志南部緊鄰法國的四個小邦國仍舊保持著獨立。俾斯麥想兼併這四個小國，但他知道，法國也有同樣想

威廉二世在凡爾賽加冕

法，而法國是這樣的強大，不打敗他，德國的統一將不可能實現。同時，俾斯麥對法國境內礦藏富裕的阿爾薩斯和洛林也早已垂涎三尺。所以，俾斯麥「鐵血政策」的第三步，就是進行普法戰爭，打敗法國。

經過充分準備，俾斯麥於一八七〇年發動普法戰爭，當年大獲全勝。普魯士軍隊開進巴黎附近的凡爾賽，並在凡爾賽宮宣布以普魯士為首的德意志帝國成立。普魯士國王威廉一世為德意志帝國皇帝，俾斯麥為首相。德意志的統一完全實現。

## 影響

德意志統一有著重要的影響。它結束了德意志長期的分裂狀態，為德資本主義經濟的迅速發展鋪平了道路。法國和奧地利遭到削弱，從德國統一開始，德國就成為歐洲和世界的一大強國，改變了歐洲和世界的政治格局。統一後的德國繼承了普魯士的舊制度，特別是普魯士的軍國主義傳統，使德國成為歐洲最富於侵略性的國家。此後，德國先後挑起了兩次世界大戰，給世界人民帶來了深重的苦難。

# 56 電話的發明——人類溝通方式的改變

作家余光中曾經調侃電話的發明，他說：「一百年前發明電話的那人，什麼不好姓，偏偏姓『鈴』（Alexander Bell），真是一大巧合。電話之來，總是從顫顫的一鈴聲開始，那高調，那頻率，那精確而間歇的發作，那一疊連聲的催促，凡有耳神經的人，沒有誰不悚然驚魂，一躍而起的。」儘管余光中從人文的角度感嘆沒有電話的意境，但是如果現在沒有了電話，我們的世界可能真的難以想像了。「不見其面，先聞其聲」的電話，已經從根本上改變了我們的溝通方式，把世界大大地變小了。這個重要的發明者，就是那個余光中所說的偏偏姓「鈴」的人——亞歷山大·貝爾。

## 亞歷山大·貝爾

亞歷山大·貝爾一八四七年三月三日出生於蘇格蘭的愛丁堡。貝爾的祖父和父親都是著名的語音學家，其父親還為聾啞人創造了一套「啞語」。受這樣的環境薰陶，貝爾對語音傳遞產生了濃厚的興趣，為以後發明電話打下了很好的基礎。貝爾在童年時除了語音外，其他功課都跟不上，而且十分淘氣，經常將麻雀、老鼠之類的小動物裝在書包裏。後來貝爾被祖父接到倫敦嚴格管教，祖父疼愛他，但教起書來像頭憤怒的獅子。貝

爾起初望而生畏，但他後來很喜歡這位花白鬍子的祖父。祖父的淵博如同百科全書，僅僅一年的功夫便使貝爾見識大長，並喚起了他的學習願望。

回到故鄉後貝爾很快就表現出發明創造的熱情。村中的磨坊裏有一個笨重的水磨轉動起來十分吃力，水流稍微小一點就無法磨麵。於是貝爾巧妙地改進它的齒輪系統（與今天軸承原理差不多），徹底改變了這個局面，十五歲的他就成了人們心目中的英雄。貝爾還組織同學們成立「少年技術協會」，對各個學科的知識都進行了一番討論實驗。

亞歷山大·貝爾

一八六二年貝爾進入著名的愛丁堡大學，選擇語音學作為自己的專業，通過總結父輩們的經驗進步很快。一八六七年貝爾畢業後又進倫敦大學攻讀語言學。就在此時，英國發生大規模肺病，貝爾先後失去了兩個兄弟，其父帶著全家遷居加拿大以躲避瘟疫。而此時的美國正在進行工業革命，這對貝爾一生的事業意義重大。

## 世界上第一部電話

一八六九年二十二歲的貝爾受聘為美國波士頓大學語言學教授，其父當時已經成為北美著名的語言學專家。在莫爾斯電報發明後的二十多年中無數科學家試圖直接用電流傳遞語音，最早提出遠距離傳送話音建議的，是英國科學家羅伯特·胡克。一七九六年，休斯提出了用話筒接力傳送信息的建議。雖然這種方法不太切合實際，但休斯為這種通話方式所取的名字——「電話」，卻一直沿用至今。

貝爾也把發明電話作為自己義不容辭的責任。但由於電話是傳遞連續的信號而不是電報那樣不連續的通斷信號，在當時的難度好比登天。貝爾曾試圖用連續振動的曲線來使聾啞人看出「話」來，沒有成功，但在實驗中他卻發現了一個有趣現象：一塊鐵片在磁鐵前振動會發出微弱的聲音，而且他還發現這種聲音能通過導線傳向遠方。這給貝爾很大的啟發。他想，如果對著鐵片講話，不也可以引起鐵片的振動嗎？假如在鐵片後面放有繞著導線的磁鐵，導線中的電流也會隨之時大時小地變化；電流傳到對方後又可以推動磁鐵前的鐵片作同樣的震動。這就是貝爾關於電話機的最初構想。

貝爾發明電話的努力在眾多電學學者那裏碰了釘子。後來他直接到華盛頓拜訪著名的電學專家約瑟夫・亨利，七十三歲的老人熱情地接待了年輕的貝爾。亨利對他說：「你有一個偉大發明的設想，幹吧！」當貝爾說到自己缺乏電學知識時，亨利說：「學吧！」就在這「學吧」、「幹吧」的鼓舞下，貝爾開始了發明電話的艱苦歷程。

回到波士頓後的貝爾刻苦用功掌握了電學，再加上他紮實的語言學知識，使他如同插上了翅膀。他辭去了教授職務，一心投入發明電話的試驗中。在萬事俱備只缺合作者時他偶然遇到了十八歲的電氣工程師沃特森。

一八七五年六月二日傍晚，貝爾和沃特森利用電磁感應原理，試製出世界上第一部傳遞聲音的機器——磁電電話機，當時貝爾二十八歲，沃特森二十一歲。他們於一八七

六年二月十四日向美國專利局遞交了專利申請書。

這種電話機的原理是：對著話筒說話，使話筒底部的金屬膜片隨聲音而振動，膜片的振動帶動一根磁性簧片隨之振動，在電磁線圈中便產生了感應電流，電流經導線傳至受話一方，使受話器上的膜片相應地振動，將話音還原出來。

然而，這台機器真正開始工作是在一八七六年三月十日這一天。當時，貝爾正在做實驗，不小心把硫酸濺到腳上，他痛得不禁對著話筒向正在另一房間裡的沃特森大叫：「沃特森，快來幫幫我！」不料，這一求助聲竟成為世界上第一句由電話機傳送的話音，沃特森從聽筒裡清晰地聽到了貝爾的聲音。沃特森經證實後激動得情不自禁地對著送話器大聲說：「貝爾！我聽見了！聽見了！」這時兩人欣喜若狂互相大喊大叫，最後推開房門緊緊擁抱。當晚，貝爾就滿懷激情地給母親寫信，預言：「朋友們各自留在家裏，不用出門也能相互交談的日子就要到來了！」

一八七七年，也就是貝爾發明電話後的第二年，在波士頓架設的第一條電話線路開通了，它溝通了查爾斯．威廉斯先生的各工廠和他在薩默維爾私人住宅之間的聯繫。也就在這一年，有人第一次用電話給《波士頓環球報》發送了新聞消息。

在貝爾研製電話機的同時，另一位發明家格雷也研製出了一台相同原理的液體電話機。而且十分巧合，在貝爾提出專利申請的同一天，格雷也向紐約專利局提出專利申請，並將專利發明權轉賣給美國最大的威斯汀電信公司。於是，一場曠日持久的爭奪電話發明權的訴訟案一直持續了十多年。後來經詳細調查，發現貝爾申請專利的時間比格雷大約早兩小時，法院據此裁決，電話發明專利當屬亞歷山大・貝爾。

貝爾深知發明電話只是成功的一半，關鍵是要讓習慣保守的人們普遍接受它。他們抓住一八七六年美國建國百年博覽會的大好機會，在會上展出了這件當時世界上新發明的產品。一天，巴西國王蒞臨參觀。國王興致勃勃地觀賞一隻小盒子和聽筒，貝爾跑過來請國王把聽筒放到耳邊，而自己在遠處講話，國王聽到貝爾的聲音，大為震驚，高聲地說：「我的上帝，他說話了！」貝爾告訴國王，這是Telephone——電話。

回到波士頓後貝爾和沃特森繼續對電話進行改進，同時抓住一切時機進行宣傳。兩年後的一八七八年，貝爾在波士頓和沃特森在相距三百多公里的紐約之間首次進行了長途電話實驗。與三十四年前莫爾斯一樣這次實驗獲得了成功。所不同的是他們舉行的是科普宣傳會，雙方的現場聽眾可以互相交談。中途出了個小小的問題：表演最後節目的黑人歌手聽到遠方貝爾的聲音後緊張得出不了聲，急中生智的貝爾讓沃特森代替，沃特森鼓足勇氣的歌聲使雙方的聽眾不時傳來陣陣掌聲和歡笑聲，試驗圓滿成功。

此後，發明大王愛迪生也投身於電話機的改良工作。一八七八年，他研製出碳精送話器，並獲得了專利。他的這項發明使電話的性能大大提高。直至今日，我們的大部分電話機使用的仍是碳精送話器。最初的電話機身要自備電池和手搖發電機，才能發出呼叫信號，而且它只能用作固定號碼的通話。一八八〇年到一八九〇年間出現了一種「共電式電話機」，可以共同使用電話局的電源。這項改進使電話結構大大簡化了，而且使用方便，拿起話機便可呼叫。自動電話機是在共式電話機的基礎上增加了一只小小的撥

號盤，從此，人們就可以通過交換台任選通話對象了。

## 影響

電話的發明是人類歷史上的一件大事，是人類邁向資訊時代的重要一步。電話的發明改變了人類的溝通方式，從以前必須面對面的交流變為相隔萬里，也能相互交談感情和資訊。電話的發明也把世界變小了，處在世界各個角落的人們，都可以通過一個簡單的設備來了解外界的情形，從而大大地改變了人類的生活和生產面貌。

# 57 第一列火車在不列顛出現——運輸的重要突破

火車已經成為我們這個世界上非常重要的交通工具，它以速度快、運載量大著稱，對於礦產開採、運輸、軍事、貨運等等方面都有不可替代的作用。現在火車的速度也越來越快，為了改進火車的性能，科學家們費盡心血，做了大量的工作，到現在，火車已經過了很多代的替換，甚至磁懸浮列車也不再是一個夢想。這一切，都是我們親眼目睹的事實，但是誰能想到，當初第一輛火車出現時的情景呢？

## 鐵軌的出現

歐洲工業革命以機器大工業代替工場手工業。機器大工業需要大量的燃料、原料，也要把生產的產品送往各地。而在十九世紀以前，運輸依靠水上船舶，陸地上只能依賴馬車，這與大工業的需要是個很大的矛盾。機器大工業呼喚著現代運輸工具的誕生。

十六世紀下半葉，在英國和德國的礦山和採石場鋪有用木材做成的路軌。在軌道上行走的車是靠人力或畜力推動的。一七六七年，英國的金屬大跌價，有家鑄鐵工廠的老闆看到堆積如山的生鐵，既賣不出去，又佔用了很多地方，就令人燒鑄成長長的鐵條，鋪在工廠的道路上，準備在鐵價上漲的時候再賣出去。可是，人們發現車輛走在鋪著鐵

條的路上，既省力，又平穩。這樣，鐵軌先於火車誕生了。

鐵條上行車畢竟不是很方便，於是，鐵條得到了改進，做成凹槽形的鐵軌。這種軌道可以防止車輪滑出，但凹槽中容易堆積石子、煤屑，鐵軌很容易損壞。於是，人們把鐵軌做成了上下一樣寬，中間略窄的形狀，這樣垃圾不易堆積，鐵軌也不容易損壞。可是這種軌道不是很穩定，鐵軌受到衝擊容易翻倒而導致車輛出軌翻車。人們又把鐵軌的下面加寬，造成像漢字的「工」字形，這種形狀的軌道既穩定又可靠，一直沿用到今天。

蒸汽火車

那個時代已有鐵路，可是行走在鐵路上的車大部分是用馬拉的。直到一八一四年，放牛娃出身的英國工程師斯蒂芬森製造出在鐵軌上行走的蒸汽機車，正式發明了火車。

## 斯蒂芬森之前的探索

一七八四年，瓦特的學生默多克造出了一台用蒸汽機作動力的車子，但效果不好，無人使用。

一八〇二～一八〇三年間，機械師特里維西克在科爾布克達爾鋼鐵加工廠製成了世界上第一台蒸汽機車。後來，在加的夫地區附近的一位鐵路廠主蒙弗雷的倡議下，他又製成了第二台機車。

一八〇四年二月二十一日，特里維西克機車牽著一列六噸車廂，行駛在佩尼達倫——阿伯西勞間十五公里的路段上。後來它又加了幾節四輪客車車廂，空車時速為二十公里，載重時速為八公里。可惜由於機車上的鍋爐安裝不當，在一次事故中，鍋爐掉下來砸毀了一段路。這嚴重影響了蒸汽機車的聲譽。此外，在當時使用馬車比使用機車畢竟更為經濟。所以火車還是沒有被公眾所接受。

一八〇八年，特里維西克和維維安製造出了更加成功的蒸汽機車，可是這車子太笨重，難以在普通的道路上行走，而他們也沒想到把這輛車放到鐵軌上去，所以不久也就棄之不用了。

投入批量生產的第一台蒸汽機車是英國人布倫金索普在一八一二年發明的。這是一種無管式鍋爐機車，行駛速度有限，主要用於貨運。它的特點是必須在齒輪上行駛。從一八一二年起。該機車行駛在利茲到米德爾頓的路段上。直到一八五三年，布倫金索普機車才由更先進的機車取代。

除了火車本身的探索以外，鐵道的設計和發明也在不斷地發展。在木軌時代，人們曾採用轉車盤原理作為從一條線路轉接到另一條線路的連接手段。一七八九年，英國人傑索普在發明凸形金屬軌四年後，又發明了火車道岔系統，為火車的發明作了道路上的準備。

## 斯蒂芬森發明火車

斯蒂芬森出生於一七八一年，父親是煤礦上的蒸汽機司爐工，母親沒有工作。一家八口全靠父親的工資收入生活，日子過得很艱難。十四歲那年，斯蒂芬森也來到煤礦，當一名見習司爐工。他很喜歡這個工作，別人下班後，他還認真地擦洗機器，清潔零部件。多次的拆拆裝裝，使他掌握了機器的結構。為了掌握更多的知識，斯蒂芬森在辛勤工作之餘，還去夜校上課。他從沒上過學，開始學習時困難重重，但靠著勤奮鑽研，很快掌握了機械、製圖等方面的知識。一次，他用書本上學到的知識，結合工作的經驗，設計了一台機器。礦場的總工程師看到他設計的機器草圖，大加讚賞，這給了斯蒂芬森很大的鼓勵。他學習工作更加努力勤奮，不久便成了一名熟練的機械修理工。

斯蒂芬森總結前輩們失敗的教訓，開始研製蒸汽機車，他改進了產生蒸汽的鍋爐，把立式鍋爐改成臥式鍋爐；並作出了一個極有遠見的重大決斷，決定把蒸汽機車放在軌道上行駛；在車輪的邊上加了輪緣，以防止火車出軌；又在承重的兩條路軌間加裝了一條有齒的軌道。因為當時考慮蒸汽機車在軌道上行駛，雖可避免在一般道路上因自身太重而難以行走的缺點，可在軌道上也會產生車輪打滑的問題，所以，在機車上裝上棘輪，讓它在有齒的第三軌上滾動而帶動機車向前行駛。

一八一四年，斯蒂芬森的蒸汽機車火車頭問世了。他發明的這個鐵傢伙有五噸重，車頭上有一個巨大的飛輪。這個飛輪可以利用慣性幫助機車運動，斯蒂芬森為他的發明取了個名字叫「布魯克」。這個布魯克可以帶動總重約三十噸的八個車廂。在以後的十年中，他又造了十一個與布魯克相似的火車頭。

斯蒂芬森的新發明也有很多缺點，首先是震動太大。有一次，甚至震翻了車；其次是速度不快。因此他並不以此為滿足，繼續研究提高機車功率的方法，採用了蒸汽鼓風法，把廢氣導引向上噴出煙囪，帶動後面的空氣，從而加強了通風。這個新設計使蒸汽機車進入實用階段。人們給它取了一個名字叫「火車」。「火車」這個名字在今天已經流傳到全世界，而蒸汽機車被叫作「火車頭」。以後，斯蒂芬森又製造了幾台機車，並因發明煤礦安全燈而獲得聲譽。

一八二五年九月二十七日，在英國的斯托克頓附近擠滿了四萬餘名觀眾，銅管樂隊也整齊地站在鐵軌邊，人們翹首以待，望著那蜿蜒而去的鐵路。忽然人們聽到一聲激昂的汽笛聲，斯蒂芬森親自駕駛世界上第一列火車噴雲吐霧地疾駛而來。火車頭後面拖著十二節煤車，另外還有二十節車廂，車廂裏還乘著約四百五十名旅客。火車駛近了，大地在微微顫動。觀眾驚呆了，簡直不相信自己的眼睛，不相信眼前的這鐵傢伙竟有這麼大的力氣。火車緩緩地停穩，人群中爆發出一陣雷鳴般的歡呼聲。銅管樂隊奏出激昂的樂曲，七門禮炮同時發放，人們在慶祝世界上誕生了火車。這列火車以每小時二十四公里的速度，從達靈頓駛到了斯托克頓，鐵路運輸事業從這天開始。

一八二九年曾舉行了一次機車比賽，斯蒂芬森的新機車「火箭」號，以每小時五十八公里的速度獲勝。斯蒂芬森自信地預言，「我深信如果有一條可以使用我的蒸汽火車

頭的鐵路，效果將遠較運河為佳。我敢打賭，我的蒸汽機車在一條長長的良好鐵路上，每天可以運輸四十至六十噸貨物行駛一百公里路程。鐵路建設將在英國、歐洲和北美洲迅速展開」，而斯蒂芬森無疑是這種革命性的運輸工具的主要指導者。

## 以後的發展

一八二七年十二月三日，法國鐵路與航運企業家塞甘首次獲得了管式鍋爐的發明專利。管式鍋爐的發明標誌鍋爐技術得到了突破性的進展。這種鍋爐像以前的一樣，火箱裝在鍋爐內部，但由於火箱增加了煙管，從而擴大了鍋爐的受熱面積，從而提高了鍋爐的效率。

一八二八年二月，塞甘從英國引進了兩台斯蒂芬森機車，在里昂——聖艾蒂安路段上使用。但他對這種機車並不十分滿意。一八二九年，他著手製造自己發明的管式鍋爐機車。這種機車的牽引力大大地超過了斯蒂芬森機車，但它的時速也只有十公里。因此，在製造十來台以後，便停止了生產。但後來，斯蒂芬森自己卻又採用了塞甘鍋爐作為他的新改進火車的原動力。

除了火車本身以外，鐵軌也獲得了改進。原先世界各國的鐵路軌距五花八門，各不相同，例如有：六百一十公厘，七百六十二公厘，八百九十一公厘，一千公厘，一千零六十七公厘，一千三百七十二公厘，一千四百三十五公厘，一千五百二十四公厘，一千八百八十公厘，二千一百四十一公厘……為了解決這一混亂狀況，一九三七年國際鐵路協會作出規定：以一八二五年斯蒂芬森從達靈頓到斯托克頓的那條鐵路的軌距，即四點八五英尺，折合公制為一千四百三十五公厘，為國際上通用的標準軌距；一千五百二十公厘以上的軌距為寬軌，一千零六十七公厘以下的軌距為窄軌。

## 影響

隨著火車的的發展，它的優越性體現得越來越充分：快速、平穩、舒適、安全可靠。因此在英國和美國迅速掀起了一個修築鐵路、建造機車的熱潮。僅一八三二年這一年，美國就修建了十七條鐵路。蒸汽機車也在這段時間前後有了很大的改進，從最初斯蒂芬森建造的兩對輪子的機車，一直發展到五對，甚至六對輪子。而斯蒂芬森繼續作為這個革命性運輸工具的發明者和倡導者，解決了火車鐵路建築、橋樑設計、機車和車輛製造的許多問題。他還在國內和國外許多鐵路工程中擔任顧問。就這樣，火車在世界各地很快發展起來了。直到今天，火車仍然是世界上重要的運輸工具，在國民經濟中發揮巨大的作用。

# 58 X光的發現——倫琴的偉大發明

一八九六年初，世界各地的幾位一流的科學家不約而同地收到了幾張非常特別的照片。一張照片顯示一枚放在箱子裏的指南針；另一張照片是一套在一個盒子裏的天平法碼。最驚人的是一張顯示一雙手的骨骼結構的照片！這是德國沃茲堡大學的威廉·倫琴教授寄出的。幾天之間，他成了舉世聞名的神秘X光的發現者。

## 神奇的光

一八〇四年，湯姆生在測量陰極射線的速度時首先觀察到了X射線，但他當時沒有功夫專門研究這一現象，只在論文中提了一筆，說看到了放電管幾英呎遠處的玻璃管上發出了螢光。十九世紀末，陰極射線研究是物理學的熱門課題許多物理實驗室都致力於這個方面的研究。

一八八〇年，哥爾茨坦在研究陰極射線時也注意到陰極射線管壁上會發出一種特殊的輻射，使管內的螢光屏發光。當時他正在為陰極射線是乙太的波動這

倫琴

個錯誤論點辯護。他認為這個現象正好說明了他的觀點，沒有想到要進一步追查根源，於是就錯過了發現X射線的機會。

一八八七年，早於倫琴發現X射線前八年，克魯克斯也曾發現過類似現象。他把變黑的底片退還廠家，認為是底片本身有問題。

一八九〇年二月二十二日，美國賓夕法尼亞大學的古茨彼德也有過同樣的遭遇，甚至還拍攝到了物體的X光照片，但他沒有介意，隨手把底片扔到廢片堆裏，被他遺忘了。六年後，得知倫琴宣布發現X射線，古茨彼德才想起這件事，重新加以研究。

一八九五年以前，許多人都知道照相底片不要存放在陰極射線裝置旁邊，否則有可能變黑。例如，英國牛津有一位物理學家明史密斯，他發現保存在盒中的底片變黑了，這個盒子就擱在克魯克斯型放電管附近，他只叫助手以後把底片放到別處保存，沒有認真追究原因。這些科學家雖然都觀察到了X射線，但都因各種原因錯過了機會，與「X射線發現者」這個稱號失之交臂，最終，由倫琴得到了這個榮譽。

威廉·康拉德·倫琴一八四五年三月二十七日出生於德國萊茵的倫內普，畢業於著名的瑞士蘇黎世工業學院。畢業後，由於勤奮學習和刻苦鑽研，倫琴取得了累累碩果，很快成為知名人物，並先後應聘為斯特拉斯堡、吉森、沃茲堡等大學的物理學教授。

一八九四年，他出任沃茲堡大學校長。

一八九五年十一月八日，倫琴像平時一樣把一隻放電

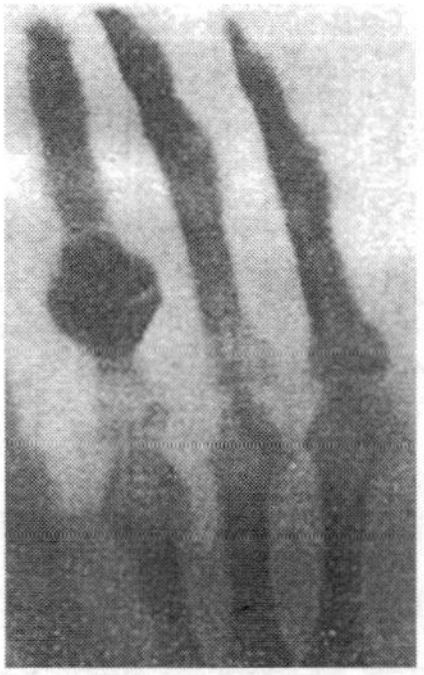

第一張X光片

管用黑紙嚴嚴實實地裹起來，把房間弄黑，接通感應圈，使高壓放電通過放電管，黑紙沒有漏光，一切正常後他截斷電流，準備做每天做的實驗——放電實驗。突然，眼前似乎閃過一絲微綠色螢光。剛才放電管是用黑紙包著的，螢光屏也沒有豎起，怎麼會有螢光呢？

倫琴以為是自己的錯覺，於是又重新做放電實驗，但螢光又出現了。倫琴大為震驚，他一把抓過桌上的火柴，嚓的一聲劃亮。原來離工作臺一公尺遠處立著一個亞鉑氰化鋇小屏，螢光是從那裏發出的。但是由放電管陰極發出的射線——陰極射線是不能通過數公分厚的空氣的，怎麼能使一公尺遠處的螢光屏閃光呢？莫非是一種未發現的新射線？倫琴興奮地托起螢光屏，一前一後地挪動位置，可是那一絲綠光總不會逝去。看來這種射線的穿透能力很強，與距離沒有多大關係。那麼除了空氣外它還能不能穿透其他物質呢？他試著用書、薄鉛片擋住射線，螢光屏上照樣出現亮光，當他用一張薄鉛片擋住射線時，亮光沒了。現在可以肯定確實是有一種新射線。

倫琴有兩個習慣，一是喜歡一個人做事，經常連助手都不要；二是沒有得到最後結果絕不透露一點消息。此後，倫琴就整日鑽在實驗室裏。

這天，妻子貝爾格偷偷溜進實驗室，這次倫琴破天荒邀請她協助實驗。突然，貝爾格喊道：「妖魔，你這實驗室裏出了妖魔！」「貝爾格，你冷靜點！我就在你跟前，別怕，你剛才看見什麼了？」「剛才太可怕了，我的兩隻手只剩下幾根骨頭了。」倫琴一聽，一拍額頭，說道：「親愛的，我們是發現了有種妖魔，這傢伙能穿過人的血肉，也許這正是它的用途呢？不要慌，我們再來試一遍。」

這次，倫琴將自己的手伸在螢幕上，果然顯出五根指骨的影子。然後他又取出一個裝有照相底板的暗盒，讓貝爾格將一隻手平放在上面，再用放電管對準，這樣照射了十五分鐘。底片在顯影液裏撈出來後手部的骨骼清晰可見。

一八九五年底，他以通信方式將這一發現公之於眾。倫琴在他的論文中把這一新射線稱為X射線，因為他當時確實無法確定這一新射線的本質。

直到一九一二年，他的同胞勞厄才從晶體繞射的新發現判定X射線是頻率極高而且是最短的電磁波。隨後，莫塞萊證實它是由於原子中內層電子躍遷所發出的輻射。

## 第一個獲得諾貝爾物理學獎金的人

由於這一射線有強大的穿透力，能夠透過人體顯示骨骼和薄金屬中的缺陷，在醫療上和金屬檢測上有重大的應用價值，因此引起了人們的極大興趣。一個月內許多國家都競相展開類似的試驗並廣泛用之於醫療診斷。一股熱潮席捲歐美，盛況空前。

但除了很多表示祝賀的人之外，還有對此持懷疑態度的人。更有甚者對此表示強烈譴責，他們認為，這是對神聖人體的褻瀆。更有趣的是，投機商人見有利可圖，大做廣告，警告女士們，今後穿什麼衣服上街都不安全了，企圖以此招徠顧客去買他們的X光保險服。當年曾經颳起過一場時尚旋風，使X光受到時髦者的過於殷勤的招待。X光一時間還得到許多顯貴紳士的青睞，竟很快流行為一種新娛樂工具——紳士們穿名貴的禮

服，也借X光來展示骨骼系統和內臟器官，甚至還能看見皮夾子裏的硬幣。不過，後來人們知道X光對人體細胞有殺傷作用後，警醒了自愛心，就再沒有人隨意通過X光去觀賞自己的骨骼系統了。

論文發表以後，倫琴在自己研究所裏舉行第一次報告，並現場作了表演。在報告中，倫琴激動地談道：「X」射線的發現，將對物理學尤其人體醫學方面，產生極大的影響。全場響起了暴雨般的掌聲。一位年邁的解剖學家激動地說，這是他有生以來參加過的最有意義的學術大會，於是就帶領與會者向倫琴歡呼。大家提議，把這種射線命名為「倫琴射線」。如今X射線已經在晶體結構研究、金屬探勘、醫學和透視等方面，得到了廣泛的應用，給人類帶來了莫大的福音。為了表彰倫琴教授的傑出貢獻，諾貝爾獎金基金會決定把第一年的物理獎給授給這位著名的物理學家。

X射線在人們研究陰極射線的過程中被發現是有其必然性的。因為正是高速電子打到靶子上，才有可能激發出這種高頻輻射。所以，即使不是倫琴，也一定會有別人作出這一發現。然而，倫琴之所以能抓住這一機遇，又是和他一貫的嚴謹作風、客觀的科學態度分不開的。所以，他作出這一發現也有其必然性。

勒納德是研究陰極射線的權威學者之一。他在研究不同物質對陰極射線的吸收時，肯定也遇到了X射線。他後來在一九〇一年獲諾貝爾物理獎的演說詞中說道：「我曾做過好幾次觀測。當時解釋不了，準備留待以後研究。不幸沒有及時開始。」不過，即使勒納德及時研究，也難於作出正確結論，因為直到倫琴宣布X射線的發現以後，他還堅持認為X射線不過是速度無限大的一種陰極射線，把兩者混淆在一起。而倫琴則明確加以區分，認為X射線在本質上是與陰極射線完全不同的一種新射線。把發現X射線的榮譽歸於倫琴，並授予諾貝爾首屆物理獎，倫琴是當之無愧的。

## 影響

從倫琴發現X射線之後，各國科學家都開始緊張地研究X射線，法國物理學家貝克勒爾發現了天然放射性，英國物理學家發現了第一個基本粒子——電子……X射線引來了眾多的發現，漸漸地打開了近代物理學的大門。

X光在醫學上的幫助也是具有劃時代意義的。現代醫學是歷經千萬年積累的成果。在世界步入激動人心的二十一世紀之際，美國《時代》雜誌介紹了二千多年來對世界醫學作出重大貢獻的十七位關鍵人物，其中一位就是——一八九五年，德國物理學家倫琴發現了肉眼看不見的X射線，從此診斷人體疾患時，便多了能透視肉體的「法眼」。

# 59 無線電的發明——人類通訊史上革命性的成就

人類發明了電報和電話後，信息傳播的速度不知比以往快了多少倍。電報、電話的出現縮短了各大陸、各國家之間的距離。但是，當初的電報、電話都是靠電流在導線內傳輸信號，這使通信受到很大的局限。譬如，要通信首先要有線路，而架設線路受到客觀條件的限制。高山、大河、海洋均給線路的建造和維護帶來很大的困難。況且，極需要通信聯絡的海上船舶，以及後來發明的飛機，因它們都是會移動的交通工具，所以是無法用有線方式與地面人們進行聯絡的。十九世紀發明的無線電通訊技術，使通信擺脫了依賴導線的方式，是通信技術上的一次飛躍，也是人類科技史上一個重要成就。

## 千里傳音

無線電通訊是利用電磁波的輻射和傳播，經過空間傳送資訊的通信方式。一八三一年，英國法拉第發現電流可以產生磁場。一八六五年，英國麥克斯韋從理論上預言了電的任何波動可以在遠處產生感應即電磁波的存在、並且電磁波能夠從產生的地方以光的速度輻射出去，但他本人未能親自作出實驗驗證。一八八七年，德國物理學家赫茲利用靜電的火花放電實驗，證明了電磁波的存在，激起了人們利用電磁波的念頭，赫茲英年

年輕的馬可尼

早逝，未能在電磁波的應用技術方面開展科研工作。敏感的發明家們已經意識到電磁波可以用於無線電通訊。以義大利的馬可尼和俄國的波波夫為代表的科學家、發明家，在前人已掌握的電磁學和電磁波知識的基礎上，開啟了電磁波應用的大門並開創了無線電通信這門新技術。

一八九四年，年僅二十歲的馬可尼偶然讀到赫茲論述電磁波實驗的文章。這篇文章深深觸動了馬可尼，從而使他把興趣全部轉移到利用電磁波進行通訊的實驗上，立志實現無線電通信。他說：「當我利用赫茲波開始做第一批實驗時，我簡直不能想像，一些著名科學家竟忽略了應用這些理論。」

馬可尼說做就做，他在父母的別墅頂層建立了無線電收發實驗裝置。他在發射機振盪偶極子的一個銅球上連接一根很長的導線，增強電磁波的發射強度，這就是早期的無線電天線。他還採用了粉末檢波器作為接收機。起初，通訊距離只有一百四十公尺。

一八九六年夏天，馬可尼又完成了一次非常成功的實驗。到了秋天，實驗又獲得很大的進步。他把一隻煤油桶展開，變成一塊大鐵板，作為發射的天線。把接收機的天線高掛在一棵大樹上，用以增加接收的靈敏度。他還改進了英國人洛奇發明的金屬粉末檢波器，在玻璃管中加入少量的銀粉，與鎳粉混合，再把玻璃管中的空氣排除掉。這樣一來，發射方增大了功率，接收方也增加了靈敏度。他把發射機放在一座山崗的一側，接

收機安放在山崗另一側的家中。當給他當助手的同伴發送信號時，他守候著的接收機接收到了信號，帶動電鈴發出了清脆的響聲。這響聲對他來說比動人的交響樂更悅耳動聽。這次實驗的距離達到一百一十七公里。

同年，二十二歲的馬可尼到達英國，在普利斯大臣和英國郵電部的支持與贊助下，繼續進行擴大無線電通訊距離的實驗。在一次公開場合，馬可尼作了十～二十公里的無線電報通訊表演。一八九六年六月二日，馬可尼向英國政府提出了編號為一二〇三九的電報專利申請書。一八九七年，他成立了無線電報及信號公司（後來的馬可尼無線電公司）。這時候，他開始把自己的發明付諸商業化。一八九九年，跨越英吉利海峽五十一公里無線電通訊試驗成功。一九〇〇年，馬可尼獲得了英國政府的第七七七七號專利。

無線電短距離傳送的成功，並不是馬可尼的最終目的，他的願望是在少年時期就定下的——將電信號送過大西洋，讓電信號「繞行全世界」！這一想法引起科學界的紛紛議論。有的懷疑，有的反對。一位著名的大學物理學教授以權威的口吻斷言：「向地球上的遠方發射電磁波完全不可能。」理由是：地球是球形的，電磁波是直線傳播的，它至多只能到達與地面成正切的範圍之內，不可能被地球另一面的人們接收到。不滿三十歲的馬可尼，當時雖然還不知道無線電波能被大氣電離層折射而返回地面的道理，但他堅信科學實驗能夠解開難題。

一九〇一年冬，馬可尼親赴美國，同他在英國的助手進行無線電橫跨大西洋的試驗。十二月十二日，馬可尼坐在紐芬蘭聖約翰斯港海岸的一座鐘樓內，放起高達四百公

最早的無線電裝置

尺的風箏作天線，手中握著電話聽筒，期待從大西洋彼岸傳來的無線電信號。時鐘的指針離規定通信聯繫的時間越來越近，馬可尼把聽筒緊緊貼在耳朵旁，緊張地聆聽著。十二時三十分正，三個微小而清晰的「的答」聲在馬可尼耳畔響起。千真萬確！這正是他們事先約定的信號，它相當於莫爾斯信號的三個「點碼」，也即「S」字母。馬可尼異常激動，連聲叫著「成了！成了！」是的！從英國發出的「S」字母信號直上電離層，折射下來，越過大約三千七百公里寬的大西洋而被馬可尼接收到了。這一驚人消息傳到倫敦，傳到五大洲，世界各地的新聞報紙相繼用頭號標題刊登這一消息。一九〇三年春天，英國《泰晤士報》正式使用無線電從美國向該報傳送新聞。每日的最新消息，當天即可見報。科學界中那些固執的反對者在事實面前也不得不認了輸。不久，馬可尼獲得無線電的發明權。

由於馬可尼在無線電通信方面所作出的貢獻，他獲得了一九〇九年度的諾貝爾物理學獎。無線電技術的大發展從而成為二十世紀的熱門事情。一九〇六年，美國物理學家費森登發明無線電廣播，使無線電波進入千家萬戶，預示著一個資訊時代的肇始。

一九三七年，馬可尼與世長辭，在義大利羅馬有近萬人為他送葬，同時，英國所有無線電報和無線電話，以及大不列顛廣播協會的廣播電臺停止工作二分鐘，向這位無線

電領域的偉大人物致哀。

## 另一位發明者

西方習慣上把無線電技術的發明歸功於馬可尼，實際上，除了馬可尼以外，還有一位俄國的科學家幾乎在同時也發現了無線電，這個人就是波波夫，由於俄國的封閉，很多人不得而知，但是我們卻不能抹殺他的功績。

波波夫於一八五九年出生在俄國的一個牧師家庭中。十八歲那年，他考進了彼得堡大學數學物理系。不久轉入森林學院學習。森林學院學術氣氛活躍，使他打下了紮實的基礎，幾年後波波夫以優異的成績畢業了。一八八八年，赫茲發現電磁波的消息傳到了俄國，二十九歲的波波夫一下子改變先前要把電燈裝遍俄國的主意，樹立了要指揮電磁波飛越全世界的理想。一八九四年，波波夫做了一台磁波接收機。這台機器的原理與英國科學家洛奇的那台相似，但靈敏度卻遠比洛奇那台要高得多。

波波夫對無線電通信的傑出貢獻，是他發現了天線的作用。在一次實驗中，波波夫發現金屬屑檢波器的靈敏度異常的高，接收電磁波的距離比起平時有明顯的增加。他沒放過這個異常現象，仔細地觀察了周圍環境，也沒發現什麼變化。找了很多原因，但都一一排除了。他感到很奇怪，再試一次，靈敏度還是異常的高。忽然，他瞥見有一根導線搭在檢波器上。很明顯，這根導線增加了檢波器的接收能力，增加了靈敏度。波波夫真是喜出望外，提高機器的靈敏度，增加傳收距離的願望竟在這無意中達到了。他使用的這根導線是世界上的第一根天線。波波夫用這架機器首先去檢測雷電。他把莫爾斯電報機接在機器上，在一個雷電風雨交加的夏夜，他的接收機收到了空中的雷電，並用莫爾斯電報機上的紙條記錄了下來。

一八九五年五月七日，波波夫帶著他發明的無線電接收機來到彼得堡的俄羅斯物理化學學會物理分會會場，在宣讀論文後，當場進行演示。他讓助手在演講大廳的一頭安放好電磁波發生器，自己在講臺上調好接收機，裝好天線，接收機連接了繼電器和電鈴。一切就緒後，助手接通電磁波發生器，接收機帶動電鈴響了起來。當助手把電磁波發生器電源切斷，電鈴聲嘎然而止。面對事實，過去支持他的人，反對他的人，懷疑他的人，都上前握手祝賀他。此後波波夫又改進了他的機器，用電報機替換了電鈴。這樣，就形成了一台完整的無線電收報機。

一八九六年三月二十四日，波波夫和助手又進行了一次正式的無線電傳遞莫爾斯電碼的表演。波波夫把接收機安放在物理學會會議大廳內，他的助手把發射機安裝在森林學院內，兩地距離二百五十公尺左右。時間一到，助手沉著地把信號發射出去，波波夫這邊的接收機清晰地收到了信號。此時俄羅斯物理學會分會長把接收到的字母一個個地寫在黑板上。最後，黑板上出現一行字母，「海因里希．赫茲」。這是世界上的第一份無線電報，內容是紀念赫茲這位電磁波發現者的。

## 影響

由於無線電波可以用於遠距離通信，無需電線連接，它的出現立即引起軍界的關注。第一次世界大戰爆發，無線電通信的創始人馬可尼便帶著他發明的無線電報機應召到義大利軍隊中服役。從此，無線電通信成為戰爭中重要的指揮手段。

目前，無線電技術已經滲透到政治、軍事、工業、農業、交通、文化、科技、教育和人們日常生活的各個領域，是一個國家綜合國力和發展水準的標誌。這個世界在過去一百年內發生的變化，比任何一個世紀都要大。而一次次的技術革命浪潮，特別是基礎科學的突破，推動了整個技術世界的前進。

# 60 放射性元素鐳的發現——居里夫人的偉大貢獻

一九〇三年十一月的一天，英國倫敦皇家學會把該會的最高獎賞——戴維獎章，掛在一對年輕夫婦——彼埃爾．居里和他的夫人居里夫人的胸前，以表彰他們為人類發現了一種極其珍貴的放射性元素——鐳。

## 居里夫人

居里夫人一八六七年十一月七日出生在波蘭，原名叫瑪麗．斯可羅多夫斯卡。少年的瑪麗，雖然家境貧寒，但十分好學，十六歲那年，她以優異的成績畢業於華沙女子中學，並獲得金質獎章。但那時的波蘭，已被俄、普、奧三國瓜分，波蘭女子沒有上大學的權利。而瑪麗又因為家境貧困，無力到國外求學，因此只好到鄉下當了五年家庭教師。在此期間，她省吃儉用，積攢了一點錢準備到國外求學。

一八九一年的冬天，瑪麗終於來到巴黎大學理學院學習。她帶著強烈的求知欲望，全神貫注地聽每一堂課，艱苦的學習使她的身體變得越來越糟，但是她的學習成績卻一直名列前茅，這不僅使同學們羨慕，也使教授們驚異。入學兩年後，她充滿信心地參加了物理學學士學位考試，在三十名應試者中，她考了第一名。第二年，她又以第二名的

優異成績，考取了數學學士學位。

一八九四年，她結識了居里先生，為科學獻身的理想，把他們永遠聯繫在一起。在以後的歲月裏，居里夫婦為科學進步做出了傑出的貢獻。

## 「鐳」的發現

一八九六年，法國物理學家貝克勒爾發表了一篇工作報告，詳細介紹了他通過多次實驗發現的鈾元素。鈾及其化合物具有一種特殊的本領，它能自動地、連續地放出一種人的肉眼看不見的射線，這種射線和一般光線不同，能透過黑紙使照相底片感光，它同倫琴發現的X射線也不同，在沒有高真空氣體放電和外加高電壓的條件下，卻能從鈾和鈾鹽中自動發生。這使居里夫人發生了極大的興趣，決心揭開它的秘密。

經過皮埃爾的多次請求，理化學院院長才允許居里夫人使用一間潮濕的小屋做理化實驗。雖然室溫只有攝氏六度，但居里夫人卻全然不顧，完全投入到鈾鹽的研究中。

居里夫人

居里夫人受過嚴格的高等化學教育，她在研究鈾鹽礦石時想到，沒有什麼理由可以證明鈾是唯一能發射射線的化學元素。她根據門捷列夫的元素周期律排列的元素，逐一進行測定，結果很快發現另外一種釷元素的化合物，也能自動發出射線，與鈾射線相似，強度也相像。居里夫人認識到，這種現象絕不只是鈾的特性，必須給它起一個新名稱。居里夫人提議叫它「放射性」，鈾、釷等有這種特殊「放射」功能的物質，叫作「放射性元素」。

一天，居里夫人想到，礦物是否有放射性？在皮埃爾的幫助下，她連續幾天測定能夠收集到的所有礦物。她發現一種瀝青鈾礦的放射性強度比預計的強度大得多。

經過仔細的研究，居里夫人不得不承認，用這些瀝青鈾礦中鈾和釷的含量，絕不能解釋她觀察到的放射性的強度。

這種反常的而且過強的放射性是哪裏來的？只能有一種解釋：這些瀝青礦物中含有一種少量的比鈾和釷的放射性作用強得多的新元素。居里夫人在以前所做的試驗中，已經檢查過當時所有已知的元素了。她斷定，這是一種人類還不知道的新元素，她要找到它！

居里夫人的發現吸引了皮埃爾的注意，居里夫婦一起向未知元素進軍。在潮濕的工作室裏，經過居里夫婦的合力攻關，一八九八年七月，他們宣布發現了這種新元素，它比純鈾放射性要強四百倍。為了紀念居里夫人的祖國波蘭，新元素被命名為釙（波蘭的意思）。

一八九八年十二月，居里夫婦又根據實驗事實宣布，他們又發現了第二種放射性元素，這種新元素的放射性比釙還強。他們把這種新元素命名為「鐳」。可是，當時誰也不能確認他們的發現，因為按化學界的傳統，一個科學家在宣布他發現新元素的時候，

必須拿到實物，並精確地測定出它的原子量。而居里夫人的報告中卻沒有釙和鐳的原子量，手頭也沒有鐳的樣品。

居里夫婦決定拿出實物來證明。當時，藏有釙和鐳的瀝青鈾礦，是一種很昂貴的礦物，主要產在波希米亞的聖約阿希母斯塔爾礦。人們煉製這種礦物，從中提取製造彩色玻璃用的鈾鹽。對於生活十分清貧的居里夫婦來說，哪有錢來支付這件工作所必需的費用呢？他們的智慧補足了財力，他們預料，提出鈾之後，礦物裏所含的新放射性元素一定還存在，那麼一定能從提煉鈾鹽後的礦物殘渣中找到它們。經過無數次的周折，奧地利政府決定饋贈一噸廢礦渣給居里夫婦，並答應若他們將來還需要大量的礦渣，可以在最優惠的條件下供應。

居里夫婦從一八九八年一直工作到一九〇二年，經過幾萬次的提煉，處理了幾十噸礦石殘渣，終於得到零點一克的鐳鹽，測定出了它的原子量是二二五。

鐳被宣告誕生了！

## 居里夫人的精神財富

居里夫婦證實了鐳元素的存在，使全世界都開始關注起放射性現象。鐳的發現在科學界爆發了一次真正的革命。繼鐳的發現之後，另一些新的放射性元素如鋼等也相繼被發現。探討放射性現象的規律以及放射性的本質成為科學界的首要研究課題。

居里夫人以《放射性物質的研究》為題，完成了她的博士論文。一九〇三年，居里夫人獲得巴黎大學的物理學博士學位。同年，居里夫婦和貝克勒爾共同榮獲諾貝爾物理學獎。

一九〇六年，居里先生不幸因車禍而去世，居里夫人承受著巨大的痛苦，決心加倍努力，完成兩個人共同的科學志願。巴黎大學決定由居里夫人接替居里先生講授物理課。居里夫人成為著名的巴黎大學有史以來第一位女教授。還是在他們夫婦分離出第一批鐳鹽的時候，他們就開始了對放射線各種性質的研究。僅一八八九年到一九〇四年間，他們就先後發表了三十二篇學術報告，記錄了他們在放射科學上探索的足跡。一九一〇年，居里夫人又完成了《放射性專論》一書。她還與人合作，成功地製取了金屬鐳。一九一一年，居里夫人又獲得諾貝爾化學獎。一位女科學家，在不到十年的時間裏，兩次在兩個不同的科學領域裏獲得世界科學的最高獎，這在世界科學史上是獨一無二的事情！

一九一四年，巴黎建成了鐳學研究院，居里夫人擔任了學院的研究指導。以後她繼續在大學裏授課，並從事放射性元素的研究工作。一九三二年，六十五歲的居里夫人回到祖國，參加「華沙鐳研究所」的開幕典禮。

一九三四年七月十四日，居里夫人病逝了。她最後死於惡性貧血症。她一生創造、發展了放射科學，長期無畏地研究強烈放射性物質，直至最後把生命貢獻給了這門科學。

居里夫人不僅是一位偉大的科學家，更具有一顆獻身人類的博大的愛心。由於鐳的

驚人特性和它在醫學上的廣泛用途，鐳成為當時世界上最珍貴的東西。許多人勸居里夫婦申請專利，一旦申請，居里夫婦立即成為百萬富翁。居里夫人卻毫不動心。她說：「我發現了鐳，但不是創造了它，它不屬於我個人，它是全人類的財產。」隨之她向全世界公布了鐳的提取分離技術，她的做法顯示出科學家的無私境界。居里夫人將她得到的各種各樣的獎金幾乎全部用於資助窮人，幫助其他科學家特別是青年科學家改善科研條件。第一次世界大戰爆發，年屆五十的居里夫人奔波於國內外，指導戰地醫療人員應用X射線診療救治傷員，挽救了大量垂危的生命。面對接踵而來的榮譽和讚揚，居里夫人虛懷若谷，她對那些崇拜者們一再表示：「在科學上，重要的是發現的事物，而不是研究者本身。」愛因斯坦以敬佩的口吻說：「在所有的著名人物中，居里夫人是唯一不被榮譽所腐蝕的人。」「她性格堅強，思想純正，嚴以律己，處事客觀和廉潔——所有這些品質很少在一個人身上兼而有之。」

## 影響

鐳的發現，引起科學乃至哲學的巨大變革，為人類探索原子世界的奧秘打開了大門。可以說，它的發現，開闢了科學世界的新領域，並由此誕生了一門新興的放射學，所以，鐳被譽為「偉大的革命者」。

鐳在醫學方面具有重要的價值，給癌症患者帶來了福音。癌症，這個吞食人們生命的怪物，在人類歷史的長河中，曾幾何時放蕩不羈，給人們留下痛苦和死亡。人們無時無刻不在尋找同它鬥爭的武器。可是，一個世紀又一個世紀地過去了，直到二十世紀初居里夫婦發現了鐳。鐳可以破壞被病毒侵蝕了的細胞，然後構成新的、健康的細胞組織。這使本來已經非常昂貴的鐳，變得更加珍貴。這也反映了居里夫婦對人類的傑出貢獻。

# 61 弗洛伊德的精神分析學——認識「自我」的一項革命性發現

過去一個世紀所發生的三次最偉大的思想革命是與卡爾．馬克思、查爾斯．達爾文和西格蒙德．弗洛伊德的名字聯繫在一起的。達爾文的革命從根本上重建了自然科學，並且在進化論生物學的狹小的範圍之外，尤其在社會科學中，產生了重要的影響。馬克思主義由於其思想和政治的革命性，而成為社會科學中（以及社會和政治活動中）的一種革命力量；馬克思主義的擁護者宣稱，馬克思主義是「科學的」。而對許多人來說，弗洛伊德的革命是不明確的，因為就它的重要地位，人們並沒有一致的意見：弗洛伊德的精神分析學是科學嗎？或者，它是社會科學嗎？或者，它甚至根本不是科學？

## 弗洛伊德其人

西格蒙德．弗洛伊德出生於摩拉維亞的弗萊堡。他的父親是一個猶太籍羊毛商。弗洛伊德三歲時，全家遷居維也納。弗洛伊德讀書時成績優異，一直作學生班班長，畢業時不僅德文、希伯萊文名列前茅，拉丁文、希臘文、法文、英文和義大利文的成績也十分突出。一八七三年弗洛伊德進入維也納大學攻讀醫學，一八八一年成為醫生。

在弗洛伊德成名之前，他在維也納大學任神經科教授，課餘之暇則從事精神分析的

弗洛伊德

研究工作並為精神失常的病人作心理治療。這種病人因為無法戰勝自己的意志力，而引起嚴重的苦惱和憂慮，喪失了過正常生活的能力。他們每時每刻都想避開煩惱的壓迫，但不良的傾向卻毫不放鬆地使他們飽受煎熬。

根據此種情況，弗洛伊德發明了一種精神分析方法：讓病人躺在一張柔軟的長椅上，鬆弛緊張的情緒，在祥和的氣氛中，醫生以閒聊的方式和病人談話，引發他說出心中的每一個想法，包括在他腦海中一閃即逝的意念，一些微不足道的細小事物。如果病人有意停止說出內心的意念，或是有心理閉塞的障礙，醫生就及時地給予鼓勵和勸慰，設法轉移病人的注意力，使病人在極自然的氣氛下，不知不覺地說出內心的感受，從而發現病的癥結。通過臨床觀察弗洛伊德終於發現這種病狀的起因，是由於情緒受到長時期壓抑後的一種反應。這種強烈的壓力，正是造成疾病的「潛意識心理」。

弗洛伊德經過仔細的研究，發覺「潛意識」與先前稱之的人體精神中的一種影像不同，因為影像一掠即逝，而「潛意識」則是情緒的延續活動，它對人類的心理和行為都有相當的影響。這是患者從幼兒時代起，即受到一連串壓力而形成的一種情緒狀態，其主要原因是肉體欲望受到過分壓抑。在弗洛伊德眼中，動物（包括人類）的每一種行為都和這種肉體欲望有關，他將這種肉體上的欲望稱為「性」。

根據弗洛伊德的研究，「潛意識」和「性」這些本能的傾向，支配著人類的行為。

這兩種本能所造成的影響力，會從孩提時代持續到成年之後。因為當我們追查精神病患者的某些行動或意向時，會發現他們在幼年時期，「潛意識」與「性」心理曾受到強烈壓抑。現在，我們通稱這種「潛意識」或「性」的本能傾向為「性欲基力」，這是弗洛伊德精神分析學中的一個專有名詞。這並非單純的色情，而是一種廣義的「性饑渴」。在弗洛伊德觀點中的「性」與一般成年人所稱的「性」不同，它是指人類身體的每一部分都可能引起的快感。

在青春期前，這種「性飢渴」都停留在潛伏狀態。到了青春期，少年男女的感情開始萌芽，形成了一種新的不安。受壓抑的感情會在突然間迸發出來，而產生成年人的性欲。這時，少年男女對於異性會有一種很微妙的感覺，有時人們也會將部分性欲「昇華」，將之轉移到自己喜歡的事物上，但無論從事哪種活動，根據弗洛伊德的定義，在根本上都是為了發洩他的精力。

一八九三年，弗洛伊德與布羅伊爾合作發表了《歇斯底里研究》，該書於一八九五年出版發行，這被看成是弗洛伊德精神分析學的處女作。一八九九年，他的傑作《夢的解析》出版，弗洛伊德聲稱他發現了三大真理：夢是無意識欲望和兒時欲望的偽裝滿足；俄狄浦斯情結（戀母情結）是人類普遍的心理情結；兒童具有性愛意識和動機。這些發現為精神分析學奠定了基礎。但在當時，弗洛伊德這本書並沒有得到重視，初版的六百冊書八年以後才售完。一九〇五年，他的《性欲理論三講》發表，至此探討兒童性心理的發展與精神變態機制的聯繫，才真正開始為世人所重視。但因為他的學說的反傳

抱著小孩的弗洛伊德

統性，在當時受到了學術界和社會輿論的群起攻之，他本人也成了當時德國科學界最不受歡迎的人。

但是弗洛伊德仍然不改初衷，我行我素，在不到二十年的時間裏，寫作了約八十篇論文和九本著作，繼續闡述、發揮和宣傳他的精神分析理論。他在《日常生活的精神分析》中提出一切日常生活中的失誤都是由無意識動機所支配的；在《圖騰與禁忌》中用俄狄浦斯情結來解釋人類的原始文化；在《精神分析引論》中則用講演稿的形式對精神分析理論作了全面的總結和介紹。二十世紀二十年代以後，弗洛伊德的思想和觀點出現了一些變化和發展，在《自我和本我》、《抑制、症狀和焦慮》等著作中他提出了將心理劃分為「伊特」（「本我」）、「自我」和「超我」三個互動的部分。在《超越唯樂原則》中提出了「生本能」和「死本能」的概念，在《文明及其缺陷》等著作中弗洛伊德用文明與本能的衝突來揭示人類文明發展的原始動力。

弗洛伊德不僅著書立說，而且畢生都以極大的熱情創立和發展精神分析運動。一九〇八年四月十五日，在「心理學星期三聚會」的基礎上，他創立了維也納精神分析學會，一九一〇年三月發展為國際精神分析學會，一九一九年創建國際精神分析學出版社。在這期間，弗洛伊德迅速蜚聲世界，經常應邀在歐洲和美國講學，並培養了一批學

術繼承者，如後來也具有世界性影響的榮格、阿德勒等。精神分析運動從此也成為遍布世界各地的國際性運動。

一九三八年德國法西斯佔領維也納，弗洛伊德移居英國。一九三九年因病在倫敦逝世。但是，弗洛伊德的影響並沒有因為他的逝世而消失。甚至人們可以這樣說，弗洛伊德的理論不僅對於心理學來說是一種必備的積累，即使對於其他人文領域、藝術創作以至於日常知識來說，也是不能缺乏的一個必須了解的環節。正如一本權威著作所評述的那樣：「雖然弗洛伊德學說一再受到抨擊，這絲毫無損於他的形象。他卓絕的學說、治療技術以及對人類心理隱藏的那部分的深刻理解，開創了一個全新的心理學研究領域。由他所創立的學說，從根本上改變了對人類本性的看法。」

## 《夢的解析》

一八九九年出版的《夢的解析》，全書共七章，分述釋夢的歷史和方法，夢願望的達成和偽裝，夢材料的來源和運作方式以及夢的心理過程。

作者從性欲望的潛意識活動和決定論觀點出發，指出夢是欲望的滿足，絕不是偶然形成的聯想，即通常說的，日有所思，夜有所夢。他解釋說，夢是潛意識的欲望，由於睡眠時檢查作用鬆懈，潛意識趁機用偽裝方式繞過抵抗，闖入意識而成為夢。夢的內容不是被壓抑與欲望的本來面目，必須加以分析或解釋。釋夢就是要找到夢的真正根源。

作者將夢分為顯相和隱義。顯相是隱義的假面具，掩蓋著欲望（隱義）。白天受壓抑的欲望，通過夢的運作方式瞞騙過檢查以滿足欲望。

夢的運作方式有以下幾種：

一、凝縮，將多種隱義集中簡化以一種象徵出現。如花即為許多心愛事物的象徵。

二、移置作用（或轉換），指將被壓抑的觀念或情調換成一種不重要的觀念，而在夢中卻居主要地位，如去園中賞花，採花。

三、戲劇化，將抽象的隱義變換成具體的形象。如一婦女夢見被馬踐踏，是代表她內心順從了男友的要求。

四、潤飾或叫加工改造，即將無條件的東西，精心製作改造為有條理的夢境，以便蒙混過關。

釋夢就是將上述的種種偽裝（化裝）揭開，從顯相中尋求隱義。

弗洛伊德認為是一種「潛意識」支配著人類的行為，這種「潛意識」是本能的反應，既不屬於生物學，也不屬於道德的範疇，而是一種完全獨立的「心理意識」。它潛伏於人們內心中，是科學醫療技術也無法檢查出來的。

對於這本書的評價，好壞不一：鼓吹者認為，本書開拓了研究夢的嶄新領域；實驗心理學家則因釋夢的種種說法不能實驗，缺乏客觀標準而不屑一顧。就弗洛伊德本人的精神分析來說，釋夢卻是他學說中的一個重要部分。

該書出版後隨著精神分析學派的傳播、發展，曾轟動一時，它的思想對文學藝術、歷史和宗教均有重要影響。

## 影響

雖然弗洛伊德最初只是一位精神病學家和心理學家，但他因為創立了精神分析學派，使其影響遠遠超出了專業學術領域，而成為了二十世紀為數不多的具有世界性知名度的人物之一：一方面他受到過來自世界各地不同領域的許多善意和惡意的批評、指責，但另一方面隨著時間的推移，他也得到了越來越多人的理解、讚譽，獲得了越來越高的評價和地位。有人將弗洛伊德與愛因斯坦並列為二十世紀最有影響力的人物，有人以弗洛伊德的出現為標誌，將人類的認識歷史劃分為前後兩個時期，有人稱弗洛伊德是「人類偉大的人物和領路人之一」。的確，弗洛伊德以其對人類精神和行為所作出的驚世駭俗的發現，不僅對心理學、哲學、歷史學、人類學、社會學、倫理學、政治學、美學等幾乎所有的人文學科和精神領域，而且也對當代人們對自我和世界的認識、了解以及對日常的生活方式和價值觀都產生了劃時代的影響。在二十世紀人類文化的地形圖上，弗洛伊德毫無疑問地佔據著一個顯赫的位置。

# 62 汽車的發明和推廣——成為大眾化的交通工具

一九四七年四月七日，汽車大王亨利．福特離開了他為之奮鬥、追求了大半生的世界。為了紀念他對人類所做的巨大貢獻，美國各大報紙和刊物紛紛發表訃告和文章，表示對他的深切悼念。其中《紐約時報》在悼念亨利．福特時寫道：「……當他來到人世時，這個世界還是馬車的時代。當他離開人世時，這個世界已經成了汽車世界。」

## 福特之前的汽車

在人類歷史上，第一部以自身動力行駛的交通工具是蒸汽車，它是用蒸汽引擎來推動的。一七六九年，法國陸軍上尉古納製造了一輛三輪蒸汽牽引機，用來拉大炮。在一七七〇年最初使用時，時速僅達五公里，但這是世界上第一輛利用機器為動力的車輛。

到十九世紀初葉汽油發動機被發明，於是各國都開始致力於新式動力機的研究，以圖在這一標誌著工業水準高低的重要領域裏取得新的突破。法國人愛梯乃．雷諾是取得成功的第一人，他於一八六〇年設計出了世界上第一台兩迴圈發動機。一八六二年法國人德羅夏提出了內燃機的四衝程理論。一八七六年德國工程師發明了四衝程煤氣內燃機。一八八三年德國人戴姆勒研製成功第一台以汽油為燃料的內燃機。一八九二年，德

國人狄塞爾研製出用柴油作燃料的高壓縮型自動點火內燃機。內燃機技術由此成熟。

由於有了上述這些成就，才為自動車的出現提供了契機。而將內燃發動機裝在三輪車上的設想同樣是由兩位德國發明家首先提出來的，他們就是戈特利布・戴姆勒和被稱為「汽車之父」的卡爾・本茨。戈特利布・戴姆勒來自德國斯圖加特市，他想要設計一種快速運轉的發動機，為陸地、水上和空中的各種交通工具提供動力，一八八六年為了實現這個目標戴姆勒投入了他全部的資產。為了提高單個內燃機的功率，戴姆勒將傳統的煤汽燃料改為液體燃料，另外還運用了新的熱管燃燒裝置，戴姆勒的四衝程內燃機在一八八六獲得了專利。與此同時，在曼海姆，卡爾・本茨也完成了他的工業技術力作。而他對戴姆勒的工作卻毫不知曉。本茨也製成了四衝程內燃發動機，但與戴姆勒不同的是，他運用了電打火裝置，利用火星塞使發動機獲得了令人驚歎的速度。

最早的賓士車

一八八六年七月，本茨首次試開他的三輪汽車，車子是金屬管構架，漂亮而又輕巧，它不止是一輛不用馬拉的車，它是世界上第一部真正的汽車。戈特利布・戴姆勒和卡爾・本茨可以稱得上是汽車製造業的先鋒。但他們漂亮的手工製造的汽車只能被富人們所擁有，而真正使汽車走向大眾無疑應歸功於亨利・福特。

## 亨利·福特和T型車

亨利·福特，一八六三年七月三十日生於密西根州的迪爾郡，父親是來自愛爾蘭的農人，母親是荷蘭移民，她不幸在福特十五歲時突然病逝，但是生性好強的母親卻帶給亨利極為深遠的影響。她有一種極好的性格，她常說：「一經想定要做的事，千萬不可中止。」亨利是在母親的清潔、秩序、忍耐、勇氣、鍛鍊的座右銘薰陶中成長起來的。

福特七歲時，進入蘇格蘭人開墾地的學校學習。這所學校只有一間教室，福特的各科成績一般，只有算術優秀，但他卻是個擺弄機械的天才。他曾經在拆弄一台脫穀機時，差一點把手指頭打掉。做實驗的蒸汽鍋爆炸時，將他的嘴唇給炸去了一塊，但他的發明天才轟動了全村。

母親去世後，福特來到底特律造船廠工作，從一本《世界科學雜誌》中了解到蒸汽引擎已經落後，需要開發內燃機引擎，福特對此發生了極大的興趣。後來，他到威斯特豪斯公司代理店做機械工，學到不少蒸汽引擎的知識。三個月後，他辭職回家，專心研究製造牽引機，經過兩年的刻苦努力，完成了以木材為燃料的蒸汽牽引機。

一八九一年九月，福特來到了底特律的「愛迪生照明公司」工作，憑著高超的技術，他很快就成為年薪一千美元的工程師。工作之餘他繼續著汽車研製工作。一八九四年，亨利認識了一位名叫巴提爾的德國僑民，他當時只有十八歲，巴提爾對汽車引擎有著強烈的愛好，他成了亨利第一個志同道合的夥伴。後來亨利又找了兩個人合作，其中

一個是愛迪生公司裏的電氣工程師，名叫凱特，另一個是一位心靈手巧的年輕人，名叫畢休普。這樣，亨利便組成了一個研製內燃引擎的四人小組。

一八九六年六月四日對於福特來說是一個終生難忘的日子。這天福特的本一號試車在凌晨兩點完成了。他們欣喜若狂，將汽車駛出大街。這輛車是四衝程四汽缸式，其速度分為兩檔，分別為時速十英里和二十英里，若再加上空轉裝置則共有三檔。整個車身裝在一個由四輪自行車車輪支撐的輕型底盤上，總重量約為五百磅。這輛車沒有剎車裝置，然而這不是它的主要的缺陷，重要的問題是車子沒有倒檔裝置，所以無法倒退，只能借助人力才可以改變方向。

福特的造車計劃很快就受到大發明家愛迪生的讚譽，這給了他很大鼓舞，他決心製造第二號車，它要比一號車稍大，但仍不改一號車大眾化、輕便化的一貫目標。製作一號車用了半年時間，而二號車卻用了兩年的時間才完成。它較一號車有了改進，而且非常壯觀。福特感到十分滿意。

一八九八年亨利．福特在得到了威廉．墨菲等的資助後，決心辭去愛迪生照明工廠的工作，專門從事汽車事業。八月十五日底特律汽車公司宣布成立。這是底特

福特和愛迪生

律最早的一家汽車製造公司，它擁有的資本加起來，足有十五萬美元，這在當時的美國汽車業中是首屈一指的。

一九〇二年福特又與一位叫馬柯姆森的底特律煤商談到了關於建立一個新的汽車公司的問題。就在這年的十一月，福特．馬柯姆森公司宣告成立。福特與馬柯姆森明確簽訂了開發大眾車的協定，他們決定在任何情況下都要優先發展大眾車。

一九〇三年，福特．馬柯姆森汽車公司開始大量生產速度快、簡便、安全、價格公道的A型汽車，時速為四十八公里，滿足了社會上各界人士在交通方面的需要。

到一九〇五年，福特汽車公司的生產量達一七〇八輛，職工有三百一十一人，但福特對當時汽車的性能並不滿意，認為仍未達到預期的目標。同時，在價格方面，也太高了些。於是，他繼續研製開發新型汽車。從最初的A型車發售後的五年間，福特依照英文字母A、B、C、F、K、N、R、S的順序，總共生產研製了八種車型。其中，只有K型車是六個汽缸的敞篷車。S型汽車在一年內創下了銷售六千部的紀錄，淨利比過去五年的銷售總額還高出二百萬美元。

一九〇八年十月一日，汽車技術史上樹起了第二個里程碑，底特律開始生產一種以「福特」命名的汽車，型號為「T型」。這種少見的汽車推動了一個新的工業時代的到來。福特的T型汽車是一種沒有先例的技術典型。構造簡單的四缸發動機只有十四點七千瓦（二十馬力），工作容積為二千八百八十四毫升，每分鐘轉速一六〇〇轉。工作負荷低，轉速慢，使得這種發動機非常堅固耐用，它可以用最低劣的汽油，甚至可以用煤

油比例很大的混合油。福特的目標是生產「全球車」。不論從哪方面說，他都成功了。自一九〇八年十月一日第一輛T型車交貨以來，直至一九二七年夏天T型車成為歷史，共售出一五〇〇多萬輛。T型車在全世界倍受青睞，它成了便宜和可靠的象徵。福特汽車公司創造了一個巨大的永久性汽車市場，帶動了全球汽車產業的發展。一九二三年底，美國售出的汽車近一半是福特生產的。到二十世紀二十年代，全世界一半以上的註冊汽車都是福特牌。

T型車的許多創新永遠地改變了汽車製造業。如第一個將方向盤左置使乘客出入方便。第一個將發動機汽缸體和曲軸箱做成單一鑄件，第一個使用可拿掉的汽缸蓋以利檢修，第一個大量使用由福特汽車公司自己生產的輕質耐用的釩鋼合金。T型車靈巧的「行星」齒輪變速箱讓新手也覺得換檔輕鬆自如。諸如此類的創新和改進，加之亨利·福特生產的T型車所固有的價值，使得它在世界進一步趨於城市化之際成為最佳的個人交通工具。

T型轎車

一九四七年四月七日，福特因患腦溢血逝世，享年八十四歲。但是，這位汽車大王經營管理的理論和方法：如降低成本和提高工資等，已成為現代企業管理的常識和經濟學的部分原理。福特以他個人的努力，使汽車發展成為大眾化的交通工具，促進了人與人之間的交往，這是他對人類的另一項偉大建樹。

## 影響

汽車的發明在徹底改變人們出行方式的同時，也徹底更新了人類社會的組織結構。它使人類的機動性有了極大的提高，使二十世紀人類的視野更加開闊，更追求自由。當然，汽車工業的發展也帶來了道路網擠佔土地資源、大氣污染和高昂的購車費等問題，但不管怎麼說，汽車確實載著人類向前發展，向前奔馳。

# 63 萊特兄弟的成功——人類終於飛起來了

征服自然，飛上天空，是人類很早就產生的一種強烈願望。早在幾百年前，人類就多次研究在天空中飛行的機器，但沒有一次成功。十五世紀文藝復興時期的巨人達·芬奇認為：「若充分利用引擎的熱能，就可以製造出天空中飛行的機器。」這在不久的以後，便真的變成了現實。

## 早期的探索

人類自古就嚮往能在天空飛行。早在中國西漢末年王莽「新朝」時，就有人做了一隻形狀似鳥的飛行物，力圖像鳥一樣能在天空飛翔，可是，這個裝置只在低空飄行了一陣便跌落在塵埃裏。在西方也有人用柳條製成機翼，外面綳上一層棉布，而做成了一種玩具式的飛機，它也只能在空氣中依靠浮力飄落，當然也算不上是飛機。不過，人類飛翔的夢想一直沒有停止。

自從蒙特哥菲爾兄弟的熱氣球成功升空以後，氫氣球和飛艇也都陸續升上了天空。一時間各種各樣的氣球和飛艇成了人們談論的焦點，其間最輝煌的成就莫過於一架名為「挪威號」的飛艇於一八五二年五月成功開闢了北極航線。然而，隨著人們研究的深入和不斷發生的飛行事故，航空先驅者們清楚地意識到：這些輕於空氣的航空器無論是在安全性、操縱性還是發展前途上都存在著很大的局限性，它們的飛行速度低，不易操縱和控制，而且對載人來說也不安全。因此，人們的注意力逐漸轉向了重於空氣的航空器（飛機和滑翔機）的研究上。

說到飛機和滑翔機就不得不提到兩個天才的設計家：義大利的李奧納多·達·芬奇和英國的喬治·凱利。達·芬奇是第一個運用科學知識對飛行問題進行研究的人，並曾設計出了降落傘和直升機的雛形。而喬治·凱利男爵則被公認為是飛機的創始人和「航空之父」。他為重於空氣的航空器創立了必要的飛行原理，而在這之前，航空是「一門在公眾眼中接近於荒謬可笑的科學」。在喬治·凱利二十三歲的時候，製造了一個直升機模型，大約在一八〇一年，喬治·凱利研究了鳥的推動力，並於一八〇四年在旋轉臂上試驗了一架滑翔機模型。在隨後的時間裏，這位偉大的先驅者曾多次製造了改進型的滑翔機原型機。在喬治·凱利的眾多追隨者中，最為著名的是英國工程師威廉·塞繆爾·亨森，他於一八四三年提出的飛機設計方案——「空中蒸汽車」幾乎具備了成功的載人動力飛行所需要的一切要素。他設計的飛機草圖非常簡單而且合理，令人覺得建造飛行器這一幻想離現實只有一步之遙。然而由於在當時缺乏必要的理論和技術基礎知識，亨森也只有停下他的探索工作。

真正開始研製現代飛機的是德國工程師利林塔爾。一八九一年，利林塔爾成功地製作了第一架滑翔機，雖然首次飛行只滑翔了十五公尺，但它是人類飛上天空的開端，正

如法國飛行家費貝所說的「一八九一年利林塔爾在空中首次飛行十五公尺的這一天，正是人類學會飛行的時刻」。

但滑翔機畢竟不是飛機，雖然利林塔爾經過五年的努力，先後滑翔三百餘次，最高滑翔紀錄為二百五十公尺，但沒能讓機體起飛。一八八九年利林塔爾出版了一部航空經典著作——《作為航空基礎的鳥類飛行》，仔細分析了鳥翼的形狀和結構，得到了許多重要的數據，並應用於人的飛行。後來利林塔爾從鸛的飛行中得到啟示，試圖把蒸汽機裝到滑翔機上，讓飛機起飛，但由於蒸汽機效率太低，且重量過大，所以，實驗失敗了。但是利林塔爾始終不放棄理想，繼續試驗飛行。一八九六年八月九日，這位偉大的先驅所駕駛的滑翔機不幸從空中墜落下來，他的臨終遺言是：「要想學會飛行，就要做出犧牲。」

## 萊特兄弟

繼承利林塔爾遺願的是美國的萊特兄弟。他倆從

世界上第一架飛機

華盛頓史密森協會得到有關飛行技術的文獻，仔細研究後認為文獻中百分之九十都是廢話，只有利林塔爾的話是有道理的。他倆決心將利林塔爾的事業繼續下去。

一八九六年利林塔爾試飛失事，促使他們把注意力集中在飛機的平衡操縱上面。他們特別研究了鳥的飛行，並且深入鑽研了當時幾乎所有關於航空理論方面的書籍。這個時期，航空事業連連受挫，飛行技師皮爾機毀人亡，重機槍發明人馬克沁試飛失敗，航空學家蘭利連飛機帶人摔入水中，等等，這使大多數人認為飛機依靠自身動力的飛行完全不可能。而萊特兄弟卻沒有放棄自己的努力。僅一九○○年至一九○二年期間，他們除了進行一千多次滑翔試飛之外，還自製了二百多個不同的機翼進行了上千次風洞實驗，修正了利林塔爾一些錯誤的飛行資料，設計出了較大升力的機翼截面形狀。終於在一九○三年製造出了第一架依靠自身動力進行載人飛行的飛機「飛行者」一號。

萊特兄弟試飛報導

「飛行者」一號的飛行是航空史上一個重要的里程碑。雖然在此之前，笨重的飛艇和任意飄遊的氣球已把人們送上了天空，但這些依賴空氣浮力的航空器擺脫不了自然力尤其是風力的影響。「飛行者」一號不依賴空氣浮力，是航空史上第一個主要依靠動力飛行的航空器。

萊特兄弟因此於一九〇九年獲得美國國會榮譽獎。同年，他們創辦了「萊特飛機公司」。萊特兄弟的貢獻就在於實現了飛機依靠發動機功率和螺旋槳推力載人飛行的夢想。

一九〇八年，萊特兄弟改良了飛機。他們裝置了三十馬力的發動機，改造了坐椅，使駕駛人坐在機翼中間進行操縱。這一年他們在法國巴黎舉行了飛行表演，創下連續飛行二小時三十分二十三秒，飛行距離一百一十七點五公里的紀錄。這是當時世界上最長的飛行時間和距離。巴黎的飛行表演是萊特兄弟赴歐洲眾多表演中最成功的一次。在紀念紐約發現三百周年慶典上，韋伯．萊特又進行了一次飛行表演。雖然這次飛行僅僅只有幾十分鐘，但卻激發了美國公眾發展航空事業的熱情。

## 以後的發展

在萊特兄弟以後，英國、法國和比利時開始產生飛機引擎，其中最受人注意的使用時間最長的法國的「卡諾木」號。它有一根固定的曲軸，周圍有七個可同時迴轉的汽缸，當機器旋轉時，生出的風能夠使引擎冷卻，並且汽缸旋轉時，能引起引擎空轉，使原來固定在汽缸上的門益，能帶動曲軸轉動，從而提高馬力。

一九一六年，法國又完成了「伊士巴諾．瑞札」式引擎，其性能比以往各種引擎更好，不久，羅路斯．路易斯公司生產出二百五十四馬力的「鷹」型引擎和三百馬力的「鴛」型引擎，立刻成為軍用方面的先鋒，直到目前依然如此。

一九一九年，由奧路克庫和布蘭所駕駛的「雅加士．咸米」號，是裝有西部舊型引擎的Q旋狀飛機，由羅路斯．路易斯公司製造，從紐芬蘭飛到愛爾蘭，共用十六小時。

一九二七年五月二十一日，美國人林德伯格，作為郵政飛行員兼特技表演者，駕駛二百二十三馬力單引擎飛機「聖．路易斯精神」號，單獨完成橫越大西洋上空的飛行，從長島直飛巴黎，只用了三十三點五個小時。當他到達巴黎上空時，受到廣大民眾的歡迎。這次飛行，使航空事業進入了全盛時期。

在第一次世界大戰時，各種機械設備已有很大的進步。第二次世界大戰爆發時，時速六百公里的「火速飛機」已出現，到一九四五年，此飛機時速已達七百五十公里。

這一階段最引人注目的發展，乃是一個名為法蘭克．霍伊特的空軍中尉發明的「噴射引擎」。這種噴射引擎的結構，包括能吸取大量空氣的空氣壓縮機，以及使空氣和汽油的混合體在燃燒室爆炸的設備；這種引擎最主要的特徵，是以一排渦輪引擎取代舊日的螺旋槳。在飛機發展史的初期，渦輪引擎是眾人追求的目標，這種引擎並非借用螺旋槳，而是利用機身後方噴口噴出大量高熱氣體，而使飛機向前飛行。這個使用空氣壓縮力推動機身的構想，早在達．芬奇時代就有了，但一直到法蘭克．霍伊特發明渦輪引擎時，這種噴射原理的新構想才得以實現。

法蘭克．霍伊特製出的這種單引擎噴射機，經過長期改進，終於取代了汽缸式引擎而被普遍接受。以前所製造的渦輪式螺旋槳飛機，只能用在短程飛行上。這種適合低空和慢速度飛行的渦輪式飛機，其優點是製造成本比噴射機便宜，使用的跑道較短，振動

力小，引擎重量輕。飛機的機翼所能負載的引擎數量，汽缸式飛機能載兩部，渦輪式飛機能載四部，如此一來，就具有兩架以上的飛動力了。

噴射式引擎研究的發展，必須和進步的冶金技術發明和能耐高熱瓦斯的金屬工業並駕齊驅。目前，經過不斷改良，噴射式引擎及渦輪式引擎已被廣泛利用。但是，將來航空技術上最高的標準，應該是火箭式引擎。這種引擎可以在真空中飛行。今天，不依賴大氣層的火箭，已成為太空飛行的最佳設備。

## 影　響

當航空競技表演風靡全球之時，年輕的義大利軍官杜黑已開始醞釀他的制空權理論。一九〇九年他撰文宣稱：「從現在開始有必要熟悉關於空中作戰的概念。」飛機的出現使戰爭範圍從地面、水面擴展到空中，藍色天空也燃起了熊熊戰火，空軍作為一個獨立的新軍種異軍突起，從此翻開了二十世紀恢宏的「空戰世紀」的第一頁。以後空軍在戰爭中的作用越來越大，現代戰爭，沒有了空軍，已經無法想像。失去空軍支援的部隊，只能是被動挨打的靶子。進入二十世紀後半葉以後的戰爭幾乎都印證了這一點。

除了戰爭以外，飛機也用於客運和貨運。飛機的發明極大地縮短了陸地、海洋之間的距離，大大縮短了人們之間的距離，方便了生活，促進了社會的進步。飛機成為現代文明最富象徵意義的標誌之一。另外，飛機的發明也是人類飛出地球，走向太空的重要步驟。是人類走向太空時代的重要一步。

# 64 日俄戰爭——世界上第一場帝國主義戰爭

日俄戰爭，是世界上最早的帝國主義戰爭，沒有絲毫正義可言。日本和俄國，都是侵略成性的帝國主義國家，為了爭奪地盤和勢力範圍而進行的這場戰爭，開啟了帝國主義戰爭時代。以後發生的很多戰爭，都可以歸納為這種類型，這也是資本主義世界向帝國主義演進的必然結果。

## 在第三國土地上進行的戰爭

十九世紀末二十世紀初，日本和俄國先後進入了帝國主義時期。為爭奪殖民地和勢力範圍，日俄兩國大力擴軍備戰，積極推行向外擴張的政策。當時，中國是各帝國主義列強掠奪瓜分的主要對象之一。一八九四年日本發動侵略中國和朝鮮的甲午戰爭，強迫清政府簽訂了喪權辱國的《馬關條約》，侵佔了遼東半島。一心想獨吞中國東北的沙皇俄國不甘示弱，拉攏德國和法國，製造了「三國干涉還遼」事件，逼迫日本將遼東半島歸還中國。對此，日本懷恨在心，伺機報復。逼日還遼不久，沙皇俄國便以「還遼有功」為藉口，攫取了在中國東北修築中東鐵路及其支線等特權。後來，又強行向中國政府租借旅順和大連，並乘八國聯軍入侵中國之機霸佔了整個東北三省。俄國的擴張野心加劇

日俄戰爭的漫畫

了它和日本在東北和朝鮮問題上的矛盾。

而此時的日本經過十年備戰，實力大增，到一九〇三年，日本陸海軍擴軍備戰計劃已大致完成。日本的主要兵力為二十萬人，裝甲艦七十六艘，且都集中在亞洲。在國際上，一九〇二年英國與日本結盟，支持日本，牽制法國。一九〇四年一月六日，英國答應一旦對俄戰爭爆發，就貸款給日本。美國的態度也特別積極。一九〇四年一月，美國派駐菲律賓高級專員塔夫托專程訪日，唆使日本對俄開戰，保證支持日本。美國總統西奧多．羅斯福也表示如果法、德支持俄國，日本就會得到美國的援助。德國也極力挑動日俄戰爭，既向俄國提供財政援助，又向日本提供軍火和軍事技術，想借日俄戰爭大發戰爭財。

導致日俄兩國矛盾激化的直接原因是

俄國拒絕從中國東北撤軍。《辛丑合約》簽訂後，俄國極力主張各國儘快從中國撤軍，而自己的軍隊卻繼續賴在東北，並任命了遠東總督。鑒於如此態勢，日本於是決心在東北地區徹底擊敗俄國，建立霸權。

一九〇三年七月，為了麻痹俄國，掩飾其軍事進攻，同時也是為了爭取有利的輿論，日本偽善地提出同俄國談判，討論滿洲和朝鮮問題。日本要求俄國無條件承認：日本獨佔朝鮮，俄國在東北的權利是有限的；而俄國則要求日本無條件地承認，俄國獨佔滿洲，日本在朝鮮的權利是有限的。雙方爭執不下，談判陷入僵局。一九〇四年二月六日日本向俄國發出最後通牒，並宣布斷絕日俄外交關係。與此同時，日本海軍開始行動。二月八日，日本聯合艦隊偷襲旅順港俄國軍艦，不宣而戰。十日，日俄兩國政府分別相互宣戰，日俄戰爭正式開始。

## 日俄大戰

旅順位於遼東半島西南端，四周丘陵環繞，為東北的門戶，入渤海海峽的咽喉，戰略地位十分重要。旅順港是一個不凍港，港內水淺，較為狹窄，只有一個寬一百五十公尺的出海口，是當時俄國太平洋分艦隊主力的常駐地。

一九〇四年二月八日午夜，正當俄國軍官在旅順城內舉行慶祝艦隊司令施塔克將軍夫人命名日晚宴的時候，東鄉平八郎指揮日本聯合艦隊突然發起襲擊，連發十六枚魚雷，重創俄軍三艘戰艦，揭開了戰爭的序幕。陣陣爆炸聲和炮聲不斷傳來，岸上的俄國

軍官立刻懵然驚愕，不知海港出了什麼事。待真相大白後，慌忙返回各自軍艦，組織還擊。日艦不敵，遂被迫退去。俄艦隊司令擔心誤中埋伏，下令各艦不得追擊，避港不戰，固守旅順要塞。

夜襲旅順港後，東鄉平八郎見俄艦依託強大的海岸炮火支援避港不出，日本聯合艦隊難以重創俄國太平洋分艦隊，大傷腦筋。為了完全掌握制海權，減輕日方海上交通線所受的威脅，他決定仿照美西戰爭中的成功做法，將船沉在旅順港出口處，封鎖俄國艦隊，並不斷炮擊俄艦。從二月九日直到三月初，日軍幾次沉船封港行動均未成功。

三月上旬，俄國任命馬卡羅夫為太平洋分艦隊司令。馬卡羅夫一到旅順就立即採取了一系列防範措施。他在了解海區及艦船和要塞情況的基礎上，決定在遼東半島沿海地區布設水雷，防止日軍登陸並從側後威脅旅順基地；加緊搶修受傷艦船，派遣艦隊出海活動，加強海陸協同作戰訓練；要求海參崴艦隊出兵南下日本海，積極襲擾日軍海上交通線，牽制日本聯合艦隊行動。馬卡羅夫的這些措施，改善了俄軍的被動處境，使官兵有了戰勝日軍的信心，但四月十三日，因所乘坐的「彼得羅巴甫洛夫斯克」號戰列艦出海返航時觸雷爆炸，馬卡

日俄戰爭中日本海軍旗艦「三笠號」

羅夫喪生大海。新任司令威特蓋夫特認為憑藉旅順要塞完全可以保障艦隊的安全，遂不再採取出擊行動，從此，海上作戰主動權再度落入日軍手中。

日本戰時大本營鑑於海軍遲遲不能殲滅俄國太平洋分艦隊，便決定採取陸上行動。三月二十一日，由黑木大將指揮的日本第一軍首先在朝鮮仁川登陸北進，四月中旬進抵鴨綠江邊。由於此舉出乎俄軍意料，日本陸軍很快擊潰由札蘇利奇統率的俄軍東滿支隊，進佔九連城、鳳凰城，造成了威逼遼陽的態勢。與此同時，由奧保鞏大將率領的日本第二軍於五月初在遼東半島莊河登陸成功，五月底進抵金州；由乃木希典大將指揮的日本第三軍也在五月底從大連灣登陸，進逼旅順；由野津道貫上將統率的日本第四軍於五月中旬在遼東半島大孤山登陸，進佔海城。日軍在陸上進攻接連得手，使俄軍處於被動應付的地步。

日軍「滿洲軍總司令部」原準備待第三軍攻克旅順後，統一指揮四個軍，同俄軍進行遼陽會戰。但由於旅順要塞易守難攻，日軍從八月九日至二十四日強攻數日，晝夜突擊，僅奪佔了一些外圍工事，而且傷亡約二萬人。在這種情況下，日軍只好放棄迅速攻佔旅順的計劃，改取圍攻久困之計。鑒於第三軍已不能北上，而推遲遼陽會戰又對整個戰局不利，為在俄國大批援軍趕到戰區之前消滅遼陽俄國守軍，日軍「滿洲軍」總司令大山岩決定抓緊戰機，乘勝決戰，以現有三個軍兵力一舉殲滅遼陽之俄軍。當時，俄軍雖在兵力火力上佔絕對優勢，但統兵將領卻舉棋不定，朝令夕改，最後在開戰前一天才決定採取先防後攻的方針，致使前線指揮官倉促應戰。

八月二十四日凌晨，戰鬥打響。日本第一軍首先向俄軍左翼迂迴，第二、四軍則向俄軍右翼發起主攻。苦戰至九月四日，日軍以損失二萬四千人的代價，在俄軍主動放棄遼陽的情況下，進佔遼陽。佔領遼陽使日軍取得了戰略主動權：進可攻，退可守，立於了不敗之地。

此後，雙方重兵又在沙河地區展開激戰，互有勝負，形成對峙之勢。這時，日軍決定在沙河地區轉入防禦，集中全部後備力量於旅順方向，儘快攻佔旅順要塞。

旅順爭奪戰是日俄戰爭中具有重大意義的戰役。只要旅順牽制著日本第三軍，只要旅順港的俄國太平洋分艦隊還存在，日軍就無法結束戰爭，就無法保證海上交通線不受威脅。因此，日軍決心不惜任何代價攻取旅順。自八月九日軍首次強攻旅順受挫之後，日軍調整部署，增調兵力，改變戰術。九月至十一月底，日軍經過三次強攻，並輔以坑道爆破，終於在十二月五日攻克了俯瞰旅順全城和港灣的二〇三高地。隨後，日軍便以大口徑榴彈炮轟擊俄軍陣地和港內俄艦。俄軍太平洋分艦隊曾試圖突出港灣，駛往海參崴。但由於港外有日艦封鎖，未能成功，結果大部分主力戰艦都毀於日軍炮火。一九〇五年一月一日，俄軍將領無心再戰，主動向日軍請降，旅順遂落入日軍之手。

## 勝者為王　敗者淒涼

旅順陷落和俄國太平洋分艦隊主力被殲，使日俄戰爭發生重大轉折。日軍竭盡全力要將東北俄軍圍殲於奉天地區，勝利結束戰爭。於是奉天會戰成為了日俄戰爭最大的一次決戰。日軍投入兵力五個軍約二十七萬人，俄軍則集中了約三十萬人。由於俄軍主帥庫羅帕特金胸無韜略，分散使用兵力，主要作戰方向判斷失誤，致使損兵折將，於三月九日棄城敗逃。此役，俄軍損失近十二萬人，日軍傷亡約七萬人。

奉天會戰後，沙皇政府仍不甘心失敗，繼續向中國東北增兵，同時希望從歐洲東調的艦隊能有所作為，但當這支艦隊經對馬海峽準備駛向海參崴基地時，遭到東鄉平八郎指揮的日本聯合艦隊突然且猛烈的攻擊。雙方在對馬海峽和日本海展開了一場大規模海戰。東鄉平八郎指揮有方，首先集中火力猛打俄國艦隊的旗艦，使俄艦各自為戰，陷入一片混亂。經過二天激戰，俄國艦隊除三艘艦隻逃往海參崴之外，其餘全部覆沒。對馬海戰的結束，宣告了俄國在歷時二十個月的日俄戰爭中的徹底失敗。一九〇五年九月五日，俄國被迫同日本在朴茨茅斯簽訂了《日本和俄國和平條約》，即《朴茨茅斯和約》。

## 影　響

日俄戰爭使日本徹底擺脫了帝國主義強國的壓迫，與它們站在同一水平線上，共同逐鹿天下。同時也使日本進一步加速了軍國主義步伐，成為一個帶有濃厚封建色彩的軍事帝國主義國家。

同時日俄戰爭削弱了俄國，日俄戰爭以後，俄國重又回到近東，德俄在近東爭奪勢力範圍的矛盾加深。英德矛盾和俄奧矛盾的發展，加速了英法協約、英俄協約的締結。

# 65 薩拉熱窩事件——第一次世界大戰的導火線

人類的戰爭從來都是區域性的，但是到了二十世紀，戰爭演變為全世界範圍內的爭鬥。世界大戰，這個詞語的出現，標誌著世界走向一體化，也標誌著人類將面臨著更危險的挑戰。二十世紀初，由於一次刺殺事件，第一次世界大戰爆發了。

## 特殊的「三頭王國」

普法戰爭結束以後，作為勝利國的德國還想進一步削弱法國，使其長期陷入困頓而不能崛起，同時它意識到俄國是自己在歐洲確立霸權地位的一大障礙，於是又想盡辦法來孤立俄國。一八八二年五月二十日，德、奧、義三國在維也納簽訂了三國同盟條約，一八八三年羅馬尼亞與奧匈簽訂秘密條約成為三國同盟的附庸。

為對抗三國同盟，一九〇四年四月在倫敦英法簽訂協定，承認各自的勢力範圍，英法協約關係建立。一九〇七年《英俄協定》簽訂。從此，以德、奧匈為主的同盟國和以英、法、俄為主的協約國兩大軍事集團正式形成，這是帝國主義國家準備世界大戰的重要步驟。

十九世紀，許多國家成功地達到了統一或獨立，但也留下許多未解的難題，其中尤

Následník trůnu
arcikníže František Ferdinand
a jeho choť Žofie
obětí atentátu.

報紙刊登的暗殺新聞

以奧匈帝國的危機最大。被奧匈帝國控制的捷克人、斯拉夫人、義大利人等十一個民族，都下定決心，要求控制者將政治自由和權利歸還給他們。這種持續性的叛亂使奧匈帝國的統治者特別兇殘，統治者認為，武力是鞏固帝國統治的唯一方式。由於這種想法，歐洲捲入了戰爭的泥潭。

對奧匈帝國來說，第一個危機是與在巴爾幹戰爭中獲勝的南部斯拉夫王國塞爾維亞的對立。戰後塞爾維亞要求控制阿爾巴尼亞，以獲得亞得里亞海的出海口，俄國支持這個要求。但奧匈帝國反對，並故意促使阿爾巴尼亞獨立。奧匈帝國本來就是一個雙頭王國，也就是國家的主體不止一個，除了奧地利接受奧匈帝國皇帝的統治之外，匈牙利也把奧匈帝國皇帝作為自己的統治者，但是奧地利和匈牙利各自有自己的政府。在這時，奧國皇儲弗蘭茨·斐迪南大公曾公開表示，除了以日爾曼人和匈牙利人組成的雙頭王國外，應再加上順服哈布斯堡皇室的斯拉夫人，使其成為三頭王國，也就是要南斯拉夫也成為奧匈帝國的一部分。維也納的一部分政界人士竟接受了這種主張。這使塞爾維亞極為不滿，他們認為，大公是個危險的改革者，想從他們理想的大塞爾維亞離間塞爾維亞人、克羅地亞人和其他小斯拉夫民族。激進的民族主義者們決定對大公採取報復行動。

歷史上有不少政治性的暗殺事件，但從來沒有一件政治性暗殺，像一九一四年六月

二十八日的薩拉熱窩事件那樣，導致如此嚴重的後果，引燃了人類歷史上的一次巨大衝突——世界大戰。

## 刺殺事件

一九一四年六月，奧匈帝國皇儲弗蘭茨·斐迪南大公夫婦，借舉行軍事大演習的機會，前往新併入的領土波士尼亞訪問。大公夫婦於星期四（六月二十五日）從維也納出發，要在以窄軌鐵路和波士尼亞首府薩拉熱窩連接的波士尼亞小村落伊利傑居住四天。據說斐迪南大公的一名副官曾建議大公中止訪問薩拉熱窩，星期六務必回到維也納，但大公沒有重視這個建議。

星期日（六月二十八日）早晨，大公在私邸的禮拜堂做彌撒時，還打電報給他的子女，表示下星期四可以回國。隨後，大公便與王妃坐上開往薩拉熱窩的車子。閱兵結束後，斐迪南大公穿著淡藍上衣、黑長褲，頭戴裝飾著綠色鴕鳥羽毛的兩角帽和穿著白色禮服、戴著大帽子的王妃坐在一輛深綠色敞篷車的後座，波士尼亞總督波喬列克將軍及車主哈拉哈伯爵坐在前座，一起向市政府出發，載著副官及高級軍官的車子在後面隨行。

薩拉熱窩位於平地上的一隅，北方是米利亞奇卡河的高大山脈，這是當年土耳其軍隊駐紮的重鎮，一直到現在還保存有奧斯曼帝國時代美麗的建築物。當時正是李花盛開的時節。當大公夫婦的車子從車站開到通往市中心的阿佩督·克伊沿河公路時，突然下了一陣傾盆大雨，雨停後，灼熱的陽光從空中照射下來。

其實早在當年四月皇儲要指揮演習的消息，已傳至塞爾維亞的秘密民族主義組織——民衛社和黑手黨，那時他們就決定派人去暗殺皇儲弗蘭茨·斐迪南，以警告奧匈帝國的當政者。被選中的六個年輕的暗殺者都是波士尼亞人，當中五人是塞爾維亞族人，包括普林西波和查布利諾維奇、古拉貝茨。他們埋伏在阿佩魯·克伊路邊等著。

上午十時，當大公夫婦的車子以三十公里的時速沿著河邊前進時，第一個伏擊者並沒有開槍，但是，緊接著，河岸對面的查布利諾維奇向大公車內投入一枚自製的炸彈，情急之下，大公馬上站起來把炸彈踢到路面上，炸彈隨即爆炸，數名民眾被炸傷，坐在後一部車上的人也受了傷。查布利諾維奇跳到河中，旋即被捕。

司機見有人行刺，加足馬力把大公夫婦送到市政府，憤怒、激動的大公對市長致的歡迎詞幾乎隻字未聽入耳。歡迎典禮之後，大公拒絕等待保衛軍隊的到來，又經由原路去醫院探視受傷者。這時，哈拉哈伯爵要求坐在踏板上保護大公，他選擇的是左側踏板，如果他選的是右側踏板，也許被擊中的就不是弗蘭茨·斐迪南大公了。

司機並沒有預先得到變更行程的指示，因此，車到了拉丁橋時，司機被命令停下來，向左轉彎開往醫院。就在這時，在一旁等待的十七歲的普林西波，在五公尺的距離內向靜止的目標——斐迪南大公開槍，一顆子彈射中大公的頸項，另一顆子彈射中王妃的腹部。車子尚未抵達總督官邸，王妃即已氣絕，十五分鐘後，大公也離開了人世。大公對他妻子最後說的話是：「莎菲，莎菲，不要死。要為我們的孩子活著。」

整個歐洲對這件暗殺事件似乎都有一種不祥的預感。在羅馬，病重的聖庇護十世在為去世的斐迪南大公禱告後，不支暈倒。在德國，威廉二世匆匆結束在波羅的海舉行的一項競賽活動，趕回柏林。在倫敦，《日監報》的評論表示：「對歐洲來說，這件暗殺事件猶如一聲驚雷。」

## 全歐洲的燈光都要滅了

斐迪南被刺身死的第二天，奧匈帝國以備忘錄向其同盟者德國徵詢意見，七月五日，威廉二世在波茨坦宮接見奧地利大使，表示德國希望奧匈對塞爾維亞採取堅決行動。

一九一四年，英德兩國正式開戰的那個晚上，英國外相格雷，望著倫敦政府行政區點點燈火悲歎：「我們這一輩子是看不到它再亮起來了。」奧國的諷刺戲劇作家克勞斯，此時也在維也納著手進行一部長達七百九十二頁的反戰時事劇以為這場大戰作注，劇名就叫《人類文明末日》。他們都將這場大戰視作一個世界的結束，而當時有這種想法者更不乏其人。儘管人類文明並沒有就此完結，但對成長於一九一四年以前的一代而言，這個分水嶺前後的差異實在太大，在他們眼裏，「太平年月」一詞指的就是「一九一四年以前」，那以後，世情起了變化，再也不配這個美好的名稱了。這種心情其實不難體會。回首一九一四年，那個時候世界上已經有一百年不曾打過大型戰爭了。

斐迪南夫婦的被刺，使本來就充滿火藥味的巴爾幹「火藥桶」一下爆炸了。早想吞併塞爾維亞的奧匈帝國，找到了一個千載難逢的藉口，在大臣們紛紛煽動之下，八十二歲的奧匈皇帝終於召見陸軍總參謀長，經過一番爭議後便向塞爾維亞宣戰。

七月二十三日下午六時，奧國使節向塞爾維亞政府遞交最後通牒，提出十分苛刻的條件，然後就以對方拒絕為由，於二十八日夜晚，炮擊塞爾維亞首都貝爾格勒，一下子炸死了五千多居民。

緊接著，德對俄宣戰，法、英對德宣戰，奧匈帝國向俄宣戰，這樣，在短短幾天內，歐洲各帝國主義大國在幾天之內都捲入了戰爭，一場囊括了三十三個國家、十五億人口的戰爭就這樣爆發了。

## 影響

薩拉熱窩刺殺案，導致了第一次世界大戰的爆發。第一次世界大戰歷時四年零三個月，動員兵力達七千三百五十一萬人，傷亡失蹤者共計三千七百四十九萬四千一百八十六人，戰爭造成的經濟損失達二千七百億美元，交戰國直接軍費達三千三百一十六億美元。戰爭造成巨大破壞，對世界歷史的發展產生了深遠的影響。

戰後，帝國主義各國的力量對比發生變化。德國戰敗，割地賠款；奧匈帝國徹底瓦解；俄國無產階級革命勝利，建立了蘇維埃政權；英、法雖獲勝利，但在戰爭中被削弱；美國從戰爭中獲取暴利，成為世界經濟強國。戰爭沒有消除帝國主義各國之間的矛盾。在歐洲，德、法矛盾尖銳。在遠東，日、美矛盾加劇。這就為第二次世界大戰的爆發播下了火種。

# 66 列寧和十月革命——世界進入共產主義革命時代

近一個世紀以來，否定十月革命的勢力以各種方式詆毀列寧，尤其蘇聯解體前後俄羅斯的所謂「民主派」們掀起一個又一個全盤否定列寧的浪潮。但所有這些都沒有把列寧從人們的記憶中抹掉。根據俄羅斯最近的民意調查結果顯示：三分之二以上的俄羅斯人認為，列寧在俄羅斯歷史上起了積極作用，他是二十世紀最偉大的人物之一；只有百分之四點五的被調查者否定列寧的歷史功績。俄塔斯社公布的調查結果也顯示，超過一半以上的俄羅斯人依然肯定列寧的歷史作用。

## 「現代俄羅斯之父」

以筆名列寧聞名的弗拉基米爾．伊里奇．烏里揚諾夫是俄國共產主義的奠基人。他出生於俄國辛比爾斯克，父親是省國民教育視員。列寧一八八七年中學畢業後進喀山大學法律系學習，不久因參加學生運動被逮捕、流放。一八八八年回喀山，開始研究馬克思的《資本論》，並加入了馬克思主義小組。一八八九年秋遷居薩馬拉（古比雪夫），組織了當地第一個馬克思主義小組，一八九三年八月到彼得堡，開始為俄國建立馬克思主義政黨進行思想和組織工作，成為當地馬克思主義者公認的領導者。一八九四年列寧著

《什麼是「人民之友」以及他們如何攻擊社會民主主義者?》一書,批判了民粹派,論證了工人階級的作用,提出了建立工人階級政黨的任務和工農聯盟的思想。

一八九五年十二月,列寧因參加革命活動,被沙皇政府投入監獄,後又被流放到西伯利亞。在西伯利亞的三年中,他與一名女革命家結婚,寫了《俄國資本主義的發展》一書。一九〇〇年二月他在西伯利亞的流放期滿,幾個月後,他前往西歐,在那裏待了十七年,成為職業革命家。當他參加的俄國社會民主工人黨分裂成為兩派時,他成了一個大派別布爾什維克的領袖。

從一九〇五年起,列寧擔任第二國際執行局俄國社會民主工黨代表。一九〇七年再度出國,在國外為凝聚、團結教育廣大布爾什維克幹部做了大量的工作,一九〇八年寫成《唯物主義和經驗批判主義》,概括了恩格斯逝世以後的科學發展新成果,對資產階級唯心主義進行了深刻的批

彼得堡的示威群眾

判，發展了辯證唯物主義的認識論。對要求「修正」馬克思主義的思潮進行了堅決抨擊。同時，還致力於領導布爾什維克黨實行秘密工作和合法工作相結合的策略，反對黨內取消派（主張取消黨，只搞合法鬥爭）、召回派（主張拒絕一切合法鬥爭）的做法，抵制了第二國際的機會主義者對俄國黨內取消派的支持。

第一次世界大戰給列寧創造了機會。戰爭對於俄國來說是軍事和經濟的災難，它極大地激發了國民對沙皇制度的仇恨。一九一七年（俄曆）二月，沙皇政府被推翻。在一段時間裏，俄國似乎可能建立民主制度。聽到沙皇垮臺的消息，列寧立刻返回了俄國。到達那裏時，他敏銳地看到，儘管民主黨建立了臨時政府，但他們並沒有力量。這對於一個有著良好紀律的共產主義政黨來說，是掌握政權的好機會，儘管該黨人數較少。因此他勸說布爾什維克黨為立即推翻臨時政府而奮鬥，以共產主義的政府取而代之。七月的起義未獲成功，列寧不得不隱藏起來。十一月的第二次起義成功了，列寧成為國家的新領袖。

作為政府的領袖，列寧是嚴厲的，但又是重實效的。首先，他大力推行把國家經濟向社會主義經濟迅速轉變。當這種經濟還不成熟時，他非常靈活、及時地進行修正，建立起一種資本主義——社會主義經濟的混合體，這在蘇聯持續了一些年。

一九二二年五月列寧患了嚴重的中風，一直到一九二四年去世，他幾乎完全不能工作。他死後，遺體被仔細地保護，安放在莫斯科紅場的墓地裏。

## 十月革命

十月革命以前，俄國已有強大的革命力量。一九一三年，僅工廠、礦山和官辦企業的工人就有三一十萬人。各種類型的無產者人數約有二千萬。無產階級處於社會最底層，是最革命的階級，是俄國革命的領導力量。佔全國人口大多數的農民群眾是無產階級可靠的同盟軍。俄國有堅強的無產階級革命政黨——布爾什維克黨，這個黨以馬克思列寧主義為指導，不斷地與機會主義、改良主義和社會沙文主義作鬥爭，積累了豐富的革命經驗，特別是兩次資產階級民主革命的經驗。列寧在第一次世界大戰期間論證的由於資本主義經濟政治發展不平衡的規律，社會主義有可能在少數國家甚至單獨一國首先獲得勝利的理論，鼓舞了俄國無產階級向資本主義展開進攻。

俄國是帝國主義鎖鏈中最薄弱的環節，是世界上第一個存在著用革命的方式解決帝國主義各種矛盾的現實社會力量的國家。二月革命勝利後，俄國形成既有工兵代表蘇維埃，又有資產階級臨時政府的兩個政權並存局面。無產階級和資產階級的矛盾成為俄國社會的主要矛盾。從民主革命向社會主義革命轉變已經是俄國革命發展的必然趨勢。

革命勝利後的臨時政府不顧人民的死活，按照英法帝國主義的願望，在前線發動進攻，結果軍事冒險遭到慘敗。消息傳來，群情激憤。七月十六～十七日，在彼得堡爆發工人和士兵大規模示威遊行。臨時政府悍然出動軍隊屠殺示威群眾，逮捕和殺害布爾什維克，並下令通緝革命領袖列寧。布爾什維克黨被迫重新轉入秘密狀態。從此，革命和

平發展的希望徹底破滅。兩個政權並存的局面結束，全部政權轉到反革命的臨時政府手中。被孟什維克和社會革命黨人控制的蘇維埃成了臨時政府的附屬物。布爾什維克黨暫時收回「全部政權歸蘇維埃」的口號，但沒有退出蘇維埃。

面對資產階級的猖狂進攻，布爾什維克黨及時地號召和組織武裝起義，推翻臨時政府，奪取社會主義革命的勝利。一九一七年八月八～十六日，布爾什維克黨召開了第六次全國代表大會。大會確定了武裝起義的方針，號召工人、農民和士兵站在布爾什維克黨的旗幟下，準備同資產階級進行決戰。

九月中旬，列寧給布爾什維克黨中央委員會寫了《布爾什維克必須奪取政權》、《馬克思主義和起義》的信，指出武裝起義的時機已經完全成熟。十月二十日，列寧從芬蘭秘密回到彼得堡，直接領導武裝起義。十月二十三日，在布爾什維克黨中央委員會會議上通過發動武裝起義的歷史性決議。黨中央號召全黨一切組織討論和解決有關起義的實際問題。為了對起義進行政治領導，中央全會決定成立中央政治局，由列寧等七人組成。

列寧

在準備武裝起義的緊要關頭，加米涅夫、季諾維也夫反對武裝起義的方針。十月三十一日，加米涅夫在非黨的《新生活報》上發表聲明，指責布爾什維克黨舉行武裝起義是冒險的舉動，洩露了正在準備起義的機密。臨時政府聞訊立即調動軍隊，採取破壞起義的措施。十一月六日晨，臨時政府下令封閉布爾什維克黨中央機關報《工人之路報》。這時革命的基本戰鬥隊伍已經動員起來，首都各區的革命軍隊和赤衛隊不斷匯集到布爾什維克黨總部和軍事革命委員會所在地——斯莫爾尼宮。六日晚上，列寧給黨中央寫緊急信，主張立即發動起義。他連夜來到斯莫爾尼宮，親自領導起義。

七日，工人赤衛隊和革命軍隊佔領了電話局、郵政局、國家銀行、火車站、主要政府機關和軍事據點。晚九時，「阿芙樂爾」號巡洋艦發出進攻臨時政府所在地冬宮的第一炮。次日凌晨二時，起義隊伍攻下冬宮，逮捕了正在開會的臨時政府部長們。

十一月七日，全俄工兵代表蘇維埃第二次代表大會在斯莫爾尼宮開幕。大會通過《告工人、士兵、農民書》，宣布臨時政府已被推翻，全部政權轉歸蘇維埃手中。八日，大會通過具有重大歷史意義的《和平法令》和《土地法令》，動員廣大群眾起來制止帝國主義戰爭，支持蘇維埃政權。會上成立第一屆蘇維埃政府——人民委員會。列寧當選為人民委員會主席。

彼得堡武裝起義的勝利有力地推動了革命在全國的展開。十一月七日～十一月十六日，經過同反革命勢力的激烈搏鬥，蘇維埃政權在莫斯科確立。一九一七年十一月至一九一八年二～三月，首先從城市，然後到鄉村，蘇維埃政權在全國各地建立起來，社會主義革命在俄羅斯、少數民族地區和前線都獲得勝利。這就是列寧所說的蘇維埃政權的「凱歌行進」。十月革命取得了成功。

## 影響

列寧的重要性在於他領導布爾什維克黨在俄國奪取了政權，建立了世界上第一個共產主義政權。他是第一個把馬克思理論轉化為實踐的人。這第一個共產主義政權的建立是近代史的一個轉捩點。從一九一七年到一九八九年，共產主義力量在全世界繼續發展，地球上幾乎三分之一人口生活在共產主義的旗幟下。

十月革命打破了資本主義一統天下的局面，向全世界宣告一種新的社會制度由理想變為現實。從此，世界歷史進入了一個由資本主義向社會主義過渡的新時期。

十月革命的勝利對全世界人民產生了偉大和深刻的影響。十月革命後，各國無產階級、被壓迫人民、被壓迫民族爭取解放的鬥爭蓬勃高漲。德國、奧地利、匈牙利爆發了革命。中國、朝鮮、印度、波斯、土耳其、埃及等殖民地、半殖民地人民掀起了民族解放運動的新浪潮。

# 67 愛因斯坦的相對論——改變人類宇宙觀的理論

一九一九月十一月，正值第一次世界大戰結束一周年之際，英國人民在慶祝「第一次世界大戰停戰紀念日」。就在這一天，《泰晤士報》在「科學的大革命」的標題下，報導了一條震驚世界的大新聞：「已經有人超越牛頓了！」這個消息立刻轟動了英國。

這是一篇關於觀測隊在幾內亞灣觀測結果的報導。人們在初讀這條新聞時，會疑竇叢生：觀測隊遠征幾內亞灣，如何稱得上「科學大革命」呢？但是，英國皇家學會會長說：「這是科學思想上的新發現，是牛頓發現各種定律以後有關重力方面最卓越的貢獻。」原來，這支觀測隊遠征幾內亞灣，是為了證明愛因斯坦的相對論。科學家們認為，這個物理學的新概念雖然難以理解，卻包涵了物理學所有的研究領域。觀測隊的實地觀察證明，牛頓過去的理論與現在所獲得的結果並不完全相符。

## 偉大的科學巨人

阿爾伯特・愛因斯坦一八七九年三月十四日出生在德國西南的烏爾姆城，一年後隨全家遷居慕尼黑。他父母都是猶太人。愛因斯坦小時候並不活潑，三歲多還不會講話，九歲時講話還不很通暢，所講的每一句話都必須經過吃力但認真的思考，這使得他的父

母甚至擔心他可能是智力遲鈍的兒童。據說在一八九四年愛因斯坦還被慕尼黑中學斥退，學校認為他「調皮搗蛋」。他在這方面的行為舉止實在是超出了一個十五歲少年。他對德國事物的仇恨加深，不願再作一位德國公民。他說服他的父親，為他申請放棄公民資格，這個要求一八九六年得到當局批准。他事實上沒有國籍，直到一九〇一年他才獲得瑞士公民資格。

愛因斯坦在瑞士阿勞受完中學教育後，於一八九六年在第二次嘗試中通過了入學考試，進入蘇黎世瑞士聯邦理工學院。畢業後愛因斯坦因沒有得到一個學術職位，只好以做家庭教師為業，直到一九〇二年他才在伯爾尼瑞士專利局得到一個第三等技術員的職務。他在這裡繼續思考和研究物理學上的問題。一九〇五年，他在《物理學年鑑》雜誌上發表了四篇論文，都是指導二十世紀物理前進的著作。

愛因斯坦

一九〇五年，愛因斯坦在狹義相對論、光電效應和布朗運動三個不同領域裏取得了重大成果，表現出驚人的才智。但是，當時科學界對此作出回應的人寥寥無幾，法國著名科學家朗之萬曾對愛因斯坦說，全世界只有幾個人知道什麼是相對論。大多數人是懷疑的，有的甚至堅決反對。這是因為伽利略和牛頓創立的古典力學理論體系，經歷了二百年的發展後取得了輝煌成就。儘管舊的理論體系和新的事實之間出現了尖銳的矛盾，但許多物理學家仍不能擺脫它的束縛。他們力圖把新的實驗事實和物理現象容納在舊的理論框架中，但愛因斯坦卻不迷信前人，他探索著把相對論推廣到更為廣泛的運動情況中去。為此他又研究了整整十年。一九一六年，愛因斯坦發表了總結性論著《廣義相對論原理》。

## 改變世界的相對論

十九世紀末，麥克斯韋電磁場理論和牛頓力學趨於完善，一些物理學家認為「物理學的發展實際上已經結束」，但當人們運用伽利略變換解釋光的傳播等問題時，發現一系列尖銳矛盾，對經典時空觀產生了疑問。愛因斯坦針對這些問題，提出物理學中新的時空觀，建立了可與光速相比擬的高速運動物體的規律，創立了狹義相對論。

狹義相對論的基本原理是：一、在一切慣性系中，基本物理定律都是相同的，稱為狹義相對性原理。二、在任何慣性系中，真空中的光速都相同，恆定地等於c，且與光源的運動無關，稱為光速不變原理。由此得出時間和空間各量從一個慣性系變

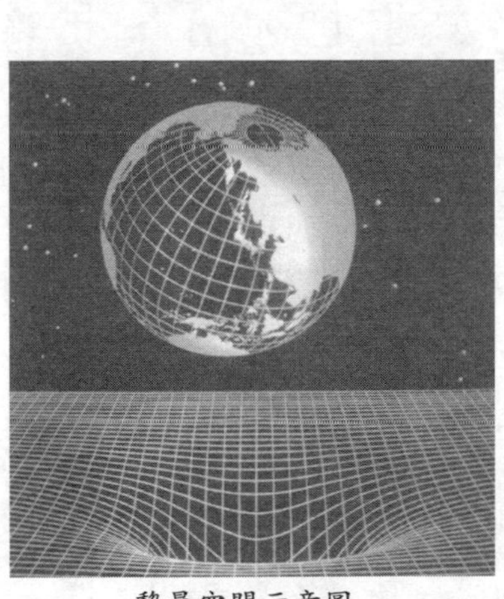

黎曼空間示意圖

換到另一慣性系時，應滿足洛崙茲變換，而不是伽利略變換，並導出許多重要結論，主要有：量度物體長度時，運動物體沿運動方向的長度比靜止時縮短，即尺縮效應；量度物體的時間歷程時，運動物體的時間進程比靜止時長，運動的鐘比靜止的鐘走得慢，即鐘慢效應；物體的質量隨運動速度的增大而變大；質量為 $m$ 的物體具有的總能量為 $E=mc^2$（質能關係式）；任何物體的速度不可能超過光速 $c$ 等。這些結論與大量的高速（接近光速）運動的粒子的經驗事實相符合，特別在原子核能釋放中質能關係式被具體化，使人類進入原子能時代，為電磁場、核力場和弱力場理論的進一步發展奠定了基礎。上述理論從相對性原理出發，而且只對慣性系有效，稱為狹義相對論。

相對論使人類的時空觀發生革命性變化，摒棄了牛頓提出的時間、空間與物質運動無關的所謂絕對時間和絕對空間觀念，發現時間、空間、物質及其運動的緊密聯繫，為辯證唯物主義提供了典型事實。

在狹義相對論基礎上，愛因斯坦根據同一物體的慣性質量（由牛頓第二定律決定的質量）和引力質量（由萬有引力定律決定的質量）總相等的實驗事實，運用「思想實驗」得出重要結論：在局部空間裏，加速系統中的觀察者看到的所有物理現象等同於在引力場中靜止觀察者看到的現象。如一個升降機在沒有引力的空間上升，加速度與地球重力加速度相同，機內觀察者觀察到自由釋放的物體下落的規律與站在地面上的人觀察自由落體運動所得的規律完全一樣。這時機內的人可以認為物體下落是受一個力（慣性力）作用的結果。愛因斯坦引入等效原理，即在一個小體積範圍內萬有引力和某一加速系中的慣性力互相等效，同時把狹義相對論原理推廣為廣義相對性原理，即物理學的基本規律乃至對於任何參考系都相同的自然規律，具有相同的數學形式。以這兩個原理為基礎建立的理論，適用於一切參考系，稱為廣義相對論。

廣義相對論得出一系列重要結論，認為時間空間將因物質的存在和分布變得不均勻，即發生「時空彎曲」，揭示物質與其存在形式的緊密聯繫，空間並不是歐幾里德的「平直空間」或牛頓的「絕對空間」；並認為這種「時空彎曲」是產生萬有引力的原因，據此建立了引力場論；認為狹義相對論是廣義相對論在沒有萬有引力場時的特殊情況。對現代物理學和現代哲學產生巨大影響，奠定了現代理論天體物理學基礎。廣義相對論作出三個重要實驗預言：光線在引力場中將彎曲，水星近日點的移動和光在引力場中光譜線會發生紅移。

愛因斯坦建立廣義相對論時認為：宇宙中不僅充滿運動著的物質——電磁場，同時存在另一種運動著的物質——引力場。運動的帶電粒子產生在空間傳播的變化的電磁場，形成電磁波；運動的物體產生在空間傳播的變化的引力場，形成引力波。一切具有質量的物質都應相互吸引，而不管該質量的起源如何。光既然具有質量，也應和其他物質通過引力場的傳遞相互吸引，得出引力場和電磁場的存在導致「時空彎曲」結論，物質集中的地方是引力場「濃密」的地方，也是時空彎曲最大的地方，這種時空彎曲產生質量的吸引效應——萬有引力。

愛因斯坦在建立電磁場和引力場統一理論——統一場論（愛因斯坦認為，電力、磁

力與重力是一個東西的三種表現，如同水、冰和水蒸氣都是由$H_2O$組成一樣。統一場就是要把電力、磁力與重力聯繫在一起，而成為宇宙中的一個基本的宇宙力場，也就是統一場。反過來說，統一場是由電力、磁力和重力這三個基本力互相演變與斥合來決定宇宙的性質。宇宙中充滿許多重力波和磁力線，只要你知道怎樣去利用，它就可以為你服務。）中進一步認為，場和實物沒有本質區別，實物所在地就是場聚集的地方，「拋出去的石子就是變化著的場（引力波），在變化著的場中場強最大的態以石子的速度穿過空間。『連續的』場是唯一的實在」。

愛因斯坦相對論的計算方法，實在令人不可思議：如果以每秒二十六萬公里的速度移動，其相對位置的鐘錶就會以二倍的速度運轉。在動的速度上，不僅時間，就是物體的大小和質量也會發生變化。假如在這種超高速下，把頭部向前傾並繼續前進，身長可能會比平常縮短一半（有個人為證明這點，嘗試用尺測量了一下，結果無法測量出來，因為尺也受到同樣作用的影響）。

總之，沒有絕對的時間、空間，也沒有絕對的運動；一切可觀察的原理都是相對的。

可是，除了說明水星軌道的特殊性以外，幾乎無法推測這個理論的正確性。而要抓住以光速運動的物理動

愛因斯坦參加反戰遊行

態來印證這個理論的機會，幾乎等於零。所以，愛因斯坦起初也不敢相信，後來經過長期的觀察，發現了光線接近太陽時所產生的折射狀態，才敢確定自己的想法是正確的。然而，大多數科學家對此推論不置可否。

一九一九年出現的日蝕現象，提供了證實的良機。通常日蝕時，赤道地帶都是日全蝕。英國皇家學會派了兩支觀測隊到赤道地區，一隊到巴西，另一隊到幾內亞灣。最終驗證了愛因斯坦理論的正確。

## 影響

量子物理與相對論同為近代物理兩大支柱，不過前者為集體創作，後者卻幾乎是愛因斯坦一人的心血。單憑這一點，若要挑選本世紀最具代表性的物理大師，愛因斯坦就當之無愧。

愛因斯坦在科學思想上的貢獻，在歷史上也許只有牛頓和達爾文可以媲美。相對論原理的建立是人類對自然界認識過程中的一次飛躍。相對論圓滿地把傳統物理學包括在自身的理論體系之中。廣義相對論開闊了人類的視野，使科學研究的範圍從無限小的微觀世界直至無限大的宏觀世界。今天，相對論已成為原子能科學、宇宙航行和天文學的理論基礎，被廣泛運用於理論科學和應用科學之中。愛因斯坦的偉大成就——相對論，是自然科學發展史上的一個劃時代的里程碑。

# 68 弗萊明發明青黴素——抗生素征服使人類死亡的各種細菌

自古以來，傳染病就是人類的大敵。一代一代科學家在傳染病的預防和治療方面做了不懈努力。後來研究發現細菌是傳染病的罪魁禍首，於是人們千方百計尋找殺死傳染病細菌的新藥。直到青黴素被發現，傳染病幾乎無法治療的時代一去不復返了，人類的平均壽命也得以延長。

## 弗萊明發明青黴素

十四世紀歐洲發生黑死病，三分之一人口死於傳染病。病菌在歷史上最可怕的例子，恐怕是發生在十六世紀初的美洲。西班牙人帶來的天花病菌，奪走墨西哥阿茲特克帝國半數人口。估計美洲原有二千萬印第安人，白人登陸後人口銳減百分之九十五。

在漫長的醫藥發展史中，人類發明了難以計數的各種藥物，它們不斷地更新換代，為人類戰勝邪惡的病魔助上一臂之力。這其中最大的進步是青黴素，青黴素英文音譯又稱盤尼西林，至今仍藥效不減，風行天下。由於它具有廣泛的抗菌功能，副作用少，且不易使病菌產生抗藥作用，所以從它誕生之日起，就被人們視為「神藥」。青黴素的發明人是英國醫生弗萊明。

在實驗室工作的弗萊明

弗萊明一八八一年八月六日出生於英國愛爾沙亞的一座農莊。他的父親是個莊園主，愛好自然科學，他的兄長是個醫生。從小，弗萊明便受父兄的影響，立志從醫。在他十四歲時，便去倫敦與兄長住在一起，隨後便在一家船運公司做工。後來，弗萊明繼承了一筆數目不多的遺產，得以進入倫敦大學聖瑪麗醫學院學醫。在學期間，勤奮聰穎的弗萊明幾乎取得了所有的獎學金。一九〇八年，他以優異的成績獲得醫學博士學位，成了一名醫生。

正當弗萊明雄心勃勃準備在傳染病治療領域大幹一場的時候，第一次世界大戰爆發了。他去戰地醫院服務，從事傷口感染的治療。他把研究的熱情轉移到了防治傷口感染上。由於他和同事出色的表現，他所在的戰地醫院成了防止傷口感染的最佳醫院。戰爭結束後，弗萊明回母校擔任細菌學講師，同時他又到賴特接種站從事心愛的殺滅細菌的研究工作。弗萊明和他的助手把研究的對象對準了葡萄球菌，因為它是一種分布非常廣泛且危害很大的病原菌，傷口感染化膿，往往就是它在作怪。他們工作勤奮，整日泡在簡陋的實驗室裏，在一隻隻細菌培養皿中接種葡萄球菌，進行人工培養，再試驗各種藥劑對葡萄球菌的作用，以期找到殺滅葡萄球菌的理想藥物。

一九二一年，一個偶然的現象一下子把弗萊明的注意力吸引到了早先並不認識的能夠溶解病菌的生物酶上。弗萊明和其助手本以為溶菌酶是一種重要的疫苗或有效的藥物，然而，歷經七年的潛心研究，他們卻失敗了，溶菌酶對病原生物幾乎絲毫不起作用。科學研究總有失敗，而事實上，這失敗已為弗萊明打開了通向發現青黴素的大門。

一九二八年夏天，天氣格外悶熱，賴特研究中心破例放了一個暑假。一天，弗萊明心情異常煩躁，幾天來的連續失敗加上熱得透不過氣來的天氣，使他什麼事也不想做。他胡亂放下手中的實驗，準備去海濱避暑。實驗臺上的器皿就這麼雜亂無章地放在那裏。這在一向細心的弗萊明二十多年的科研生涯中還是第一次。

九月初，天氣漸漸涼了下來，人們的心情也趨於平和。弗萊明回到了他離開多日的實驗室。一進門，他就習慣性地去觀察那些放假前放在工作臺上的盛有培養液的培養皿。望著已經發黴長毛的培養皿，他有些追悔莫及，後悔在度假前沒把它們收拾好。這時，一隻長了一團團青綠色黴花的培養皿引起了弗萊明的注意，他拿起這隻被污染了的培養皿，仔細觀察起來，他的助手正準備清理這些培養皿，便說：「先生，培養皿發黴了，我把它倒掉吧。」「不，這裏好像有『文章』。」弗萊明走到窗前，對著亮光，他發現了一個奇特的現象：在黴花的周圍出現了一圈空白，原先生長旺盛的葡萄球菌不見了。弗萊明馬上意識到：會不會是這些葡萄球菌被某種黴菌殺死了呢？他抑制住內心的驚喜，急忙把這隻培養皿放到顯微鏡下觀察，果然證實黴花周圍的葡萄球菌全部死掉了。這位細心的科學家特地將這些青綠色的黴菌培養了許多，然後把過濾過的培養液滴到葡萄球菌中去。結果，奇蹟出現了，幾小時內，葡萄球菌全部死亡。他又把培養液稀釋十倍、一百倍……直至八百倍，逐一滴到葡萄球菌中，觀察它們的殺菌效果，結果表明，它們均能將葡萄球菌全部殺死。

進一步的動物實驗表明，這種黴菌對細菌有相當大的毒性，而對白細胞卻沒有絲毫影響，就是說它對動物是無害的。

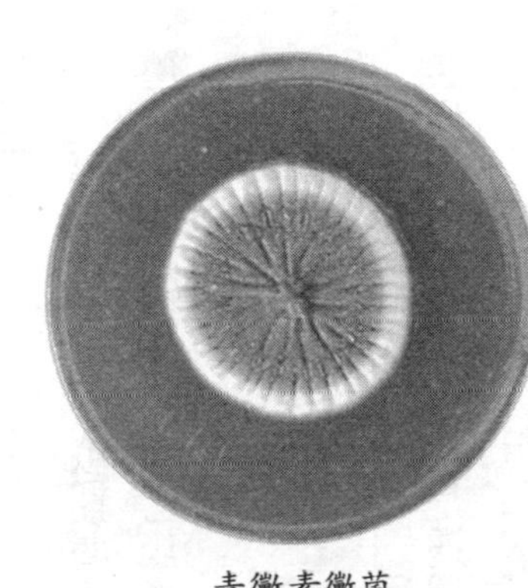

青黴素黴菌

一天，一個助手因手被玻璃劃傷而開始化膿，腫痛得很厲害。他來向弗萊明請假，說要去醫院看一下。弗萊明看著助手紅腫的手背，心想，這無疑是感染了細菌。他取來一根玻璃棒，蘸了些正做實驗的黴菌培養液，一邊塗在助手的手上，一邊說：「不用去醫院了，過幾天手就好了。」第二天，助手就跑來對弗萊明說：「先生，您的藥真靈，瞧，我的手背好了。您用的是什麼靈丹妙藥啊？」望著助手消盡了紅腫的手背，弗萊明高興地說：「我給它命名為盤尼西林！」

之後，弗萊明和他的助手在更進一步的實驗基礎上，於一九二九年六月，在英國的《實驗病理學》雜誌上發表了關於盤尼西林的論文。在論文中，他指出：「事實表明有一種盤尼西林黴菌能分泌具有非常強大殺菌能力的物質，它不僅能殺死葡萄球菌，而且還能殺死鏈狀球菌等許多病菌。」然而遺憾的是，弗萊明不是一個化學家。盤尼西林培養液中的有效成分太少了，他對於盤尼西林的提純問題始終沒能解決。加上當時磺胺藥

在全球的風行，盤尼西林並未引起人們的重視。但弗萊明相信，盤尼西林總有一天會造福人類，他細心地保存著菌種，一代一代地進行著培養。

## 偉大的發明

歷史並沒有冷落偉大的科學發現。九年以後，英國病理學家哈維看到了弗萊明關於盤尼西林的文章。當時他正在尋找抗菌新藥，對盤尼西林的發現十分感興趣。他決心攻克弗萊明未能攻克的難關。他聯合了生化學家歐內斯特·金等人一起，開展了對盤尼西林的純化工作。經過細菌學家和生化學家的共同努力，高純度的盤尼西林終於誕生了。將其用於病人身上，效果非常顯著。從此，這不起眼的青色黴菌變成了治病良藥，轟動了全世界。為此，弗萊明、哈維和歐內斯特·金共同獲得了一九四五年的諾貝爾醫學生理學獎。

第二次世界大戰期間，歐洲戰場上無數傷患因傷口感染化膿而死亡。當時的抗菌良藥磺胺對高燒的傷患已無濟於事。面對絕望的傷患，護士只能拿來紙和筆，讓他們留下遺囑。

就在這種情形下，一種神奇的黃色粉末被溶解在蒸餾水中注射進了傷患的體內。幾天以後，奇蹟出現了，十九名被判「死刑」的高燒傷患中，竟有十二名漸漸退了燒，不久便康復出院。也正是這種神奇的藥，使許多開放性骨折傷患的傷口不再流膿。這就是最初的青黴素，它很快轟動了整個醫院以至整個歐洲，甚至引起了一場「盤尼西林旋風」。青黴素成了各科醫生的必備抗菌劑。

## 影響

青黴素的大量生產，拯救了千百萬傷病患，成為第二次世界大戰中與原子彈、雷達並列的三大發明之一。青黴素的發現是人類發展抗菌素歷史上的一個里程碑。直到今天，它仍是流行最廣、應用最多的抗菌素。青黴素能殺滅各種病菌，還可以治療各種炎症。而且它對人體幾乎沒有毒性。因此除了極少數對青黴素過敏的人，大多數病人都能借助青黴素恢復健康。也正是青黴素的發現，引發了醫學界尋找抗菌素新藥的高潮，人類進入了合成新藥的時代。

# 69 盧瑟福的原子理論——人類利用核能

能源是一個國家國民經濟的重要基礎之一。核能作為一種漸趨成熟的能源形式，具有得天獨厚的優越性。它利用地下蘊藏豐富的放射性鈾同位素的裂變反應所產生的巨大能量來發電，具有能量密度大，且對環境破壞小的優點。理論上說，一公斤的鈾完全裂變所釋放出的裂變能，大約相當於二千五百噸煤或二千噸的石油燃燒時所釋放出的能量。隨著世界各國環境意識的加強，核能在減少溫室氣體的排放上的重要作用正在逐步被認識。相信在二十一世紀，核能作為一種必不可少的能源形式必將得到更廣泛的應用，從而更好地造福於人類。核能的開發，要歸功於一位偉大的科學家——盧瑟福。

## 科學巨匠

一八七一年八月三十日，盧瑟福誕生在紐西蘭的一個農村。他家人口很多，盧瑟福從小就一邊上學一邊幫著家裏幹農活。少年時的盧瑟福是個很愛動腦筋的孩子，尤其喜歡自己動手做些小玩意。他曾經「發明」了一種可以發射「遠射程炮彈」的玩具火炮，還巧妙地設計出增加炮擊距離的方法。

一八八九年盧瑟福考上了紐西蘭大學。大學期間，他自己動手製作了一種靈敏的檢

盧瑟福

波器，試驗了在紐西蘭大地上的第一次電報，並發表了電磁學方面的論文。憑著這幾篇論文，大學畢業一年後，二十四歲的盧瑟福到了康橋大學的卡文迪許實驗室。從此，他開始了在英國的科學研究生活。在這一階段，盧瑟福已經在放射性研究上取得了一系列重大成果。

在這裏，他接受了老師湯姆遜的建議，開始了對原子的探索。探索的第一步就是抓住鐳放出的射線，看它到底是些什麼東西，然後就可以順藤摸瓜追蹤原子內的秘密。

為此盧瑟福專門設計了一個實驗，用一個鉛塊，鑽上小孔，孔內放一點鐳。這樣射線只能從這個小孔裏發出，然後將射線放到一個磁場裏。

奇怪的現象出現了，一束射線立即分成三股，一股靠近N極偏轉，一股靠近S極偏轉，還有一股不偏不倚一直向前，盧瑟福給它們取名為$\alpha$、$\beta$和$\gamma$射線。經過測定，$\beta$射線是老師湯姆遜發現的電子流，$\gamma$射線是倫琴發現的X光，居里夫婦發現的放射線就是$\alpha$、$\beta$和$\gamma$射線，十九世紀最後十年的三大發現他在一個實驗裏就全部得到解釋。

一八九八年盧瑟福橫渡大西洋到了加拿大。在這裏，他遇到比他小七歲的年輕助手索迪，索迪的化學知識很豐富，這正好彌補了盧瑟福化學知識上的不足。

這時，盧瑟福又想起了在康橋時遇到的一個老問題，$\alpha$粒子從所具有的電量和質量

來看很像元素氦，有索迪做助手，盧瑟福馬上開始驗證。實驗結果出來了，α射線果然就是氦流。那麼鐳放出α射線後剩下的又是什麼呢?經實驗，竟然又是一種新元素氡。於是盧瑟福宣布放射性既是原子現象，又是產生新物質的化學變化的伴隨物。

一九〇八年，為了表彰盧瑟福的這一重大發現，諾貝爾評審委員會授予他諾貝爾化學獎。你可能會莫名其妙，物理學家怎麼獲得了化學獎。沒錯，正如盧瑟福所說：「這真是太妙了!我一生中研究了許多變化，但是最大的變化是這一次，我從一個物理學家變成了一個化學家。」

## 原子時代到來

早在古希臘時代，就有人提出，自然界天地萬物是由原子構成的。長期以來，人們一直認為原子是物質最小的單位，是不可分割的，它的形狀像個實心小球。而此時隨著科學的發展，一些科學家認識到原子內部還有著更小的單位，盧瑟福的老師湯姆遜就持這一種觀點。他們認為，原子的模樣像西瓜，瓜瓣就像是原子內均勻分布的正電荷，而瓜子就是電子。「原子果真像老師所說的那樣嗎?」盧瑟福想通過實驗來探究一下自己一直思索的這個問題。

他想，如果原子果真像個西瓜，那麼，如果用比原子更小的粒子作「炮彈」來轟擊它，就一定很容易地穿過它而筆直地前進。於是，他決定用一種叫做「A」的粒子做「炮彈」，來轟擊原子，看看會發生什麼情況。

根據湯姆遜模型計算的結果，$\alpha$粒子穿過金箔後偏離原來方向的角度是很小的。因為電子的質量很小，不到$\alpha$粒子的七十分之一，$\alpha$粒子碰到它，就像飛行著的子彈碰到一粒塵埃一樣，運動方向不會發生明顯的改變；正電荷又是均勻分布的，$\alpha$粒子穿過原子時，它受到的原子內部兩側正電荷的斥力相當大一部分互相抵消，使$\alpha$粒子偏轉的力不會很大。

然而實驗卻得到了出乎意料的結果。絕大多數$\alpha$粒子穿過金箔後仍沿原來的方向前進，少數粒子卻發生了較大的偏轉，並且有極少數粒子偏轉角度超過了九十。有的甚至被彈回，偏轉角幾乎達到一百八十。這種現象叫做$\alpha$粒子的散射。實驗中產生的粒子大角度散射現象，使盧瑟福感到驚奇。因為這需要有很強的相互作用力，除非原子的大部分質量和電荷集中到一個很小的核上，大角度的散射是不可能的。

為了解釋這個實驗結果，盧瑟福在一九一一年參照天體行星繞太陽旋轉的模型，提出一個新的模型。他認為帶正電的原子質量百分之九十九點八部分集中在原子中心的核下，好像太陽系中的太陽那樣，而帶負電的電子則像地球繞著太陽運行的那樣環繞原子核旋轉。這個模型常稱「原子的行星模型」。

然而，盧瑟福剛一提出這個模型，就遭到許多科學家的反對，原因是它違背了經典物理學的基本理論。經典電磁理論認為，任何作加速運動的電荷都要輻射出電磁波，從而導致電子不斷發射能量，電子發射電子波愈來愈短，繞轉也離核愈近，最後電子就落到了核中，原子就毀滅了。

可是事實卻並非如此，原子壽命是很長的，並未因電子運動而毀滅。另外，原子光譜是不連續的。這些事實連盧瑟福本人也不能自圓其說。

「山窮水盡疑無路，柳暗花明又一村。」正當盧瑟福無計可施時，從丹麥來了一位訪問學者——波爾，他十分讚賞盧瑟福的模型。波爾用當時最先進的量子論來解釋行星式的原子模型。這不僅給盧瑟福解了圍，而且建立了提示原子結構奧秘的波爾理論，為現代科學發展立了大功。波爾的理論肯定了盧瑟福的行星模型，但認為當電子環繞原子核作高速旋轉時，只能在特定軌道上進行；另外，當電子從離核較遠軌道跳到離核較近軌道時，原子全部能量以電磁波形式輻射出來，能量大小決定於電子跳動後所處軌道半徑，因為軌道是不連續的，所以原子輻射能量也是不連續的。

一九一九年，盧瑟福用人為的方法第一次分裂原子，他用$\alpha$粒子轟擊氮原子，使它變成了一個氧原子和一個氫原子。一九二六年，在他的指導下，兩個年輕研究人員瓦耳順和科克拉夫特設計出了一架巨型原子搗碎機，用這架儀器，他們把輕金屬鋰轉變為氦。

一時間，報紙新聞把這一消息迅速傳遍了全球。一些人驚慌地說：「原子分裂了，世界是否已經到了末日？」「人工可以製造黃金了，貨幣就要貶值！」但是，科學家們清醒地預感到：世界迎來了一個新的時代——原子時代。

一九三三年，六十二歲的盧瑟福仍在不知疲倦地進行著研究工作。就在這一年，他又發現和命名了質子——氫原子核，並預言核內存在著中子。一九三八年，放射化學家

用機械方法分裂原子

奧托．哈恩和物理學家施特拉斯曼發現鈾核裂變現象。一九四二年十二月二日，世界上第一座核裂變反應爐在美國的芝加哥大學建成，人類在這裏首次實現了自持鏈式反應，從而開始了受控的核能釋放。一九五四年，前蘇聯在莫斯科附近的奧布寧斯克建成了世界上第一座核電廠，輸出功率為五〇〇〇千瓦。到二十世紀六十年代中期，核電廠走向實用化和商品化，工業發達國家核電發電成本已與燃煤火力發電站持平甚至略低。

眾所周知，火力發電廠利用煤和石油發電，水力發電廠利用水力發電，而核電廠則是一種利用原子核內部蘊藏的能量產生電能的新型發電站。

以最普通的壓水反應爐核電廠為例，核電廠大體可分為兩部分：一部分是利用核能生產蒸汽的核島，包括反應爐裝置和迴路系統；另一部分是利用蒸汽發電的常規島，包括汽輪發電機系統。核電廠用的燃料是鈾，用鈾製成的核燃料在反應爐內發生裂變而產生大量熱能，再用處於高壓力下的水把熱能帶出，在蒸汽發生器內產生蒸汽，蒸汽推動氣輪機帶著發電機一起旋轉，電能就源源不斷地產生出來，並通過電網送往四面八方。目前，全世界共有將近五百座核電廠，全年總發電量佔世界總發電量的百分之十七。世界各國中，法國的核電廠發展最快，有五十七座核電廠，總裝機容量六千二百萬千瓦，

核電佔總發電量的百分之七十七點八。

## 影響

盧瑟福的這一嶄新的原子結構理論，具有劃時代的意義。從此，原子學和原子核子物理學便誕生並發展起來。盧瑟福提出行星模型以及波爾的理論，把人類認識微觀世界的進程推進了一大步。從此，物理學家掀起了對微觀世界研究的新的衝刺。盧瑟福的發現標誌著人類原子時代的到來。

# 70 羅斯福新政——對世界經濟危機的挑戰

一九二〇年，資本主義世界爆發了第一次世界大戰後首次經濟危機。經濟危機是資本主義經濟發展到一定程度的必然產物。最大的一次經濟危機發生在二十世紀三十年代，那次危機導致了第二次世界大戰的爆發。但是美國在羅斯福總統實行新政以後，逐漸擺脫了困境，成為第二次世界大戰反對納粹勝利的重要保證。

## 空前的危機

一九二九年十月二十四日被稱為「黑色星期四」，這一天紐約證券市場在經歷了幾次小小的預震後出現了坍塌，幾十種主要股票價格垂直狂跌，絕望的人們瘋狂地拋售，當天就有一千二百八十九萬股易手。崩潰的高潮終於在十月二十九日來到了：大批的股票湧到市場上來，不計價格地拋售……這一天瘋狂交易以一千六百四十一萬股的最高紀錄收盤。根據《紐約時報》的統計，五十種主要股票的平均價格幾乎下跌了四十檔。與此同時，在另一些市場——外國股票交易所、穀物市場，價格慘跌也接近恐慌程度。到十一月中旬，股票價格又一次慘跌，「柯立芝——胡佛繁榮……處於垂死狀態。在這種驚慌的衝擊下，許多一向不受人注意或被證券市場樂觀情緒掩蓋的病害，開始圍攻整個

經濟軀體，好像當某一關鍵性器官不再起正常作用時，病毒細菌滲入整個人體一樣。」

事實確實如此，這次暴跌只不過是經濟全面而持續衰退的開端。在此後三年多的時間裏，金融業、商業、工業的指數依次成比例地劇烈下降，作為二十世紀二十年代經濟繁榮支柱的鋼鐵、汽車、建築等行業的衰退情況更是驚人，許多知名企業在逐漸消失。農民的總收入下降了百分之五十七，對外貿易總額下降百分之七十，失業人數最多時高達一千三百二十萬人。所有這些逐步構成了一次標誌著美國經濟生活分水嶺的大蕭條。

人們無法說清究竟是城市失業工人還是廣大農民遭受蕭條之害更為嚴重。農民們一如既往地從事長時間的艱苦勞作，但生產出來的東西或者賣不出去，或者所賣抵不上所耗成本。蒙大拿的一位牧場主好不容易賒到一批子彈，將牛羊全部射殺，然後扔進山溝，因為飼料昂貴，而運往市場的運費大大超過了賣掉它們的價錢。從南北卡羅來納一直延伸到新墨西哥，地裏的棉花沒有採摘，果園裡掛滿正在潰爛的葡萄和橄欖。一車小麥賣到城裏僅夠買一雙四美元的鞋，用玉米棒子當燃料比賣玉米買煤還合算，而千百萬的城市人卻買不起那賤到使農民破產的農產品。沒有失業的工人拿的是名曰「餓不死人的工資」。《時代》周刊指出：「無法無天的僱主已經把美國工人的工資壓低到中國苦力的水平了。」「從來就是最後受僱，最先解僱」的黑人的境遇更壞，中產階級也因紛紛破

羅斯福總統

產、失業而加入赤貧的行列，朋友和熟人之間都遮遮掩掩地過著窘迫的日子。「那個衣冠楚楚每天按時早出晚歸的律師說不準揀個偏僻地方去挨家推銷低檔大路貨，甚至說不準乾脆換一套破衣服，在另一個市區向路人行乞」，其實他的鄰居境況也好不到哪裏去。無數的家庭主婦為了省錢度日，想出了許多聽來讓人心酸的絕妙辦法。身為一家之長的男人們的渾身打扮竟像歌舞雜耍劇中的流浪漢，他們從前的體面、優雅、財富、尊嚴，連同道德羞恥感一起都被大蕭條的颶風颳得蕩然無存，他們在巨大的失落和空洞的絕望中倍感憤怒，最後凝成一個凌駕一切的問題：究竟誰應對這一切負責？

大蕭條給美國的人口、家庭、教育、道德、信念、生活水準等方面造成了嚴重的危害。結婚率和出生率大幅度降低。這期間出生的孩子成為著名的「蕭條的一代」，其特徵是身材瘦小。「失業與失去收入已經破壞了無數個家庭，使這些家庭成員精神頹喪，失去自尊心，摧毀了他們的工作效率和可雇傭性，夫妻、父母子女暫時或永遠地離散。」

## 羅斯福新政

富蘭克林．羅斯福就是在這種情況下取代了焦頭爛額的胡佛，當選為美國第三十二屆總統。他針對當時的實際，順應廣大人民群眾的意志，大刀闊斧地實施了一系列在克服危機的政策措施，歷史上被稱為「新政」，新政的主要內容可以用「三R」來概括，即復興（Recover）、救濟（Relief）、改革（Reform）。由於大蕭條是由瘋狂投機活動引起

的金融危機而觸發的，羅斯福總統的新政也先從整頓金融入手。在被稱為「百日新政」（一九三三年三月九日至六月十六日）期間制訂的十五項重要立法中，有關金融的法律佔三分之一。羅斯福於一九三三年三月四日宣誓就任總統時，全國幾乎沒有一家銀行營業，支票在華盛頓已無法兌現。在羅斯福的要求下，三月九日，國會通過《緊急銀行法》，決定對銀行採取個別審查頒發許可證制度，對有償付能力的銀行，允許盡快復業。從三月十三日至十五日，已有一萬四千七百七十一家銀行領到執照重新開業，與一九二九年危機爆發前的二萬五千五百六十八家相比，淘汰了一萬零七百九十七家。羅斯福採取的整頓金融的非常措施，對收拾殘局、穩定人心起了巨大的作用。公眾輿論評價，這個行動猶如「黑沉沉的天空出現的一道閃電」。羅斯福在整頓銀行的同時，還採取了加強美國對外經濟地位的行動。從一九三

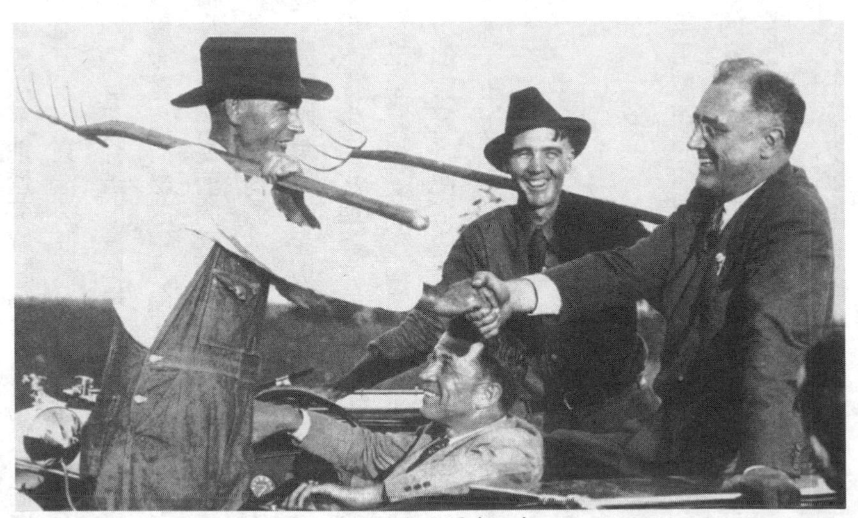

羅斯福與民眾在一起

三年三月十日宣布停止黃金出口開始，羅斯福政府採取一個接一個的重大措施：四月五日，宣布禁止私人儲存黃金和黃金證券，美鈔停止兌換黃金；四月十九日，禁止黃金出口，放棄金本位；六月五日，公私債務廢除以黃金償付；一九三四年一月十日，宣布發行以國家有價證券為擔保的三十億美元紙幣，並使美元貶值百分之四十點九四。通過美元貶值，加強了美國商品對外的競爭能力。這些措施，對穩定局勢，疏導經濟生活的血液循環，產生了重要的作用。

羅斯福的新政幾乎涉及美國社會的政治、經濟生活的各個方面。它顯然不是那種以新的去取代原有結構的革命，而是一種旨在讓這個結構免遭來自內部的損耗和毒害、適應飛速變化著的時代條件並使其長久地良性運行下去的社會改良。他限制、剔除和揚棄了這個結構中那些在各個方面都被證明是極壞的因素；調整、修正和改良了其中某些被證明是部分的或比較壞的因素；培植、注入和創制了許多能夠使這個結構增強自我改造機制的新的因素。到一九三九年，羅斯福總統實施的新政取得了巨大的成功。它的直接效果是使美國避免了經濟大崩潰，有助於美國走出危機。從一九三五年開始，美國幾乎所有的經濟指標都穩步回升，國民生產總值從一九三三年的七百四十二億美元又增至一九三九年的二千零四十九億美元，失業人數從一千七百萬下降至八百萬，恢復了國民對國家制度的信心，擺脫了法西斯主義對民主制度的威脅，使危機中的美國避免出現激烈的社會動盪，為後來美國參加反法西斯戰爭創造了有利的環境和條件，並在很大程度上決定了二戰以後美國社會經濟的發展方向。

## 深遠的影響

新政剛一推出，就引起美國社會上下的普遍關注，不同政治集團對其給予了不同的評價。羅斯福的堅決反對者、報業大王赫斯特說「新政」就是苛政；不是榨取富人，而是榨取成功者。美國著名新聞記者、作家約翰·根室說他所聽到的關於新政的最好定義，是說「那是一些沒有骨氣的自由派為了那些失魂落魄的資本家而去拯救資本主義的一種企圖」。另外還有人譴責新政是披上自由主義外衣的法西斯主義。

羅斯福新政是二十世紀資本主義發展歷程中的重大事件，幫助美國的資本主義制度度過了一九二九～一九三三年的一場空前大災難。美國的資本主義制度得救了，世界資本主義體系也緩過氣來了。這就使得新政能夠在美國歷史和世界歷史中獲得一席之地。

在大危機爆發之前，資產階級主流派經濟學家普遍認為，資本主義經濟有一種自我調節機制，它自然會給勞動者提供充分就業的機會。這種良好的結局是由可以平衡供求的工資和物價的自由運動而產生的。大危機的爆發使這一理論受到嚴峻挑戰。危機之初，美國胡佛政府信奉自由放任的思想，對經濟採取不干預政策，認為危機很快就會過去。但事與願違，大蕭條日益加劇。嚴酷的事實證明，自由放任已不符合時代的要求。羅斯福的「政府干預的擴張性」新政策就是在這種背景下產生的。

羅斯福「新政」的實質是在不觸動資本主義私有制的前提下，運用國家機器干預社會再生產，對國民收入進行再分配，對發展國民經濟的重要環節予以促進，並對不利於總體經濟發展的明顯弊病進行改革。因此，它的一系列舉措使美國原本十分尖銳的社會矛盾得以緩和，社會生產力也得到了一定的恢復和發展。一九三七年，美國的國民收入從一九三三年的三百九十六億美元大幅增至七百三十六億美元，物價從一九三四年起止跌回升，失業率也出現大幅下降。

## 影響

羅斯福政府推行的「新政」對整個西方國家經濟政策的制定也產生了深遠的影響。歐洲主要國家普遍認為，美國實行的政府干預經濟的做法是成功的。因此，二戰結束以後，「政府干預經濟」即按照這一思路進行，到現在已經成了保持經濟穩定發展不可缺少的一種手段。而且羅斯福新政挽救了美國經濟，使美國避免走上法西斯的道路，反而奠定了良好的經濟基礎，為第二次世界大戰打敗法西斯打下了堅實的基礎，美國也成為世界的大工廠。二戰結束以後，美國就成為世界上最強大的國家。

## 71 希特勒在德國上臺——法西斯主義甚囂塵上

德國在第一次世界大戰中失敗，受到了戰勝國的壓制，喪失了大片的領土，還要付出沉重的賠款，在軍事方面，還有苛刻的限制。這給德國法西斯主義的上臺提供了藉口。希特勒就是在這種情況下登上了德國統治者的寶座。

### 《我的奮鬥》

德國在第一次世界大戰後便喪失了全部殖民地，面積為三百萬平方公里，同時交出約佔領土八分之一，人口約十分之一的國土，賠款一千三百二十億德國馬克，並不得進行戰爭動員，不得擁有空軍，陸軍不准擁有重炮和坦克，不准成立軍校，軍隊不得超過十萬人，海軍不准擁有潛艇，艦隻總數不得超過三十六艘（輕型戰艦六，輕巡洋艦六，驅逐艦十二，魚雷艇十二），萊茵河非軍事區不得駐軍。

到了二十世紀三十年代，各個民主國家相繼陷入了危機；其中，以當時工業最發達、科學最先進和教育最普及的德國的魏瑪共和國走得最遠，以最徹底的專制代替了民主制，建立了納粹統治下的第三帝國。德國人民的這一選擇有著深刻的歷史和現實原因。其中，納粹元首希特勒發表於一九二三年的《我的奮鬥》一書對德國人民的這一選擇有著很重要的影響。

在《我的奮鬥》裏，希特勒清清楚楚地表述了他的世界觀：「對於形成雅利安這種高等的文化，做為奴隸的其他低等民族要比家畜更加重要」，「德意志的偉大祖先一手拿劍，一手扶犁，從其他的文化上低等的民族那裏為我們爭取到土地和生存的空間。」所以，「體能上不適的人便沒有生存的價值」，「雅利安的血液必須是純的」。「世界史是作為征服者的少數民族的歷史……而那個少數民族只有一個」。在歷數了猶太人的陰謀、共產黨人的陰謀、斯拉夫人的陰謀、法國人的陰謀、波蘭人的陰謀、捷克人的陰謀、和其他一切民族的陰謀後，希特勒寫道：「尤其（第一次世界大戰後），德國人民今天破敗無奈，國土被瓜分，民族被分裂，生存空間被堵死，德國被全世界欺侮……」，快要淪落為昔日的德國的「家畜」民族的地位了。在陰謀的陰影裏，德國不能不搞陰謀；而對「必要的戰爭」的預謀，就像一根紅線一樣，貫穿著《我的奮鬥》的始終。希特勒就是以這樣的對民族恐怖未來的描述，喚起德國一般老百姓心中的民族受害感，從而為法西斯以後對其他民族的侵略和屠殺，預先套上了一層「自衛」的外殼。

希特勒在他的演講中，反覆強調：「德國人民必須以唯一的思想和決心去爭取德國的民族利益」，為此，「一切人道和溫情的東西，都是虛偽的和毫無價值的」，「德國過去太軟弱可欺……德國現在需要顯示一點野獸的精神」。在此之下，一切人的感情，也是毫無價值的，應讓位於愛德國和愛納粹黨的感情和殘酷的鬥爭需要。

這一本書，成為法西斯在德國上臺前進行宣傳的工具，也成為其上臺後執行法西斯

專政統治和對外侵略的指標。

## 希特勒上臺

一九二九～一九三三年，資本主義世界爆發了空前嚴重的經濟危機。德國是受危機打擊最重的國家之一。一九二九～一九三二年，它的工業產量減少了近二分之一，對外貿易減少了三分之二，成千上萬的小企業破產，失業人數突破八百萬。經濟危機加劇了社會階級矛盾，三年間，共爆發一千多次罷工。

經濟危機給共和政府帶來了嚴重的困難。德國最後一任社會民主黨政府於一九三〇年三月辭職。繼任的是天主教中央黨議會領袖海因里希．布魯寧。他無法爭取到國會中多數議員批准他的財政計劃，不得不要求總統解散國會，舉行大選。希特勒乘機興風作浪，在社會主義招牌下，進行欺騙宣傳。他對工人說，將給他們提高工資，改善勞動條件；對小農說，將取消地租，廢除債務，提供補助；對小商人說，將降低捐稅，發放低息貸款。這些籠絡人心的口號一時蒙蔽了群眾，在一九三〇年九月的選舉中，納粹黨獲得一〇七個席位，從國會中位居第九位的小黨一躍成為第二大黨。

瘋狂的希特勒

納粹勢力也滲入軍隊內部，一些年輕軍官在部隊中進行鼓動，散布說一旦納粹黨武裝起事，軍隊不予干涉。這引起了軍官團高級軍官的恐慌。一九三〇年九月，盧丁、施林格和溫特三人因在軍隊中宣傳納粹主義，被萊比錫最高法院以叛國罪進行審判。希特勒出庭作證，趁機安撫軍隊說，衝鋒隊不會給陸軍帶來威脅，並虛偽保證納粹黨無意訴諸暴力，只想通過議會選舉取得政權。希特勒的證詞博得了國防軍的好感。

同時，德國的壟斷資本家也對這位昔日的流浪漢另眼相看。從二十年代末開始，他們就不斷出資幫助納粹黨。

希特勒還得到了國際壟斷資本的支援。美國壟斷巨頭摩根、洛克菲勒，英國報業大亨羅特米爾等，都給希特勒提供了大量金錢。美、英等國的壟斷資本把希特勒看成是能夠把德國和歐洲從無產階級革命危險下拯救出來的救星，他們希望希特勒上臺，消滅德國的革命民主力量，以確保他們在德國的大筆投資和貸款。

在一九三二年七月的第六屆國會選舉中，納粹黨獲得二百三十個議席，成為國會中第一大黨。一九三三年一月三十日，興登堡總統「按照完全合乎憲法的方式把總理一職的重任委諸阿道夫・希特勒」。「魏瑪共和國的悲劇、德國人十四年來徒勞無益地要想實行民主制度的笨拙努力的悲劇，終於告終了」。德國的、也是人類的災難就此降臨。

## 國會縱火案

希特勒當選總理以後，馬上實施了下一步奪權計劃。在希特勒的盟友、國會議長戈林的辦公室地下，有一條暖氣管道通往國會大廈。一九三三年二月二十七日晚，戈林命

令衝鋒隊隊長卡爾·恩斯特順著地下通道偷偷潛入國會大廈，在大廈裏灑上大量汽油並將汽油點燃。與此同時，納粹為了嫁禍於人，又安排了一個頭腦遲鈍、據說是荷蘭共產黨員的青年盧勃也放了幾把火，以此嫁禍共產黨。起火後兩小時，法西斯分子便對共產黨員和進步人士實行大逮捕和大屠殺。僅僅在當日夜裏就逮捕了一萬人，在以後的三四個月裏，被捕人數達到六七萬，其中包括德共主席臺爾曼、共產國際執行委員會委員季米特洛夫和八十一位德國共產黨議員。

在清洗了共產黨分子以後，一九三三年三月二十一日，希特勒在安放腓特烈大帝遺體的波茨坦教堂，召開了第三帝國的第一屆國會。它宣告歷時十四年的魏瑪共和國壽終正寢，納粹法西斯統治正式在德國確立。在同一時間、同一地點，六十二年前，「鐵血宰相」俾斯麥曾主持召開了第二帝國的第一屆國會。

三月二十三日，納粹利用共產黨和社會民主黨議員缺席之機，在國會製造三分之二多數，通過將國會本身的立法權、締約權和修改憲法權交給內閣的所謂授權法稱為《消除人民和國家痛苦法》，建立起徹頭徹尾的法西斯獨裁統治。

這之後，德共已不能進行任何合法活動，社會民主黨也於六月二十二日被禁。其他資產階級政黨在納粹的淫威之下，先後卑躬屈膝地自行解散。七月十四日希特勒宣布：德國國家社會主義工人黨是德國唯一的政黨。

衝鋒隊是納粹的准軍事組織，任務是保護納粹黨舉行的集會，破壞其他政黨的集會和恫嚇那些反對納粹的人。極盛時，衝鋒隊發展到二百多萬人。希特勒上臺後，衝鋒隊與國防軍的矛盾日益尖銳。希特勒為了獲得軍官團的支持，以便控制軍隊，決定犧牲衝鋒隊。一九三四年六月三十日，希特勒採取突然行動，一舉鎮壓了羅姆等主要衝鋒隊頭目。黨衛軍原屬衝鋒隊系統，在希特勒利用它清洗了衝鋒隊後便取代了後者的地位，成為希特勒對付異己、鎮壓國內反納粹運動、迫害佔領區居民的主要特務組織。

## 影響

希特勒上臺以後，實行法西斯專政，開始了德軍無休止的擴軍行動。首先於一九三三年十月，也就是希特勒上臺當年，德國以要求「軍備平等」的名義退出裁軍會議。一九三四年八月，又秘密把陸軍限額從十萬擴充到三十萬。一九三五年三月，正式宣布建立德國空軍（德國一九三四年生產飛機二千架，一九三八年達到了五千二百架，並因此使其空軍成為西歐最強大的空軍）。同月，發布了重振軍備的宣言。與此同時，實行國防軍法，實行普遍義務兵役制，並將軍隊和軍隊中的警察擴編為十二個軍，三十六個師，約五十萬人。兩年時間，希特勒將軍隊從十萬擴編為五十萬之多，並且徹底違反了《凡爾賽和約》，但當時的英法為了達到「禍水東引」的目的，不惜姑息德國。而英國更是和德國海軍秘密簽訂了《英德海軍協定》，雖然德國承諾將德國海軍限制於英國海軍百分之三十五的實力內，但實際上已宣告英國承認了德國可以進行擴軍備戰，大大助長了德軍備戰的氣焰。

更為重要的是，在這一時期德軍在軍事思想上較世界各國先行了一步，陸軍有了閃

電戰的觀念，海軍比較重視潛艇作戰，空軍也較為強大。同時，希特勒通過建立黨衛軍等形式，完全控制了軍隊，軍隊不再是德國人民的軍隊，而是納粹的軍隊。

一切預示著：第二次世界大戰即將來臨了。

# 72 偷襲珍珠港——美國參加二戰

第二次世界大戰爆發後，作為世界上實力最為強大的美國，雖然在物資上給了反法西斯國家很大支持，但是卻遲遲沒有參戰。在這種情況下，反法西斯勢力非常吃力，戰爭處於膠著狀態。這種狀況很快就發生了改變，那就是日軍偷襲珍珠港事件的發生。美國在這個事件以後開始參戰，美國的參戰，基本上決定了戰爭的勝負，實際上從長遠上決定了歷史的發展方向。

## 日軍破釜沉舟

一九四〇年春夏之際，希特勒以「閃電戰」橫掃西歐，荷蘭和法國相繼敗降，英軍退守英倫三島，美國仍持孤立主義在大洋彼岸置身事外。日本人認為這是向南推進，奪取英法荷在東南亞的殖民地，攫取戰略資源的大好時機。於是，日本朝野上下爆發出陣陣「不要耽誤了末班車」的叫囂。組閣剛及半年的米內內閣在軍部勢力的衝擊下垮臺，近衛文磨在東條英機等陸軍將領的支持下再次組閣。近衛一上臺馬上迫不及待地決定與德、義建立軍事聯盟，擴大侵略。

一九四〇年九月二十七日，日本與德、義簽訂了三國同盟條約，矛頭直指美英。然

而日本海軍聯合艦隊司令官山本五十六上將卻對此憂心忡忡，認為憑日本的工業，根本不能與美國為敵，與其抗衡。山本深知，日本要佔領東南亞的目標，最大的威脅是美國。一旦日美開戰，美國太平洋艦隊主力必然會從珍珠港出擊，從側翼對日軍的東南亞進攻進行牽制，那麼日本的南洋艦隊勢必掉頭迎戰。因此，為了便於南進，迅速獲得急需的戰略資源，首先必須去掉後顧之憂，先拔掉珍珠港這顆美國鯊魚的牙齒。一旦摧毀美太平洋艦隊主力，日本就可以在美國恢復元氣、完成反攻準備之前，從容不迫地佔領太平洋及印度洋所有重要據點，奪取南洋豐富的戰略資源，迫使美國訂立城下之盟。

一九四一年二月，山本把襲擊珍珠港的想法告訴了第十一航空艦隊參謀長大西瀧治郎海軍少將，指示他對該設想秘密進行研究並制訂出一個初步的作戰計劃草案。大西把任務交給了艦隊參謀源田實海軍少佐。接受任務後，源田實認真分析敵情，查閱資料，研究海情、地形，計算兵力，認為襲擊作戰要獲得成功必須具備三個條件：調用全部六艘大型航空母艦；精選最能幹的指揮官和訓練水準最高的飛行員；絕對保守機密，以確保攻其不備。山本接到源田實擬制的草案後，對其作了一些充實和修改，並正式將其定名為「Z作戰計劃」。

「Z作戰計劃」批准後，日本立即投入了緊張的備戰。與此同時，海軍情報部門向夏威夷派出間諜，偵察美太平洋艦隊進出珍珠港的情況；為了保證襲擊成功，防止洩密，除了參與策劃的人員外，包括航母艦長在內，誰也不知道有何作戰任務，並實行了嚴格的信件檢查制度；讓海軍士官學校的學生穿上正式軍服到東京參觀，造成日本海軍沒有任何戰爭準備的假像，以欺騙國外視線；為了進一步迷惑美國，外交部派遣前駐德大使來棲三郎作為「和平特使」赴美，協助野村吉三郎大使與美進行和平會談。

在諸多準備基本就緒後，十一月五日，山本根據軍令部的指示下達了「聯合艦隊絕密第一號作戰命令」。概括了行動開始後的第一階段內海軍的戰略，不但包括對珍珠港的襲擊，還包括對馬來西亞、菲律賓、關島、威克島、香港和南洋等地同時進攻。山本又把所有艦長和飛行隊長都集中在他的旗艦「長門」號上，把襲擊珍珠港的計劃告知了他們。在二十四小時內，山本又發布了第二號命令，初步確定襲擊時間為十二月八日，星期日，凌晨三時三十分（東京時間，夏威夷時間十二月七日，早晨八時）。至此，日本進入了臨戰狀態。

## 虎！虎！虎！

十二月七日早上六時，擔任主攻任務的南雲機動部隊接到了進攻命令，各航空母艦的飛行甲板上的綠燈亮了，飛機一架接一架飛離航母，不到十五分鐘，擔任第一波攻擊任務的一百八十三架飛機就全部飛離甲板，其中戰鬥機四十三架、水平轟炸機四十九架、魚雷機四十架、俯衝轟炸機五十一架，在領航機信號燈導引下，迅速編好隊形，繞艦飛行一周，然後在淵田美津雄海軍中校的率領下撲向珍珠港。

此時美軍太平洋艦隊停泊在珍珠港內的艦船計有戰列艦八艘、重巡洋艦二艘、輕巡洋艦六艘、驅逐艦二十九艘、潛艇五艘、輔助艦船三十艘。岸上機場停有飛機二百六十

二架，其餘的二艘航空母艦、八艘重巡洋艦和十四艘驅逐艦分別在威克島、中途島運送飛機，以及在約翰斯頓島演習。

七時五十七分，日本魚雷機從幾個方向突入珍珠港，在僅僅掠過水面十二公尺的高度上，向福特島東西兩側的美國軍艦發射魚雷。八時五分，日本水平轟炸機從正西方向進入，再次轟炸了福特島東側停泊的戰列艦，同時轟炸了高炮火力集中的依瓦機場。大火和爆炸引起的煙霧，頓時遮蔽了整個珍珠港，不少美國軍艦來不及作戰鬥準備就沉入海底。八時四十分，第一攻擊波攻擊結束，日機順利完成首次空襲任務後安然返航。

八時四十分，由七十八架俯衝轟炸機、五十四架水平轟炸機和三十五架戰鬥機組成的第二波攻擊波已在瓦胡島上空展開完畢。八時四十二分，一百六十七架飛機冒著越來越猛的炮火開始了進攻。水平轟炸機隊負責攻擊瓦胡島的機場，俯衝轟炸機繼續攻擊艦隻。兩次空襲之間美軍只有少數陸軍的飛機得以起飛，又全部被零式戰鬥機擊落，繼第一波攻擊之後，日軍繼續保持著制空權。

這時珍珠港已經濃煙滾滾，嚴重妨礙了俯衝轟炸機尋找下面的艦隻。九九式俯衝轟炸機都採取了根據彈幕轟炸的方式，就是哪裏高炮最猛烈，飛機向哪裏俯衝。有一架飛機俯衝下去後才發現目標是一座陸上炮塔，又連忙拉起。港內，停在戰列艦隊末尾的內華達號戰列艦離開了泊位，它也是整個襲擊過程中唯一開動的戰列艦，但也因此多吃了不少炸彈。在第二次襲擊的末尾，轟炸機隊炸掉了靶船猶他號和其他幾艘輔助艦隻。

九時四十分，第二攻擊波大搖大擺地撤離後，淵田又在珍珠港上空盤旋，拍攝著他的勝利成果。而後飛往集結地率領機隊返航。淵田的飛機最後一批降落。他強烈要求實施第三次空襲，轟炸油罐場和修理設施。南雲認為基本任務已超額完成，不願再冒更大的風險，十時整，日本艦隊迅速地、靜悄悄地溜走了。

這是一場海上、水下、空中閃雷式的立體襲擊戰，在短短的一個多小時裏，日軍共投擲魚雷四十枚，各型炸彈五百五十六枚，共計一百四十四噸。擊沉、擊傷美軍各型艦船總計四十餘艘，其中擊沉戰列艦四艘、重巡洋艦二艘、輕巡洋艦二艘、驅逐艦二艘和油船一艘；重創戰列艦三艘、巡洋艦二艘和驅逐艦二艘；擊傷重巡洋艦一艘、輕巡洋艦四艘、驅逐艦一艘和輔助船五艘。擊毀飛機二百六十五架。美軍傷亡慘重，總計二千四百零三人陣亡，一千七百七十八人受傷。日軍只有二十九

被襲的珍珠港

架飛機被擊毀，七十架被擊傷，五十五名飛行員死亡，五艘袖珍潛艇被擊毀，一艘袖珍潛艇被俘。日本聯合艦隊司令官山本五十六贏得了這場賭博，這是他最為冒險、收益最大的一次賭博，這一賭使他名震世界海戰史。

這次戰役，在戰爭史上也具有重要的意義，它宣告了航母時代的來臨。從二十世紀初開始，海軍進入了巨艦大炮時代，由鐵甲和巨炮武裝起來的萬噸級軍艦是奪取制海權的主要手段。日本偷襲珍珠港，使以航母為主進行的海空襲擊戰，逐漸成為海戰的主要模式。第二次世界大戰的海戰證明，在航母編隊面前，沒有飛機護航的艦隊只能淪為靶標，而航母海空襲擊戰的成敗將對戰爭的進程和戰爭的結局產生巨大影響。海戰已由戰列艦時代過渡到了航母時代，海戰模式也已由「大艦巨炮」的對抗模式完成了向航母海空襲擊模式的變遷。

## 影響

日本偷襲珍珠港，宣告了太平洋戰爭全面爆發。同一天，美國總統羅斯福要求國會宣布，對日本宣戰。美國電臺向全國廣播：「珍珠港遭到卑鄙的偷襲！」羅斯福總統說：「必須記住這個奇恥大辱的日子！」接著，澳大利亞、荷蘭等二十多個國家也對日宣戰。中國國民黨政府在中日戰爭已進行了四年後，在十二月九日才跟著對日宣戰。隨後，德、義對美宣戰。第二次世界大戰範圍更加擴大。同時，世界大戰的天平開始向盟國傾斜。

# 73 史達林格勒戰役——扭轉乾坤的一戰

史達林格勒位於寬闊美麗的伏爾加河西岸，是蘇聯南方重要的鐵路交通樞紐和工業中心，也是蘇聯內河航運幹線即伏爾加河上的重要港口。在它以西和以南，是遼闊富饒的頓河與伏爾加河沖積平原，這裏是蘇聯的糧食、石油和煤炭等多種工農業原料的主要產地。一九四一年德軍侵佔烏克蘭後，史達林格勒還成了由蘇聯中央地區通往南方重要經濟區域的唯一交通要道，戰略位置十分重要。在第二次世界大戰中，德軍和蘇軍在這裏進行了一次大決戰，這次決戰，決定了蘇德戰爭、以及這次世界大戰的勝敗。此次戰役以後，勝敗已分，盟國走向勝利，法西斯走向滅亡，已是不爭的事實了。

## 舉世矚目的大會戰

史達林格勒（今伏爾加格勒）會戰是前蘇聯偉大衛國戰爭中，蘇軍為保衛史達林格勒並粉碎該方向上的德軍集團而進行的一次會戰。這次會戰從一九四二年七月十七日開始，一九四三年二月二日結束，歷時六個半月。按蘇軍作戰性質，會戰分為防禦戰役和進攻戰役兩個階段。

一九四一年六月二十二日拂曉，法西斯德軍及僕從軍不宣而戰，背信棄義地撕毀

《蘇德互不侵犯條約》，突然入侵蘇聯國境。德軍沿列寧格勒、莫斯科和基輔三個方向大舉進攻。蘇軍進行了英勇頑強的防禦作戰。經一九四一年夏、秋戰局，德軍的進攻基本上被阻止在列寧格勒、莫斯科和羅斯托夫一線。在一九四一年至一九四二年的冬季戰局中，蘇軍的主要任務是消除德軍對莫斯科、列寧格勒和高加索的威脅。十二月初，蘇軍在莫斯科城下開始反攻，消除了德軍對莫斯科的直接威脅。德軍在莫斯科會戰失敗後，被迫放棄全面進攻計劃。德軍統帥部趁歐洲尚未開闢第二戰場之機，繼續增強蘇德戰場上的德軍兵力，並於一九四二年夏在蘇德戰場南翼實施重點進攻，企圖迅速攻佔高加索和史達林格勒，然後北取莫斯科，南出波斯灣。在夏季戰局中蘇軍失利，七月中，德軍進抵頓河大彎曲部，威逼伏爾加河和高加索地區，在史達林格勒方向形成了複雜局勢。針對德軍企圖，蘇軍最高統帥部組建了史達林格勒方面軍，七月十七日開始了史達林格勒會戰。

蘇軍最高統帥史達林

從七月十七日起，蘇軍第六十二、第六十四集團軍與德軍第六集團軍進行激烈戰鬥，開始了方面軍主要防禦地帶的爭奪。德軍企圖對頓河大彎曲部分的蘇軍兩翼實施突擊並將其合圍，從西面突向史達林格勒。蘇軍的頑強防禦和反突擊打破了德軍的企圖，並遲滯了德軍的進攻。至八月十日前，該部蘇軍退到頓河東岸，在史達林格勒外層防禦圍廓，阻止了德軍前進。在史達林格勒的西南方向，德軍坦克第四集團軍也實施了突擊，但遭到蘇軍的頑強抵抗，被迫暫時轉入防禦，至八月十七日前，也被阻止於外層防禦圍廓南部地區。為便於指揮，史達林格勒方面軍分成史達林格勒和東南兩個方面軍。

八月十九日起，德軍再次發起進攻，從西面和西南面同時實施向心突擊，力圖攻佔史達林格勒，並出動幾千架次的飛機對城市進行了密集的轟炸。德軍一部分兵力在史達林格勒以北逼近伏爾加河畔，企圖從北面沿伏爾加河實施突擊奪取該市。撤到西北方向上的蘇軍部隊由北向南實施了反突擊，將該部分德軍阻止於西北郊區。蘇軍最高統帥部又從其戰略預備隊調集兩個集團軍，會同史達林格勒地域蘇軍的一部分兵力再次對逼到伏爾加河畔的德軍實施了一連串的突擊，這就迫使德軍第六集團軍的大部兵力調向北面，大大削弱了其對史達林格勒的突擊力，在九月十三日前該部德軍被阻擊在內層圍廓之外。在史達林格勒南面的接近地，德軍坦克第四集團軍與蘇軍進行了激戰，德軍突破了防禦，對蘇軍第六十四、第六十二集團軍後方構成了威脅。這兩個集團軍奉命撤至內層防禦圍廓。這裡的激戰一直到九月十二日。至此，德軍統帥部以第六集團軍和坦克第四集團軍同時出擊，從行進間奪取史達林格勒的計劃破產了。

當德軍從西面和西南面逼臨城區時，固守史達林格勒的蘇軍第六十二、第六十四集團軍與德軍展開了激烈的戰鬥。從九月十三日到二十六日，德軍向市中心的第六十二集團軍各兵團反覆發動攻擊，第六十二集團軍與第六十四集團軍的聯繫被切斷。二十七日

德軍又發動了第二次強攻，開始了爭奪紅十月村的戰鬥和巷戰。二十八日，史達林格勒方面軍改稱頓河方面軍，東南方面軍改稱史達林格勒方面軍。十月中旬，德軍第三次企圖攻佔史達林格勒，向拖拉機廠、街壘工廠和紅十月工廠實施了突擊。德軍攻佔了拖拉機廠並在二點五公里寬的地段上抵近伏爾加河畔。蘇軍第六十二集團軍的處境極端複雜起來。固守每條街、每幢房屋、每寸土地的戰鬥展開了。此時頓河方面軍為了援助史達林格勒保衛者，在該市以北實施了連續反突擊，第六十四集團軍由南向德軍進攻部隊的側翼實施了反突擊。頓河方面軍和第六十四集團軍的反突擊減輕了第六十二集團軍所受的壓力。十一月十一日，當蘇軍已充分作好反攻準備時，德軍雖已突入市中七個區中的六個區，但最後一次強攻，仍未能佔領整個城市。通過史達林格勒接近地和市區的激戰，德軍的進攻力已消耗殆盡。

## 開始反擊

蘇軍最高統帥部在防禦戰役過程中就制定了史達林格勒反攻訓劃。戰役由西南方面軍、史達林格勒方面軍和頓河方面軍共同實施。粉碎史達林格勒地區之德軍的戰略性進攻戰役由三個階段組成：合圍德軍集團；展開進攻和粉碎德軍解救被圍集團軍的企圖；殲滅被圍德軍集團。十一月十九日，經過猛烈的炮火準備，西南方面軍和頓河方面軍發起了進攻，揭開了反攻的序幕。次日，史達林格勒方面軍開始進攻。經過兩天戰鬥，蘇軍各方面軍都突破了德軍防禦，坦克軍和機械化軍得到了向戰役縱深發展進攻的機會。

二十三日，西南方面軍坦克第四軍和史達林格勒方面軍機械化第四軍在蘇維埃斯基會合，封閉了在頓河和伏爾加河中間地區對德軍第六集團軍及坦克第四集團軍一部共三十三萬人的合圍圈。繼而西南方面軍和史達林格勒方面軍一邊逐步壓縮包圍圈，同時建立了合圍的對外正面工事，以保障順利地肅清被圍之敵。

德軍統帥部為了給被圍德軍解圍，建立了「頓河」集團軍群。該集團軍群司令官原打算在托爾莫辛和科捷利尼科沃建立兩個突擊集團以解救被圍德軍。但預感到德軍在史達林格勒附近要滅亡的希特勒，催促司令官不等部隊全部集中完畢就發起進攻，於是科捷利尼科沃德軍集團沿通往史達林格勒的鐵路於十二月十二日向蘇軍發起進攻，但進展緩慢，隨後被迫轉入防禦。二十四日，蘇軍對德軍科捷利尼科沃集團發起反擊進攻並粉碎了該集團。二十六日，西南方面軍和配屬部隊發起了進攻，粉碎了頓河中游地域的德軍並進到德軍托爾莫辛集團的後方。德軍統帥部為制止西南方面軍的迅猛突破，被迫耗盡了用於進攻史達林格勒的預備隊。這一進攻迫使德軍最高統帥部最後放棄了解救被包圍於史達林格勒的德軍企圖。

壓縮在包圍圈中的德軍態勢急劇惡化，已經沒有任何解救的希望。為了停止流血，蘇軍最高統帥部命令頓河方面軍領導人向德軍第六集團軍發出最後通牒，要德軍根據慣例條件投降，但遭到德軍拒絕。一九四三年一月十日，頓河方面軍開始了旨在分割並各個消滅被圍德軍的進攻，德軍被分割成兩部分。三十一日德軍南集群被消滅，以第六集團軍司令為首的殘部投降。二月二日德軍北集群殘部投降，共俘虜以鮑羅斯為首的二十

四名德軍將領和九萬一千名士兵，史達林格勒保衛戰勝利結束。

史達林格勒會戰是第二次世界大戰中最大的會戰之一。前後歷時二百天，德軍（包括僕從軍）總共損失一百五十萬人、三千五百輛坦克和強擊炮、一萬二千門大炮和迫擊炮、三千架飛機和其他大量軍需品和技術兵器，從此德國被迫轉入戰略防禦。史達林格勒會戰的勝利對衛國戰爭乃至整個第二次世界大戰而言，是一個根本轉折，是戰勝法西斯集團的一個最重要階段。

## 影響

蘇聯在史達林格勒會戰取得的勝利具有重大的政治、軍事意義。這次勝利，對爭得蘇聯偉大衛國戰爭乃至整個第二次世界大戰的勝利作出了決定性貢獻。史達林格勒會戰的結果，使蘇軍從德軍手中奪取了戰略主動權，並一直保持到戰爭結束，同時它鼓舞了各國人民同法西斯佔領者進行更加堅決的鬥爭。

這次戰役以後，軸心國的失敗已經指日可待了，盟國方面，英、美、蘇三大國開始著手制定戰爭結束後的政治方針，描繪未來的世界格局。這就是以後雅爾達等一系列會議的召開。

# 74 美國對日空投原子彈——結束二戰卻開啟了核戰爭

原子彈又稱裂變武器。它是利用鈾等重原子核在中子作用下發生裂變鏈式反應時，瞬間釋放出巨大能量，以達到殺傷破壞作用的核武器。通常由核料、炸藥、中子源、起炸裝置和彈殼等部分組成。原子彈的威力通常在幾百到幾萬噸TNT當量之間。這種武器，是足以毀滅人類的武器。而這種武器卻又很少使用，唯一遭到原子彈打擊的，就是第二次世界大戰中的日本。

## 原子彈誕生

一九三九年八月的一天，一封由著名科學家愛因斯坦簽名的信，放在了美國白宮橢圓形辦公室羅斯福總統的辦公桌上：「總統閣下……元素鈾在最近的將來，將成為一種新的、重要的能源。……在不遠的將來，有可能製造出一種威力極大的新型炸彈。……目前德國已停止出售它侵佔的捷克鈾礦的礦石。如果注意到德國外交部次長的兒子在柏林威廉皇帝研究所工作，該所目前正在進行和美國相同的對鈾的研究，就不難理解德國何以會有此舉了。」

羅斯福總統默默地讀完了愛因斯坦的信，他有些猶疑不定；這件事非同小可，這種

誰也沒見過的原子彈能否製造出來？人員、經費、保密問題如何解決？假如製造中不慎爆炸怎麼辦？

他召來了科學顧問薩克斯，薩克斯提醒他說，當年拿破崙就是因為沒有採用富爾頓創造蒸汽船的建議，最終沒能渡過英吉利海峽征服英國。如今，德國正在瘋狂擴軍備戰，一旦他們得逞，美國就會處於危險被動的境地。

經過一周的思考和研究，十月十一日，羅斯福決定對愛因斯坦的信作肯定的回答。他按了一下手邊的電鈴按鈕，指著一大堆各種說明資料，對應聲而入的軍事助手平靜地說道：「這件事必須很好地處理」。

按照羅斯福的指令，一個代號為「S—11」的特別委員會很快成立起來，開始了核試驗研究。

一九四二年八月，美國陸軍工程兵團建築部副主任格羅夫斯將軍主持「S—11」特別委員會的科學家和高級管理人員召開會議，制定了一個名叫「曼哈頓」的新計劃。計劃規定，研究工作所有指揮權都集中在「曼哈頓」工程管理處。格羅夫斯將軍坐鎮華盛頓「曼哈頓」總部，而新墨西哥州荒原上的原子實驗室由著名科學家羅伯特·奧本海默主持。他們倆每天通過電話聯繫，及時解決工作中出現的問題。

整個工作受到嚴格保密，連副總統杜魯門也是在一九四五年羅斯福死後接任總統時才得知這一計劃。

與此同時，納粹德國也在加緊研究製造原子彈。一九四二年六月，羅斯福與邱吉爾會晤，全面衡量了雙方研製原子彈工作進展情況。他們從情報中獲悉，德國佔領挪威後，便命令挪威一家生產重水的工廠每年向德國提供五噸重水。重水是使原子反應爐中的中子得以減速的緩衝材料。有了重水就能控制反應爐，製造原子彈就有了可能。為了阻止德國製成原子彈，必須炸毀挪威的重水工廠，切斷德國的重水來源。

一九四三年二月十七日，盟國派出的突擊隊經過一次失敗後，終於潛入了挪威重水工廠。他們把炸藥貼在重水罐的桶板上，點燃了導火索，隨著「轟」的一聲爆炸，所有罐中的重水流入了下水道。

這次爆破的勝利，使這個重水工廠至少一年之內無法再生產出一滴重水。納粹德國製造原子彈的工作受到了阻礙。為了搶在德國人之前造出原子彈，美國向歐洲戰場派出了「阿爾索斯」行動小組，專門在歐洲各地搜捕德國科學家和收集德國製造原子彈的情報。美國認為，得到一個第一流的德國科學家，比俘獲十個師的德軍還要重要。

一九四四年春季，「阿爾索斯」行動小組忽然發現，在德國佔領區的小鎮黑興根，有一個德國「U計劃」基地，這一情況傳到了美國陸軍總部。陸軍參謀長馬歇爾和幾個高級將領趴在地板上的大地圖上找了半天，才找到了這個不知名的小鎮。他們當即決定，派出一個突擊兵團襲擊黑興根。行動獲得了成功，黑興根的這個「U計劃」基地被徹底破壞。

一九四五年七月十六日五時三十分，美國製造的第一顆試驗性原子彈在新墨西哥州爆炸成功。一道閃電劃破了黎明的長空，一團巨大的火球升上八千公尺高空，大地也在

微微顫抖。美國整個西部都聽到了爆炸巨大的聲響，面對著這個強大的爆炸，參與試驗的每一個人都感到了恐懼。

美國第一批製造出三顆原子彈。第一顆試爆的原子彈命名為「瘦子」，另外兩顆分別叫「胖子」和「小男孩」。

## 「小男孩」和「胖子」

一九四五年，義大利和德國法西斯集團相繼在歐洲戰場滅亡，整個法西斯陣營只剩下日本也陷入重重包圍之中，軍事上敗局已定。然而，困獸猶鬥，日本法西斯還在進行最後的垂死掙扎，大肆進行戰爭動員，不斷的擴充兵員，並且已做好在中國領土和日本本土作最後決戰的準備，妄圖挽救註定失敗的命運。美國統帥部認為，美軍要想能夠在日本本土登陸，還必須付出巨大的代價，最早到年底才能實現。而蘇聯一直在積極準備對日宣戰。美國在戰爭最後階段是不願意把勝利果實同別人分享的。因此美國最後決定，把原子彈投到日本國土上某一工業區或軍事目標，使用之前不把原子彈的性能通報日本。

七月二十六日，美英中三國發表《波茨坦公告》，敦促日本投降，日本政府對此決心不予理睬，繼續作戰。就在這時，美國在緊張地進行對日本發動原子彈襲擊的最後準備。

早在一九四四年秋季，當原子彈尚未問世時，在美國空軍司令阿諾德的指示下，為

「胖子」和「小男孩」

執行原子轟炸任務就建立了一個特種飛行隊——第五〇九混成大隊。大隊長是齊伯茨上校。從六月底開始就進行了戰鬥演習訓練，此後又進行了實戰鍛鍊，即使用普通炸彈對日本實施突擊。這樣做一方面可以使飛行人員熟悉目標地區情況，提高轟炸戰術水準；另一方面模擬訓練投原子彈的戰術，還可以使日本人習慣B—29飛機小編隊高空飛行，以痲痺日本，以便使用原子彈進行突然襲擊。

一九四五年七月二十九日關島第二十航空隊司令部召開會議。戰略空軍司令官斯帕思宣讀了一道命令：第五〇九混成大隊要在一九四五年八月三日以後，在氣象條件允許時，儘早對下述目標之一目視投擲原子彈。目標是：廣島、小倉、新瀉、長崎。這時，綽號為「小男孩」和「胖子」的原子彈已運到提尼安基地。所需零部件也由「印第安那波利斯」號巡洋艦於二十九日送到，正在進行緊張的組裝。從七月二十七日到八月一日，美國出動飛機在日本各城市上空散發波茨坦公告和傳單。傳單上警告說，如果不接受波茨坦公告，它們將會受到更加猛烈的空中轟炸。每次傳單散發之後，緊接著就是一次普通炸彈的猛烈襲擊。

## 襲擊

一九四五年八月六日清晨，似乎仍是與往日一樣的平常的一天。日本廣島天氣晴朗，有些悶熱。人們沒有意識到一場巨大的災難正悄悄襲來。

九時十四分十七秒，當裝載著原子彈的美機將瞄準儀對準了廣島一座大橋的正中時，自動裝置被打開了。六〇秒鐘後，一顆不同尋常的「炸彈」從打開的艙門落入空中。這時，飛機作了一個一百五十五度的轉彎，俯衝下來；一瞬間，它的飛行高度下降了三百多公尺。這是一個訓練了多次的動作，是為了使飛機儘量遠離爆炸地點。

四十五秒鐘後，「炸彈」在離地六百公尺的空中爆炸。白光一閃，人們彷彿看到天空中又出現了一顆太陽。令人目眩的白色閃光一瞬即逝，震耳欲聾的大爆炸隨即在廣島市中心上空響起。頃刻間，煙塵好像是從地面生長出的一支巨大的蘑菇，雲團翻滾，越來越高、越大。地面上豎起了幾百根火柱，廣島市陷入了焦熱的火海。

爆炸的光波使成千上萬的人雙目失明；十億度的高溫，瞬間把鋼鐵都熔化得無影無蹤；衝擊波形成的狂風，使所有的建築物坍塌變成了廢墟。在爆炸中心範圍的人和物，像原子分離般分崩離析，消失在空氣之中。離中心遠一點的地方，散落著燒焦了的男人、女人和兒童的殘骸。更遠一些的地方，有些人雖然僥倖還活著，但不是被嚴重燒傷，就是雙眼被燒成了兩個窟窿。強烈射線形成的放射雨使一些人受到了奇異的傷害而緩慢地走向死亡。

當時，廣島的人口為三十四萬多人，當日死去的有八萬八千多人，負傷和失蹤的為五萬一千多人。全市七萬六千幢建築物中，四萬八千幢完全毀壞，二萬二千幢嚴重毀壞。

一九四五年八月七日，日本收聽到美國廣播，杜魯門總統說：「七月二十六日，在波茨坦發出最後通牒旨在拯救日本人民免遭徹底的毀滅，他們的領袖迅速地拒絕了最後通牒。如果他們現在還不接受我們的條件，他們的毀滅將自空中而降……」

廣島慘烈的悲劇，使得日本高層領導十分驚慌。為避免動搖人心，引起全國的混亂，他們決定禁止擴散廣島遭原子彈襲擊的消息，掩蓋廣島事實真相。此時的日本政府內部仍在為是否立即同意接受波茨坦公報的最後通牒，無條件投降而激烈地爭論著。他們把最後的希望寄託在蘇聯出面進行調停，達成日本同反法西斯同盟國的停戰。但他們的希望破滅了。八月八日，日本從蘇聯政府得到的回答是：日本仍在繼續進行戰爭，拒絕波茨坦公告，因此，日本政府請求蘇聯調停的建議已失去一切根據，蘇聯政府遵守對聯合國的義務，接受聯合國的要求，宣布從八月九日起對日宣戰。就在蘇聯出兵的這天上午的十一時三十分，美國又在日本長崎投下了第二顆原子彈。長崎市二十七萬人，當日死去六萬餘人，成為廣島之後的又一個悲劇。面對這史無前例毀滅性的打擊，日本天皇不得不宣布無條件投降。可見，原子彈自其誕生之日起就顯示出無與倫比的巨大威力。

## 影響

自原子彈以後，氫彈也在不久以後被發明出來。一九五二年十一月一日，美國在馬紹爾群島的埃尼威托克珊瑚島進行了代號為「邁克」的首次氫彈試驗。當氫彈在鋼架上起爆後，整個小島連同巨大的鋼架都在驚天動地的爆炸聲中沉入太平洋深處，爆炸力比投擲在廣島的「小男孩」原子彈大七百五十倍以上，衝擊力使環礁炸成了一個深五十公尺、直徑兩千公尺的巨坑。

現在，核武器的殺傷力，已經成千上萬倍地獲得了提高，毀滅一個城市，甚至毀滅一個國家都已經不是一件開玩笑的事了。而且現在掌握核武器的國家越來越多，如果一旦爆發核戰爭，人類的命運不堪想像。要知道，現在世界上儲存的原子彈，足可以把世界毀滅幾十次！

# 75 聯合國誕生——尋求和平合作

作為二戰勝利的產物，聯合國的誕生，無疑是當代國際關係史上最具有深遠影響的事件之一，再次體現了人類建立一個更美好世界的決心和願望。戰後半個多世紀的歷史證明，聯合國在當代國際關係史上所佔的地位是無可非議的；聯合國憲章的宗旨和原則是正確的，是有生命力的。聯合國已成為當今世界代表性最廣、影響最強、規模最大的國際組織，在當代國際事務中具有不可替代的作用。

## 「聯合國家」

聯合國是在全世界反法西斯戰爭的艱苦歲月裡孕育起來的。一九四一年十二月二十二日，美國總統羅斯福在華盛頓與英國首相丘吉爾就兩國聯合作戰事宜舉行會晤時提出，由所有對德——義——日軸心國作戰的同盟國簽署一項共同宣言，以保證「使用其全部資源同正在妄圖征服世界的法西斯作戰，並不與敵人締結單獨停戰協定或條約」。

最初在該宣言上簽字的國家共有二十六個，後來增至四十七個，它們被稱為「聯合國家」，宣言被命名為《聯合國家宣言》。它標誌著反法西斯同盟的壯大，同時也為聯合國的成立奠定了基礎。

隨著反法西斯戰爭即將勝利結束，如何防止新的世界戰爭的發生、防止出現新的世界戰爭策源地，成了人們普遍關注的問題。建立一個維護世界和平的共同機構聯合國，就提上議事日程。

一九四三年，當戰爭形勢發生了有利於反法西斯聯盟的變化後，各大國開始為籌建聯合國而進行緊張的外交活動。十一月二十八日至十二月一日，美、英、蘇三國首腦在伊朗首都德黑蘭舉行會議。

會議開始不久，羅斯福便詳細介紹了他對未來國際組織基本體制的構思。他在紙上畫了三個圓圈。左邊的圓圈寫著「四十個聯合國家」，羅斯福解釋說，這四十個國家的代表可以開會討論世界問題和提出解決問題的建議。中間的一個圓圈標明「執行委員會」，這個機構將由蘇、美、英、中以及兩個歐洲國家的代表和南美、中東、遠東、英屬自治領的各一名代表組成，負責處理一切非軍事性的問題。第三個圓圈上寫著「四警察」，就是蘇、美、英、中，這是一個行使權力的機構。史達林最初並不同意羅斯福的設想，但最後還是接受了羅斯福的意見。一九四四年八月到十月，蘇、美、英和美、英、中分別在華盛頓郊外的敦巴頓橡樹園大廈舉行會議，討論並草擬了戰後國際組織——「聯合國」的章程。

聯合國徽標

蘇聯提出，聯合國安全理事會中，蘇、英、美、中、法五個常任理事國應有否決權，即只要五國中有一個國家反對，表決就無效。因為在當時，大國中只有蘇聯一個社會主義國家，在很多問題上，它是少數，有了否決權就可以保證蘇聯不會吃虧。英、美代表則堅決反對擁有「否決權」，主張少數服從多數。出於同樣動機，蘇聯又提出讓它的兩個加盟共和國——烏克蘭和白俄羅斯直接成為聯合國成員。這樣，蘇聯就可以有三票的表決權。這顯然是英美兩國所不能接受的。直到一九四五年二月，在蘇聯雅爾達會議上，羅斯福和邱吉爾考慮到要爭取蘇聯同意全力擊敗德國並對日宣戰，才接受了蘇聯的建議。

敦巴頓橡樹園會議結束後，參加國發表了《關於建立普遍性國際組織的建議案》，共十二章，主要內容是關於即將成立的國際組織的宗旨與原則、會員國資格、主要機構及其職權、關於維護國際和平與安全以及關於國際經濟與社會的安排。安全理事會是該組織的主要機構之一，其責任是維護國際和平與安全，美、英、蘇、中以及相當時期以後的法國都是安理會的常任理事國。關於未來國際組織的名稱，建議沿用一九四二年一月一日簽署的《聯合國家宣言》，定名為「聯合國」。為此，人們一般都把敦巴頓橡樹園大廈看成是聯合國的誕生地。

一九四五年二月四日，蘇、美、英三國首腦在雅爾達舉行會晤，就敦巴頓橡樹園置留的問題作最後磋商。三位首腦在雅爾達會議中一致同意了關於安理會表決程式的「雅爾達公式」，這個公式就是指安理會對程式事項以外的一切議題的決定，應由十一個理

事國中七個理事國的可決票包括全體常任理事國的同意票表決之。在作出重大決定時必須實行「五大國一致同意」的原則，使安理會各常任理事國從此享有「否決權」。

## 聯合國成立

一九四五年四月二十五日，參加反法西斯陣營的國家在舊金山隆重舉行聯合國家國際組織會議。美國代表團首席代表是國務卿斯退丁紐斯，英國代表團首席代表是外交大臣艾登，蘇聯代表團首席代表是蘇聯外交人民委員莫洛托夫，中國代表團首席代表是外交部長宋子文，代表團成員中有中國共產黨和解放區代表董必武。出席會議的各國代表共有二百八十二人，還有一千七百多名顧問、專家、秘書和隨行人員。這是世界外交史上一次空前規模的會議，史稱「舊金山會議」。

在為期六十三天的議事日程上充滿了激烈的爭論和交鋒。六月二十五日，與會代表在舊金山歌劇院召開全體會議，無保留地一致通過了《聯合國憲章》和作為前者構成部分的《國際法院公約》。次日，五十個國家的代表們在舊金山退伍軍人紀念堂禮堂舉行簽字儀式。中國代表團第一個在《聯合國憲章》上簽字。當時在憲章上簽字的有五十個國家的一百五十三名代表，加上共有中、法、俄、英及西班牙文五種文本，因此簽字儀式整整延續了八小時。

一九四五年十月二十四日，常任理事國中最後一個會員國蘇聯將批准書交存美國政府。同一天，烏克蘭、白俄羅斯也交存批准書，使得交存批准書的非常任理事國達到二十四國，超過常任理事國外四十六個創始會員國的近半數。《聯合國憲章》就從這一天起生效，聯合國也在這一天正式誕生。總部設在美國東海岸的紐約。以後的每年十月二十四日被稱為「聯合國日」。

作為聯合國的基本法，聯合國憲章無疑是當代國際關係史上一部劃時代的文獻。憲章全面地、完整地確定了聯合國的體制和目標，是聯合國一切活動所依據的準繩和指標。它由序言和十九章共一百一十一款條文構成。

聯合國總部

憲章中的第一章的第一和第二兩條，即聯合國的宗旨及原則，是全部憲章內容的核心。憲章以「主權平等原則」為其首要原則。也就是說，聯合國是一個由主權國家構成的世界性組織，儘管它具有相當大的權威性以維持國際和平與安全進行干預的合法權利，但它畢竟不是超國家的政府，無權干預其成員國主權範圍的內部事務，也不能越俎代庖處理其成員國的內部事務。

半個多世紀以來，聯合國經歷了一個艱難的發展過程。戰後初期，聯合國在超級大國的控制和操縱下，一度做過違背世界人民意願的事情。聯合國本身在美、蘇激烈「冷戰」的情況下也幾近癱瘓。但是，隨著戰後國際關係中政治力量對比的變化，大量的

亞、非、拉新興獨立國家加入了聯合國，使聯合國的局面發生了積極的演變。

## 影響

聯合國在維護國際和平與安全、促進國際合作方面作出的貢獻已被國際社會所公認。聯合國在非殖民化進程以及在反對種族歧視和種族隔離制度的鬥爭中發揮了重大作用。

幾十年來，聯合國系統主持制定了大量內容包括國際生活各個方面的國際協議和重中國際關係準則的重要宣言，反映了大多數會員國的共同要求，有不可忽視的道義力量。在推動建立國際經濟新秩序的進程中，聯合國通過的一系列宣言、綱領、憲章和決議，從根本上是符合世界經濟發展總體利益的。特別是在冷戰結束後，聯合國實際上已成為變化無常的世界局勢中的「一個不變的中心點」。聯合國在當今世界的作用是無法被取代的。

# 76 甘地的「不合作運動」——印度的獨立

印度曾經是世界四大文明古國之一，也是世界上人口居第二位的國家，但是進入近代，印度逐漸淪為英國的殖民地，成為英國女王王冠上的一顆明珠。印度雖然最後也取得了獨立，但是它的獨立之路卻是與眾不同的，這是一條寬容之路。為什麼印度會通過柔性的方式取得獨立？原因就在於印度有一位「聖雄」——甘地。

## 獨立道路的選擇

當英國人在印度海岸建立東印度公司的時候，印度正處於強大的莫臥爾封建王朝統治時期。但很快風起雲湧的起義，各地總督的割據，民族衝突和宗教衝突的加深以及阿富汗人的趁火打劫，使強盛一時的莫臥爾帝國陷入了一片混亂。

早已對印度垂涎三尺的不列顛人自然不會放過這個機會。一七五七年，英國人在印度內奸的配合下以三千士兵戰勝了七萬印度人，孟加拉淪為殖民地。在這以後長達九十二年的時間裏，英國人在明槍放火和暗施詭計的互相配合中，一步步將這個人口達一億多的東方大國淪為自己的殖民地。一八四九年，在一場規模空前的戰鬥中，英國人戰勝錫克人，兼併了旁遮普，整個印度完全淪為殖民地。

「聖雄」甘地

但在英國人不遺餘力地推進他們的擴張計劃的同時，印度人也積極地進行著反抗，最先起來戰鬥的是少數的封建主和下層人民。從一七八三年的孟加拉農民起義到一八五七年的印度民族大起義都給了殖民者沉重打擊，但最終都被鎮壓下去。於是爭取獨立的領導權轉移到了印度資產階級手中。一八八五年十二月二十八日，印度國大黨在孟買召開大會，正式成立。從此，印度資產階級作為一個獨立的團體，開始走上爭取印度獨立鬥爭的政治舞臺。在通過什麼方式達到成功的問題上，國大黨曾一度在非暴力和武裝起義之間徘徊。到了一九二四年十二月，甘地當選為國大黨主席後，國大黨終於走上了「非暴力不合作運動」。

## 世界上最寬容的人

莫漢達斯·卡拉姆昌德·甘地生於印度西部卡提阿瓦半島的波爾邦達爾土邦（現古吉拉特邦）。其父烏坦錢德·甘地也曾擔任過波爾邦達爾土邦的首相。他家屬於印度教第三等種姓，全家信仰印度教。甘地七歲時，全家遷至拉吉科特，他在當地進入小學，十二歲時入拉吉科特的阿弗列德中學。一八八八年九月，甘地從孟買動身遠航，去英國留學，攻讀法律。一八九一年六月十日，甘地通過考試取得了律師資格。十二日便登輪返回祖國。回國後，他曾先後在孟買、拉吉科特擔任律師。

一八九三年四月，一次偶然的機會，甘地應印度一家商行聘請，去英屬殖民地南非特蘭士瓦首府普勒圖利亞處理一起四萬英鎊的債務糾紛。在那裏甘地以非凡的智慧、超人的膽識和堅強的意志不僅成了一名出色的律師，還成了印度僑民反對種族歧視鬥爭的領導人。因此，當他回到印度時，便順理成章地成了民族獨立運動領袖。

一九一五年一月，甘地從南非回到了印度，時值第一次世界大戰期間。五月，甘地在古吉拉特邦建立了一個非暴力抵抗基地——非暴力抵抗學院稱真理學院或真理修道院，為開展非暴力運動作輿論和組織上的準備。一九一九年十一月，甘地在德里主持的一次印穆聯席會議上第一次提出同英國政府「不合作」。

甘地的非暴力思想主要來源於宗教，首先是印度教。印度教主張善惡有因果，人生有輪迴。他在少年時，就很喜歡古吉拉特的一首《以德報怨》的格言詩，一直將這首格言詩奉為座右銘。在倫敦留學時，他接觸到了各種宗教，結識了各種思想流派的朋友，最受他推崇的是《新約》中的博愛思想。其中「不要與惡人作對」、「要愛你們的仇敵」等話對他影響是很深的。甘地的非暴力思想形成與實踐正是他在南非的二十一年間。他的這一思想主張愛和真理的統一。一方面要堅持真理，另一方面寧願自己做出犧牲也不加暴於敵人。他運用「堅持真理」這一原則來指導他所領導的政治鬥爭，他認為這個詞清楚地表明了「非暴力抵抗運動」的意義。

甘地的「非暴力不合作運動」包括兩部分內容：「非暴力抵抗」和與英國殖民者「不合作」的態度。具體內容有：辭去英國人授予的公職和爵位；不參加殖民政府的任何集會；不接受英國教育，以自設的私立學校代替英國統治者的公立學校；不買英國貨，不穿英式服裝，自己紡紗織布；不買英國公債，不在英國銀行存款，等等。

「非暴力不合作運動」在一九三〇年的「食鹽進軍」中達到高潮。這一年，英國殖民當局制定和頒布了食鹽專營法，壟斷食鹽生產，任意抬高鹽稅和鹽價，引起當地人民強烈不滿。甘地號召印度人民用海水煮鹽，自製食鹽，以此抵制當局的食鹽專營法。

「食鹽進軍」的最終結果是一九三一年一月，殖民當局與甘地達成了《甘地——歐文協定》：甘地改變不合作態度，停止不合作運動，而當局則釋放政治犯，允許沿海人民煮鹽。

《甘地——歐文協定》只是滿足了印度人民的部分要求，印度依然沒有獲得獨立。因此，以後，甘地又發動了幾次「個人不合作運動」，繼續為印度獨立而奮鬥。他多次被捕入獄，多次絕食祈禱。

在為祖國獨立解放而奮鬥的同時，甘地也為了消除種姓制度、消滅印度教和伊斯蘭教之間的紛爭而奮鬥。一九四七年八月，印度、巴基斯坦分治前後，印度教和穆斯林之間矛盾激化，出現了教派仇殺。八月十四日和十五日，英國將權力分別移交巴基斯坦自治領和印度自治領。但此時教派衝突卻愈演愈烈。甘地於一九四七年至一九四八年兩度絕食，希望以此阻止仇殺，但無濟於事。一九四八年一月三十日，甘地進入晚禱會場時，被印度教極端分子國民公僕團的頭目納圖拉姆．戈德森槍擊身亡，終年七十九歲。

## 蒙巴頓方案

在第二次世界大戰中，美國人為了減輕戰爭的壓力與負擔，用迫使英國人給予印度獨立為條件換取印度參戰。在美國人的支持下，印度國大黨和穆斯林聯盟領導的民族獨立運動迅速發展起來。一九四六年，英國被迫與印度商談獨立問題。為了達到分而治之的目的，英國人在印度兩大政黨──國大黨和穆斯林聯盟之間製造矛盾，使它們之間對立：國大黨要求建立一個由它領導的統一的大印度；而穆斯林聯盟要求建立一個獨立的巴基斯坦國。一九四七年，印度局勢更加動盪不安，印度教徒與伊斯蘭教徒之間相互殘殺，出現了印度內戰的危險。

一九四七年三月二十四日，新任印度總督蒙巴頓勳爵抵達印度，接替已被宗教仇殺攪得焦頭爛額的魏菲爾。路易斯．蒙巴頓是維多利亞女王的曾孫、當時英國國王喬治六世的堂兄弟，此前曾任東南亞盟軍總司令。蒙巴頓到達印度後，發現情況遠比他想像的要複雜得多。蒙巴頓形容自己「猶如坐在一艘著了大火，且裝滿火藥的輪船中」，如不迅速採取措施，一旦火藥爆炸，就有「船毀人亡」的危險。

當蒙巴頓將有可能使印度分為幾個獨立國家的方案交給國大黨主席尼赫魯和穆斯林聯盟領袖真納時，遭到了他們的一致反對。憤怒的尼赫魯甚至不顧禮節，把方案副本使勁地扔在地上，忿忿地說道：「不行！」真納則堅持要將東西兩個穆斯林聚居區置於一

個統一的國家領導之下。蒙巴頓按照他們的意願修改了方案。

按照蒙巴頓分治方案，巴基斯坦由東、西兩部分組成，分別稱為東巴和西巴。東、西巴被印度隔開，相距約二千公里。東巴人絕大部分屬孟加拉族，操孟加拉語；西巴人分屬信德、旁遮普、俾路支和巴丹等幾個民族。兩地居民的文化和民族都不盡相同。東、西巴合為一體的基礎僅僅是伊斯蘭教。這種地理上的相互隔絕，民族、文化和語言的巨大差異，極易為內部分裂和外來干涉勢力所利用。因此，蒙巴頓預言：不出二十五年，東巴基斯坦一定會脫離巴基斯坦，真納的雙頭巴基斯坦注定要消失。一九七一年，孟加拉國脫離巴基斯坦獨立，蒙巴頓的預言果然應驗。

最後蒙巴頓下定決心，選擇了與他一生中最輝煌的勝利緊密相聯的日期——八月十五日這一天宣布：「印度將正式獲得獨立！」這一消息猶如一枚引爆的炸彈，頓時使全世界為之譁然。在英國議會，在首相官邸，在白金漢宮，到處籠罩著一片震驚的氣氛。沒有人，甚至連首相艾德禮也未曾想到，蒙巴頓竟然如此急不可耐地降下大英帝國在印度的國旗。而當虔誠的印度教徒紛紛打開日曆時，不禁大吃一驚：一九四七年八月十五日——這一天恰是印度教的黑道凶日。巴基斯坦則在前一天——八月十四日宣告獨立。

尼赫魯

由於「蒙巴頓方案」中存在著許多的問題，加上印度和巴基斯坦民族宗教問題嚴重，所以從巴基斯坦和印度建國以後，就引發了眾多的問題。為了爭奪克什米爾地區，兩國兵戎相見，先後爆發了三次印巴戰爭。一直到現在，克什米爾問題還是困擾印度和巴基斯坦的大問題。

## 影響

印度在歷史上從來都不是一個統一的國家，最好的時期，也頂多是在北部或者一個區域形成一個統一的國家。但是甘地通過和平容忍的方式，最終不但把印度從英國的殖民統治中解放了出來，而且最終造就了一個相對最為統一的國家，從而使印度成為世界上的一個大國，可以更大聲地說話。但是印度終歸是印度，複雜的民族宗教關係使得印度和巴基斯坦成為兩個國家，兩個國家又為了克什米爾地區反覆爭奪，打了幾十年的仗，對整個世界都發生了重要的影響。

# 77 電腦的發明——從此改變人類的生活

電腦的產生與發展，是人類歷史上一次更加深刻而偉大的科學技術革命。它把人類歷史上的工業革命推向以自動化為主要標誌的第三次工業革命。它對人類歷史發展的影響是第一次工業革命、第二次工業革命所不能相比的。目前，它與人類社會已融為一體，並日益廣泛而深入地影響著社會生活的各個方面。

## 以前的電腦

最早提出直接進行機械乘法設計思想的是萊布尼茲，並且他還以梯形軸為主要部件，設計了一個長一公尺，寬三十公分，高二十五公分的電腦。他的另一個主要貢獻是提出了系統的二進位運算法則。

到了十七世紀，在科學家中形成一股研究電腦的熱潮，由於技術條件的限制，直到十九世紀初，才出現第一台有實用價值的手搖臺式電腦。

二十世紀三十～四十年代，電子技術的發展日趨成熟，許多科學家、工程師都感到可以利用電器元件來製造電腦。在這方面的第一個探索者是德國的楚澤。他於一九三八年製造了一台純機械構造的電腦——Z1，但其運算速度慢，可靠性差。以後他用電磁繼電器來改進，並於一九四一年製造出Z3，這是全部採用繼電器通用程式來控制的電腦。它採用了浮點計數，二進位計數，帶數位存儲地址的指令形式。但在當時德國的條件下，他的工作很少有人了解，也得不到必要的支持。

在美國最早從事繼電器電腦研究的是哈佛大學的艾肯，他於一九三七年在哈佛大學撰寫博士論文時，由於一些方程的求解困難，發明了一種可求簡單多項式的電腦。後來，在ＩＢＭ公司的支持下，他於一九四四年建立了哈佛Mark 1，一九四六年又領導建造了一台全部使用繼電器的電腦Mark 2。

與此同時，美國貝爾實驗室的研究小組也在研製繼電器電腦。他們的第一台電腦完成於一九四〇年。一九四六年，又製成了通用機Model 5，這是現代多處理機的雛形。

繼電器電腦在歷史上只是短暫的一幕，它們剛問世不久就過時了。一方面由於它的運算速度慢，另一方面是由於二十世紀三十年代電子技術進入成熟階段。製造電腦的努力幾乎是和機電電腦同時開始的。一九〇六年發明了三極熱電子真空管後，人們知道三極管的柵極控制電流開閉速度比繼電器快一萬倍。早在三十年代後期，一些目光敏銳的科學家、工程師就看出使用電子管可以大大提高計算速度的可靠性，因而紛紛試圖製造出電腦。例如有保加利亞血統的美國物理學家阿塔納大從一九三七年起就開始考慮到將電子技術引入到電腦上，準備試製一台能夠求解包括三十個未知數的線性代數方程的電子電腦。還有德國的施賴爾同楚澤合作，於一九三九年也計劃製造一台有一千五百個電子管，每秒運算一萬次的通用機。但這些努力都因為經費不足和得不到支持而夭折。

直到「埃尼阿克」的出現才正式宣告了電腦時代的來臨。

## 人類第一台電腦的誕生

一九四六年二月十四日，世界上第一台通用電子數位電腦「埃尼阿克」宣告研製成功。「埃尼阿克」的成功，是電腦發展史上的一座紀念碑，是人類在發展計算技術的歷程中達到的一個新起點。

「埃尼阿克」電腦的最初設計方案，是由美國工程師莫克利於一九四二年提出的，當時他三十六歲。該電腦的主要任務是分析炮彈軌道。美國軍械部撥款支持研製工作，並建立了一個專門研究小組，由莫克利負責。總工程師由年僅二十四歲的埃克特擔任，組員格爾斯是位數學家，另外還有邏輯學家勃克斯。

「埃尼阿克」共使用了一萬八千個電子管，另加一千五百個繼電器以及其他器件，其總體積約九十立方公尺，重達三十噸，佔地一百七十平方公尺，需要用一間三十多公尺長的大房間才能存放，是個地地道道的龐然大物。這台耗電量為一百五十千瓦的電腦，運算速度為每秒五千次加法，或者五百次乘法，比機械式的繼電器電腦快一千倍。當「埃尼阿克」公開展出時，一條炮彈的軌道用二十秒鐘就能算出來，比炮彈自身的飛行速度還快。「埃尼阿克」的記憶體是電子裝置，而不是靠轉動的「鼓」。它能夠在一天內完成幾千萬次乘法，大約相當於一個人用臺式計算機操作四十年的工作量。它是按照十進位，而不是按照二進位來操作。但其中也有少量以二進位方式工作的電子管，因此機器在工作中不得不把十進位轉換為二進位，而在資料登錄，輸出時再變回十進位。

「埃尼阿克」最初雖然是為了進行彈道計算而設計的專用電腦。但後來通過改變插入控制板裏的接線方式來解決各種不同的問題，而成為一台通用機。它的一種改型機曾用於氫彈的研製。英國無線電工程師協會的蒙巴頓將軍把「埃尼阿克」的出現譽為「誕生了一個電子的大腦」，「電腦」的名稱由此流傳開來。

自埃尼阿克誕生之初，在對社會服務方面就顯示了十分強大的實力。首先是美國國家度量衡及保險諮詢局的合同保證它能正常運行，隨後它的計算能力又被鼎鼎大名的蘭德公司用來作調查資料的統計和分析。使埃尼阿克一舉成名的表現是預測一九五二年美國總統選舉結果。當時，埃尼阿克被哥倫比亞廣播公司租用，僅用已知結果的百分之五

埃尼阿克

～七的選票計算出艾森豪威爾將贏得四百三十八張選舉人票並在選舉中獲勝。不幸的是這一結果被「評論專家」們一致拒絕，工程師們被強迫調整程式以與「專家」保持一致；但是，事實終於無情地證明埃尼阿克是對的，艾森豪威爾贏得四百四十二張選舉人票並當選總統。那不到百分之五的誤差只是選舉的不確定性和計算方法的偏差，埃尼阿克是不會撒謊的。

但是埃尼阿克也存在著一系列嚴重缺點。它採用外插型程式，每當進行一項新的計算時，都要重新連接線路。有時幾分鐘或幾十分鐘的計算，要花幾小時或一～二天的時間進行線路連接準備，這是一個致命的弱點。它的另一個弱點是存儲量太小，至多只能存二十個十位的十進位數字。後來這個問題被匈牙利出生的美國著名數學家馮・諾伊曼所解決。

## 電腦的發展

第一台電腦發明以後，電腦的發展可謂是突飛猛進，一步一個臺階，令人們簡直目不暇接。從時間上看，電腦的發展大概經過了四個階段：

第一代電腦（一九五一～一九五八年）：硬體上以電子管（一九〇六年發明）為邏輯元件。第一代電腦的系統軟體還很少，不得不用機器語言或組合語言編寫程式。而不同電腦的這些語言又有較大差別。此外，通常只允許一名專業人員操作機器，CPU的利用率還很低。

第二代電腦（一九五九～一九六四年）：硬體上以電晶體（一九四八年發明）取代了電子管，機器體積減小而可靠性提高。磁碟片開始使用。軟體開始使用操作系統和高級語言。因此非專業人員開始使用電腦，除數據處理外也用於過程控制。

第三代電腦（一九六五～一九七〇年）：硬體上用中小規模積體電路取代了電晶體，使電腦體積進一步縮小而可靠性更高。作業系統更加完善，高階語言更加實用。資料通信把用戶遠程終端與遠程電腦聯繫起來，出現了大範圍網路。

第四代電腦（一九七一～現在）：進入了大型積體電路的微處理器時代。微型電腦大量湧現。中大型機也從ＣＰＵ為中心發展為以記憶體為中心的系統結構，並開發了多處理機系統。軟體技術扮演越來越重要的角色，軟體工程進入實用化。資料庫技術和網路技術都取得很大的發展。

目前電腦正在向第五代智慧化邁進。今天，每秒運算速度達到上萬億次的巨型電腦已經投入運轉。攜帶型微型電腦的體積、重量只有「埃尼阿克」的萬分之一，運算速度卻是「埃尼阿克」的上千倍。電腦不僅在工業、農業、商業、醫學、軍事、科研等領域發揮著巨大的作用，並通過正在實現的網路化，深入到了人們的家庭日常生活。

即使在現在看來，電腦的進步也還沒有停止，它將發展到什麼地步，還沒有人能夠準確地預言。我們只有拭目以待，享受電腦發明進步給我們的世界帶來的變化。

## 影響

由於電腦的發明應用，不僅豐富了系統論、控制論、資訊理論，而且使人的認識由分散到系統，由局部到整體，由微觀到宏觀大大昇華，不僅提高了人類認識自然、改造自然、控制自然的水準，而且大大解放了人類自身，實現了從體力解放到腦力解放的大跨越。使原有的產業得到自動化、智慧化的武裝，使整個世界的工業化、現代化發展到一個新的歷史階段，即第三次工業革命的階段。第三次工業革命有了許多新的重要內容和特點，其中最為突出的就是以電腦和現代通信技術為核心的資訊產業的崛起。

人類的進步經過了漫長的過程。在人類的科技發展史上，人們以使用最簡單的工具，如石頭，木棍，到使用比較複雜的工具，如早期的一些機械裝置，然後發展到使用很複雜的高級工具，如以各種能源為動力驅動的機械。但是到了二十世紀，人類的進步好像突然偏離了慣性軌道，智能化工具出現了。電腦是人類創造的第一種具有魔力的東西，它像神話中魔法師手裏的魔棒，指點之處，荒漠變成綠洲，空地開滿鮮花。新的世界出現了，過去聞所未聞的新東西不斷地冒出來。而人們就把這些叫做資訊時代。

# 78 電視——人類自己創造的「魔鬼」

現代人可以一天不吃飯，不喝水，但不能一天沒有電視。電視發明的意義不亞於印刷術的發明，它不僅可用於文化娛樂，而且還廣泛用於科技、軍事和工農業生產等領域。但是從首次提出製造電視的設想，到英、美實驗室中得到的第一幅忽隱忽現的電視圖像，其發明研製的過程經歷了約五十年。

## 科學家們的探索

一八四二年，英國科學家佩恩研究出了將圖像轉換成電信號的傳真技術。一八七七年，法國人薩雷克受其啟發提出利用佩恩的傳真技術可進行電視廣播的設想。但由於當時還不具備技術上的條件，而只能是一種無法實現的夢想。

一八四四年，德國科學家尼布克發明了將圖像轉換成電流的新方法。他利用一塊鑽有螺旋狀的排列小孔的圓盤，置於圖像前旋轉，使圖像的色素轉換成連續的明暗變化，然後轉換成電流變化。他採用美國人史密斯發明的聚光電池後，成功地解決了圖像迅速傳送的問題。後來，德國的蓋特爾和埃爾斯特又發明了靈敏度比光電池還強的光電管。上世紀初電子管的出現，使光電管獲得的信號可以放大，從而解決了電視的發送問題。

一八六二年，義大利神甫喬瓦尼・卡塞利發明了所謂的「泛電報機」，即能傳送文字和固定圖像的電報機。「卡塞利系統」主要是以一塊金屬板為基礎，將需要傳送的圖畫安放在上面，再把一個金屬筆尖和一個擺連接起來，讓筆尖在金屬板上來回擺動，一點一點地去分解圖畫。這樣，被分割開的圖像就轉變為電脈衝，通過莫爾斯電報機系統將脈衝傳送出去。在線的另一端，類似的系統可將電脈衝轉換到一個運動中的筆尖上，這個筆尖在浸過鐵氰化鉀的紙上滑動，這樣就可以畫出圖像。一八六五年，卡塞利通過「泛電報機」在巴黎和里昂之間成功地傳送了圖像，並且在拿破崙三世的關照下使之得以完善。拿破侖三世向這位皮埃蒙特神甫提供了十分可觀的試驗津貼，看來道路已經通暢了，但五年之後，拿破崙三世在色當一戰中敗北，被迫流亡國外。權威的贊助者走了，卡塞利的研究從此中斷，由這位義大利天才人物開闢的光輝前景便驟然消失了。

一八七三年，一名叫肯阿里的美國工程師在兩塊金屬板中間夾上硒，將它放在陽光下，發現金屬板上得到了微弱的電流，肯阿里稱其為「光電池」，它能將光轉換成電。光電池的這種特性，為電視技術的興起提供了條件。

最早的電視機

隨後肯阿里又作了如下設想：將報上發表的照片用黑白小點組成圖像，再把許多硒的小顆粒密集地排列在一塊板上，然後做一個用小燈泡密集排列的裝置，每個小點和小燈之間一對一用電線連接起來。他想：把由像素組成的圖畫放在硒板前用燈光照射，由於硒對光的感應，黑點的地方接受的光較弱，與之相連的硒粒發出較弱的電流，而白點的地方則發出較強的電流，這樣，硒粒產生的強弱電流通過電線傳到裝置上的各個小燈後，應該會出現一幅由明暗燈光組成的圖畫。雖然，肯阿里最後沒有成功，但他正確的思路和原理。卻奠定了電視的主要技術基礎。

十年後的一八八三年，德國工程師尼普科夫也用類似的方法做實驗，提出了著名的「尼普科夫圓盤」法。雖然他的實驗因為光電池產生的電流太弱而告失敗，但這一設想，卻在一八八四年獲得了專利，被認為是解決電視機械掃描問題的經典方法。

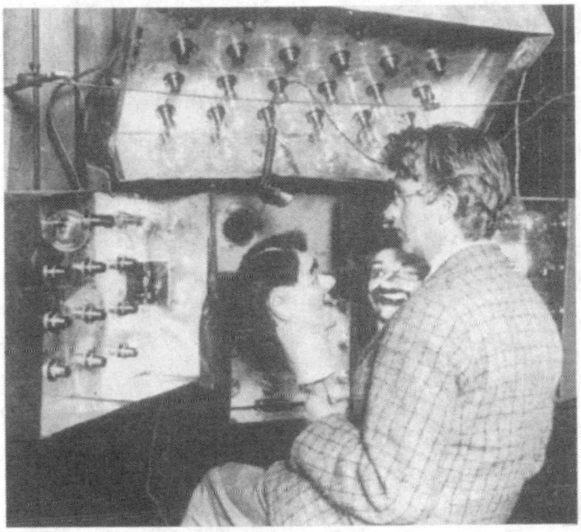

貝爾德

在電視的接收方面，德國科學家布勞恩作出了重大貢獻。一八九七年，他發明了能使陰極射線電子束投射到螢光屏上的陰極射線管，把電流的強弱變化轉換成了光的明暗變化，使接收的圖像顯示在螢光屏上。這種陰極射線管又被稱為「布勞恩管」，在電視的發展史上起著重要的作用。數年後，俄國人羅科辛對布勞恩管進行了改進，加上了能控制電子束掃描順序的磁力偏轉線圈。這樣，當電視機從

尼布克圓盤那裏獲取到由光信號轉換成的電信號後，通過在布勞恩管中的螢光屏上順序掃描，即可迅速地還原成圖像，電視機出現了。

一九一一年，英國電氣工程師斯溫登在倫琴射線研究會上，發表了一篇論文，其中談到了電視的製作。斯溫登提出了自己的設想：將拍攝的景物聚焦在極板上，極板背面附以表面塗有光電性的金屬，並將其排列成點陣狀。每個光電性的小點都放射出與照射的光量成正比的電子，於是，在極板上就形成了陽電荷的影像。在極板上積蓄的電荷影像，從後側由電子束來掃描，而表面之間即形成很多小的電容器。那麼，每個小點都分別帶有小的電荷，這就形成了萊頓瓶中微型極板狀態。當電子束對它掃描時，電子束隨著每個小點中電荷量大小而出現強弱變化。這樣拍攝的物體畫像的信號，就通過電子在屏幕上顯示出來了。屏幕一般用螢光屏做成，電子束控制光束強弱，於是產生明暗變化。斯溫登的這些設想，正是現代電視機的基本原理。

一九二二年，年僅十六歲的美國中學生菲羅·法恩斯沃斯放學後在教室裡的黑板上畫了一張離奇古怪的草圖，這就是第一幅電視機傳真原理圖。

在這些理論的基礎上，第一台電視機的雛形誕生了。它是由英國工程師約翰·洛吉貝爾德於一九二五年十月二日製成的。

## 第一台電視問世

貝爾德的發明首先從英格蘭西南部的黑斯廷斯開始。在那裏他建造了一個簡陋的實驗室。由於他沒有實驗經費，只好用一個盥洗盆做框架，把它和一隻破茶葉箱相連，箱上安裝了一個從廢物堆裡撿來的電動機，它可轉動用馬糞紙做成的四周戳有小洞洞的「掃描圓盆」，還有裝在舊餅乾箱裡的投影燈、幾塊透鏡及從報廢的軍用電視機上拆下來的零件等等。這一切凌亂的東西被貝爾德用膠水、細繩及電線串連在一起，成了他發明電視機的實驗裝置。貝爾德知道電視機的原理：應該把要發送的場景分成許多小點兒，暗的或明的，再以電信號的形式發送出去，最後在接收的一端讓它重現出來。

貝爾德在他簡陋的實驗室裏年復一年地實驗，他的實驗裝置被裝了又拆，拆了又裝。經過十八年的努力，一九二四年春天，貝爾德成功地發射了一朵十字花。但發射的距離只有三公尺，圖像也忽有忽無，只是一個輪廓。

為了找明圖像不清晰的原因，貝爾德又開始了一番新試驗。他想原因也許是電壓不足，於是他把好幾個乾電池連接起來。他接通了電路，可是不小心左手觸到了一根裸露的連接線，高達二千伏特的電壓立即把他擊倒在地，他昏迷了過去。第二天的倫敦《每日快報》馬上用大字標題報導了貝爾德觸電的消息。貝爾德一時間成了英國的新聞人物。

貝爾德靈機一動，決定利用報紙來為他籌集資金。他設法為記者們做了一次實物表演。一家小報發表了通訊。倫敦的一家無線電老板聞訊趕來，表示願意提供經費，但要收取發明收益的一半份額。

貝爾德同意了這個苛刻的要求。他的實驗裝置從黑斯廷斯運到了倫敦。但經費很快

又用盡了。他的試驗似無重大突破。

這個時候，一家百貨店的老板又來同他訂了合同。每周付他二十五英鎊，免費提供一切材料。但貝爾德必須在他商店門前操作表演。不幸的是，現場表演又是失敗。貝爾德生活日見艱難。沒錢吃飯，沒錢付房租。他只好忍痛把設備的零件賣掉，以此維持生活。他家鄉的兩個堂兄弟得知貝爾德陷入絕境後，給他寄來了五百英鎊。貝爾德得救了，他立即又投入試驗。

成功的日子終於來到了。終日陪伴他的木偶頭像「比爾」的臉部特徵被清晰地顯現在接收機上了。這一天是一九二五年十月二日清晨。

「成功了！成功了！」貝爾德興奮地喊叫著衝下樓。一把抓住一個店堂裏的小夥子，拽他上樓，把他按在「比爾」的位置上。小夥子嚇得直打哆嗦，但幾秒鐘後，他也吃驚地喊叫起來：「真是奇蹟，真是奇蹟。」因為貝爾德的「魔鏡」裏映出了他的臉。

貝爾德終於震驚英國，資助他的人紛紛湧來。貝爾德更新了設備，開始更大規模的試驗。一九二八年，貝爾德把倫敦傳播室的人像傳送到紐約的一部接收機上。不久，又出現了新的奇蹟。貝爾德把倫敦一位姑娘的圖像傳送給了她正在遠洋航行的未婚夫。

貝爾德的名字在全世界傳開了。他申請在英國開創電視廣播事業，但沒有得到批准。但要求電視廣播的人越來越多。這個問題提交給議會，經過激烈的長時間的辯論，議會決定了開展電視廣播。

一九三六年秋，英國廣播公司正式從倫敦播送電視節目。此時的貝爾德又開始埋頭研究彩色電視。

一九四一年十二月，貝爾德傳送的首批完美的彩色圖像獲得成功。可惜的是貝爾德的實驗室被希特勒的飛彈擊毀了。但貝爾德重新開始研究。一九四六年六月的一天，英國廣播公司開始播送彩色電視節目，但勞累過度的貝爾德卻在這一天病倒了，沒有收看他的研究成果。六天後，他離開了人世，終年五十八歲。

## 影　響

現在許多人已習慣了有電視的生活。打開電視機，五彩繽紛的世界吸引著你的視線，影響著你的思維。電視的發明深刻地改變了人們的生活，它加大了資訊傳播速度和信息量，使世界開始變小。電視的發明也給我們帶來了許許多多的歡樂，看電視，已經成了幾乎每個人的娛樂專案。由於人類對電視的依賴，電視越來越左右我們的想法和行動，對人類社會產生了重要影響。所以電視機的發明，被推為二十世紀最經典的十大發明之一。

# 79 登陸月球——全人類的一大步

一九六九年七月二十日，地球上的十幾億人通過電視實況轉播，親眼目睹了阿姆斯壯緩緩地走下太空船，小心翼翼地把腳踏上了月球表面。「對一個人來說，這只是一小步，對整個人類來說，這是一大步！」阿姆斯壯的這句名言成了人類征服月球的偉大宣言。

## 飛往月球

千百年來，人類一直嚮往能插上翅膀，飛出地球，探索宇宙的奧秘。在古代中國，嫦娥奔月的神話表達了人們飛向月球的願望。李白曾在詩中寫道：「俱懷逸興壯思飛，欲上青天攬明月。」但是，當時科學技術落後，脫離地球的引力束縛去太空旅行只是一個難圓的夢。

斗轉星移，歲月如梭。人類經過不斷開拓進取和不懈努力，科技發展日新月異。一九二三年H．奧伯特論述火箭飛行原理的經典著作《飛往星際空間的火箭》出版，同時，齊奧爾科夫斯基在一九二四年論述多級火箭的專著出版。火箭靠自身的燃料燃燒噴出氣體的反作用力飛行。人類要進行星際探索，就必須借助於火箭。如果物體達到七點九公里／秒的速度，就可以圍繞地球運行而不落下來，這時，它的離心力等於地球的引力。這個速度就是第一宇宙速度。如果速度達到十一點二公里／秒，我們稱它為第二宇宙速度，可以擺脫地球引力束縛在太陽系內飛行，但不能擺脫太陽的引力控制。當速度大於十六點七公里／秒的速度時，就可以飛出太陽系了，這也就是第三宇宙速度。這就是人類能夠飛向宇宙的理論基礎。

一九五七年十月四日，前蘇聯第一顆人造衛星上天，拉開了人類航太時代的序幕。第一位進入太空的人，就是大名鼎鼎的前蘇聯宇航員加加林。一九六一年四月十二日，他乘坐「東方一號」太空船環繞地球飛行一圈，歷時一百零八分鐘，寫下了人類航太飛行的新篇章。

月球是距離地球最近的天體（約三十八萬公里），是人類進行太空探險的第一站。前蘇聯一九五九年發射的月球二號探測器在月球著陸，這是人類的航空器第一次到達地球以外的天體。同年十月，月球三號飛越月球，發回第一批月球背面的照片。一九七〇年發射的月球十六號著陸於豐富海，送回地球一百克月球土壤。

阿波羅登月小組

美國人也不甘落後，在二十世紀六十年代就開始了雄心勃勃的征服月球的「阿波羅」計劃。它的目的就是登上月球進行實地考察。在此之前的一九六一年到一九六七年間，美國發射了九個「徘徊者」

探測器，七個「勘探者」探測器以及五個月球軌道器先後對月球進行考察。它們拍攝照片並分析了月球的土壤，為登上月球做了充分準備。緊接著，「土星十五號」運載火箭先後向月球發射了十七艘「阿波羅」太空船。其中，「阿波羅」一～三號是試驗用的太空船，四～六號是無人太空船，七號太空船載人繞地球飛行，八～十號載人繞月飛行，十一～十七號是載人登月飛行。

## 人類的一大步

尼爾．阿姆斯壯（Neil A. Armstrong），一九三〇年八月五日出生在美國俄亥俄州的一個小城沃帕科內塔。小尼爾從小就對飛行非常著迷，十五歲開始學習飛行課程，學費靠他自己打工掙得。由於學習成績優異，十六歲的他就獲得了實習飛行員的駕駛執照。當時，他甚至還沒有取得汽車駕駛執照呢。用一句中國話來說，小尼爾還沒學會走，就已經學會跑了。

一九四七年，阿姆斯壯高中畢業後，獲得美國海軍提供的獎學金，進入著名的普度大學（Purdue University）學習。一九四九年阿姆斯壯應徵入伍，正式成為美國海軍的飛行員。這以後的十幾年中，阿姆斯壯駕駛過二百多種飛機，包括滑翔機、直升機、噴氣機等等，最著名的機型要算速度達到六千五百公里／小時的X－一五型超高速火箭飛機。這期間，阿姆斯壯還在工作之餘順利完成了南加州大學的研究生課程，獲得了航空工程碩士學位。

一九六二年，阿姆斯壯被美國宇航局（National Aeronautics and Space Administration）選中，成為美國第二批宇航員。一九六六年三月十六日，阿姆斯壯作為太空船指揮官，和斯科特（Dave Scott）一起駕駛雙子星八號太空船與太空中的一顆衛星對接。在成功實現對接後，太空船突然開始旋轉。阿姆斯壯操縱太空船脫離了衛星，但太空船仍在太空中翻著筋斗。阿姆斯壯啟動了十六台噴氣推進器中的一台，太空船仍在旋轉。他們又啟動了第二台推進器，三十分鐘後，太空船終於穩定下來。根據地面中心的指示，他們終止了這次飛行任務，成功地飛回地面，降落在西太平洋的指定水域。

一九六九年七月十六日，阿姆斯壯、奧爾德林（Buzz Aldrin）和科林斯（Mike Collins）駕駛阿波羅十一號太空船開始了人類首次征服月球的壯舉。七月二十日，他們到達了月球靜海的預定著陸點，正要準備著陸，突然發現太空船下方是一個足球場大小的隕石坑，裏面布滿了大大小小的石頭，如強行著陸，他們的登月艙很可能會被這些石頭撞得粉碎，而繼續往前飛的話所剩燃料又不多了。阿姆斯壯再一次發揮了應付緊急情況的才能，他馬上採取緊急措施，把飛船改為手動駕駛，繼續飛行了約二十秒後，在一百二十英尺以外的地方找到了一塊較為平坦的地方。由於高度緊張，此時他的心跳已由七十七次／分上升到了一百五十六次／分。

登月艙終於安全地在月球表面著陸了。阿姆斯壯立即向地球報告：「休斯頓，我們在月球靜海報告，鷹已著陸！」

美國東部時間二十二時五十六分，阿姆斯壯第一個走出登月艙，用他腳上特製的大

號膠鞋在月球表面留下了人類的第一個足跡。接著奧爾德林也開始在月球上行走，他們成為世界上最先踏足月球的人。阿姆斯壯和奧爾德林在月球表面逗留了二小時十三分，採集了二十四點四公斤岩石和塵土標本，並拍攝了地貌照片。同時，宇航員邁克・林斯駕駛著指揮艙，在月球上空進行了飛行。登月艙再次升空與指令艙對接之後，三位宇航員開始返航，於七月二十四日降落到太平洋中。人類的首次登月飛行成功結束。

在首次登月過程中，阿姆斯壯和奧爾德林代表人類在月球上留下了一個紀念牌，上寫：「從地球來的人類於西元一九六九年七月首次登上月球。我們為全人類的和平來到這裏。」

## 人類開拓宇宙

在接下來的三年中，五次登月任務相繼執行。美國的登月計劃達到高潮，登月不再神秘。站在月球上的宇航員們的舉止與地球上的人類沒有什麼差別：挪步、摔倒、黏一身土、撣撣乾淨。宇航員們儘管知道全世界的人都在關注他們，但他們所能做的事只不過是留下到月球一遊的標誌。「阿波羅十七」號飛行任務的指揮官吉恩・塞爾南用手指在月球的土壤上寫下了他女兒姓名的第一個字母。「阿波羅十六」號計劃的登月艙駕駛員查爾斯・杜克則將他的全家福照片留在了月球上。

一九八六年美國提出重返月球，建立月球基地的構想，並於一九九四年和一九九八年分別發射兩艘探測器，奏響了人類重返月球、建立月球基地的序曲。一九九八年一月六日，美國發射「月球探測者」探測器。探測器在月球的兩極發現了大量的固態水。此後美國航空局開始計劃在月球南極建立月球開發中心。一九九四年歐洲航空局也曾制定了一項月球計劃，該計劃的最終目標是要在月球上進行基礎設施建設，開發和利用月球資源。蘇聯解體後，俄羅斯面臨嚴重的經濟困境，但是仍然在月球探測方面雄心勃勃。俄羅斯也在實施新的月球計劃，其最終目的是在月球上開採核聚變材料氦——三。

根據美國重返月球的計劃，人類將於二〇〇五年在月球建立月面前哨站，二〇一〇年建立設備齊全的永久性居住地，二〇二〇年興建實驗工廠、農場等。阿姆斯壯說，登上火星將是人類的下一步跨越。他說，「阿波羅計劃的成就在於證實了人類可以不被束縛在地球上」，「我們的想像會走得更遠，我們的機會是無限的」。

## 影響

儘管人類「目光」所及已經達到一百二十億光年的宇宙深處，儘管航空器已登陸火星，但月球仍是人類開展空間探測的首選目標，因為這顆距離地球最近的天體具有可供人類開發利用的獨特資源，也是人類向外太空發展的良好基地和前哨站。人類在月球上長期待下去，也許是將來人類發展的方向。相信將來月球將在人類的生活中佔據重要的地位。

美國的登月的另一個結果，是給宿敵蘇聯很大刺激，促使蘇聯增加軍費，擴軍備戰，導致了國民經濟失調，最終瓦解。

# 80 蘇聯解體——一個超級大國的覆滅

一九九一年十二月二十五日黃昏，米哈伊爾·戈巴契夫從他在克里姆林宮的辦公室走出來，穿過大廳，進入一個房間。房間裏一個電視攝製小組正在等他。晚上七時，隨著克里姆林宮的鐘聲，戈巴契夫坐在攝影機前，以蘇維埃社會主義共和國總統的身分向全國發表最後一次電視講話。

「我將要終止我擔任蘇聯總統這一職位所履行的一切行為。」戈巴契夫對全體蘇聯人說。差不多同時，蘇聯國旗從克里姆林宮降下，俄羅斯的藍、紅、白三色旗也即將升起。自此，蘇維埃社會主義共和國聯盟成為歷史。

一個曾經無比強大的共產主義政權、一個超級大國，就這樣消失在歷史的長河裏。全世界的人們，包括朋友或者是敵人，都感到不可思議。

## 戈巴契夫和葉爾欽

蘇聯原是一九二二年開始形成、由十五個加盟共和國組成的一個政治實體，擁有二億九千萬人口，是兩極世界中的重要一極。

蘇聯的解體，與當時的蘇共總書記戈巴契夫及蘇聯的國內形勢有直接關係。米·

謝・戈巴契夫生於一九三一年三月，一九五二年加入蘇聯共產黨，一九五五年大學畢業，一九七八年十一月任蘇共書記處書記，一九八〇年成為政治局委員，一九八五年三月十一日當選為總書記。

一九八六年二月底至三月初召開的蘇共二十七大，確定了戈巴契夫提出的「根本性改革」的方針，並提出實行「人民自治」。一九八七年一月，蘇共中央全會決定把民主化作為改革的主要動力和改革不可逆轉的保證。應美國一家出版商的要求，戈巴契夫撰寫了他的代表作《改革與思維》一書，提出了所謂「新思維」。他借用「公開性」，否定馬列主義，否定十月革命與蘇聯的建設成就；借用「民主化」，搞亂了人們的思想，分裂了蘇聯共產黨。在他的「倡議」下，蘇共內部出現了許多流派，諸如自由主義者、社會主義者、馬列主義革命派等等。

蘇聯八一九事件發生後的葉爾欽

在戈巴契夫的領導下，蘇聯同美國改善了關係。從一九八五年十一月至一九八九年十二月的五年內，兩國高級會談舉行了六次。

一九九〇年三月十二日，蘇聯人代會和最高蘇維埃通過決議，修改憲法第六條，取消了蘇共是蘇聯社會領導力量和指導力量，是蘇聯政治體制以及一切

國家機構和社會團體的核心的規定。三月十五日，戈巴契夫當選為蘇聯第一任也是最後一任總統。但同時，蘇聯國內的形勢越來越糟。為了挽救日趨惡化的局勢，一九九〇年七月二至十三日，召開了蘇共二十八大。會上提出了三個綱領：一個叫《民主綱領》，約六千字，反映了所謂「激進派」的觀點；一個叫《馬克思主義綱領》，約八千字，反映了所謂「傳統派」的觀點；另一個叫《蘇共中央綱領》，長達二萬字，反映了所謂「中間派」的觀點。會議通過了一個綱領性聲明：《走向人道的民主的社會主義》，通過了新黨章，規定「各加盟共和國的共產黨是獨立的」，「放棄黨在政治方面的壟斷」。戈巴契夫再次當選為總書記。二十八大後，蘇聯走向解體的車輪加快了。原來支持戈巴契夫的人變成了他的反對派。對他威脅最大的是鮑里斯·葉爾欽。

葉爾欽一九三一年二月生，一九五五年大學畢業，一九六一年加入蘇聯共產黨，一九八一年當選為中央委員。一九八五年戈巴契夫發現了他，先把他提升為蘇聯建築部門的一個頭頭。七月份，葉爾欽當選為蘇共中央書記，十二月份，出任莫斯科市委第一書記，一九八六年二月，當選為政治局候補委員。一九八七年一〇月二十一日，葉爾欽在中央委員會上同戈巴契夫決裂，他指責戈巴契夫搞個人迷信，說戈巴契夫「正在成為一個比實際更高大的人物」。十一月，葉爾欽被解除莫斯科市委第一書記職務，一九八八年二月被解除政治局候補委員職務。

但是，一九八九年葉爾欽當選為莫斯科市人民代表。九月，在訪問美國時，他公開拋棄了共產主義。一九九〇年一月，葉爾欽組成民主綱領派。二月四日，莫斯科爆發了十月革命以來規模最大的示威，約有二十萬市民參加。葉爾欽對示威群眾說，四年的改革沒有成就，「再也不能這樣了」。五月二十九日，葉爾欽當選為俄羅斯聯邦最高蘇維埃主席。在他主持制訂的俄羅斯聯邦憲法草案中，取消了「社會主義」一詞。他要求俄羅斯擁有「真正的主權」。七月十二日，葉爾欽在蘇共二十八大上正式宣布退出蘇聯共產黨。一九九一年七月十日，葉爾欽就任蘇聯最大的加盟共和國俄羅斯的首屆總統。他說，「共產主義已經滅亡」。他還宣布，他將在克里姆林宮擁有他的總統辦公室。六月十八日，俄羅斯共和國總統葉爾欽訪問美國。六月二十日，布希與葉爾欽進行了會談，並在白宮橢圓形辦公室合影留念。

## 蘇聯解體

一九九一年，蘇聯國民生產總値約下降了百分之十三，工業下降了百分之九，農業下降百分之十。需要進口四千八百七十萬噸糧食才能渡過難關。預算赤字達到三千億盧布，僅八個月的貨幣發行量就相當於一九九〇年全年發行的總和，前九個月的外貿總額與一九九〇年同期相比下降了百分之二十八點一。經濟到了崩潰的邊緣。

而這時，波羅的海沿岸三國已決定離去，其他共和國也在仿傚而行。為維繫已經瀕臨破碎的蘇聯，戈巴契夫設計出了一個方案，就是要把蘇聯由緊密聯合變為鬆散聯合。六月三日，戈巴契夫與九個加盟共和國的總統舉行會議，決定將「蘇維埃社會主義共和國聯盟」改名為「蘇維埃主權共和國聯盟」。八月十四日，公布了新聯盟條約文本，它

的簽署將在八月二十日進行。八月十六日，蘇聯武裝部隊的報紙《紅星報》發表一個呼籲書，以警告的語氣斷言，共產黨和武裝部隊受到了公開的攻擊，呼籲黨員加強團結，保衛祖國。

八月十九日，蘇聯副總統根納季·亞納耶夫發布命令宣布，總統戈巴契夫因健康原因停止履行總統職務，由副總統代行總統職務。由代總統、總理、國防會議第一副主席、國防部長、內務部長、國家安全委員會主席等八人組成的國家緊急狀態委員會行使國家全部權力。該委員會發表的《告蘇聯人民書》說，戈巴契夫的改革已經「走入死胡同」，「蘇聯國家和人民的命運處在極其危險的嚴重時刻」。同時，葉爾欽也發表了《告俄羅斯公民書》，認為解除戈巴契夫的總統職務「是一次反憲法的政變」，「委員會是非法的」。二十日，美國總統布希向葉爾欽保證，美國支持恢復戈巴契夫的權力。二十一日晚，戈巴契夫宣布，他已「完全控制了局勢」，緊急狀態委員會成員先後被捕。

八月二十四日，戈巴契夫聲明，蘇共中央委員會應該「自行解散」，並宣布自己辭去蘇共中央總書記職務。這時，蘇聯全國掀起了一股反共浪潮。蘇共中央大樓被查封，在樓頂上飄揚了多年的紅旗落了地。由列寧親手締造的、具有九十三年歷史的、在蘇聯執政七十四年之久的蘇聯共產黨被摧垮了。

十月二十一日，新組成的蘇聯最高蘇維埃舉行首次會議，結果只有七個共和國的代表參加。除波羅的海三國已獨立外，其餘十幾個加盟共和國也紛紛宣告獨立。十二月一日，烏克蘭這個擁有五千二百萬人口、又有核武器的共和國，舉行公民投票，結果是超過百分之九十的人贊成獨立；十二月八日，最早簽約同時加入蘇聯的（一九二二年十二月三十日）三個共和國俄羅斯、烏克蘭和白俄羅斯三國領導人簽署《明斯克協議》，宣布成立「獨立國家聯合體」。十二月二十一日，除格魯吉亞和波羅的海三國外，其餘八個共和國的領導與以上三國領導人在阿拉木圖會晤，十一國簽署了關於建立獨立國家聯合體協議議定書，發表了《阿拉木圖宣言》，正式宣告蘇聯「停止存在」，還要求戈巴契夫「光榮下台」。十二月二十五日晚，蘇聯總統戈巴契夫宣布，他以「不安的心情」辭去總統和武裝部隊最高統帥的職務。隨後，又把核按鈕交給了葉爾欽。蘇聯國旗也從克里姆林宮上空落下。十二月二十六日，蘇聯最高蘇維埃共和國舉行了最後一次會議，摘下了議會外面的「蘇維埃社會主義共和國聯盟最高蘇維埃」的牌子。至此，叱咤國際風雲六十九年的大國——蘇維埃社會主義共和國聯盟徹底解體。蘇聯作為一個社會主義大國的歷史劃上了句號。

1991年葉爾欽的支持者在紅場集會

蘇聯的解體，如同二十世紀初葉俄國十月社會主義革命的勝利一樣，都是震撼世界的重大事件。在世界現代史上，它畢竟是一個不太短的時期。尤其在社會化大生產和新科技革命蓬勃興起、落後國家的民族獨立運動已成為歷

史潮流的當今社會，大半個世紀足以使一個民族經濟騰飛和社會取得長足的進步。事實上，蘇聯在它的發展進程中確實有過輝煌的成就，它擁有豐富的資源，遼闊的國土，眾多的人口和強大的國力。可是，這樣一個曾經同美國相匹敵的超級大國，卻忽然如大廈之傾倒，在很短時間內毀於一旦。人們經常會在腦海裏浮現出一幅幅歷史的畫卷：十月革命的勝利，新生蘇維埃政權經歷的磨難和考驗，列寧、史達林時代的交替，史達林體制的形成和強化，蘇德戰爭的生死搏鬥，戰後美蘇冷戰格局的出現，赫魯雪夫、布里茲涅夫時期的風風雨雨，戈巴契夫改革使國家步步陷入泥潭，直至最後的解體，這一連串的歷史進程所蘊含的豐富內涵，不能不引發出許多歷史的思考。

## 影響

不管怎麼樣，這是一個事實，由於蘇聯的解體，原來世界上兩個超級大國對抗的冷戰階段結束了，美國成為世界上唯一的超級大國，儼然成為世界警察。而取代蘇聯地位的俄羅斯，只不過淪為二流的強國，世界也從此由二極世界進入多極世界，進入一個一超多強的時代。也由於蘇聯的解體，世界無產階級革命運動遭到了沉重的打擊，進入低潮，資本主義勢力在全球獲得擴張。

# 後記

兩年了，《影響中國歷史重大事件》與《影響世界歷史重大事件》終於出版了。期間的酸甜苦辣仍歷歷在目：為核實一個年限而奔走圖書館十餘次；為一個事件的入選而與導師們、同學們反覆討論，甚至爭執不已；為了一個重要的地名而乘車前往查究……這一切的付出，在本書將要面對熱情的讀者時，都匯成了一種感受：喜悅與幸福。

這是一套奉獻給大眾的書，通俗與大眾化是我們在書中所體現的風格。當然，我們也將坦誠面對並期盼著教授們、專家們、學者們、評論家們的批評與指正。出這套書很重要的原因是希望在大眾中間普及歷史知識。這些事件是大家應該知道的。人類進程實際可分為兩部分，那就是歷史與未來。而歷史是人類過去真實的記載。歷史是重要的。希望每個人都能了解這些重大事件。

我們會不斷地核校、查正與更新書中的內容，努力將此套書的出版修訂工作延續下去，爭取能將這兩本書做成圖書出版中的「百年圖書」，甚至「千年圖書」。但願以後將要入選此書的重大事件都是和平的、安詳的、令人欣慰的事件，而不是充滿血腥、暴力與苦難的事件。

最後要衷心感謝北京大學、中國人民大學、北京師範大學、湖南師範大學等校歷史

系的部分師生們，是他們的辛勞與付出，成就了這套書。也誠摯感謝陶鎧老師、文慷編輯的辛勤工作與熱情幫助。感謝所有支持和幫助過我們的朋友們。

謝謝！

國家圖書館出版品預行編目資料

影響世界歷史的重大事件／ 孫鐵主編； --
第一版. -- 臺北市：大地，2004〔民93〕
面； 公分. --（History；2）

ISBN 986-7480-09-0 （平裝）
1. 世界史

711 93009109

History 02

# 影響世界歷史的重大事件

主　　編：孫鐵
創 辦 人：姚宜瑛
發 行 人：吳錫清
美術編輯：普林特斯資訊股份有限公司
出 版 者：大地出版社
社　　址：114台北市內湖區瑞光路358巷38弄36號4樓之2
劃撥帳號：50031946（戶名：大地出版社有限公司）
電　　話：(02)2627－7749
傳　　真：(02)2627－0895
E-mail：vastplai@ms45.hinet.net
印 刷 者：普林特斯資訊股份有限公司
一版六刷：2009年1月
定　　價：300元